国家卫生和计划生育委员会"十三五"规划教材
全国高等医药教材建设研究会"十三五"规划教材
全国高等学校教材

U0592043

供法医学类专业用

法医精神病学

第 4 版

主　编　胡泽卿

副主编　赵　虎　谢　斌

编　者（以姓氏笔画为序）

马长锁（中国政法大学）　　顾　艳（四川大学）

王小平（中南大学）　　　　高北陵（深圳市精神卫生研究所）

李功迎（济宁医学院）　　　唐宏宇（北京大学）

赵　虎（中山大学）　　　　韩　卫（西安交通大学）

赵小红（华中科技大学）　　韩臣柏（南京医科大学）

胡泽卿（四川大学）　　　　谢　斌（上海交通大学）

胡峻梅（四川大学）　　　　蔡伟雄（司法部司法鉴定技术研究所）

人民卫生出版社

图书在版编目（CIP）数据

法医精神病学 / 胡泽卿主编. —4 版. —北京：人民卫生
出版社，2016

ISBN 978-7-117-22736-0

Ⅰ. ①法… Ⅱ. ①胡… Ⅲ. ①司法精神医学 - 医学院
校 - 教材 Ⅳ. ①D919.3

中国版本图书馆 CIP 数据核字（2016）第 123366 号

人卫智网	www.ipmph.com	医学教育、学术、考试、健康，购书智慧智能综合服务平台
人卫官网	www.pmph.com	人卫官方资讯发布平台

法医精神病学
第 4 版

主　　编：胡泽卿
出版发行：人民卫生出版社（中继线 010-59780011）
地　　址：北京市朝阳区潘家园南里 19 号
邮　　编：100021
E - mail：pmph @ pmph.com
购书热线：010-59787592　010-59787584　010-65264830
印　　刷：北京虎彩文化传播有限公司
经　　销：新华书店
开　　本：850×1168　1/16　印张：18
字　　数：533 千字
版　　次：1997 年 4 月第 1 版　2016 年 3 月第 4 版
　　　　　2025 年 2 月第 4 版第 9 次印刷（总第 20 次印刷）
标准书号：ISBN 978-7-117-22736-0
定　　价：46.00 元

全国高等医学院校法医学专业第五轮
规划教材修订说明 ···

20世纪80年代，我国在医学院校中设置了法医学专业，并于1988年首次编写了成套的法医学专业卫生部规划教材，从而有力地推动了法医学教育的发展。2009年五年制法医学专业规划教材第四轮出版发行。为促进本科法医学专业教学，教育部法医学专业教学指导委员会在2014年开始制定审议国家法医学本科专业教育质量标准并拟报教育部审批。根据质量标准要求及法医学相关领域学科进展，2014年经全国高等医药教材建设研究会和全国高等医学院校法医学专业教材编审委员会审议，启动第五轮教材修订工作。

本轮修订仍然坚持"三基""五性"，并努力使学生通过学习达到培养具有坚实基础理论知识和专业知识、熟悉司法鉴定程序和法医鉴定技能、掌握法学、医学及相关学科知识，具有良好的思维判断能力以及分析问题能力的法医学高级复合型人才的专业培养目标。新教材体现了法医学领域的新进展和我国的新法规、新政策与新要求；考虑了学生的就业，具有较强的实用性，使学生在毕业后的实际工作中能够应用所学知识。本轮教材在编写中强调了可读性、注重了形式的活泼性，并全部配备了网络增值服务。

全套教材16种，其中主教材11种，配套教材5种，于2016年全部出版。所有教材均为国家卫生和计划生育委员会"十三五"规划教材。

第5轮法医学专业教材目录 •···

1. 法医学概论　　　　　　第5版　**主编** 丁　梅
2. 法医病理学　　　　　　第5版　**主编** 丛　斌　**副主编** 官大威　王振原　高彩荣　刘　敏
3. 法医物证学　　　　　　第4版　**主编** 侯一平　**副主编** 丛　斌　王保捷　郭大玮
4. 法医毒理学　　　　　　第5版　**主编** 刘　良　**副主编** 张国华　李利华　贠克明
5. 法医毒物分析　　　　　第5版　**主编** 廖林川　**副主编** 王玉瑾　刘俊亭
6. 法医临床学　　　　　　第5版　**主编** 刘技辉　**副主编** 邓振华　邓世雄　陈　腾　沈忆文
7. 法医精神病学　　　　　第4版　**主编** 胡泽卿　**副主编** 赵　虎　谢　斌
8. 法医人类学　　　　　　第3版　**主编** 张继宗　**副主编** 蔡继峰　赖江华
9. 刑事科学技术　　　　　第4版　**主编** 李生斌　**副主编** 张幼芳　李剑波
10. 法医法学　　　　　　　第3版　**主编** 常　林　**副主编** 邓　虹　马春玲
11. 法医现场学　　　　　　　　　　**主编** 万立华　**副主编** 阎春霞　陈新山
12. 法医病理学实验指导　　第2版　**主编** 成建定　**副主编** 周　韧　王慧君　周亦武　莫耀南
13. 法医物证学实验指导　　第2版　**主编** 张　林　**副主编** 黄代新　庞　灏　孙宏钰
14. 法医毒理学实验指导　　　　　　**主编** 朱少华　**副主编** 黄飞骏　李　凡　喻林升
15. 法医毒物分析实验指导　第2版　**主编** 沈　敏　**副主编** 金　鸣　周海梅
16. 法医临床学实验指导　　第2版　**主编** 刘兴本　**副主编** 顾珊智　樊爱英

全国高等学校法医学专业第五轮
规划教材编审委员会 ···

主编简介

　　胡泽卿，博士，四川大学法医精神病学教研室主任，教授，博士生导师。兼任中国法医学会法医精神病学专委会副主任委员、中华医学会司法精神病学组委员、全国高等法医学教育研究会常务理事，曾任中国心理卫生协会危机干预专业委员会委员等职。1977 年考入四川医学院医学系，1982 年毕业留校工作至今，在职攻读精神医学硕士、博士学位。历任华西医科大学法医精神病学助教、讲师、副教授、教授；同时兼任华西医院心理卫生中心住院医师、主治医师、副主任医师、主任医师的临床工作。曾留学加拿大西蒙佛雷泽大学心理健康与法律政策研究所和不列颠哥伦比亚大学法医精神病学研究所，获博士后证书。

　　主讲法医精神病学和法律心理学，培养研究生 30 余名，国内外发表论文百余篇，参加《中华人民共和国精神卫生法（草案）》的起草修改工作，并起草初稿。主编国家"十一五"规划教材《法医精神病学》（第 3 版）。长期从事法医精神病学鉴定和临床精神病学及心理咨询工作。

副主编简介

赵虎，法医学教授，精神科主任医师，博士生导师。中山大学"百人计划"引进人才。任中山大学中山医学院法医学系主任、法医学研究所所长、中山大学法医鉴定中心法定代表人。兼任中国法医学会法医精神病学专业委员会副主任、教育部高等学校法医学类专业教育指导委员会委员。兼任 JFSM、《中国法医学杂志》《法医学杂志》编委。

从事法医精神病学与法医临床学教学与鉴定工作，研究领域为精神损伤机制研究及鉴定技术开发。主持国家自然科学基金面上项目 3 项，主持国家科技支撑计划项目子课题 1 项、主持省部级科学基金项目 9 项。在国内外专业期刊共发表论文近 130 篇，以通讯或第一作者发表 SCI 论文 14 篇，共同作者发表 SCI 论文 16 篇，国家发明专利 3 项，主编与参编教材、专著 11 部。

谢斌，上海市精神卫生中心（上海交通大学医学院附属精神卫生中心）主任医师、司法鉴定所所长，享受国务院政府特殊津贴专家。现任上海市司法鉴定协会法医精神病学司法鉴定专业委员会主任委员、上海市医师协会精神科医师分会会长、中国法医学会法医精神病学专业委员会副主任委员、中国医师协会精神科医师分会副会长、中国心理卫生协会副理事长等。

主要从事司法精神病学、精神卫生立法与政策等研究。先后领衔国家"十一五"科技支撑计划和"十二五"科技支撑计划等重大课题，牵头制定了国家和地方精神卫生法律法规、精神卫生政策规划和精神病院评审标准等。

前　言

　　在过去的五年多时间里,国家颁布了《中华人民共和国精神卫生法》《中华人民共和国侵权责任法》等与法医精神病学相关的法律法规,人们的法治意识逐渐增强,委托进行的法医精神病学鉴定案例数呈上升趋势。为了体现新进展、新法规、新要求,在教育部高教司、法医学专业教学指导委员会和人民卫生出版社的领导下,启动了《法医精神病学》第4版的编写工作。在本书的编写工作中,尽力体现"三基":基本知识、基本理论、基本技能;"五性":思想性、科学性、先进性、适用性、启发性。力求教材内容与国际接轨,反映本学科的新进展和未来的发展方向,删除上版教材中陈旧的内容。尽管如此,不尽如人意之处,在所难免。

　　参编本书的作者,多是法医精神病学专业的资深教授,具有丰富的实践经验和理论知识,在此,对他们的辛勤劳动和闪光的智慧表示由衷地感谢。全书的网络增值部分由顾艳副教授完成,在此致谢。在本书封笔之际,我特别感怀20世纪80年代活跃在中国法医精神病学舞台上的多位教授,他们为中国法医精神病学事业奋力拼搏的精神值得我们学习并发扬。

　　"路漫漫其修远兮,吾将上下而求索"。我有幸赶上了中国改革开放的年代,我的职业生涯见证了中国法医精神病学事业茁壮成长的历史,但法医精神病学体系还有待进一步完善,相信在同仁们的持续努力下,不远的将来就可美梦成真!

胡泽卿

2015年7月于成都

目　录 ··

第一章 绪 论

第一节 法医精神病学的概念

法医精神病学(forensic psychiatry)是研究人的精神障碍与法律相关问题的医学分支科学。"forensic"一词的译义为"法庭的","forensic psychiatry"意指本学科是为法庭审判工作服务的精神病学。传统上称司法精神病学。

广义的法医精神病学研究的内容涉及与法律相关的精神障碍和各种精神健康问题,亦称法律与精神病学(law and psychiatry)或法律精神病学。主要研究内容包括以下几方面:

1. 与精神状态有关的各种法律能力(competence)、劳动能力、伤害性质和程度,伤残等级以及医疗事故法医学评定的标准和方法 各种法律能力包括刑事案件中的嫌疑人的受审能力、责任能力和审判后的服刑能力;被害人的性自我防卫能力;民事案件中诉讼当事人的行为能力;成年证人和儿童的作证能力;父母对子女的生活照顾和监护能力等,需要科学研究,完善评定标准和评定方法。狭义的法医精神病学指依法对疑似精神障碍的违法者或诉讼当事人的精神状态和法律能力进行鉴定,并为委托方提供法医精神病学鉴定意见书的学科。

2. 精神障碍与违法行为的关系 研究精神障碍与违法行为之间的因果联系,以及导致其辨认能力和控制能力损害的精神障碍的病理心理学、病理生理学和犯罪学特征,为各种法律能力的法医学评定提供理论依据。

3. 治疗监护精神障碍违法者 在西方发达国家,有政府资助的与法医精神病学匹配的医院和社区诊所,主要职能是收治、监护本地区经法院审判为无刑事责任能力、无受审能力的精神障碍患者。

4. 矫正精神病学(correctional psychiatry)研究的内容 主要是针对监狱、改造机构的监护医院中的精神障碍者的处理;也包括一些无受审能力或无服刑能力的精神障碍者的治疗。另一方面,矫正精神病学还研究无精神障碍的罪犯的行为矫正和监狱中的心理卫生问题,故又称监狱精神病学(prison psychiatry)。

5. 精神障碍者危险行为的预测和预防 这方面的研究在防止精神障碍者的危害行为、帮助在医院长期监护的患者回归社会等方面十分重要。

6. 酗酒、吸毒、自杀等引起的法律问题和青少年违法犯罪的精神健康问题 酗酒、吸毒、自杀和青少年违法犯罪并非精神障碍,但这些人可能存在一定程度的精神健康问题和社会适应问题,常影响社会治安或导致严重的法律后果,因而需要从法医精神病学方面进行研究。

7. 精神病学临床实践中的伦理学和法律问题　这包括精神病学临床实践中涉及的一系列伦理学和法律的问题。如医务人员必须对精神障碍者的病史资料和隐私严格保密;对精神障碍者的检查、治疗以及让精神障碍者参与科学研究和教学过程都必须征得其本人同意等。又如医疗纠纷中的举证责任和赔偿等问题的研究,以及防止精神病学误用或滥用等问题。

8. 精神卫生立法(mental health legislation)《中华人民共和国精神卫生法》自2013年5月1日起施行。它对发展我国的精神卫生事业,保障公民的精神健康,维护精神障碍者的合法权益,都有重要意义。

随着本学科的发展,研究的范围逐渐扩大,内容日益丰富和深入。作为培养法医师的必修课程,本书采用广义的法医精神病学的概念。

从法医学的观点看来,本学科的基本任务是运用精神病学的理论和技术,解决与精神障碍或精神健康相关的法律问题,为维护和健全法制服务,属于法医学的一个分支。从精神病学的观点看来,本学科是精神病学在法学方面的应用,是从临床精神病学发展出来的分支学科。这种双重关系反映了本学科具有交叉学科的特性。

阅读本书时,要认识到不同国家的法律制度之间存在很大差别,这意味着许多国家的流行病学、犯罪定义、法律实践和法医精神病学家所起的作用有一定的差异。

(胡泽卿)

第二节　法医精神病学的发展简史

中国关于精神病人的法律条文可见于公元前11世纪《周礼·秋官》的《司刺》篇中记载:"司刺掌三刺、三宥、三赦之法。"

知识拓展 ▶

司刺掌管三次讯问、三种宽宥、三项赦免之法,以协助大司寇审理好诉讼案件:三刺中所谓壹刺,就是讯问群臣的意见,所谓再刺,就是讯问群吏的意见,所谓三刺,就是讯问万民的意见。三宥中所谓壹宥,就是宽宥由于认错人而误杀人者,所谓再宥,就是宽宥由于无心的过失而误杀人者,所谓三宥,就是宽宥由于忘记某处有人而误杀人者。三赦中所谓壹赦,就是赦免年龄幼少而杀了人者,所谓再赦,就是赦免年老而杀了人者,所谓三赦,就是赦免痴傻而杀了人者。用这三法求得当事人犯罪的实情,使得对于犯罪者的断决公正准确,而决定判决施以重刑或轻刑的具体罪状,然后执行刑罚或死刑。

摘自:《周礼》,徐正英,常佩雨译注,中华书局

这是我国古代法律对精神障碍者的危害行为,认定部分责任能力和无责任能力最早的规定。战国时期韩非子(约公元前280—公元前233年)在《解老》篇中说:"心不能审得失之地谓之狂,……狂则不能免人间法令之祸。"所谓"心不能审得失之地",即对自己的行为是否得当缺乏辨认能力。他提出了辨认能力缺乏作为"狂"的特征,并说明当时的精神病人出现危害行为时,不能免除刑罚。西汉时期(公元前206—公元25年)《汉书·东方朔传》中记述了醉酒杀人不能免除刑罚的案例。汉唐以后有关精神障碍者出现暴力行为的案例,散见于历代典籍之中者不少。

我国近代法医学先驱林几教授于1930年在北平大学医学院首建法医学教室,所著《法医学讲义》将"精神鉴定"专列一章,介绍了德国和日本的法医精神病学;提到凡"心神丧失"者无责任能力:属

"心神耗弱"者,有或有部分责任能力。在这之前几年,有关精神病人处理的条文已开始陆续出现于当时的民事、刑事、治安和行政等法规中。20世纪50年代中期,前苏联司法精神病学传入我国。南京、北京、上海、长沙、成都等地精神科临床医师为了适应司法部门的需要,相继开展了精神障碍的医学鉴定。20世纪80年代我国《刑法》(1980)、《刑事诉讼法》(1980)、《民事诉讼法(试行)》(1982)、《民法通则》(1987)和《治安管理处罚条例》(1987)等法律和法规相继颁布施行,其中有关精神障碍者的条文为精神障碍的法医学鉴定提供了法律依据,为我国法医精神病学的建立奠定了法学基础。1989年8月我国最高人民法院、最高人民检察院、公安部、司法部和原卫生部联合颁布了《精神疾病司法鉴定暂行规定》,使我国的法医精神病学鉴定工作有规可循。1996年和1997年我国相继颁布修改的《刑事诉讼法》和《刑法》,为刑事责任能力的评定增添了部分责任能力的依据。2013年5月1日起施行《中华人民共和国精神卫生法》,这是我国第一部精神卫生法规。

20世纪80年代中期,我国一批高等医学院校陆续建立了法医学专业,把法医精神病学列入培养法医师教学计划,有的政法学院和法律系也开设了法医精神病学课程。成都、北京、上海等地高等医学院校,分别成立了法医精神病学教研室或司法精神病学研究室,培养本学科的专门人才,开展学术研究。一批司法精神病学或法律精神病学的专著相继出版。1985年我国卫生部(现国家卫生计生委)精神卫生咨询委员会成立司法精神病学小组;1986年中华医学会神经精神科学会成立司法精神病学组,为促进本学科的发展奠定了组织基础。1987年6月在杭州,召开了第一届中华精神科学会司法精神病学会议,讨论《中华人民共和国精神卫生法》和《精神疾病司法鉴定工作条例》两个草案。其后,分别在宜昌(1989)、呼和浩特(1992)、烟台(1994)、西安(1996)、昆明(1999)、南京(2001)、长沙(2003)相继召开了全国司法精神病学学术会议。这些会议对促进学术交流、统一认识、解决精神鉴定中共同的疑难问题和提高鉴定质量,起了十分重要的作用。2001年中国法医学会成立了司法精神病学专业委员会。2002年在成都召开了第一次中国法医学会司法精神病学学术会议,强调把法医学专业和精神病学专业从事司法精神病学教学、科研和检案工作的两股力量结合起来,为发展我国的司法精神病学共同奋斗。这一系列活动标志着我国法医精神病学专业队伍逐渐扩大,学科正在蓬勃发展。

国外有关精神病人的法律条文最早见于奴隶时代巴比伦王国的《汉谟拉比法典》(公元前1792—公元前1750)。其中有一条规定:买来的奴隶,不满1个月就患癫痫或精神病者,可以退给卖主,并收回付款。古罗马共和国的《十二铜表法》(公元前449)中提出,患精神病或痴呆者丧失处理财产、买卖、婚姻和订立遗嘱的能力,并应对其进行监护。这是对精神障碍者的行为能力和监护较早的立法。希腊哲学家柏拉图(公元前427—公元前347年)在《理想国》一书中提出,精神病人应该受到亲属很好的照顾,否则处以罚金;并认为精神病人造成危害后果的,只赔偿由他造成的物质损失,不应受到其他惩罚。这是为保护精神病人提出的立法主张。其后,对精神病人和痴愚患者的危害行为予以宽容或免予惩罚的法律规定,在欧美经历了长期的演变。

1265年英国首席法官Bracton提出:因为精神错乱(insanity)的行为类同幼儿,故应免予治罪。他指出:除非行为人具有伤害的意图,否则不应判处有罪。1843年英国伦敦发生Daniel McNaughton杀死首相秘书的案例。Daniel McNaughton是一位有迫害妄想的精神病患者,他坚信英国当时执政党在监视、迫害他,误将首相的秘书当作首相而射杀。这一案件激起了公众强烈反响。上议院要求法官对公众提出的一系列问题作出解答。审理完这个案件就形成了著名的《McNaughton(麦克劳顿)条例》(McNaughton Rule)。其内容是:如果被告以精神错乱作为辩护理由,必须清楚地证明他在实施危害行为时,由于患有精神疾病而缺乏理智,以致不知道他自己行为的本质和特性;或者他虽然知道,但不知道自己的行为是错误的。这一条例,后来成为英美等国判定精神病人违法行为责任能力时的法律依据,或制定有关法律时讨论的基础。但该条例并不完善,由于只强调"认知"成分(即知道行为的本质和特性的能力),而没有考虑到"意志"(即控制自己行为的能力)的损害,受到了批评和修正。其后,在美国针对精神错乱辩护相继制定了一些地方性或联邦法规。如1844年美国首席法官Shaw在审理马萨诸塞州的谋杀案件时提出了《不可抗拒的冲动条例》,其主要内容是:如果被告处于疾病和不健康状态，而疾病如此严重，以致损害了理智、良知和判断；由于不可抗拒和不可控制的冲动而杀人，则此种行为并非出于故意，只不过是身体没有受心智支配的不随意行为。1871年新罕布什尔州制定了《New Hampshire条例》，该条例提出：如果被告的犯罪行为是其精神疾病的产物（offspring）或结果（product），则被告因精神错乱而无罪（not guilty by reason of insanity，NGRI）。1921年马萨诸塞州通过了《Brigg法案》，其内容是，不论被告的精神状态如何，只要有可能判处死刑或者曾判过重刑而再次犯罪或多次犯罪，都应由法院委托精神卫生机构或同等机构对其精神状态进行检查和评定。1954年哥伦比亚特区的法官David Bazelon在审理Durham案件时提出："如果被告的违法行为是精神疾病或精神缺陷的结果，则不负刑事责任。"这一主张被称为《Durham条例》。由于该条例在实践中常引起争论，而于1972年废除。1954年新罕布什尔州的法官Charles Doe提出：如果由于精神病态的强制，使被告丧失了选择正确与错误的能力，而不能避免去做所指控的行为时，则不应负法律责任。该条例强调行为人的意志损害，常作为附加内容与其他条例同时运用。在美国近代具有广泛影响的是1962年美国法律研究所（American Law Institute，ALI）制订的《模范刑法典》（Model Penal Code，MPC）。其中精神错乱辩护的条文包括两部分：①如果一个人发生了违法行为，而这种行为是由于精神疾病或精神缺陷造成的结果，并且精神疾病或精神缺陷使他缺乏实质性辨认能力，从而不能正确认识其行为的违法性或错误性，或者不能使其行为符合法律要求，则对其违法行为不负责任；②本条使用的精神疾病或精神缺陷术语不包括那些只有屡次犯罪或其他反社会行为的异常表现。ALI条例的特点是，把认知（cognitive）和意志（volitional）两种成分结合起来考虑。前者涉及行为人的辨认能力，而后者则涉及其控制能力。1980年在美国发生了John Hinckley，Jr. 刺杀总统里根的案件。1982年法庭引用上述ALI条例，宣判凶手因患精神疾病而不负刑事责任。当即在美国引起了公众强烈的反应，纷纷提出废弃或修改精神错乱无罪辩护的要求。同年，美国精神医学会发表严正声明，反对废弃精神错乱无罪辩护，强调保留精神错乱无罪辩护对维护刑事法律的道义或人道主义的完整性是非常重要的。经历Hinckley事件之后，1984年美国联邦法院实施了《综合犯罪控制法》（Comprehensive Crime Control Act of 1984）。其中第四章包含了1984年颁布的《精神错乱辩护改革法》（The Insanity Defense Reform Act of 1984），其精神错乱无罪辩护的标准是：在实施违法行为时，如果被告因患严重精神疾病或缺陷，不能辨认其行为的本质和特性或其行为的错误性，则不负刑事责任；而只有精神疾病或缺陷并不能作为无罪辩护的理由。这一标准强调的是认知成分，而排除了意志或不可抗拒的冲动成分；也废弃了被告不能使其行为符合法律要求的条款，并把举证责任转移给被告。同年8月通过了《美国律师协会建议的刑事审判精神健康标准》（The American Bar Association's Proposed Criminal Justice Mental Health Standard），其中规定无刑事责任能力的标准是："（a）如果某人在实施犯罪时，由于精神疾病或精神缺陷不能辨认此种行为是错误的，则不负刑事责任。（b）本标准使用的法律术语'精神疾病或缺陷'是指：（i）精神损害，不论是长期的或短暂的，或（ii）精神发育迟滞，它们基本上影响了被告实施犯罪时的精神或情感过程。"这些改变，可以说又回复到接近《McNaughton条例》。但是在美国各州实施的法律和法规不尽相同，至今采用的精神错乱无罪辩护的标准，颇不一致。毫无疑问，精神错乱无罪辩护在法学界仍存在重大分歧，是法医精神病学需要继续研究的重要课题之一。

无罪辩护成立之后，恰当安置有暴力行为的精神障碍者，防止再次发生类似事件，对保护社会安定和人民生命财产，以及保护精神障碍者本人都很重要。在英国，安置违法的精神障碍者的最早机构是1800年在伦敦郊外的Bethlem皇家医院设置的特殊病房。当年枪击国王乔治三世的精神病人Hadfield便安置在这里。1863年在Broadmoor建立了英国最古老的特殊医院。该医院由内务部主管，专门收治有违法犯罪行为的精神障碍者。这类高度安全的特殊医院在英格兰和威尔士现在已经有4所。此外，在普通精神病院还设置了一些安全区（security area）或安全单位（security unit），以满足这类精神障碍者治疗和监护的需要。在美国，虽然也建立了类似的安全医院，如St. Elisabeth医院，但更多的违法精神障碍者是在监狱或看守所的环境中接受矫正精神病学处理。

尽管早在1789年法国精神病学家Pinel（1745—1826年）就发起了革新运动，倡导解除精神病人的枷锁,恢复其人身自由。但是,直到1890年英国颁布《精神病人法》才第一次以法律来保障精神病人的权益。1938年法国制定了第一部精神卫生法之后,欧美各国相继颁布了各自的精神卫生法,使精神障碍者的权益得到法律保障。第二次世界大战结束后,保护人权,特别是保护那些自身缺乏保护能力的弱势群体,受到国际社会的广泛关注。除了1948年联合国大会通过的《世界人权宣言》(The Universal Declaration of Human Rights)之外,一些国际组织和学术团体先后发表了一系列保护精神障碍者权利的宣言。1991年联合国第75次全体会议通过决议,提出《保护患精神疾病的人和促进精神保健的原则》(Principles for the Protection of Persons with Mental Illness and of for the Improvement of Mental Health Care),请各国政府予以重视,并作为精神卫生立法的依据。其中特别强调,要按照国际通行的医学标准诊断精神障碍,以防止精神病学滥用;要保障精神障碍者获得适当治疗的权利和自主选择的权利,包括知情同意、自愿住院和自愿治疗的权利。在国际法学界和精神病学界,对精神障碍者的"拒绝治疗权"进行过广泛的争论,至今仍然是法医精神病学中需要继续研究的课题。防止精神病学误用和滥用是国际上严重关注的另一个课题。

现在许多国家成立了法医精神病学学会,国际上有法律精神病学学会,每年都要在不同的国家举办学术交流会议,公开发行国际法律精神病学杂志。法医精神病学就是在这样的历史背景中,于20世纪中期逐渐建立起来的。

(胡泽卿)

第三节 与法医精神病学相关的主要学科

法医精神病学跨越法学和医学两个领域,并与心理学、行为科学和临床医学有着密切联系。从事法医精神病学工作,不仅应有临床精神病学的坚实基础,还应有其他相关学科的基本知识。

1.法学 为司法机关提供专家证言是法医精神病学的基本任务之一,作为法医精神病学工作者应该熟悉法学中的一些基本概念,如犯罪和犯罪构成、责任能力和行为能力、刑事和民事诉讼程序、现行法律和法规中有关精神障碍的条款及其正确含义、司法机构的职能以及精神障碍的法学含义等,才能避免法律方面的错误。另一方面,在应用精神病学知识解决法律问题,为法学服务的过程中,法医精神病学工作者与公安、检察、审判、律师等法学工作者常有密切联系,需要相互了解、相互支持,建立相互信赖的良好工作关系,为维护和健全法制社会这一总的目标而共同奋斗。

2.临床精神病学 法医精神病学的主要研究对象是涉及法律问题的各种精神障碍者或疑似精神障碍的人,因此,从事本学科的工作者必须具备坚实的临床精神病学知识和丰富的临床实践经验。缺乏良好的临床精神病学训练,很难对复杂的精神现象进行正确的分析和恰当的判断。因此,作为合格的法医精神病学鉴定人,除学习法学概论和法医学课程外,还要求经过精神病学的系统学习和临床训练,以取得实践经验,并熟练掌握精神检查等临床技术;同时还应参加大量检案工作,了解实际工作中遇到的各种复杂案例和面临的疑难问题及其处理对策。精神科临床医师从事法医学鉴定,则应接受必要的法医学训练;学习法学和法医学知识,了解与精神障碍有关的各种法律规定,以及法医学鉴定的特殊要求,并参加精神障碍的法医学鉴定实践。法医精神病学与临床精神病学有许多重要区别。首先,两者的任务和工作性质迥然不同。精神科临床医师的基本任务是诊断和治疗患者,为恢复患者的健康服务;其服务对象是精神障碍患者。法医精神病学工作者的基本任务是判断被鉴定人的精神状态及其法定能力,为司法机构提供法医学证据或咨询意见,为维护和健全法制服务;其服务对象是委托方。其次,认识和思考问题方法不一样。精神科临床医师是从医学观点去理解精神障碍,把精神障碍看做是由生物-心理-社会因素决定的,患者没有自由选择的余地;临床诊断主要依据医学标准和临床经验;其处理着眼于控制当前病态的发展和促进健康的恢复;针对存在的病因或症状,给予积极的治疗和干预。而法医精神病学工作者,必须从法学和医学两方面去理解精神障碍,要求判断其危害行为在多大程度上受自由意志或精神病理所支配;其鉴定意见主要根据提供和收集的证据对医学事实加以认定,并根据法学标准对被鉴定人行为时的辨认能力、控制能力、理解能力或自我保护能力进行推断;其重点不在于改变被鉴定人当前的病理状态,而在于对其过去的违法行为是否具有承担法律责任的能力或患病期间应维护的权益加以认定。再次,在作决策时对两者的要求也不相同。在决定治疗方案前,精神科临床医师对诊断的要求大致可靠也就可以开始治疗。但在法庭作出判决前对精神障碍的法医学鉴定意见,则要求证据确凿、理由充分、令人信服;并且提出的意见须清楚,不能模棱两可。此外,精神科医师的临床诊疗过程,没有严格的法定程序和时间限制;而精神障碍的法医学鉴定,必须严格按照法定程序,符合法律规定,在一定时间内完成。精神科医师了解这些差异,对参与法医学鉴定、保证鉴定质量是很有必要的。

3. 心理学 从心理学的角度研究违法犯罪的原因和心理活动规律,研究诉讼参与人在不同处境的心理特征,研究服刑中罪犯改造的心理学方法,以及变态心理与违法犯罪行为的关系等,是当代心理学中新的分支学科法律心理学(legal psychology)的基本内容。美国一些法律心理学家不仅研究上述理论问题,并且同法医精神病学家一道,参与精神鉴定,为司法机构提供心理学证据或咨询意见,或对被拘禁的囚犯提出心理学处理的建议。法律心理学的这些内容与法医精神病学关系甚为密切,我国一些法医学专业在培养法医师的教学计划中,已将法律心理学列为基础课程。

4. 行为科学 行为科学是研究人类社会行为规律的科学,与医学和法学都有密切联系。精神障碍者可因辨认能力或控制能力损害,出现违反社会行为规范的行为,与精神正常的人的违法犯罪活动有本质的不同;但两者都对社会造成不良影响,都属非适应性行为。运用行为科学的原理,对各种非适应性行为进行矫正,是矫正精神病学的重要研究内容之一。从事法医精神病学工作应具备行为科学的知识,并对其分支学科犯罪行为学或犯罪学有所了解。

5. 法医学 法医精神病学与其他亚专业法医病理学、法医物证学、法医毒理学、法医毒物分析、法医人类学、临床法医学等同属法医学的分支学科。从学科体系来看,本学科应属于临床法医学的一部分。但由于精神障碍具有许多不同于躯体损伤的特点,且本学科与临床法医学的发展历程各不相同,近半个世纪以来,法医精神病学已发展成为一门独立的学科。但法医精神病学工作者对法医学,包括临床法医学等分支学科的一般知识、研究方法和内容,应该有所了解,以便在检案、教学和研究工作中,与其他分支学科相互联系,协同工作。

(胡泽卿)

第四节 法医精神病学工作者应有的品质和技能

作为合格的法医精神病学工作者,除要求掌握上述广泛的基础知识、熟练的临床技术和丰富的实践经验外,还必须具备优良的品质,才能保证工作任务圆满完成。要求的品质特点主要包括:

1. 严谨的工作作风 精神障碍属病理心理现象,具有易变、无形、躯体上不留痕迹等特点,但常通过言语行为表达出来,产生社会影响,形成客观事实。精神障碍的法医学鉴定,首先必须弄清事实;只有事实清楚、证据确凿,结论才可靠。不正确的鉴定意见可导致冤、假、错案,不仅对当事人及其亲属会造成损失,而且对司法部门的威信也会产生严重损害。因此,在鉴定工作中必须认真研究调查资料、全面了解案情、细心分析、严格论证;切不可捕风捉影、草率从事。进行学术探讨和研究工作,也应养成严谨的工作作风,去除浮夸陋习。

2. 客观的思想方法 应该强调的是以事实为依据,反复核实、缜密论证;反对先入为主、主观臆断。要严格区分收集的资料,哪些是客观事实、哪些是主观印象或揣测;对提供的精神医学资料,是否完整、详尽、真实、可靠,要进行分析和评价。应避免在资料不完整、事实不可靠、证据不确凿的情况下,光凭主观推测便下结论。思想方法的片面性是对精神障碍的性质以及辨认能力和控制能力判断错误的一个重要原因,需要通过实践,努力加以克服。

3. 公正中立的检案态度 精神障碍的法医学鉴定要严格按照法律规定,以法律为准绳,明辨是非。既要维护国家利益、社会安定和公民权利,又要维护精神障碍者的合法权益;应该坚决反对受控于诉讼一方,歪曲事实、徇情枉法的错误态度。恪守中立客观、公正、科学的立场。

法医精神病学工作者应具备以下技能:

1. 评估异常行为 鉴定人需要临床精神病学知识和经验及犯罪心理学知识,根据委托人或单位提供的案卷材料及相关检查,综合分析后评判被鉴定人的表现是否可以适用犯罪心理学解释;如果不能,其表现是否构成精神疾病。

2. 为委托人或单位出具法医精神病学鉴定意见书 司法行政管理机构颁发有供参考的鉴定意见书格式,鉴定意见书中应有支撑最后鉴定意见的主要依据。发达国家称为法庭或律师写鉴定报告。

3. 出庭作证 刑事诉讼中应在开庭三日前送达出庭通知书。在庭审中要听从主审法官的指令,简要陈述鉴定意见书的内容,然后回答原告方或被告方或法官的问题,听到主审法官的退场指令,即可退场。在加拿大不列颠哥伦比亚省,有专门法庭负责审理涉法精神疾病患者的案件,因鉴定人出庭费较高,多由案件管理员代替鉴定人出庭作证。

4. 熟悉与精神病学密切相关的法律法规 法医精神病学鉴定的法律依据,就是本国的法律、法规,特别是与精神病学相关的条款,例如《中华人民共和国刑法》第十八条、《中华人民共和国刑事诉讼法》第一百四十四条至第一百四十七条,等等。

5. 熟悉对精神疾病的治疗 在发达国家的法医精神病学体系中,治疗监护机构完善,在治疗组中,法医精神病学专家主要负责诊断与药物治疗。

(胡泽卿)

本章小结

法医精神病学是研究精神障碍与法律相关问题的医学分支学科,其主要研究内容有法医精神病学鉴定、精神障碍与违法行为的关系、精神障碍违法者的治疗监护、精神障碍违法者危险行为的预测等等。法医精神病学的主要相关学科是法学、临床精神病学、心理学等学科。法医精神病学专家应有:评估异常行为、为委托人或单位出具法医精神病学鉴定意见书、出庭作证、熟悉与精神病学密切相关的法律法规、熟悉对精神疾病的治疗等技能。

关键术语

法医精神病学(forensic psychiatry)

法律与精神病学(law and psychiatry)

受审能力(competency to stand trial)

治疗组(treatment team)

监护(guardianship)

监护人(guardian)

矫正精神病学(correctional psychiatry)

监狱精神病学(prison psychiatry)

风险评估(risk assessment)

精神卫生法(mental health law)

误用(misuse)

滥用(abuse)

法学(law)

临床精神病学(clinic psychiatry)

心理学(psychology)

人权(human rights)

思考题

1. 法医精神病学是怎样产生的?
2. 目前中国法医精神病学存在哪些问题?
3. 你认为可从哪些方面去解决哪些问题?

第二章 法学基础

案例2-1 ▶

1843年,在英国伦敦发生了著名的麦克劳顿(Daniel McNaughton)案件。麦克劳顿是一个苏格兰人,职业是木匠,在患了偏执型精神分裂症后,认为执政的托利党(即保守党)在迫害他:"无论我走到哪里,托利党人就追踪我、迫害我,完全摧毁我的安宁,⋯⋯由于他们的追踪迫害,使我终夜不能安眠⋯⋯他们控告我犯罪,但实际上我是无辜的。他们运用掌握的权力施尽一切办法来折磨我、迫害我,实际上是想谋杀我。"为此,麦克劳顿一度逃到法国去避难,但仍觉危机重重。后来就自行返回伦敦决定进行反击,去刺杀托利党党魁兼首相皮尔(Robert Peer),开枪时误中其秘书致其死亡。

事件发生后,法庭认为这是一起"政治谋杀案",判处麦克劳顿死刑。再审过程中,医生出庭作证,确定麦克劳顿属于精神错乱。因此陪审团宣判麦克劳顿无罪,而将他移送到疯人院里度过余生。经过再审而改判无罪,立即引起了公众的愤怒与骚动,激起社会舆论的强烈反对,并且在上院展开了一场激烈辩论。同时,也引起了维多利亚女皇的关注。为了寻求清楚而严谨的刑事责任概念,特地召开会议来听取法官们对处理这类案件的意见。15名法官参加了这个特别会议。会议制定出著名的麦克劳顿条例:

"在任何情况下都应告知陪审员们:应假设每个被告人是心神正常的并具有足够的理由应对其犯罪责任,除非证明了是相反的情况。如果被告人以精神错乱为理由进行辩护时,那么必须能清楚地证明他在进行危害行为的当时,由于患精神疾病而处于精神错乱状态,例如他不了解自己行为的性质,或者他虽然了解但不知道自己的作为是错误的或违法的。"

第一节 两 大 法 系

法系(legal system)是在对各国法律制度的现状和历史渊源进行比较研究的过程中形成的概念。是指若干国家和地区的法律现象的总称,这些法律现象具有相同或相近的渊源、传统和原则、特征。一个法系常被多个国家或地区采用,但也有同一国家不同地方采用不同的法系的情况,如英国、美国、加拿大是典型的普通法系国家,但英国的苏格兰、美国的路易斯安那州和加拿大的魁北克则采用大陆法系的法律制度。在人类的发展史中曾存在着多种不同的法系,如斯堪的那维亚法系、中华法系、伊斯兰法系、印度教法系等。目前影响最大、发展最好的两大法系是大陆法系和英美法系。

一、大陆法系

大陆法系(continental laws)又名民法法系(civil law system)、罗马法系、法典法系或罗马-德意志法系,指首先产生于欧洲大陆并以罗马法为传统发展起来的世界各国和地区的法的总称。罗马法的起源是著名的十二铜表法(XII-Tables)(公元前449年),此后,罗马法取得了很大的发展,经过数千年的历变,成了今天许多国家的法律基石。其中,东罗马帝国皇帝查士丁尼(483—565年)于公元6世纪主持编纂的《查士丁尼法典》(Justinian's Code)是大陆法系极为重要的来源;《查士丁尼法典》的内容基本上属于民法(以及民事诉讼法),因此又称民法法系。因受到中世纪欧洲的教会法、日耳曼法和商人法的影响,所以又叫罗马-日耳曼法系,或罗马-德意志法系。1804年拿破仑(Napoleon,1769—1821年)制定《法国民法典》之后,开始了一场世界化的法典化运动,在18世纪,欧洲大陆的许多国家都颁布了法典,尝试列出各种法律分支的规范,采取成文法典形式,所以又称成文法系或法典法系。

大陆法系的特点是由立法机关系统地制定出各种法律、法规,各案例的判决均以法律法规的条文为标准。其形式上具有体系化、概念化的特点,便于模仿和移植,因此成为许多国家地区仿效的对象。如明治维新后的日本和清末、民国时期的中国都主动学习大陆法系国家(主要是德国)的法律制度。大陆法系覆盖了当今世界的广大区域,以德国、法国、瑞士、日本等国为代表国家。我国受大陆法系的影响,是成文法国家,目前已经形成了中国特色社会主义法律体系。

二、普通法法系

普通法法系(common law system)亦称英国法系、英美法系,是指以英国中世纪至资本主义时期的法为传统而产生和发展起来的各国和地区的法的总称。由于它主要是以英国中世纪开始出现的"普通法"(common law)为代表的,因而得名普通法法系;美国法是普通法法系的重要组成部分,所以又称英美法系。

普通法法系是1066年英王威廉一世(William I,又叫William the Conqueror,1028—1087年)带领诺曼人(Normans)征服英格兰(史称Norman Conquest)后逐渐在12世纪及13世纪发展成形的。它不像大陆法系那样固守罗马法传统和编纂法典,而是注重通过办案遵循先例的形式,广泛吸取日耳曼法和习惯法以及罗马法和教会法的原则和思想,逐步形成并得以发展。当时英王室为加强司法审判权,派官员至全国各地进行巡回审察并逐步建立王室法院——普通法法院。当时没有成文的法例规范,法院根据英王敕令、当地的社会风俗、习惯、道德观念和一般常理进行判决,这些判例逐渐累积,加之法官习惯上会尊重和跟随以前法官(尤其是较高级法庭的法官)判案的原则,数百年后,累积起来的判例便逐渐形成了一套适用的法律——这种无需经过立法机关立法而成的"法律"慢慢确立,所以普通法又叫不成文法。

后来(14—15世纪)由于普通法法院的程式极为僵化,妨碍了有些案件的处理,英王便委托大法官进行审理,最后为专门审理这类案件而建立了独立的法院系统——大法官法院或衡平(equity)法院。其对这类案件的判决所形成的判例法就称为衡平法,以示与普通法的区别。17世纪,衡平法院与普通法院的管辖权不断重合,到了18世纪,衡平法成了一个补充的司法制度。在司法精神鉴定中最有名的McNaughton Rule(麦克劳顿条例)便由该法院作出。普通法也应包括衡平法在内,是以某一案例的判决为蓝本,从而制定出有关的条例、法规。所以,英美法系又称习惯法(common law)或判例法(case law,judge-made law),英国及所有现在或以前曾是英殖民地或属土或英联邦国家,如加拿大、大洋洲、新加坡、马来西亚、印度、巴基斯坦等地,均采用此法系。香港的《香港基本法》规定使用普通法法系。

三、两大法系的比较

大陆法系与普通法法系的本质、经济基础和基本原则是相同或相通的。但由于各自产生和发展的历史传统不同,因而存在一定差异:

1. 立法权的归属及法的渊源的比较 大陆法系的法官只能司法、不能立法,奉行只有立法机关才能立法的原则。法官首先考虑成文法律条款所规定的一般法律准则,按法律条款办案,同时下级法院不受上级法院的约束。但由于上诉制度的存在,一般下级法院不会冒使自己的判决通过上诉而被撤销的风险。普通法法系的立法权实际上由立法机关即议会和法官分掌,法官有权创制判例法。判例法与制定法都是法的渊源,判例法在很多情况下更是基本的渊源。最高法院的判决对下级法院具有约束力,维持前判例是普通法系的一个重要原则。

2. 诉讼活动的比较 大陆法系采用纠问式,即法官通过讯问当事人,根据所查明的事实作出判决。人们期望法官通过揭露事实真相来独立地指导诉讼。法官有责任也有权力了解他想知道的事实证据,法官依靠当事人查清事实,但不受当事人提供证据的限制。在开庭审理过程中,法官居于主要地位,诉讼双方不居主要地位,发言需经法官许可,有关证据在当事人不在场的情况下可以提出。法官的内心确认和自由裁量权相对较小。

普通法法系则采用对抗式(adversary system)或辩论式,即在民事诉讼中由双方律师、在刑事诉讼中由公诉人和被告律师担当主要角色,法官不过是充当中立的裁定者。当事人负有举证责任,证据必须在当事人在场的情况下提出,否则无效,当事人可以同对方证人在法庭中对质。一般法官不能干涉证据调查或扩大证据调查范围,他受当事人提供的证据的限制,法官的作用是权衡摆在眼前的证据。法官扮演的角色是一位公断人或不偏不倚的仲裁人,他决定辩论的范围以及哪些证据可以提交陪审团考虑。这对法官的要求高,法官的内心确认和自由裁量权大。

大陆法系开庭审判以案卷材料为主进行。普通法法系开庭审判是以口头讯问为主。在适用法律时,大陆法系的法官首先考虑成文法典如何规定。普通法法系的法官首先要研究以前类似案件的判决,从中抽出适用于眼前案件的一般原则,然后对本案作出判决。

3. 证据展示制度的比较 大陆法系主要通过阅卷方式,律师可到法院书记处阅卷,如果控方有有利于被告的证据应当展示,如不展示的要受到惩罚,而且其他证据将可能被判无效。普通法法系要求控方在开庭前将证据向辩方展示;辩方在接受展示证据后,应向控方提交自己辩护的观点,如果辩方有证据,也要向控方展示,包括罪轻的证据,严重欺诈犯罪中的证据等。两大法系的共同点是,严重案件时证人必须出庭;辩护方要求证人出庭的,证人必须出庭;对证人拒不出庭有相应的制裁;对出庭的证人有保护措施和必要的补偿。

4. 司法鉴定的比较

(1)鉴定启动权:普通法法系的对抗式诉讼模式下,证据的提出,事实的发现和诉讼程序的推进都是由控辩双方负责。即实行当事人主义诉讼模式,在这种模式下在一个案件是否委托鉴定由当事人双方自行决定。因此一般除涉及隐私、精神状态以及涉及死亡等特定领域的鉴定由当事人向法官申请,并且由法官决定由谁来鉴定外,其他方面是否进行鉴定及由谁来进行鉴定,则完全是由当事人来决定。即普通法法系的鉴定权是控辩双方平等拥有的。鉴定人被称作专家证人,专家证人同律师一样成为当事人利益的维护者,满足了当事人的诉讼需求,由于专家证人由双方当事人委托并支付报酬,专家证言的偏向性也就在所难免。

大陆法系的职权主义的诉讼模式下,整个诉讼活动,包括侦查和起诉都认为是为法官发现事实而服务的。通常将司法鉴定的启动权作为司法权的组成部分,故司法鉴定程序的进行通常由法官来启动。决定鉴定和委托鉴定人都是由法官来进行的,因为他们把鉴定人看作法官的助手。当事人对鉴定的进行只有请求权没有决定权。如德国《刑事诉讼法典》第七十三条规定,司法鉴定的委托权专属于法官。法国《刑事诉讼法典》第一百五十六条规定:"任何预审法官或审判法官,在案件出现技术方面的问题时,可以根据检察院的要求,或者依自己的职权,或者依当事人的要求,命令进行鉴定。"可见,当事人享有鉴定申请权。大陆法系的这种鉴定启动模式人们称为鉴定权主义,该模式由于鉴定人不受诉讼当事人的影响,其作出的鉴定意见也就更具有可信性,易于被当事人所接受。但是,该模式鉴定结论单一,而法官又缺乏对专门问题的了解容易导致误判。

(2)鉴定人的资格:在普通法系中,对什么人能够担任鉴定人问题并无专门的法律限制,有关法律或权力机关并不明确规定哪些人具有鉴定人资格;鉴定人像证人一样,主要由控辩双方聘请,为控辩双方服务,故英美国家将鉴定人称为"专家证人"。所谓"专家"《布莱克法律词典》的解释为"通过受到教育或个人经验而获得专门领域内知识的人。"美国《加州证据法典》第七百二十条规定充当专家证人的资格为:"如果一个人对他的证言要涉及的问题有专门的知识、技能、经验、训练或教育,使之能充分的具备专家的资格,那么他就有资格充当专家作证。若一方有反对意见,在他以专家身份作证前应表现出自己的专业知识、技能、经验、训练或教育。"在英美法系国家,鉴定人的地位与普通证人相差无几,立法上不确定鉴定人资格,也不将鉴定权固定授予特定的人或机构。任何人都可能成为案件的鉴定人,只要参与审理有关案件的法官或陪审团认为其具备鉴定人资格即可。

大陆法系国家通常把司法鉴定理解为是帮助法院认识的活动,其职责在于弥补法官知识和经验的不足,承担着近乎法官的准司法职能,因而,如同担任法官必须具备一定条件一样,担任鉴定人有严格的资格要求。大陆法系国家通过建立鉴定人名册制度,由专门机构通过特定的考评和登录程序,将全国具有司法鉴定资格的专家根据行业登记造册,严格限定了鉴定人的资格。如法国《刑事诉讼法典》第一百五十七条规定,鉴定人应当从最高法院办公厅制作的全国专家名册中所列的自然人和法人中选取,或者从各上诉法院与总检察长商定提出的名册中选取。意大利《刑事诉讼法典》第二百二十一条规定,"法官在任命鉴定人时,应当从专门登记簿上注册或者具备某一特定学科的专业能力的人员中挑选。"

(3)两大法系都没有统一的鉴定机构,鉴定人有出庭接受质证的义务:不论是在英美法系以"专家证人"姿态出现的鉴定人,还是在大陆法系以"法官的辅助者"姿态出现的鉴定人,其在司法鉴定活动中的行为都属于个人行为,都要接受当事人的聘请或法庭的指派具体实施鉴定活动,即接受法官委任、指定或者控辩双方传唤的鉴定人必须是自然人,而不能是鉴定机构。鉴定人要为自己的鉴定结论负责,并亲自接受控辩双方的申请(英美法系的情况下)或接受法庭的传唤(大陆法系的情况下),出庭接受质证。在法庭上,鉴定结论要接受辩、控双方的交叉质证,要说服法官和陪审团,要通过这一关难度很大。鉴定结论只是一种专家证词,若不能令法官和陪审团信服,则证词无效,不存在重新鉴定程序。

鉴定形式属个人行为,鉴定内容完全依据委托人的要求而定,只对委托人负责。

中国受大陆法系的影响,是成文法国家,在中国特色社会主义法律体系下,审判制度正在从纠问式向辩论式转变。量刑与裁定采用合议厅制度。

(胡峻梅)

第二节 罪 与 非 罪

一、犯罪的概念

罪与非罪的界限是十分复杂而又极其重要的问题,关乎行为人的人身权利。我国《刑法》第十三条规定:"一切危害国家主权、领土完整和安全,分裂国家、颠覆人民民主专政的政权和推翻社会主义制度,破坏社会秩序和经济秩序,侵犯国有财产或者劳动群众集体所有的财产,侵犯公民私人所有的财产,侵犯公民的人身权利、民主权利和其他权利,以及其他危害社会的行为,依照法律应当受刑罚处罚的,都是犯罪,但是情节显著轻微危害不大的,不认为是犯罪。"该规定是我们认定罪与非罪的基本依据,由此可见所谓犯罪是国家以法律规定的具有社会危害性并应当受到刑罚处罚的行为。

根据《刑法》的规定,犯罪具有以下基本特征:

1.犯罪具有社会危害性 即是危害社会的行为。社会危害性是指犯罪行为危害我国刑法所保护的社会关系以及体现这些社会关系的国家和人民利益的特征。不具有社会危害性的行为就不是犯罪行为。一般违法行为和犯罪行为都是具有社会危害性的行为,两者区别的关键是危害程度的大小,行为的"情节显著轻微且危害不大的,不认为是犯罪"。对违法行为的处罚主要有行政处罚和刑事处罚。行政处罚中主要的也是与刑事处罚最密切的是治安处罚,2005年8月通过,并于2006年3月实施的《中华人民共和国治安管理处罚法》第二条规定:"扰乱公共秩序,妨害公共安全,侵犯人身权利、财产权利,妨害社会管理,具有社会危害性,依照《中华人民共和国刑法》的规定构成犯罪的,依法追究刑事责任;尚不够刑事处罚的,由公安机关依照本法给予治安管理处罚。"违反治安管理的行为与刑法中规定的"罪"只有程度上的差别,但是它们的法律意义是根本不同的,违反治安处罚条例的行为不是犯罪,刑事处罚的是犯罪行为。

2.犯罪具有刑事违法性 即是触犯刑律的行为。犯罪行为的社会危害性表现在法律上就是违法性。在具有社会危害性的行为中,并不都是犯罪,只有那些触犯刑法的具有社会危害性的行为才是现代刑法意义上的犯罪。在罪刑法定原则支配下,有些行为即使有严重的社会危害性,倘若未违反刑法的规定,不符合犯罪构成,也不是犯罪。刑事违法性是犯罪的基本法律特征。《刑法》第三条规定:"法律明文规定为犯罪行为的,依照法律定罪处刑;法律没有明文规定为犯罪行为的,不得定罪处刑。"即是否构成犯罪,构成什么罪,是否需要刑罚处罚,给予什么样的刑罚处罚,均由刑法明文加以规定;对于刑法没有明文规定为犯罪行为的,不得定罪处刑。

3.犯罪具有应受到刑罚惩罚性 即是应当受到刑罚惩罚的行为。犯罪是刑罚的前提,刑罚是犯罪的法律后果,犯罪的概念包含着刑罚的要求。某一行为只有当它的危害比较严重,已经达到应当用刑罚加以制裁时才是犯罪,并"依照法律定罪处刑"。

二、犯罪构成

从犯罪构成理论理解罪与非罪。所谓犯罪构成,就是我国刑法规定的某种行为构成犯罪所必备的主观和客观要件的总和。其与犯罪概念密切联系又有区别,犯罪概念回答"什么是犯罪"的问题,提供罪与非罪的基本标准,是犯罪构成的基础。而犯罪构成回答的则是"犯罪成立必须具备哪些要件"的问题,为罪与非罪问题的解决提供明确的具体的标准,是犯罪概念的具体化。依刑法规定,犯罪构成要件包括四个方面:①犯罪客体;②犯罪客观方面(属犯罪的客观要件);③犯罪主体;④犯罪主观方面(属犯罪的主观要件)。缺乏任何一个要件便不能构成犯罪(图2-1)。

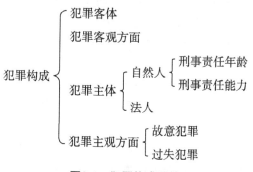

图2-1 犯罪构成要件

1.犯罪客体 犯罪客体是指我国刑法所保护而为犯罪行为所侵害的社会关系,是相对于主体而言,是被主体作用的对象。犯罪客体和犯罪对象是不同的,犯罪对象是犯罪行为所直接作用的具体人和物,犯罪行为作用于犯罪对象,是通过犯罪对象来侵害一定的社会关系。一切犯罪都会使犯罪客体受到侵害,而犯罪对象则不一定,如盗走别人的财物(汽车)会侵害主人的财产所有权,但财物(汽车)并未受到损害;再如盗窃存放在仓库里的电线和盗窃正在通电线路上的电线,其犯罪对象都是电线,但犯罪客体不同,前者是盗窃罪,后者是破坏电力设备罪。

2. 犯罪客观方面 是指犯罪行为对刑法所保护的社会关系造成侵害的客观外在事实特征,即犯罪的行为和由这种行为所引起的危害社会的结果。它包括的内容有犯罪的行为、时间、地点、方法、工具和结果。

犯罪行为是指人在自己的意识支配下所实施的危害社会、触犯刑律并为刑法所禁止的身体活动。没有人的一定身体的动作,不可能构成危害行为,因为仅仅有思想活动而没有行为,是不可能产生危害社会的结果的,即犯罪行为是在人的主观意识支配下实施的,倘若人的行为是在无意识或无意志的状态下进行的即使造成了损害,也不构成犯罪。

犯罪行为有两种基本形式;作为和不作为。作为是行为人用积极的行动实施我国刑法所禁止的行为,例如盗窃、抢劫、强奸等,大多数犯罪行为表现为作为;不作为是指消极的行为,即行为人在能够履行自己应尽义务的情况下而不去履行,如遗弃等。在刑法当中,犯罪行为能给刑法所保护的社会关系已经造成或可能造成一定的损害,如果没有行为也不可能造成损害,那么就不能认为是犯罪。

3. 犯罪主体 是指实施了危害社会的犯罪行为,依法对自己的罪行承担刑事责任的人。犯罪主体从主体的自然属性上可分为自然人主体和单位主体。自然人主体是指从事了危害社会的行为,达到刑事责任年龄,具有刑事责任能力的自然人。

所谓刑事责任年龄,亦称责任年龄,是指刑法规定的行为人应当对自己的犯罪行为负刑事责任的年龄。行为人只有达到一定年龄,具有识别是非善恶和自觉支配自己行为的能力时,才对自己的犯罪行为负刑事责任。我国《刑法》第十七条规定:"已满十六周岁的人犯罪,应当负刑事责任。已满十四周岁不满十六周岁的人,犯故意杀人、故意伤害致人重伤或者死亡、强奸、抢劫、贩卖毒品、放火、爆炸、投毒罪的,应当负刑事责任。已满十四周岁不满十八周岁的人犯罪,应当从轻或者减轻处罚。因不满16周岁的人犯罪不予刑事处罚的、责令其家长或其他监护人加以管教,在必要时,也可以由政府收容教养。"这是《刑法》对刑事责任年龄的四种规定。

刑事责任能力,简称责任能力,是行为人理解自己行为在刑法上的性质、意义和后果,并对自己行为加以控制和承担刑事责任的能力。刑事责任能力是犯罪主体的核心和关键要件,具有刑事责任能力则可能成为犯罪主体并被追究刑事责任,无则不能够成为犯罪主体。

刑事责任能力的有无既和责任年龄相关,也和精神状况相关。我国《刑法》第十八条规定:"精神病人在不能辨认或者不能控制自己行为的时候造成危害结果,经法定程序鉴定确认的,不负刑事责任,但是应当责令他的家属或者监护人严加看管和医疗;在必要的时候,由政府强制医疗。间歇性的精神病人在精神正常的时候犯罪,应当负刑事责任。尚未完全丧失辨认或者控制自己行为能力的精神病人犯罪的,应当负刑事责任,但是可以从轻或者减轻处罚。醉酒的人犯罪,应当负刑事责任。"

根据刑法,我国对刑事责任能力程度的规定有三种情况:完全责任能力人,凡年满18周岁、精神和生理功能健全、智力和知识发展无异常的人都是完全刑事责任能力的人;完全无刑事责任能力人,不满14周岁的人和行为时因不能辨认或控制自己行为的精神病人;限制刑事责任能力人,包括已满14周岁不满18周岁的人,因其年龄因素的影响而不具备完全刑事责任能力、又聋又哑的人、盲人和尚未完全丧失辨认或控制自己行为能力的精神病人。

4. 犯罪主观方面 人的行为是受思想意识和意志支配的,是否实施危害社会和统治阶级利益的犯罪行为,是由自己选择的结果。因此犯罪主观方面就是犯罪主体对自己实施的危害行为及其危害结果的故意或者过失的心理状态。包括故意犯罪和过失犯罪两方面。

故意犯罪:刑法规定,明知自己的行为会发生危害社会的结果,并且希望或者放任这种结果发生,因而构成犯罪的,是故意犯罪。这一规定表明,故意有直接故意与间接故意两种:直接故意是行为人明知自己的行为可能发生危害社会的结果,并且对危害结果持积极追求的心理态度,即希望这种结果的发生。间接故意是行为人明知自己的行为会发生危害社会的结果,对危害结果不反对也不设法阻止,即放任这种结果的发生。故意包含了认知因素和意志因素,即行为人明知自己的行为会发生危害社会的结果及希望或放任这种结果的发生。

过失犯罪:刑法规定,应当预见自己的行为可能发生危害社会的结果,因为疏忽大意而没有预见,或者已经预见而轻信能够避免,以致发生这种结果的,是过失犯罪。过失犯罪也有两种,一是疏忽大意的过失,即行为人应当预见自己的行为可能发生危害社会的结果,因为疏忽大意而没有预见,以致发生危害结果。再一是过于自信的过失,即行为人已经预见自己的行为可能发生危害社会的结果,但轻信能够避免,以致发生这种危害结果。如《刑法》第三百三十五条规定:"医务人员由于严重不负责任,造成就诊人死亡或者严重损害就诊人身体健康的,处三年以下有期徒刑或者拘役。"所以医疗事故罪一般是过失犯罪,其主体是医务人员(具体为在医疗单位工作的医生、护士、药剂人员等),客观方面为严重不负责任造成就诊者死亡或者严重损害就诊人身体健康,主观方面是重大过失。

(胡峻梅)

第三节　法医精神学鉴定的法律依据

法律(law)是国家制定或认可的,由国家强制力保证实施的,以规定当事人权利和义务为内容的具有普遍约束力的社会规范。法律是人类社会发展到一定历史阶段的产物,其产生和发展受制于生产力水平,法律的制定、修改反映了社会生活中带根本性社会关系的行为规范。有关精神病的法律条文最早见于奴隶时代巴比伦王国的《汉谟拉比法典》(公元前1792—公元前1750年)。古罗马帝国时代(约在公元前4世纪—公元6世纪)的《十二铜表法》(公元前450年)中规定了精神病人保佐有宗亲、官选、遗嘱三种。在刑事案件中,古罗马法官强调的是犯意(mens rea),对精神病人有免除刑罚的法律思想。在随后几个世纪,精神错乱辩护标准经历了从单纯考虑行为人心理功能的认知功能损害,到同时考虑行为人心理功能的认知和意志功能损害的过程的变化。

目前各国的法律规定虽有差异,但无论是英美法系国家,还是大陆法系国家其有关精神鉴定的法律规定都经历了一个发展演变的过程。本节将介绍典型英美法系为代表的英国与美国、大陆法系为代表的德国及我国在不同时期对精神障碍者相关法律发展状况。

一、国内、外与精神病人责任能力相关的法律规定及演变

(一)英国

在13世纪前,英国的普通法不关心个体的内心想法,只要个体有违法行为就要接受法庭的审判。虽然涉及意图的描述可以追溯至罗马时期的查士丁尼法典(公元535年),但是第一位将意图引入普通法中的人是13世纪中期亨利二世时代的首席法官Henri de Bracton(?—1268年),他认为对于构成刑事责任,精神要素(mental element)与躯体行为(physical execution)同等重要。他的解释是,除非有伤害的主观意愿,否则不能判其有罪,对于其过错,我们在乎的是主观意志而非结果。根据主观意愿来定义人的行为,再论其刑事责任。因此,按照中世纪的普通法;一个人有刑法上的可罚性,其行为必须是蓄意的。抛开意愿,各种行为都是没有区别的,除非是有意伤害,违法行为将不会被判处。没有意愿的违法行为可能被说成是幼儿或疯狂者的行为,因为幼儿对自己的行为无知,而疯狂的人则对其行为缺乏理智,因此这两种人都被赦免。而疯狂的人其行为类同一头野兽,故应免于治罪。这便是后来称谓"野兽条约"(Wild Beast Test)(1265)的雏形。如何定义疯狂(madness),爱德华二世(Edward-Ⅱ,1284—327年)时期宣告,如果一个人的精神状况并不优于一头野兽,此人便是疯狂的(madness),后由精神错乱(insanity)一词取代。

再次提及野兽条约是发生于1724年的Edward Arnold案件,Arnold认为Onslow勋爵对他施以魔法,且进入身体内折磨他,他射击并伤害了Onslow。多位证人证实Arnold的行为古怪,他曾将烧红的炭扔

到父亲的餐盘里，而自己被烧得哇哇嚎叫。Onslow对其给予了充分的同情并竭力干预。后来，大法官Tracy根据Bracton的辩护标准对此案总结道："如果一个被告由于丧失心智，对其行为后果不能理解"，犹如一个婴儿，一头畜生，一头野兽，对其犯罪不承担责任。"因为精神错乱人的行为类同野兽，应当免于治罪"这便形成了"野兽条约"（Wild Beast Test）。结果Edward Arnold被认为有罪，应判处绞刑，最后被判为终身监禁。

但是1800年之前的英国，针对精神错乱的辩护并没有法律条文，精神错乱者的命运一直是模糊不清的。直到1800年5月15日发生了詹姆斯·哈德菲尔德（James Hadfield）刺杀英皇乔治三世（George-III，1738—1820年）案件后，精神错乱辩护才在法律条文中有一席之地，《1800年精神错乱刑事法》（criminal lunatics Act 1800）得以颁布，精神错乱可以作为叛国罪、谋杀罪和重罪的辩护理由，即因精神错乱而无罪（Not Guilty by Reason of Insanity, NGRI）。同时规定，精神错乱被告在宣告无罪后，将被人严加看管。

哈德菲尔德在战争中头部受伤有妄想症状，病态地认为，上帝要毁灭全球，只有以自己的生命为代价才能拯救众生，而其宗教信仰又视自杀为道德上的犯罪，所以认为向皇帝行刺必被处以极刑，故对皇帝开了枪，虽然并不真想打死皇帝。英格兰杰出的律师后来被任命为大法官的托马斯·厄斯金（Thomas Erskine）抓住了妄想的证据，并说服陪审团将妄想作为一个精神病人无罪的评定标准，即因精神错乱而无罪（NGRI）。这样，詹姆斯·哈德菲尔德被判无罪，同时被判无限期地羁押。詹姆斯·哈德菲尔德案件促进了《1800年精神错乱刑事法》（criminal lunatics act 1800）的颁布。

因维多利亚（Victoria，1819—1901年）女王不能接受"因精神错乱无罪"，女王的措辞是"guilty but insane"（有罪但精神错乱）。所以1883年的精神错乱审判条例（Trial of Lunatics Act of 1883）改为了"有罪但精神错乱"（guilty but insane, GBI），一直持续到了1964年，英国的刑事诉讼法（Criminal Procedure Insanity Act 1964 ））才将有罪但精神错乱由最初的因精神错乱无罪（NGRI）替代。

1840年，精神错乱辩护的另一个观念被提了出来。18岁的男招待员奥克斯福德（Edward Oxford）向维多利亚女皇女王和凯塞堤（Consert）王子开了两枪。法官托马斯·登曼（Thomas Denman，1779—1854年）在向陪审员论证时，陈述道：如果有一类疾病是一个人行为的真正动力，他不能抗拒，那么他将不负刑事责任。这就是所谓的"不可抗拒冲动"规则（the irresistible impulse test）的开端，也叫做登曼裁决"Lord Denman's ruling of 1840"。但Oxford是以精神错乱作无罪辩护，并不是以不可抗拒冲动进行辩护。审判开始时，主审官认为没有证据说明他是否患有精神病，后来，检察机关给出了医学证据，因为在审判期间，他们询问了医学证人Hodgkin医生。Oxford最终因精神错乱而判无罪（NGRI）。

1843年1月20日，因McNaghton杀死首相秘书的案件提出的麦克劳顿规则（McNaughton Rule）规定：应该假设每个被告人是心神正常的，并具有足够的理由认定他应对其犯罪负有责任，除非证明了是相反的情况。如果被告以精神错乱作为辩护理由，必须清楚地证明他在实施危害行为时，由于患有精神疾病而缺乏理智，以致不知道他自己行为的本质和特性；或者他虽然知道，但不知道自己的行为是错误的。

McNaughton规则又叫精神错乱辩护的认知标准，因为这个标准强调个人在犯罪当时的思维过程和对现实的知觉特性，即是否知道对错（right or wrong）的问题。

此条例是英国、加拿大和美国精神错乱刑事辩护的基础。当然不同的国家或同一国家的不同州随着时代的不同，对其进行了修改和解释，或增加新的条款。

但是因麦克劳顿条例中未含不可抗拒冲动规则的内容，在1843年至1922年之间，英国的法庭上几乎一直未认可冲动控制障碍。1922年，英格兰的法学家重新审核了麦克劳顿条例，并建议用不可抗拒的冲动这一观点来补充刑事案件中的精神错乱概念，他们主张"如果被告是在冲动的情况下实施犯罪行为的，而被告因患精神疾病不能抗拒这一冲动，并在该冲动的支配下产生犯罪行为，那么，被告对他的犯罪行为不负刑事责任。"法庭将这一条例解释为警察就在眼前条例，换句话说，即使警察当时就在被告身边,被告仍会实施其犯罪行为,法庭认为,只有在这种情况下,冲动才是不可抗拒的。

关于"限制责任能力"(diminished responsibility)的概念,是英国法官Bell于1835年在Braid案件中第一次使用。后来,1867年苏格兰的Dingwell案件中,法官承认:因被告处于精神失调状态,没有足够的证据证明是在精神错乱下所为,应评定为限制责任能力。1883年,英格兰Stephen论述:当精神错乱被证明,将有三个结果:有罪;有罪,但其自我控制能力因精神错乱而被削弱;因精神错乱而无罪。英国法官Gowers认为:如果一个被控告故意杀人的患有精神薄弱或在精神错乱的边缘的人,其责任能力实质性地被削弱,其犯罪可以从故意谋杀降到应受惩罚的过失杀人。然而,到了1949年苏格兰法律才正式建立"限制责任能力标准"。在1957年英国承认减轻刑事责任的辩护,但限于重罪:一个人杀了人或是杀人的参与者,没有证据证明是谋杀;如果他正罹患精神异常,实质性地损害了他的精神活动,评定为限制责任能力。

(二)美国

美国的司法制度分为联邦及州两大系统,且不同的州和联邦法庭采用不同的刑事责任能力认定规则。殖民地时期的美国采用英国的普通法,1638年对杀死自己3岁大女儿的Dorothy Talbye判以绞刑的,Talbye称是魔鬼撒旦叫她这样做的,虽然当时的当局也认为她确实是被魔鬼找到了,但是当时的马萨诸塞州并没有对犯罪行为者是否有精神错乱进行鉴别。

1843年英国麦克劳顿条例的概念传到美国后,在19世纪,除新罕布什尔州外,美国各州都采用麦克劳顿条例,持续100多年,直到1998年,美国还有25个州引用其进行精神错乱辩护。因为麦克劳顿条例只注意到了认知功能,未考虑到意志力(控制自己行为的能力)的受损。逐渐一些规则陆续出台,它们分别是不可抗拒或不可控制冲动条例(irresistible impulse)。

在美国,不能控制这一术语最早运用是在1834年俄亥俄州法院裁决刑事责任中,确定精神错乱辩护可以被接受,如果能够证明被告具有实施该行为的不可控制的强烈欲望。从1886年开始,一些州在麦克劳顿条例的基础上增加了新的内容,这就是不可抗拒的冲动条例。如果被告所患的精神疾病已经使他丧失了抗拒或控制冲动的能力,而他的犯罪行为正是由于这种冲动造成的,在这种情况下,被告将免于刑事责任。

德赫姆条例(Durham Rule),是1954年哥伦比亚特区上诉法院在审理Durha案件作出裁决而产生的刑事责任能力的条例,该规则认为,如果被告人的非法行为是精神疾病或者精神缺陷的产物(product of a mental disease or defect),该被告人不负刑事责任。

模范刑法典规则(Model Penal Code,MPC),是1962年美国法律研究所(American Law Institute,ALI)提出的精神错乱辩护规则。其主要内容是:①如果一个犯罪行为属于精神疾病或缺陷的后果,且在行为当时,他本人缺乏实质能力以致不能辨认本人行为,或者缺乏实质能力以使他的行为符合法律要求,则对其违法行为不负刑事责任;②"精神疾病或缺陷"不包括只表现为反复犯罪或反社会行为的异常。ALI的规则中包括:认识标准,由于精神疾病或缺陷,使被告缺乏辨认其行为的犯罪性质的实质性能力;意志标准:由于精神疾病或缺陷,使被告缺乏使其行为遵守法律要求的实质性能力。

ALI的MPC规则与麦克劳顿条例相比,在精神错乱的定义中用"辨认"替代"理解",不主张"对全部行为性质认识的缺乏",而只是"缺乏实质性能力";另外增加了一个独立的精神错乱辩护标准"有或无能力控制自己行为,即意志标准"。

1973年尼克松总统提出废弃精神错乱辩护,到1981年司法部的"暴力犯罪特别工作小组"提议联邦法律设立一个"有病有罪"(guilty but mentally ill,GBMI)条文。至1982年,欣克利刺杀里根总统案件后,废弃精神错乱辩护的浪潮席卷美国。许多州都认为:精神错乱辩护是"肯定的辩护",应废弃传统的精神错乱辩护,用"犯意"(mens rea)代替。有些州的MPC又被修改后的麦克劳顿条例取代,将麦克劳顿条例中的连接词"或"用"和"代替,使无责任能力的条件更严格。

1983年,美国精神病学会经充分的调查研究后,认为精神病学家的精神病证据对被告理解其行为的性质或认识其错误具有坚实的科学基础,是可信赖的,并提出其评定标准:被指控刑事犯罪的人因精神错乱而无罪,应证明是由于精神疾病或精神发育迟滞的结果,在作案当时他不能辨认其行为的错误性。当使用这个标准时,"精神疾病或精神发育迟滞"包括那些严重异常的精神状态,其显著并明确地损害了一个人的现实的感知或理解力;以及非故意地使用酒精或其他精神活性物质。

美国精神病学会不反对立法机关限制精神病学家对精神错乱辩护提供的证言,因为精神病学家是医学上的专家,而不是法律上的专家。精神病学家首要的任务是提供医学资料和有关被告精神状态的动机的意见,详细地解释作出医学(精神病学)结论的理由。

(三)德国

在欧洲德国,十二、十三世纪的罗马法复苏时期,精神错乱辩护并没有获得广泛的关注,即使是著名的评论法学派(或注释法学派)巴尔多鲁(Bartolus de Saxoferrato)(1314—1357年)的注释也非常简短"疯子不必惩罚",其源于查士丁尼的观点"极端的癫疯已使其受到了足够的惩罚"。

中世纪300年间欧洲各国盛行女巫说。1484年,两位教士耶科布(Jacob Sprenger)及亨利希(Heinrich Kramer)一同编撰《女巫之槌》(Malleus Maleficarum),发起了声势浩大的"欧洲女巫大审判"。Johann Weyer(1515—1588年)是第一个用精神病(mentally ill)术语来描述被认为是女巫(witches)的被告。他的法律观点是:女巫被告对伤害人是无罪的,因此他们不应该被烧死。Johann Weyer反对巫术,他是一位机敏的临床观察者,一例又一例的观察之后,他坚持精神疾病就像其他疾病一样,需要医生的医治,他批评对"女巫"进行鞭打。

1498年的沃尔姆斯司法改革公告(the worms legal reform edict)中,有对精神错乱免于处罚有了特别规定。1538年著名的德国法兰克福Johann Fichard法官(1512—1581年)称,疯子类似醉汉,在这两种心智被蒙蔽的情况下,应该减轻处罚,即使处罚,处罚应适当。

在意大利,法律专家、法学家们更积极地展示了对精神错乱辩护的关注,认为罪过和犯罪不只取决于其显示出的行为,同时还取决于其内心的情况。法学家及作家Andrea Alciato(1492—1550年)根据罗马法的传统,认为疯子不应该受到惩罚。整个16世纪的德国法官们,认同并引用了他们的意大利、法国同行们对罗马法解释的观点。然而,虽然接受了精神错乱减免处罚的观点,通过两个案例我们可以了解到在将医学引入法庭之前,当时法庭和法学家们是怎么处置现在称谓的精神错乱辩护的。

1590年1月12日在威登堡(Wurttemberg)比蒂希海姆(Bietigheim)地区的郝尔曼(Conrad Herman)杀死了他的妻子并在孩子们的床上攻击其四个孩子,结果邻居发现并逮住了他。问题是,郝尔曼如此不可理喻是否应该惩罚。大量的证据表明他是一位麻烦不断,疑心重重,狂暴易怒的男性,经常胡言乱语并控诉称其妻是女巫(witch)。其妻担心自己的性命,在1月12日之前采取过预防措施,她坚持开门入睡,并要求睡在厨房里的仆人和学徒们在听到任何响动时就立刻进来。同时她收起了房中所有的刀具,最终她死于丈夫的狂暴。该案例之所以不同寻常是,收集到基本的信息后,德国的法官们知道,在查士丁尼法典汇编中(Digest of Justinian)中有关于精神错乱辩护的内容。但问题是郝尔曼杀人时的精神状态,从收集到的信息看"他常常显得悲伤,并常常有怪诞的胡言乱语",法官们相信在清醒的间歇期之间发生了他致命的疯狂,并不是他不能够判断,他知道他在做什么并试图免于邻居知道,他称他明白也知道自己在做什么。一遍遍研究后法官清楚地证明,无论在案发前或后,他都具有很好的理解力,虽然其抑郁症障碍(melancholy disorder)困扰了他多个晚上以至于他不能够忍受一支蜡烛,但是他杀死了他的妻子,"疯狂,但是以我们的看法,是清楚的、故意的。"在法官看来,郝尔曼虽有抑郁和他的头部的疾病,但是他是有完全责任的,当时并没有考虑咨询医学专家的意见,所以虽然引用了几个医学名词,法官们对当时一段时期关于精神错乱者刑事犯罪的争议并不关心,仅仅引用了早在一千多年前的查士丁尼法典中的内容,1590年4月对此有罪之人判处了斩首。

1590年以后,德国的司法程序并没有保持纯正的罗马法,另一个案例可以为证。1596年一位撒克逊母亲结束了她几个孩子的性命,在对其进行审判时,当地的法官咨询了威登堡(Wittenberg)大学的法学专家,从Peter Heig教授的报告中可以看出他们对此案的关注。威登堡的法学家们显然立刻注意到了这位心神错乱的女性是"非心理健康且无所顾忌和情绪化的"。在犯罪前她有过荒谬而抑郁的词句,称她的孩子们将死于饥饿,即使她有满罐的肉在家中,其丈夫也认为他们有足够的粮食。她杀死他们的孩子以免他死于想象中的饥饿,她表现出了抑郁(melancholy)。Heig教授观察到了这样的情况,但是难以决定对这样的人该怎样惩罚。"不清楚,这样清晰的疯子为什么犯这样的罪"。Heig教授强调更多的医生帮助的必要性,Heig教授的观点为:她是抑郁但还没有全疯。如果完全错乱或狂怒被证明,嫌疑犯不被惩罚。最后这位母亲减轻处罚被判流放。Heig的观点对将医学证人和医学观点引入对犯罪的分析起到了关键性的作用。

从1550年到1750年之间,法律责任方面没有任何进展,法官们在这段时期的后半段一直重复着16世纪50年代的智慧,直到18世纪末,精神病学相关问题的处理还掌握在牧师、哲学家手中。

在18世纪末,德国的法律专家与医学专家就疯狂行为(madness)的医学概念与司法关系有过辩论,大哲学家康德(Immanuel Kant,1724—1804年)就热情地卷入了这次争论中。在其"源于实用主义观的人类学"(anthropology from a pragmatic point of view)中康德认为:假如有人对他人故意伤害,要回答他是否犯罪及其程度的问题,第一件事情就要确定在那时他是否是疯的。要试图回答行为人是否是发疯或他自己在完全明白的情况下做出这样的(行为)决定,这并不是法医学能够处理的事情。在这种情况下法院不能够把这个问题提交给医疗机构处理(因为其无能力),而应该提交给哲学家处理。

到了19世纪初,因为精神病收容机构(asylum)的建立扩充,为医学家提供了了解"疯子"的机会。1832年德国的医学教授Johannes B Friedreich(1796—1862年)在维尔兹堡对地方法官和审判者在该问题(处理精神病人的违法行为)上的能力进行了评议:这是需要经验的,而他们(法官们)自己没有,然而,医学团队具有。Friedreich的书籍传播至包括斯堪的纳维亚等地,并被翻译到瑞士、丹麦。Friedreich认为法官的哲学和"心理学知识"是不能够承担这个任务的,这个任务还需要法官是"解剖学家、生理学家和病理学家"。因为这要求他具有"涉及这些领域的经验,即是说,他必须同时是法学家和医学家"。Friedreich称谓这不仅需要法学的知识,也需要广泛的医学知识,以及一些特别的法律知识,其实际就是法医精神医学的任务。

19世纪末,德国的精神病家们已经在精神医学领域确立了绝对的权威。同时,受法国的《拿破仑法典》(1804年3月)制定的影响,法典编纂运动在19世纪末达到了新的高潮,德国为这场运动注入了新的活力。《拿破仑法典》(第六十四条)一般减免的法律编纂中规定:"假如被告在行为当时处于精神错乱状态,或假如他是由于他自己不能够控制的力量被迫而为的,既不是犯罪也不是违法。"

第一次从医学的观点来进行全面考察案件是1850年的马克西米利安·约瑟夫(Maximilian Joseph Sefeloge,1921—1859年)案件。精神错乱的警长马克西米利安约瑟夫试图杀害普鲁士国王弗里德里希4世(Friedrich Wilhelm Ⅳ,1795—1861年),除了澄清暗杀的政治背景外,违法行为的刑事责任问题也提了出来。由于案件的重要性,法医及三个著名的精神病学家对其进行了鉴定。由于这些医学教授们具有与精神病人接触的经验,他们似乎特别称职。这个19世纪德国独特的案件,成了精神病学家作为专家证人对罪犯的精神状况进行评估的典范,自此德国的司法精神病学不断地向前发展。

在1871年德意志帝国建立前,德国的各联邦国就广泛开展了法典编纂活动,1871年制定了《德意志帝国宪法》和《刑法典》等,这些基本法典经不同时期朝代的无数次修改,沿用至今。1949年德意志联邦共和国成立。1975年第二次修订的德国刑法书(Book of Penal Law,1975年)中关于精神异常罪犯(mental abnormal offender)的内容应用于整个德国,虽然各联邦自己有一些不同的解释,描述为"Schuldunfahigkeit"即"无能犯罪"(inability to be guilty),其不同于英国的NGRI。联邦德国的刑法典第二十条的因情绪障碍不能判罪中规定:"由于病理性情绪障碍,明显的意识障碍,精神缺陷或任何其他严重的情绪异常的行为无罪。"第二十一条规定了限制责任能力的情况。

（四）中国

中国古代法律对精神病人犯罪进行规定最早始于西周时期。《周礼》记载,司刺掌三赦之法:"一赦曰幼弱,再赦曰老耄,三赦曰蠢愚"。战国时期的法律亦有关于老幼犯罪应当予以赦免的规定,甚至有人因此伪装精神病人来避免杀身之祸,如孙膑。东汉时,关于精神病人犯罪是否应当减轻或免予处罚的问题,一些朝廷重臣曾发表看法。汉安帝年间的三公曹陈忠奏称:"狂易杀人,得减重论(狂易谓狂而易性也),父子兄弟相代死,听,赦所代者。"虽然陈忠关于精神病人犯杀人罪应当减轻处罚的主张得到了当权者支持,因而"事皆施行",但这一做法并没有成为定制。北齐时期,法律对于精神病人的犯罪行为给予了特殊的对待,如"合赎者,老小阉痴并过失之属"(刑法志),"痴"应视为精神病人。实体上的优待措施是以赎代刑,但若是犯重罪十条,则不可以赎。隋律承袭齐律,而唐律又承隋律,都存在对精神病人犯罪特殊对待的做法。唐律是迄今为止保存下来最早的一部古代法典。唐律关于精神病人犯罪的法律制度有以下内容:第一,将精神病人分为两种,一种是程度较轻的,称为痴,在法律中列入废疾;另一种程度较重的,称为癫狂,列入笃疾。痴者犯流罪以下,收赎,犯三流及死罪则依律处断。癫狂者则不仅流罪收赎,若犯盗及伤人罪应死,也是收赎;只有犯反逆、杀人应死者,(才)上请。当然,上请的结果可能是收赎,亦可能是依律处断。另外,对于犯恶逆罪程度较轻(若殴己父母不伤)的精神病人,处理的方式亦是上请。唐律对于精神病人的特殊处置还表现在若他们是谋反谋大逆犯罪行为的缘坐者,男子达到癫狂的程度,可以免予缘坐,妇女只要达到痴的程度,即可免予缘坐。第二,唐律规定若精神病人在犯罪时精神有障碍,而案发时,精神已经正常,则按照其犯罪时的精神状况予以优待。若犯罪时精神正常,但案发时出现精神障碍,则依案发时的精神状况亦给予优待。第三,除实体上的优待措施以外,法律还赋予精神病人在作为被告接受审讯时,不得对其拷讯的待遇,对其犯罪事实认定只能依据众证定罪。唐律关于精神病人规定的第二和第三方面为宋元明清立法相沿不改。同时明清律还增加了笃疾者不得令其作证的规定。

1935年民国时期中国的《刑法》第十九条规定"心神丧失人之行为,不罚。精神耗弱人之行为,得减轻其刑。"

新中国成立后,1950年我国《刑法大纲》(草案)第十二条第一款规定"犯罪人为精神病人,或系一时的精神丧失,或因在其他病态中,于犯罪时不能认识或控制自己的行为者,不处罚;但应施以监护。"第二款规定"犯罪人精神耗弱者,从轻处罚。"

1956年最高人民法院在《关于处理精神病病人犯罪问题的复函》中,明确指出"精神病人在不能辨认或不能控制自己行为的时候实施对于社会有危险性的行为,不负刑事责任""间歇性的精神病人,在精神正常时候的犯罪,应当负刑事责任。"

1979年的《刑法》第十五条规定"精神病人在不能辨认或者不能控制自己行为的时候造成危害结果的,不负刑事责任……""间歇性的精神病人在精神正常的时候犯罪,应当负刑事责任。""醉酒的人犯罪,应当负刑事责任"。

1997年颁布的《刑法》第十八条规定"精神病人在不能辨认或者不能控制自己行为的时候造成危害结果,经法定程序鉴定确认的,不负刑事责任,但是应当责令他的家属或者监护人严加看管和医疗;在必要的时候,由政府强制医疗。""间歇性的精神病人在精神正常的时候犯罪,应当负刑事责任。""尚未完全丧失辨认或者控制自己行为能力的精神病人犯罪的,应当负刑事责任,但是可以从轻或者减轻处罚。""醉酒的人犯罪,应当负刑事责任"。

1997年《刑法》第十八条第三款的规定,第一次将限制责任能力以法律的形式得到确认。其实对限制责任能力认识也经历了一个漫长过程。

我国1979年《刑法》对责任能力为两分法,1997年《刑法》确认了限制责任能力的形式。因精神错乱的影响,辨认能力或控制能力有不同程度的损害这是客观事实,而犯罪行为与犯意之间也存在差异;法律责任的轻重不仅取决于被告行为的严重性、危害性,而且还取决于被告的意图。加之正常精神状态与精神错乱之间有过渡状态,不加区别,不利于案件公正、合理的判决。

1996年修正的《刑事诉讼法》第一百二十条第二款规定:"对人身伤害的医学鉴定有争议需要重新鉴定或者对精神病的医学鉴定,由省级人民政府指定的医院进行。"其按照此规定,鉴定人是在"省级人民政府指定的医院",2012年3月14日全国人大第五次会议对《中华人民共和国刑事诉讼法》的第二次修正中,已经将1996年《刑事诉讼法》中的此条款予以删除,同时专门增加了一章对精神障碍者进行强制性医疗的有关规定。在第二百八十四条到第二百八十九条中,分别规定了对精神病人强制医疗的前提条件是"实施暴力行为,危害公共安全或者严重危害公民人身安全,经法定程序鉴定依法不负刑事责任的精神病人,有继续危害社会可能的",强制医疗的决定主体是人民法院,执行主体是公安机关,监督主体是人民检察院,其中还规定了相关程序,以及当事人的救济途径。

我国在1985年当时的卫生部委托四川省卫生厅牵头、由湖南省卫生厅协同起草了《中华人民共和国精神卫生法(草案)》,几经修改、论证、征求各方意见,直到2012年10月26日,第11届全国人大常委会第29次会议审议并表决通过了《中华人民共和国精神卫生法》(后文简称《精神卫生法》),并于2013年5月1日开始实施。我国制定《精神卫生法》的过程也显示了文明进程的过程,最开始主要关注的是精神障碍者涉及的治安、刑罚问题,后来增加了对精神障碍者的救治内容,再后来增加了国家应该如何支持精神卫生事业、保护住院精神障碍者的权利、防止正常人被关入精神病院的内容,最后成为了今天维护精神障碍者和正常人合法权益的一部重要法律。

二、民事行为能力的法律依据

古罗马帝国时代(公元前4世纪—公元6世纪)已经产生了对精神病人保佐的法律规定及免除刑罚的法律思想。早期的罗马国家只有习惯法,没有成文法,公元前450年《十二铜表法》的颁布,标志着成文法的诞生,其中第五表第七条规定:"精神病人无保佐人时,对其身体和财产由最近的族亲保护之;无族亲时,由宗亲保护之。"罗马法为精神病人设置保佐,在精神病人无法亲或法亲不能担任保佐时,由长官选任一非法亲为保佐人,家长也可以用遗嘱为家属指定保佐人,但需长官批准。精神病人保佐有宗亲、官选、遗嘱三种。

1. 民事行为能力概念 《中华人民共和国民法通则》(1986年,2009年)第2章第1节明确规定了公民(自然人)的民事权利能力和民事行为能力。民事权利能力(capacity for private rights)是指公民享有民事权利,承担民事义务的资格。具有民事权利能力者,才享有法律上的人格,才能成为独立的民事主体,从而取得某项具体民事权利或承担某项具体民事义务。民事行为能力(civil capacity)指公民通过自己的行为行使民事权利或履行民事义务的能力。公民的行为能力不仅包括公民的合法行为能力,也包括公民对其违法行为应承担责任的能力。

民事行为能力与民事权利能力不同,权利能力是行为能力的前提,权利能力的实质则须依赖于民事行为能力的存在。但享有权利能力并不必然有行为能力,要行使民事权利必须依赖于民事行为能力的存在。

民事权利能力无条件限制,是一种资格,带有基础性,必然性。《民法》第九条规定"公民从出生时起到死亡时止,具有民事权利能力,依法享有民事权利,承担民事义务。"第十条规定"公民的民事权利能力一律平等。"即公民从出生时起便具有民事权利能力,依法享有民事权利,如人身权(包括姓名权、肖像权、名誉权、荣誉权)、继承权等。有些权利是在民事行为中取得、变更和丧失,如:知识产权、财产权、债权。有的权利在一定条件下取得,如选举权、被选举权。

民事权利:是公民、法人在民事法律关系中,依照法律的规定或者合同的约定,根据自己的意愿实现自己某种利益的可能性。包括三个方面的内容:①权利人本人有权在法律规定或者合同约定的范围内为一定行为或者不为一定行为;②权利人有权在法律规定或者合同约定的范围内要求义务人为一定行为或者不为一定行为;③权利人的权利如果遭受非法侵害或者受到非法妨碍,有权请求法院依照诉讼程序责令不法侵权人停止侵害,或者责令不法妨碍人排除妨碍。民事权利以权利的性质为标准分为:支配权、请求权、变动权等。

民事义务:是指民事法律关系中的义务主体为了满足权利主体某种利益而为一定行为或者不为一定行为。具有以下特点:①法律拘束性带来的不利益;②义务的履行,经权利主体带来利益,或促成这种利益得以实现或者获得补偿或得到保障;③民事义务是具有明显的消极、被动色彩的一种行为。义务人与权利人具有平等人格。

民事行为能力:需具备一定的条件,受年龄、智力、精神健康状态的影响。只有当公民智力发育成熟,精神状况健康,能够理智地判断自己行为的后果,独立处理自己事务,清楚自己行为会给自己带来有利或不利的法律后果的时候,才具有行为能力。为了确保公民的正当权利,根据人类智力和精神能力不同发展状况,对行为能力作了规定。

《民法通则》第十一条规定"十八周岁以上的公民是成年人,具有完全民事行为能力,可以独立进行民事活动是完全民事行为能力人;十六周岁以上不满十八周岁的公民以自己的劳动收入为主要生活来源的,视为完全民事行为能力人。"第十二条"十周岁以上的未成年人是限制民事行为能力人,可以进行与他的年龄、智力相适应的民事活动;其他民事活动由他的法定代理人代理,或者征得他的法定代理人的同意。不满十周岁的未成年人是无民事行为能力人,由他的法定代理人代理民事活动。"

2. 精神病人民事行为能力 关于精神病人民事行为能力的问题,我国《民法通则》第十三条规定"不能辨认自己行为的精神病人是无民事行为能力人,由他的法定代理人代理民事活动。不能完全辨认自己行为的精神病人是限制民事行为能力人,可以进行与他的健康状况相适应的民事活动;其他活动由他的法定代理人代理,或者征得他的法定代理人的同意。"第十七条规定"无民事行为能力或者限制民事行为能力的精神病人,由下列人员担任监护人:配偶;父母;成年子女;其他近亲属;关系密切的其他亲属、朋友愿意承担监护责任,经精神病人的所在单位或者住所地的居民委员会、村民委员会同意的。对担任监护人有争议的,由精神病人的所在单位或者住所地的居民委员会、村民委员会在近亲属中指定。对指定不服提起诉讼的,由人民法院裁决。没有第一款规定的监护人的,由精神病人的所在单位或者住所地的居民委员会、村民委员会或者民政部门担任监护人。"第十九条"精神病人的利害关系人,可以向人民法院申请宣告精神病人为无民事行为能力人或者限制民事行为能力人。被人民法院宣告为无民事行为能力人或者限制民事行为能力人的,根据他健康恢复的状况,经本人或者利害关系人申请,人民法院可以宣告他为限制民事行为能力人或者完全民事行为能力人。"

最高人民法院《关于贯彻执行中华人民共和国民法通则若干问题的意见(试行)》(1988年)对精神病人的民事行为能力及其评定进行了较为详细的规定:第四条:不能完全辨认自己行为的精神病人进行的民事活动,是否与其精神健康状态相适应,可以从与本人生活相关联的程度、本人的精神状态能否理解其行为,并预见相应的行为后果,以及行为标的数额等方面认定。第五条:精神病人(包括痴呆症人)如果没有判断能力和自我保护能力,不知其行为后果的,可以认定为不能辨认自己行为的人;对于比较复杂的事物或者比较重大的行为缺乏判断能力和自我保护能力,并且不能预见其行为后果的,可以认定为不能完全辨认自己行为的人。第七条:当事人是否患有精神病,人民法院应当根据司法精神病学鉴定或者参照医院的诊断、鉴定确认。在不具备诊断、鉴定条件的情况下,也可以参照群众公认的当事人的精神状态认定,但以利害关系人没有异议为限。第八条:在诉讼中,当事人及利害关系人提出一方当事人患有精神病(包括痴呆症),人民法院认为确有必要认定的,应当按照民事诉讼法(试行)规定的特别程序,先作出当事人有无民事行为能力的判决。确认精神病人(包括痴呆症人)为限制民事行为能力人的,应当比照民事诉讼法(试行)规定的特别程序进行审理。

《精神疾病司法鉴定暂行规定》(1989)第二十条规定:"被鉴定人在进行民事活动时,经鉴定属于下列情况之一的,为具有民事行为能力:①具有精神病史,但民事活动时并无精神异常;②精神疾病的间歇期,精神症状消失;③虽患有精神疾病,但其病理精神活动具有明显局限性,并对所进行的民事活动具有辨认能力和能保护自己合法权益的;④智能低下,但对自己的合法权益仍具有辨认能力和保护能力的。"

《中华人民共和国民事诉讼法》(2008年4月)对民事行为能力的评定及民事行为能力恢复的评定在程序上作出了相应的规定。第一百七十条"申请认定公民无民事行为能力或者限制民事行为能力,由其近亲属或者其他利害关系人向该公民住所地基层人民法院提出。"第一百七十一条"人民法院受理申请后,必要时应当对被请求认定为无民事行为能力或者限制民事行为能力的公民进行鉴定。申请人已提供鉴定结论的,应当对鉴定结论进行审查。"第一百七十三条"人民法院根据被认定为无民事行为能力人、限制民事行为能力人或者他的监护人的申请,证实该公民无民事行为能力或者限制民事行为能力的原因已经消除的,应当作出新判决,撤销原判决。"

可见,关于民事行为能力的分级在我国分为三种情况。无民事行为能力、限制民事行为能力、有(完全)民事行为能力。

我国民法中规定行为人应具有意思能力,或叫识别能力、辨认能力。瑞士民法称为判断能力。意思能力是对于事物有正常识别并预见其行为可能发生什么效果的能力。意思能力是行为能力的基础,意思能力的强弱和健全与否决定了行为能力的完全与否。

(胡峻梅)

第四节　医学伦理学、医疗行为规范与法律

一、医学伦理学

在历史的脉络上是先有习俗,然后有伦理,最后才从伦理中分离出规范与法律。伦理(ethics)是指人际间符合某种道德标准的行为准则,体现在人们的意识和信念中,是一种自律性准则要求。法律(law)是属于他律性的规定,约束人们的外在行为,带有强制性。法律是最低限度的道德,也是最大限度的道德。立法者常将道德、行为规范中,那些必须广泛被人们所遵守的项目,列入法律规定,使之成为具有强制性的社会规范,使道德力量发挥到最大极限。古今中外的法律体系和制度无不是以特定民族和国家的伦理道德为基石的。

医学伦理学(medical ethics)是运用伦理学的理论、方法研究医学领域中人与人、人与社会、人与自然关系的道德问题的一门学问。医疗行为规范是指医务人员进行医疗活动的行为准则,这些行为准则分别被包含在医疗卫生管理法律、行政法规、部门规章和诊疗护理规范、常规之中。由于医疗行为具有高度的专业性与复杂性,法律对医疗卫生工作人员产生的制约力量相对有限。因此,医疗卫生工作者应该侧重自律管理,加强伦理道德的修养。

在医学伦理学中有三个最基本的伦理学原则是患者利益第一、尊重患者及公正原则。

患者利益第一原则:要求医务人员不仅在主观上、动机上,而且在客观上、行动效果上确实有助于患者。由于患者(委托人)一般要依赖医务人员(专家)的专业知识和技能,常把自己的一些隐私告诉医务人员,这意味着患者对医务人员的信任。这种信任带给医务人员一种特殊的道德义务:将患者利益放在首位,采取相应的措施使自己值得被患者信任。并且由于这种信任,患者授予医务人员处理相关事务的裁量权,因此这种裁量权的行使必须是以患者的最大利益为宗旨,不得同时追求自己或者第三人的利益。由此《中华人民共和国执业医师法》(1999)规定"医师应当具备良好的职业道德和医疗执业水平,发扬人道主义精神,履行防病治病、救死扶伤、保护人民健康的神圣职责"。《医疗事故处理条例》(2002)规定医疗机构及其医务人员在医疗活动中,要"恪守医疗服务职业道德"。2005年中国医师协会签署的《医师誓言》也要求"将患者利益放在首位的原则"。《精神卫生法》(2013)第二十六条规定:"保障患者在现有条件下获得良好的精神卫生服务"。

尊重患者原则：首先是对患者人格的尊重，在人格上医患双方是平等的。我国《宪法》和《民法通则》规定，中国公民人格尊严不受侵犯。这具体表现在对患者的自主权利的尊重上，患者有权利就关于自己的医疗问题等作出决定。《精神卫生法》规定了精神障碍患者的人格尊严、人身和财产安全不受侵犯；患者的教育、劳动、医疗以及从国家和社会获得物质帮助等方面的合法权益受法律保护。

公正的原则：指在形式上要求对在有关方面相同的人要同样对待，对在有关方面不同的人应该不同对待。这些有关方面可以是个人的需要、能力、已经取得的成就，或已经对社会作出的贡献、对社会可能作出的潜在贡献等。公正原则在讨论医疗卫生资源的宏观分配和微观分配时十分重要。

随着社会的发展，现代社会人权观念的日益增强，社会、经济、卫生政策等重大改革，医学伦理及医疗行为规范也随之发生变化。首先公民的生命权、健康权等的观念深入人心，公民已经强调对自己的身心健康负责的权利，导致家长式医患关系已向民主式医患关系过度，因此现在医疗行为中医患双方的权利、责任、义务发生了变化。另外，生命科学的发展，生物技术的应用，如试管婴儿、体外受精、代理母亲、人类基因组研究、器官的出售与移植、优生优育、安乐死等一系列问题，给人类展现美好希望的同时，也带来了一系列伦理学的冲突。

从希波克拉底誓言、世界卫生组织（WHO）规定及我国的《医院管理条例》《医疗事故处理条例》、《执业医师法》等法律法规中，明确阐述了医疗行为的一系列行为规范和伦理要求等。

二、职业道德

职业道德是人们在社会生活中各个不同行业领域所特有的行为规范。是由各种职业的具体利益、义务和行业的内容所决定。表现为：专业性，即该职业的人员在该职业行为活动中应受到的约束作用或调节作用。稳定性，为适应特殊的职业活动的要求，形成的特殊的职业心理、职业习惯以及特殊的职业意识和语言。多样性，不同的职业具有不同的职业素质要求，行为规范的条文规定各异。

作为医务人员就必须按照相应的法律法规对自己的职业道德的规定来要求自己。救死扶伤、尊重病人的人格与权利、一视同仁、文明礼貌服务、廉洁奉公、遵纪守法、保守医密、团结协作、奋发进取、钻研医术、精益求精。

作为司法鉴定人，应当忠于宪法和法律，维护国家法律尊严与社会正义。坚持以事实为根据，以法律为准绳，遵循科学、客观、公正、独立、尽职尽责的原则，严格遵守司法鉴定程序、专业技术标准等规范。廉洁自律、敬业勤勉，在自身专业领域内开展司法鉴定活动。

三、医疗行为与医患关系

医疗行为是指取得相关医学资格或以诊疗服务为职业的自然人或单位以人体形态、构造和生理机能的优化、变更或恢复为目的，以适当的现代医学理论和技术手段为准则，对医疗需求者进行具有损伤性的医学过程。医疗行为的主体是医疗机构及其医务人员，行为的对象必须是医疗需求者的人身，这里以"医疗需求者"的表述代替了传统的"患者"概念，行为的目的是人体形态、构造和生理机能变更或恢复，为了达到此目标，医疗行为的"标靶"是人体（包括心理）。

医疗行为过程中必然形成一定的人际关系，正如著名医史学家西格里斯曾说过："每一个医学行动始终涉及两类人群：医师和患者，或者更广泛地说，医学团体和社会，医学无非是这两群人之间多方面的关系。"所以医患关系是指医方和患方在医疗过程中所形成的人际关系，是医学伦理学研究的核心问题。医患关系的性质属民事法律关系，双方的法律地位平等，均为民事主体，关系的建立、变更、终止及医患关系中权利义务的确定，医疗纠纷的处理，实行意思自治。医疗行为中必须明确医患关系及各自的权利义务，才能在医疗行为中遵守有关医疗法律、法规及行为规范，避免违法、违规行为。

四、患者的权利和义务

法律所赋予的权利包含两个方面：行为权和接受权。行为权是有资格去做某事或用某种方式去做某事的权利。接受权是有资格接受某物或以某种方式受到对待的权利。根据我国《民法》《医院管理条例》《执业医师法》《医疗事故处理条例》《侵权责任法》《精神卫生法》等法律、法规的规定，医患双方有各自的权利和义务。

（一）患者的权利

1. 生命健康权

（1）生命健康权的概念：生命健康权是民法赋予公民的基本权利之一。生命权是指公民依法享有的生命不受非法侵害的权利，是公民最根本的人身权。健康权是指公民依法享有的身体健康不受非法侵害的权利，保护公民的健康权，就是保障公民身体的功能和器官不受侵害。当公民的生命健康受到威胁时，有得到基本医疗的权利。

（2）生命健康权相关：我国不同的法律里规定了公民享有的生命健康权，不容他人侵犯。其中《宪法》第四十五条一款规定："公民患病时，有从国家和社会获得物质帮助的权利，国家发展公民享受这些权利所需要的医疗卫生事业。"《民法通则》第九十八条规定："公民享有生命健康权。"《精神卫生法》第四条规定："精神障碍患者的人格尊严、人身和财产安全不受侵犯。精神障碍患者的教育、劳动、医疗以及从国家和社会获得物质帮助等方面的合法权益受法律保护。"如果侵害了公民的生命健康权，法律也规定了相应的制裁。《民法通则》第一百一十九条规定："侵害公民身体造成伤害的，应当赔偿医疗费、误工费、生活补助费等各种费用。"《侵权责任法》第十六条规定："侵害他人造成人身损害的，应当赔偿医疗费、护理费、交通费等为治疗和康复支出的合理费用，以及因误工减少的收入……"等。

2. 知情权与知情同意权

（1）知情权与知情同意权的概念：知情权作为人权的一种，是指公民有权了解社会诸活动的权利，它是接受权的一种。患者的知情权系指患者有了解、知晓、获得与己有关的医疗措施及行为信息的权利。知情同意权是行为权的一种，患者的知情同意权是指患者了解有关其病情、诊断、治疗和预后等完整资料后同意治疗的权利，即知情同意（informed consent）。知情同意权构成的前提是行为人必须具有自主能力；权利的内容包括知情权、选择权、同意权、拒绝权；实现途径是医生履行自己的告知义务。

告知说明义务的内容主要是医疗过程中具有严重损伤后果的医疗行为，该行为可能影响身体机能甚至危及生命，因此需要患者在知晓自己病情并了解该医疗行为风险的基础上，作出是否同意该医疗措施的决定。因此患者在接受各种检查、治疗或实验之前，应被给予充分的说明，包括目的、危险性、可选择的方法和执行者的姓名等。只有在患者完全了解，并且同意接受的情况下才可执行这些检查治疗等。

在法律允许范围内，患者有拒绝接受治疗（refusing treatment）的权利，不过当患者拒绝治疗时，医师有责任向患者说明拒绝治疗可能对生命和健康产生的危险性。所有的同意是在知情的基础上发生，精神障碍患者因精神障碍导致行为能力丧失或缺乏时，向其监护人（或委托人）如实告知，视为患者本人独立自主决定能力的延伸。

（2）有关知情权与知情同意权的法律规定：我国《执业医师法》（1998年6月26日）第二十六条规定："医师应当如实向患者或其亲属介绍病情，但应当注意避免对患者产生不利后果。医师进行实验性临床医疗，应当经医院批准并征得患者本人或者其家属同意。"《侵权责任法》（2010年7月1日）第五十五条规定："医务人员在诊疗活动中应当向患者说明病情和医疗措施。需要实施手术、特殊检查、特殊治疗的，医务人员应当及时向患者说明医疗风险、替代医疗方案等情况，并取得其书面同意；不宜向患者说明的，应当向患者的近亲属说明，并取得其书面同意。医务人员未尽到前款义务,造成患者损害的,医疗机构应当承担赔偿责任。"《精神卫生法》(2013年5月1日)第三十七条规定:"医疗机构及其医务人员应当将精神障碍患者在诊断、治疗过程中享有的权利,告知患者或者其监护人。";第三十九条规定:"医疗机构及其医务人员应当遵循精神障碍诊断标准和治疗规范,制订治疗方案,并向精神障碍患者或者其监护人告知治疗方案和治疗方法、目的以及可能产生的后果。"

3. 隐私权

(1)隐私权的概念:隐私权是自然人享有的对其个人的与公共利益无关的个人信息、私人活动和私有领域进行支配的一种人格权。隐私权主要是指与他人或与公共利益相对无关的一切个人信息不受他人侵犯的权利,具体为隐私保密权、隐私利用权、隐私维护权及隐私支配权四方面内容。患者的隐私权是指在就医过程中,患者对自己的心理、生理及其他方面的隐私要求保密的权利,主要有两部分:一是患者个人生活方面的隐私,如心理和行为等方面的情况,这在精神科、心理咨询(治疗)中尤为明显。二是与患者诊疗护理相关的隐私内容,如病因、家族遗传性疾病、诊疗发现和预后等信息。

(2)隐私权相关法律规定:《民法通则》第一百条规定:"公民享有肖像权,未经本人同意,不得以营利为目的使用公民的肖像。"《关于贯彻执行〈民法通则〉若干问题的意见(试行)》中规定:"以书面、口头等形式宣扬他人的隐私……损害他人名誉,造成一定影响的,应当认定为侵害公民名誉权的行为。"《执业医师法》第二十二条规定要"关心、爱护、尊重患者,保护患者的隐私。"《医疗事故处理条例》中规定医生在诊疗活动中应注意保护患者的隐私。《侵权责任法》第六十二条规定:"医疗机构及其医务人员应当对患者的隐私保密。泄露患者隐私或者未经患者同意公开其病历资料,造成患者损害的,应当承担侵权责任。"《精神卫生法》第四条第三款规定:"有关单位和个人应当对精神障碍患者的姓名、肖像、住址、工作单位、病历资料以及其他可能推断出其身份的信息予以保密;但是,依法履行职责需要公开的除外。"

(3)隐私权包括的内容:①个人空间隐私权:个人的物理空间和心理空间不受侵扰的权利;②信息隐私权:个人资料和通讯不被揭露的权利。如个人肖像、声音、过去经历(尤其犯罪记录)、医疗记录、财务资料等;在通讯隐私权方面有邮件、通话等;③个人自主性隐私权:即个人私生活的自我决定权,包含生育、家庭和个人切身事务等方面之自主权。

侵犯了他人的隐私就要承担对他人利益造成的伤害的行为的责任。侵犯隐私权的行为包括:①不合理地侵入他人的私密领域;②盗用他人姓名与肖像;③不合理地公开他人私生活事实;④不合理地公开他人信息,以至于公众对他人产生错误印象。

当隐私涉及共同利益、公共需求、政治利益时,法律就要偏向于后者,因为它符合大多数人的需要。即患者有让渡隐私权的义务,如与社会公共利益有冲突时,为治愈疾病如实回答有关病史、同意医师检查某些隐私部位等。个体所患疾病、诊断和治疗以及医疗记录等属隐私。但当所患疾病,如传染病,不按有关规定进行治疗便要损害大多数人的利益时,应按有关规定进行报告。

(二)患者的义务

1. 遵守法律、法规、维护医疗秩序、遵守医疗机构规章制度的义务。
2. 保持和恢复健康的义务。
3. 积极配合治疗的义务,包括如实陈述病史(包括传染疾病)、病情、按医嘱接受检查治疗。
4. 尊重医务人员的劳动及人格尊严的义务。
5. 给付医疗费用的义务,医方有先行给付的义务及强制诊疗的义务,患方有给付医疗费用的义务。
6. 提倡支持医疗科学发展的义务。
7. 爱护公共财物的义务。
8. 接受强制性治疗的义务(急危病人、戒毒、传染病、精神病)等。

五、医生的权利和义务

在医患关系中,医师的义务对应于患者的权利。医务人员涵盖医院内的所有工作人员,不同的职业,权利、义务有别,这里仅以医生为例,讨论其权利与义务。鉴于医师处于行业垄断地位,患者对医师服务通常只能被动接受,如何检查、诊断、治疗和进行医学处置,悉听医师决定,处于弱者和不利地位。为了平衡医患关系,实现社会公平正义,各国医师法一般着重规定甚至专门规定医师的义务,而关于医师的权利则少有规定或者不规定。根据我国《执业医师法》第二十一条和二十二条的规定,我国医师的权利和义务如下:

(一)医师在执业活动中享有下列权利

1. 在注册的执业范围内,进行医学诊查、疾病调查、医学处置、出具相应的医学证明文件,选择合理的医疗、预防、保健方案。

2. 按照国务院卫生行政部门规定的标准,获得与本人执业活动相当的医疗设备基本条件。

3. 从事医学研究、学术交流,参加专业学术团体。

4. 参加专业培训,接受继续医学教育。

5. 在执业活动中,人格尊严、人身安全不受侵犯。

6. 获取工资报酬和津贴,享受国家规定的福利待遇。

7. 对所在机构的医疗、预防、保健工作和卫生行政部门的工作提出意见和建议,依法参与所在机构的民主管理。

(二)医师在执业活动中需履行下列义务

1. 遵守法律、法规,遵守技术操作规范。医师作为公民除应当遵守国家法律以外,还必须遵守有关卫生法律、法规和规章,遵守有关卫生标准和医疗卫生技术操作规范。

2. 树立敬业精神,遵守职业道德,履行医师职责,尽职尽责为患者服务。

3. 关心、爱护、尊重患者,保护患者的隐私。

4. 努力钻研业务,更新知识,提高专业技术水平。

5. 宣传卫生保健知识,对患者进行健康教育。

(胡峻梅)

本章小结

本章首先简单介绍了两大法系及其特点,然后简明扼要介绍了犯罪及犯罪的构成,接下来我们描述了不同法系国家处理精神障碍者责任能力的法律规定的演变,最后介绍了医学伦理及医疗行为的规范与法律。

关键术语:

法系(legal system)

普通法法系(common law system)

大陆法系(continental laws)

罪与非罪(crime and non-crime)

麦克劳顿规则(McNaughton Rule)

不可抗拒冲动规则(the irresistable impulse test)

因精神错乱无罪(not guilty by reason of insanity,NGRI)

有罪但精神错乱(guilty but insane)

民事行为能力(civil capacity;civil competence)

医学伦理学(medical ethics)

思考题

1.根据犯罪构成要件,讨论精神病人的在疾病不同时期(发作期或缓解期)违法行为发生时的犯罪构成的可能性。

2.什么是医疗行为?

3.医患关系中患者的权利有哪些?

4.医师在执业活动中的义务有哪些?

第三章 法医精神病学鉴定

学习目标

通过本章的学习,你应该能够:

掌握 法医精神病学鉴定的目的以及刑事责任能力、民事行为能力、受审能力、服刑能力、性自我保护能力、精神损伤、劳动能力、医疗纠纷的概念。

熟悉 法医精神病学鉴定材料的准备和各种法定能力评定的依据。

了解 法医精神病学的鉴定条件、鉴定人的权利及义务。

案例 3-1 ▶

被鉴定人刘某某,男,31岁,已婚,大学文化程度,公务员。

于1985年某月某日下午将其妻张某某砍死,随即自杀未遂。在预审中表现精神异常,县公安局委托鉴定嫌疑人刘某某的精神状态和刑事责任能力。据某县公安局的案卷材料记载:被鉴定人自幼性格孤僻、内向、心胸狭隘。1983年考入某大学学习。1984年7月与张某某结婚,婚后感情好,生一女。从考入大学后,刘某某变得孤独不合群,周围人都觉得他行为古怪,同时学习成绩逐渐下降。1985年1月期末考试7门中有4门不及格。此后怀疑其妻与同学王某有不正当男女关系。实际上其妻作风正派,查无此事,家人虽一再向他解释,仍坚信不疑。有时对人讲其女儿非他亲生,而是其妻与王某"通奸"生的。作案前几天,刘某某每次见到母亲就说"妻子不贞",表现苦恼。1985年某月某日下午4时,刘母到他住处,见屋门紧锁,呼之不应,遂破窗而入。见他夫妻二人倒在血泊中,其妻已死亡。刘本人头上多处刀伤,喉部也有刺伤,昏迷不醒,经抢救未死。刘事后供认先用菜刀砍死妻子而后自杀。在现场发现刘给父母的遗书,主要内容为:坚信其妻与王某通奸,女儿是其妻与王某所生,嘱父母将该女送还王家。另外还认为"奸夫淫妇"对他迫害,决心自杀。要求母亲将遗书送公安机关为其申冤。

精神检查:意识清楚,三维定向全,否认有精神病。称出事前很长一段时间,看电视时见到里面的人会走出来围绕他转,虽然感到奇怪可笑,但不认为异常。独自一人时,一闭眼就能听到有人说他坏话,评论他的行为,说他品质恶劣,并且在他同妻子的关系上搬弄是非。此外,被鉴定人坚信其妻长期以来与王某有不正当关系,"证据确凿"。而且认为两人勾结谋害他,虽说不出迫害他是什么目的,但坚信自己看法正确。又说"当天中午写了遗书,下午准备跳河。临走时突然想到要化验孩子的血型,证明一下,就对妻讲,但她坚决不肯,我气愤至极,就抽刀砍了她一下,然后砍自己,确实不想活了。后来醒来已在医院里,他们告诉我她死了,我不信,她不会死的。"对其妻的死毫不惋惜,也不后悔自己的所作所为。

此外,被鉴定人头部有多处锐器伤痕,多数走向符合右手持刀自伤所致。

　　讨论分析：被鉴定人自幼性格内向孤僻、气量狭隘。自1983年考入大学读书后，人格表现与过去有明显改变，而且学习成绩明显下降。精神开始异常。自1985年1月起，开始对其妻子产生所谓"妻子不贞""孩子非亲生"，但都查无实据。继后又认为妻子伙同王某对他迫害，皆荒谬离奇，无现实基础，是病理性被害妄想的表现。被鉴定人还有幻视（电影中有人走出来）及评论性幻听，在检查时无自知力。其临床表现符合精神分裂症的诊断。其作案时处于发病期。幻听及嫉妒、被害妄想构成了被鉴定人作案前与作案时的主要精神活动，最后发展到绝望状态而决心自杀。对其1985年某月某日的违法行为应评定为无刑事责任能力。建议监护治疗。

　　鉴定意见：被鉴定人刘某某患有精神分裂症，对其1985年某月某日的违法行为评定为无刑事责任能力。

第一节　鉴定的目的和组织

　　法医精神病学鉴定是指有资格的法医精神病学专业人员应用精神医学知识、技术和经验依法对被鉴定人某时的精神状态和对其行使某种法律权利或承担某种法律责任或法律义务的能力作出的评定。

　　法医精神病学鉴定时，应首先确定被鉴定人精神状态是否正常，如果是异常，则应确定存在哪些精神症状，能否构成某种精神障碍的诊断。然后判定其行为时的精神状态对其所实施的行为的辨认及控制能力有无损害及损害的程度，然后对其法律能力作出评定。

　　由于委托方的鉴定要求不同，具体的目的任务也各异，大体可分为以下三类。

一、刑事案件中法医精神病学鉴定的目的

　　确定疑似精神障碍的犯罪嫌疑人或被告人是否患有精神障碍，如有，患何种精神障碍，精神障碍与所实施危害行为之间的关系，以评定其有无刑事责任能力。

　　确定被鉴定人在刑事诉讼过程中的精神状态，以评定其有无受审能力。

　　确定被鉴定人在服刑期间的精神状态，以评定其有无服刑能力。

二、民事案件中法医精神病学鉴定的目的

　　确定被鉴定人是否患有精神障碍，患何种精神障碍，精神障碍对其意思表达能力的影响，以评定其有无民事行为能力（如婚姻能力、遗嘱能力、签订合同的能力等）；被鉴定人在民事诉讼期间的精神状态，以及对诉讼一事有无行为能力。

　　在人身伤害案件中，确定被鉴定人是否患有精神障碍，如果患有常见的脑外伤所致精神障碍，可评定其伤残等级和护理依赖程度。

三、其他方面法医精神病学鉴定的目的

　　确定疑似受害人，在遭受性侵犯时的精神状态，以评定其对性侵犯有无性防卫能力或自我保护能力。

　　确定各类案件中疑似精神障碍的证人的精神状态，以及有无作证能力。

　　被鉴定人在某些事件之后出现精神异常，确定其精神障碍与该事件的关系。

　　法医精神病学鉴定是一项重要而复杂的技术工作，为了作出科学、客观、公正、中立的鉴定意见必须在有组织的情况下依法进行。《中华人民共和国刑事诉讼法》（1996）第一百二十条规定："对人身伤害的医学鉴定有争议需要重新鉴定或者对精神病的医学鉴定，由省级人民政府指定的医院进行。"对于面向社会服务的司法鉴定机构和司法鉴定人员，司法部于2000年10月1日颁布施行《司法鉴定机

构登记管理办法》和《司法鉴定人管理办法》。《司法鉴定机构登记管理办法》对鉴定机构的设立条件、登记程序、年度检验和法律责任等问题作了具体的规定。《司法鉴定人管理办法》对鉴定人实行职业资格证书制度、执业证书制度和登记名册制度,司法鉴定人职业资格的取得和授予将实行全国统一的考试、考核制度。2005年2月28日第十届全国人民代表大会常务委员会第十四次会议通过《全国人民代表大会常务委员会关于司法鉴定管理问题的决定》,这对于加强鉴定机构和鉴定人的管理具有重要的意义。

(胡泽卿)

第二节　鉴定程序和方式

一、鉴定程序

法医精神病学鉴定应当遵循客观、公正、科学、中立的原则进行,不受任何单位和个人的干涉。司法机关、公民和其他组织委托司法鉴定时,应当采取正式的书面委托书或聘书,并提供全面、真实的与委托事项有关的材料。委托书或聘书应写明司法鉴定机构名称、委托事项或鉴定要求、委托方名称(公章或者签章)、委托日期。因提供的鉴定材料虚假或者不完全而出现的错误鉴定,由委托方负责。司法鉴定机构收到委托书后,应对委托方的委托事项进行审核。对于符合受理条件的,可以即时决定受理,并签订《司法鉴定委托受理合同》或者在委托书或聘书上签字。对于不符合受理条件的,应当向委托方说明。

有下列情形之一的,司法鉴定机构不得受理:①超出自身鉴定能力或业务范围的;②委托方不能及时、全面提供鉴定材料或鉴定材料不具备鉴定条件的;③与本鉴定机构有利害关系的;④法律、法规或国家有关规定明确禁止或限制鉴定的;⑤有其他可能影响鉴定公正的情形的。

有下列情形之一的,法医精神病学鉴定人应当回避:①本人是本案的当事人,或者是当事人近亲属的;②本人或者其近亲属与鉴定业务有其他利害关系;③本人担任过或正在担任与鉴定业务有关的侦查、检察、审判人员,或者证人、辩护人、诉讼代理人;④有其他可能影响鉴定公正的情形。

在法医精神病学鉴定中,有下列情形之一的,应当终止鉴定:①委托方要求终止鉴定的;②因不可抗力致使鉴定无法继续进行的;③确需补充材料而无法补充的;④发现自身难以解决的技术问题的。终止司法鉴定,应当及时退回有关鉴定材料,并向委托方说明理由。如果鉴定意见书已制作完毕,仅仅是委托方对鉴定意见书不满意,不能作为终止鉴定的理由。

法医精神病学鉴定实行鉴定人负责制度。鉴定人应当独立进行鉴定,对鉴定意见负责并在鉴定书上签名或者盖章。多人参加的鉴定,对鉴定意见有不同意见的,应当注明。第一鉴定人对鉴定意见承担主要责任,其他鉴定人承担次要责任。如果有复核人,复核人对鉴定意见承担连带责任。

二、鉴定方式

(一)直接鉴定

直接鉴定是指鉴定人直接与被鉴定人见面并进行精神检查的鉴定。由于鉴定场所的不同,又分为门诊鉴定、住院鉴定和院外鉴定。

门诊鉴定,即将被鉴定人送到鉴定机构进行的鉴定,一般多适用于案情不甚复杂者,我国多采用这种方式,较节省便捷。对于案情复杂,当有关材料不易收集而难以做出鉴定意见时,可采取住院鉴定。住院宜在特设的病区或专门医院,避免外界的影响和干扰,对其进行特殊的隔离监护,观察记录其精神状态及生活起居情况,以便取得详细可靠的资料,做出鉴定意见。院外鉴定,指在居住地、拘留所、监禁场所等进行的鉴定,此种方式可较少产生被鉴定人因受医院环境的影响出现夸张、做作等心理,进而给鉴定工作带来的复杂性与困难。这种鉴定方式可用于案情重大、行走不便的疑似精神障碍者。

（二）间接鉴定

亦称缺席鉴定，被鉴定人因种种原因不能到场，仅根据委托单位提供的资料做出书面鉴定。如确定已亡故的被鉴定人在立遗嘱时精神状态是否正常，是否具有订立遗嘱的行为能力。又如确定一位自杀身亡的人，其自杀行为与精神障碍的因果关系。这种不能对被鉴定人直接进行检查的鉴定方式，只能在特殊情况下（如被鉴定人已宣告死亡或下落不明）谨慎从事，且委托方提供的被鉴定人的资料必须客观、充分、真实、可靠。

三、鉴定材料准备

向鉴定机构提供被鉴定人的有关材料：通常是案卷材料的复印件，主要包括医学材料和案情材料两方面。

下面以犯罪嫌疑人刑事责任能力鉴定时需准备的材料为例：

1. 被鉴定人的简历。

2. 案情简介。

3. 被鉴定人在作案前、案发过程中及作案后的精神状态，其精神异常表现应有多个知情人证实，包括被鉴定人家属、邻居、同事及所在单位等，并说明精神异常发生的时间、具体表现及治疗情况。曾经住院治疗者，应提供其住院病历；作案后的精神状态系指收审入监后的表现及预审过程中情况；有些精神产品能证实被鉴定人精神状态的书写物、音像制品等，也应一并提供；不同的能力鉴定，需要不同的材料。

4. 被鉴定人生长发育情况，既往学习成绩、工作能力及日常生活、社会交往表现等。

5. 被鉴定人既往有无脑炎、脑外伤及抽搐等病史。

6. 被鉴定人的性格特点、爱好及婚姻史。

7. 被鉴定人家庭中有无癫痫、智力低下及精神病史。若有，则应说明患者与被鉴定人的亲缘关系和疾病的具体表现。

委托方不能只提供部分案情资料而隐瞒另一部分。若调查材料中有不一致或相互矛盾的地方，则应将两方面的资料同时提供给鉴定机构，切不可只提供委托者所倾向的那部分资料。

鉴定前，鉴定人需了解案情，认真阅卷，熟悉被鉴定人的情况。有条件的地方，鉴定人在委托方的授权和陪同下对被鉴定人的所在单位、邻里、家庭进行详细的调查，充分掌握被鉴定人的精神状态。在鉴定机构掌握上述情况之后，约定时间对被鉴定人直接接触，作精神检查、神经系统检查和一般体格检查。脑电地形图和智力检查宜列为常规检查，必要时进行颅脑CT、MRI等特殊检查。

鉴定时除鉴定人员外，委托方人员可在场旁听。鉴定人根据委托单位提供的案卷资料和各方面调查材料，结合各项检查和测验结果，进行充分讨论，做到各抒己见、畅所欲言，不应排斥不同意见。讨论后，按照中国现行的精神障碍分类与诊断标准，作出医学诊断。再结合被鉴定人案发时的精神状态与违法行为的关系，判断其对行为的辨认或控制能力有无受损及受损的程度，然后对其有关的法律能力提出意见。

倘若客观的依据不足，切忌草率从事，仓促定论，应进一步调查，收集补充材料后再作最后的鉴定意见。如果鉴定人之间对结论意见有分歧，不应采取少数服从多数的方式强求统一；不应排斥不同意见。如果经过充分讨论，鉴定意见仍然不一致，鉴定人可分别提出自己的鉴定意见，写入鉴定意见书中。

四、补充鉴定、重新鉴定与复核鉴定

（一）补充鉴定

补充鉴定是原鉴定的继续，是对原鉴定进行补充、修正、完善的再鉴定活动。

有下列情形之一的，可进行补充鉴定：

1. 委托方补充了新的相关鉴定材料。

2. 原鉴定项目有遗漏。

补充鉴定可以由原鉴定人进行，也可由其他鉴定人进行。补充鉴定是在原委托的鉴定项目已经完成，但还需对其他项目进行鉴定的情况下进行。补充鉴定文书可是原鉴定文书的组成部分。

（二）重新鉴定

有下列情形之一的，可以接受委托，进行重新鉴定：

1. 鉴定人超越司法鉴定业务范围或者执业类别进行鉴定的。

2. 提供的鉴定材料虚假或者失实的。

3. 原鉴定使用的标准、方法或者仪器设备不当，导致原鉴定意见不科学、不准确的。

4. 原鉴定人应当回避而没有回避的。

5. 原鉴定人因过错出具错误鉴定意见的。

需要注意的是，重新鉴定所提供的材料必须与初次鉴定的相同。

（三）复核鉴定

复核鉴定是在目前多元体制下，一种重新会商鉴定的特殊形式。它是指在国家级或省级司法鉴定委员会主持下，由内设的各专业专家委员对经过多次鉴定，仍有争议，无法采信的鉴定案件，予以的一次独立的、重新的、复核式的共同鉴定。在我国的部分省市有复核鉴定。复核鉴定具有以下特点：

1. 复核鉴定主体特殊。复核鉴定专指由国家级、省级司法鉴定委员会内设的各专业专家委员会进行的鉴定。

2. 复核鉴定的性质是复核鉴定，原则上不接受初次鉴定，但由于受到技术、人员等客观条件的限制难以得出鉴定结论时，可由国家级或省级鉴定委员会直接受理。复核鉴定是开放式的为公众服务的，既为司法机关、其他裁判机关、国家证明机关服务，也为当事人及其他利害关系人服务。

3. 复核鉴定是一次独立鉴定，不受以前鉴定意见的影响，应出具独立的鉴定意见。

4. 复核鉴定是共同鉴定。在司法鉴定委员会主持下，汇集省内或全国著名专家，共同完成疑难、复杂、重大的鉴定工作，从理论上，更具有可靠性。

5. 复核鉴定实行集体负责制，由司法鉴定委员会对外负责。

（胡泽卿）

第三节　鉴定条件、方法和鉴定人

一、鉴定条件

做好法医精神病学鉴定需要一定条件，以保证鉴定工作的顺利进行。其条件是：鉴定应在符合法定程序的条件下进行。严格按照鉴定程序进行，方可保证鉴定的质量和有效性。鉴定应在具有合法的鉴定机构和有资质的鉴定人的条件下进行。缺乏足够的合格鉴定人员，难以保证鉴定的质量。如果鉴定机构未经政府有关部门审核认可，则其鉴定缺乏合法性，所作鉴定意见无效。鉴定需要委托单位和接受鉴定的机构之间相互信任、共同努力，才能很好地完成鉴定任务。鉴定必须在占有详细的有关资料的条件下进行。缺乏足够的必需的资料，难以做出鉴定意见。鉴定必须在不受外界干扰的条件下进行。如果鉴定人受到外界影响，可对鉴定意见的客观性、真实性和可靠性造成严重损害，使鉴定意见失去应有的证明效力。

二、鉴定方法

法医精神病学鉴定是一种医学鉴定，应采用医学方法，即进行精神障碍临床诊断的方法。先着手全面的精神障碍病史的收集，然后进行精神检查，只有直接面对被鉴定人进行精神检查，才可能对其思维、感知、情感、智力等心理功能作系统、全面的了解。体格检查尤其是神经系统检查、脑电地形图检查、智力检查等,均应列为常规; 必要时进行颅脑CT、MRI等特殊检查,以便排除隐蔽的脑器质性疾病。

精神检查通常采取会谈的方式,检查时鉴定人的态度应和蔼,措辞要婉转,避免审讯式语气,以取得被鉴定人的信任和合作。精神检查的重点除注意被鉴定人案发前及案发过程中的精神状态外,还应了解其作案前有无准备,作案的动机、目的、方式,作案过程及案发后有无自我保护行为等。如遇到被鉴定人不合作,经多方启发,仍缄口不言,可采取住院鉴定进行仔细观察。对缄默和违拗的被鉴定人不能采用任何形式的变相刑讯逼供方法。需要指出: 刑事责任能力鉴定的关键问题在于被鉴定人发生危害行为当时精神状态的认定,以及辨认能力和控制能力的推断; 鉴定时的精神状态仅供案情分析时的参考,对最后的鉴定意见并不一定具有决定意义。

三、鉴定人的资格、权利和义务

(一)鉴定人的资格

鉴定人是实施鉴定的主体,是委托单位为解决案件中的专门性问题而委托的具有专门知识的人。也就是说,鉴定人是具有专门知识的科学工作者,法律、法规对其资格都有较严格的规定。

具备下列条件之一的人员,可以向省级人民政府司法行政部门申请登记从事法医精神病学鉴定业务: ①具有与法医精神病学鉴定业务相关的高级专业技术职称; ②具有与法医精神病学鉴定业务相关的专业执业资格或者高等医学院校本科以上学历,从事法医精神病学工作5年以上; ③具有与法医精神病学鉴定业务相关工作10年以上经历,具有较强的专业技能。各省的司法行政部门还有相关规定,符合条件的申请人,由司法行政部门颁发鉴定人资格证书和执业证书。

(二)鉴定人的权利

为了保证鉴定活动的有效开展,法律规定鉴定人享有如下权利:

1. 有权了解案情和查阅与鉴定问题有关的案卷资料。经委托单位同意,有权询问与鉴定有关的当事人、证人等。

2. 应邀参与、协助委托单位勘验、检查和模拟实验等与鉴定有关的活动。

3. 鉴定过程中如发现送交的鉴定资料不充分或不符合要求,有权要求委托单位补充搜集鉴定材料。

4. 因提供的材料不具备鉴定条件,如鉴定资料严重不足或有虚假情况或拒不提供鉴定所需材料的,有权拒绝鉴定。

5. 拒绝解决、回答与鉴定无关的问题。

6. 与其他鉴定人意见不一致时,有权保留意见。

7. 有获得执业报酬的权利。

8. 鉴定意见书只提供给委托鉴定方,不得擅自对外公布。鉴定意见经过法院审核采纳后,诉讼当事人如有异议,可向法院申请补充鉴定或重新鉴定。

9. 鉴定人在依法执行任务时,其他任何机关、团体或个人都不得干预或施加影响。对鉴定人无理纠缠、侮辱诽谤、寻衅取闹或以暴力威胁、行凶报复的,鉴定人有权向法律监督机关提出控告。

10. 法律、法规规定的其他权利。

(三)鉴定人的义务

法医精神病学鉴定人在执行活动中履行下列义务:

1. 在规定时间内按程序和相关标准完成鉴定。

2. 作出客观、公正、合法的鉴定意见。

3. 保守在执业活动中知悉的国家秘密、商业秘密和个人隐私。

4. 遵守职业道德、执业规则和纪律。

5. 法律、法规规定的其他义务。

(胡泽卿)

第四节 鉴定书的制作和鉴定档案管理

鉴定书是鉴定人通过法定鉴定程序而认定被鉴定人的精神状态,即是否患有精神障碍,以及是否具有刑事责任能力或民事行为能力等的法律文书,是鉴定人作为专家提供给司法机关的专家证言。经司法机关采信即成为具有法律意义的诉讼证据,对案件的审理可产生重要影响。这就要求鉴定书一方面应具备法律规定的条件,另一方面则要根据法医精神病学的理论和实践,对被鉴定人的鉴定意见写出书面报告。

一、鉴定书的内容

根据司法部2001年和2002年分别颁布的《司法鉴定程序通则》(试行)和《司法鉴定文书示范文本》(试行),以及最高人民法院、最高人民检察院、公安部、司法部和前卫生部于1989年颁布的《精神疾病司法鉴定暂行规定》,鉴定书应包括下列几部分内容:

1. 一般项目: 鉴定书的编号、被鉴定人姓名、性别、年龄、籍贯、婚姻、民族、职业、家庭住址等。
2. 委托鉴定方的名称。
3. 鉴定日期。
4. 鉴定场所。
5. 案情摘要及委托鉴定要求。
6. 被鉴定人事发前后的精神状态及证人证言。
7. 被鉴定人的精神状态检查及其他检查所见。
8. 分析说明。
9. 鉴定意见: 精神状态评定和法律能力的意见。
10. 鉴定人签名、鉴定单位盖章。

二、鉴定书的制作要求

鉴定书是一种法律文件,其制作必须严肃认真,尊重客观事实和符合诉讼法规的要求。应注意以下几点:

鉴定书的内容应客观、真实,反映的内容是检验过程和检验结果的真实再现,其所确认的意见必须建立在所发现的客观事实和科学分析基础上合理判断。应密切联系鉴定的要求,如鉴定的要求在于评定刑事责任能力,则鉴定书应反映被鉴定人作案时的精神状态,并阐明对其精神状态评价和刑事责任能力评定的事实依据。鉴定书的各部分内容应具有内在连贯性和一致性,前后呼应。如精神检查或实验室检查不支持鉴定结论,必要时应给予合理的解释或说明。鉴定书的文字表达应当准确、简明、易懂,分析说明逻辑性强,证据充分,结论可靠,并打印成文。鉴定书应有鉴定人的签名和鉴定单位盖章,未加盖司法鉴定机构鉴定专用章或无司法鉴定人签名的鉴定书无效。司法鉴定书正本一式四份,其中三份交委托单位,一份由鉴定机构存档。

本书的附录部分有法医精神病学鉴定意见书举例,可供参考。

三、鉴定档案管理

司法鉴定资料归档是鉴定实施工作的重要组成部分。鉴定人完成鉴定实施并出具鉴定书后应建立司法鉴定档案。司法鉴定档案作为一种存储信息的载体,真实地记录了整个司法鉴定活动的始末。建立司法鉴定档案并做好档案管理工作,有利于保护鉴定所涉及各方面的合法权益,便于鉴定机构内部自查,以及委托单位的复查、复检,及时发现和解决问题。同时,鉴定档案还是宝贵的信息资源,通过整理,可以使鉴定人获取有价值的信息,以利于资料积累、经验总结和进行回顾性研究,提高鉴定人的业务水平和鉴定质量。

司法鉴定档案的内容包括：委托单位介绍信、鉴定委托书、被鉴定人有关病史的调查资料及询问记录的复印件、鉴定检查、讨论记录、鉴定底稿及打印件等。鉴定档案需有专人管理，包括登记、整理、装订，有条件的应采用电脑存档。

（胡泽卿）

第五节　对鉴定意见的质证、审查和争议

鉴定意见作为证据材料的一种，必须经过法庭审查，才有可能采信为证据，产生法律效力。我国《刑事诉讼法》第四十二条第三款规定："证据必须经过查证属实，才能成为定案的根据。"《民事诉讼法》第六十三条第三款规定："证据必须查证属实，才能作为认定事实的根据。"《行政诉讼法》第三十一条第三款规定："证据经法庭查证属实，才能作为定案的根据。" 鉴定书审查的形式，我国目前存在两种情况：一种是鉴定人不出庭，鉴定书以书面形式接受法庭审查；另一种形式是根据《刑事诉讼法》第一百五十六条、《民事诉讼法》第一百二十五条规定鉴定人出庭作证，直接接受控、辩双方及法官就与鉴定书有关问题的询问和质证，并做出答复。由于鉴定意见具有一定的专业性，单凭鉴定文书有限的文字内容，往往难以让非该专业领域的法律工作者充分理解其中的科学含义。鉴定人出庭作证，可以使法官直接接触做出鉴定意见的鉴定人，通过直接发问或通过控辩双方对鉴定人的询问和质证，了解鉴定过程，从而对鉴定意见的证明效力作出客观、理性的判断，保证鉴定意见的真实性与合法性。

鉴定书的审查主要是认定鉴定意见的合法性、科学性和可靠性。

一、审查鉴定书的合法性

合法性是证据的必备条件之一。如果鉴定不符合法律规定，即使客观上是正确的也不能作为证据使用。法医精神病学鉴定书是否合法，主要是看鉴定机构、鉴定人及鉴定程序是否符合法律规定。

1. 审查鉴定机构　主要审查鉴定机构是否具有从事司法鉴定服务的合法资格，所开展的法医精神鉴定是否在核定的业务范围，以及其资质力量等情况。

2. 审查鉴定人　鉴定人是鉴定书的出具者，鉴定人是否具备解决法医精神病学这一专门性问题的知识和实际能力，即是否具有鉴定人的资格，这是保证鉴定意见准确的前提条件。同时还应审查鉴定人在鉴定过程中是否实事求是、公正客观、有无作虚假鉴定的情况。

3. 审查鉴定程序　司法鉴定程序是指按照司法鉴定活动的客观规律所制定的司法鉴定工作的具体步骤，它是保证鉴定质量、实现司法鉴定的科学性、客观性、独立性、公正性的有力保障。为此，法医精神病学鉴定应该严格遵照司法部2001年8月31日颁布的《司法鉴定程序通则》（试行）进行司法鉴定活动。

二、审查鉴定书的科学性和可靠性

鉴定书的科学性和可靠性是构成诉讼证据的基础，倘若鉴定意见本身有差错，就可能把侦查、审判活动引向歧途，甚至造成冤假错案。因此，需要从以下几个方面进行审查：

1. 审查鉴定资料　鉴定资料是鉴定意见的基础，司法机关提供的材料，尤其是涉及被鉴定人案发前精神状态的材料应客观、详细、充分、真实可靠。要做到这一点，就需要广泛收集材料，多个证人证言，仅凭被鉴定者本人或其家属提供的资料做出的鉴定意见可靠性较差。

2. 审查鉴定方法　鉴定人使用的鉴定方法，是鉴定意见科学性和可靠性的重要保证。鉴定的步骤、方法不当，也会导致鉴定结论失误。

3. 审查鉴定意见的科学依据　鉴定意见的科学依据，体现其作为证据的可信程度。科学依据越充分，意见的可靠性越大。鉴定意见所依据的事实应在鉴定书中有充分体现，即具有内在的连贯性和

一致性,意见清楚、逻辑性强、令人信服。

4. 审查鉴定意见　与其他证据的关系审查鉴定意见与其他证据是否协调一致,相互间有无矛盾。若出现鉴定意见与其他证据不一致,则应查明产生矛盾的原因,以判定是鉴定意见错误还是其他证据不实,避免错鉴。

对鉴定意见产生异议是不可避免的,例如: 肇事者及其家属希望结论为"有精神病",可以从轻发落; 而被害人或其家属则企盼"严惩不贷"。对鉴定意见持有异议的单位或个人不应与鉴定单位和鉴定人之间直接发生争议,他们可通过法律程序进行申诉。委托鉴定单位对鉴定意见如有异议,不应强迫鉴定人修改鉴定意见。

当几处鉴定意见不一致,且经逐级复核仍未解决鉴定分歧时,可采用共同鉴定的形式,由组织鉴定的部门聘请有权威的法医精神病学专家"会诊"。经过专家鉴定,如果取得一致鉴定意见,即可共同出具鉴定书; 如鉴定意见仍不能一致,可在鉴定书中分别说明不同意见的人数和理由。

(胡泽卿)

第六节　刑事责任能力的评定

案例3-2 ▶

2011年3月31日20时45分许,在浦东国际机场到达大厅,从日本返沪的男子汪某到达不久即与前去接机的母亲为学费问题发生争执,后从托运的行李中取出一把水果刀,对着母亲连刺9刀,致使其母当场倒地昏迷,汪某随即被赶来的民警抓获并被刑事拘留。因其作案手段残忍且事后若无其事,动机与行为后果极不相称,公安机关委托司法部司法鉴定科学技术研究所司法鉴定中心对汪某进行了司法鉴定,鉴定意见为"汪某患有精神分裂症,作案时具有限定刑事责任能力,目前具有受审能力"。10月31日,浦东新区人民法院对此案作出一审判决,认定汪某犯故意伤害罪,判处有期徒刑3年6个月。汪某不服一审判决,认为刑期过重,提出上诉。2012年3月12日,上海市第一中级人民法院作出维持原判的终审判决。

一、刑事责任能力的概念

刑事责任能力(criminal responsibility),亦称责任能力(responsibility),其内容在古代刑法中即已存在,对精神病人、老年人、未成年人和生理缺陷(聋、哑、盲)人的危害行为立法规定不归责或减免责任,实质都是关于刑事责任能力的规定。但刑事责任能力作为一个明确的概念被使用,则是近代刑法理论。遗憾的是,各国刑法一般没有积极对责任能力进行定义,而仅仅停留在对没有责任能力或责任能力减低所作的规定上。我国目前比较普遍接受的概念是,责任能力是指行为人能够正确认识自己行为的性质、意义、作用和后果,并能够根据这种认识而自觉地选择和控制自己的行为,从而到达对自己所实施的刑法所禁止的危害社会行为承担刑事责任的能力,即对刑法所禁止的危害社会行为具有的辨认和控制能力。

知识拓展 ▶

刑事责任能力有别于负刑事责任,后者是指实施危害行为的行为人所必须承担的法律责任。对一般公民来说,只要达到法定年龄、生理和精神状态正常,就具有相应的辨认和控制自己行为的能力,从而具有刑事责任能力。行为人如果不具备刑事责任能力,其危害行为就不构成犯罪,也就不可能追究其刑事责任,即不负刑事责任。

二、刑事责任能力的评定依据

影响刑事责任能力的因素有年龄、精神状态和生理缺陷，需要司法鉴定确定的只是不同精神状态下涉案行为人的责任能力等级。《刑法》第十八条明确规定："精神病人在不能辨认或者不能控制自己行为的时候造成危害结果，经法定程序鉴定确认的，不负刑事责任，但是应当责令他的家属或者监护人严加看管和医疗；在必要的时候，由政府强制医疗。间歇性的精神病人在精神正常的时候犯罪，应当负刑事责任。尚未完全丧失辨认或者控制自己行为能力的精神病人，应当负刑事责任，但是可以从轻或者减轻处罚。醉酒的人犯罪，应当负刑事责任"。立法时对是否负刑事责任兼顾了医学和法学两个方面，据此条款，我国司法与鉴定实践引申出刑事责任能力评定的法律依据，即刑事责任能力的评定要件有医学要件与法学要件，既要考虑涉案时行为人是否存在刑法所规定的精神障碍，也强调关注该精神障碍对其辨认能力和控制能力的影响程度。两个评定要件缺一不可，评定时不能将医学要件与法学要件孤立地看待与处理，更不能根据单一的医学要件或法学要件来评定责任能力等级。

知识拓展 ▶

《刑法》第十七条 已满十六周岁的人犯罪，应当负刑事责任。已满十四周岁不满十六周岁的人，犯故意杀人、故意伤害致人重伤或者死亡、强奸、抢劫、贩卖毒品、放火、爆炸、投毒罪的，应当负刑事责任。已满十四周岁不满十八周岁的人犯罪，应当从轻或者减轻处罚。因不满十六周岁不予刑事处罚的，责令他的家长或者监护人加以管教；在必要的时候，也可以由政府收容教养。已满七十五周岁的人故意犯罪的，可以从轻或者减轻处罚；过失犯罪的，应当从轻或者减轻处罚。

《刑法》第十九条 又聋又哑的人或者盲人犯罪，可以从轻、减轻或者免除处罚。

（一）医学要件——刑法"精神病人"范围

《刑法》中"精神病"，在立法原意上，是基于广义去理解的。即《刑法》第十八条中的"精神病"既包括重性精神障碍如精神分裂症、分裂情感性障碍、持久的妄想性障碍（偏执性精神病）、双相（情感）障碍、癫痫所致精神障碍等，及精神病等位状态（如癔症性精神病、病理性醉酒、病理性半醒状态等），也包括非精神病性精神障碍，如神经症、人格障碍、性变态等。同样，由于饮酒或使用毒品及其他药物等原因而导致的精神障碍也涵盖在内。也就是说，凡满足ICD-10或CCMD-3诊断标准的精神障碍者全属于刑法意义上的"精神病人"（the mentally ill person）。

（二）法学要件——辨认与控制能力

刑事责任能力的核心内容是辨认能力和控制能力。辨认能力是责任能力的基础，控制能力的具备则是以辨认能力的存在为前提条件，丧失辨认能力也就同时必然不具备控制能力；只有在辨认能力存在的前提下，才需要确认其控制能力状况。

1. 辨认能力 辨认能力是指行为人对自己的行为在刑法上的意义、性质、作用、后果的分辨认识能力；或指行为人对行为的是非、是否触犯刑法、危害社会的分辨识别能力。具体地说，是行为人对作案行为是否意识其行为的动机、要达到的目的，为实施目的而准备或采取的手段、在法律上的意义、是否预见行为的后果、是否理解犯罪性质等。正常人犯罪一般有较明确的动机、目的，并能判别其行为的性质是正当及合法与否，知道行为对社会、对他人造成的危害结果等。处于发病期的精神障碍者，危害行为往往受精神症状的支配或影响，辨认能力常存在严重损害，主要反映在下列方面：

（1）行为的动机目的荒谬离奇，脱离现实：如受妄想等精神症状的影响，把亲朋当作仇敌，把亲朋好友的善意看作阴谋陷害，而实施报复杀人或伤害；或接受幻觉支配而实施不可思议的凶杀行为。

（2）曲解行为的违法性质：如抑郁症患者担心自己自杀后亲人孤苦受罪而杀害自己的亲人，认为杀人是为了帮助他们解脱痛苦。

（3）对行为的后果缺乏认识：杀人抵命是基本法律常识，精神障碍患者常对严重后果抱无所谓态度，事发后若无其事或泰然处之，不采取任何自我保护措施。

但在某些鉴定案例中，司法机关和受害方往往认为其作案目的动机明确、对象固定、对作案有周密计划、作案后有良好的自我保护能力，也知道行为的违法性与后果，应该存在"良好的辨认能力"，但鉴定却认为是"丧失实质性辨认能力"而评定为"无责任能力"，常常引起较大争议。为此，有人建议对辨认能力内涵进行多层次的解释：第一层次是对行为物理性质的认识，即最基本的辨认能力。正常人一般可以清楚认识并且描述行为和行为对象的物理性质，从而对不同的行为加以区分，但精神障碍者有时就出现不能正确认识物理性质的情形，如在幻觉支配下，会把人当作鬼怪、木头，把杀人当作杀鬼、砍木头；第二层次是对行为社会危害性的认识，精神病人也大多是在这一层次上辨认能力受损；第三层次是对行为必要性的认识。偏执性精神障碍患者在妄想症状支配下，对自身环境、人际关系等作出不符合客观实际的推理、判断，进而有针对性地杀害其妄想对象，他们是不能意识到实际上不存在实施这一行为的必要。同样，在实施"扩大性自杀"的抑郁症病人眼里，与其在自己死后把亲人留下来继续受苦，错误认为带亲人一道走对他们是一种解脱、是一种爱的表现，而不能认识到自己的行为并非"必要的"。"行为的必要性"才是"实质性的辨认能力"的真正内涵。

2. 控制能力　控制能力是指行为人具备选择自己实施或不实施为刑法所禁止、所制裁的行为的能力，即具备决定自己是否以行为触犯刑法的能力，主要受到意志和情感活动的影响。正常人能按照自己的意志实施行为，在没有外力制约的情况下，能自主地开始、展开、调整和终止行为。但对部分精神障碍者，由于存在严重的意识、思维、智能或意志等方面异常，尽管可能尚存在一定的辨认能力，但控制能力往往存在不同程度的损害。

对控制能力状况的判断要远远难于辨认能力，更加难以准确把握，为此，目前有些国家不采用将无控制能力作为不负刑事责任独立的理由。所谓"警察原则"是指在警察或纠察人员出现时，正常个体的违法行为应有所收敛，而控制能力严重受损者，在此状况下仍然我行我素。对精神障碍者的控制能力可从以下几方面进行考察：

（1）社会和生活功能的受损程度：一般认为控制能力损害程度与社会和生活功能的受损程度成正比。控制能力严重受损时，多不能适应正常的社会生活。

（2）自知力：自知力丧失程度往往与控制能力损害程度平行。

（3）自我保护力：对危害行为过程的自我保护力亦常反映个体的自我控制能力水平。如病理性冲动一旦出现就难以自制，反映在作案上则往往对作案对象、时间、地点不加选择，缺乏自我保护。

（4）既往行为方式：既往反复多次出现攻击暴力等危害行为，在一定程度也反映出个体的控制能力下降。

（三）刑事责任能力评定标准

遗憾的是，多年来责任能力的评定工作一直缺乏与刑法第十八条相对应的具体评定细则。1989年由最高人民法院、最高人民检察院、公安部、司法部和前卫生部共同制定的《精神疾病司法鉴定暂行规定》虽然对责任能力的评定进行了原则性规定，但其中部分内容已明显与现行法律及鉴定实践严重脱节（只有完全责任能力与无责任能力两个等级）。直到2011年3月17日，司法部司法鉴定管理局颁布了专门性的司法鉴定技术规范，即《精神障碍者刑事责任能力评定指南（SF/Z JD0104002-2011）》（以下简称《指南》），借此规范相关评定工作。该《指南》对刑法中的"精神病人"采用广义解读（等同医学上的"精神障碍者"），坚持评定时应首先考察行为人的精神状态，如果精神状态正常，即可认定为其具有完全刑事责任能力；如果患有某种精神障碍，才去重点考察其辨认或控制能力受损的程度，再根据这种受损程度的大小而相应评定责任能力等级，但法律另有规定者例外，像"醉酒者犯罪，应当负刑事责任"。目前，该《指南》已广泛应用于相关鉴定实践、鉴定意见的质证与审查认定工作。

知识链接 ▶

《精神疾病司法鉴定暂行规定》第十九条刑事案件被鉴定人责任能力的评定：

被鉴定人实施危害行为时，经鉴定患有精神疾病，由于严重的精神活动障碍，致使不能辨认或者不能控制自己行为的，为无刑事责任能力。

被鉴定人实施危害行为时，经鉴定属于下列情况之一的，为具有责任能力：

1. 具有精神疾病的既往史，但实施危害行为时并无精神异常；

2. 精神疾病的间歇期，精神症状已经完全消失。

三、刑事责任能力的分类

在责任能力等级划分方面，按限定刑事责任能力这一等级的有无，可称为"三分法"或"两分法"。"三分法"在刑事立法上将责任能力明确区为完全（刑事）责任能力、无刑事责任能力和限定刑事责任能力（也称部分责任能力、减轻刑事责任能力或限制刑事责任能力）三类，采用此种等级分类制度的立法国家相当普遍。我国对精神障碍者的责任能力也采用三分法，并对限定责任能力者规定可以从轻或减轻处罚。

（一）完全刑事责任能力

按《刑法》第十八条及《指南》规定，如果实施危害行为时精神状态正常，行为人即可认定为具有完全刑事责任能力；如果当时存在某种精神障碍，但对该危害行为的辨认与控制能力完整时，同样具有完全刑事责任能力。对某些特殊的精神障碍类型如反社会人格障碍、普通醉酒（单纯醉酒）、再次发生的复杂性醉酒与病理性醉酒，尽管也同样是"精神病人"，但基于社会保护原则，《指南》要求不再考察其涉案当时的辨认与控制能力（即使当时可能辨认或控制有损害），直接将此类人群归入完全责任能力之内。

（二）限定（制）责任能力

限定（制）责任能力（diminished responsibility）是介于无责任能力和完全责任能力的一种中间状态，是法医精神病学鉴定的难点和争论焦点。按照《指南》要求，精神病人只有在涉案时辨认或控制能力削弱时才能评定为限定责任能力，但鉴定实践中仍存在评定扩大化趋势，遇争议较大的复杂案件往往有人去折中处理。另外，限定责任能力的跨度较大，辨认或控制能力的受损程度难以准确量化。在目前法庭抗辩制度尚不完善的前提下，法官难以直观了解所"限定"程度，信息的不对称给量刑工作带来不小困扰，明显有违罪刑相适应原则和司法协调和谐要求，已引起司法界的重视并希望纠正。

有关限定责任能力的再分级问题前些年在鉴定界也引起一场热烈争论。龙青春、石华孟建议对限定责任能力再分，最好分为两级；罗小年、刘双臣等人却认为不应该继续划分；蔡伟雄等人则认为，辨认或控制能力削弱确实存在程度差别，与之对应的限定责任能力程度也应该是一个逐渐减低的过程，一端接近完全责任能力，另一端接近无责任能力，应该能继续细分为大部分责任能力（接近完全责任能力）、部分责任能力和小部分责任能力（接近无责任能力）三级。实证研究也发现，这种细分是完全可行的，在此基础上编制出的《精神病人限定责任能力评定量表》已在国内部分鉴定机构应用，辅助进行限定责任能力的量化评定，鉴定意见在司法机关反应也较好。

（三）无刑事责任能力

如果精神病人实施危害行为是直接基于精神病理症状，涉案时属于"不能辨认或者不能控制自己的行为"，这种情形下的责任能力就是无（刑事）责任能力（irresponsibility）。例如，某精神分裂症患者在命令性幻听的支配下将一陌生人杀害，病理性醉酒情形下的作案等。无责任能力者将不被追究刑事责任，但对其中实施暴力行为、危害公共安全或者严重危害公民人身安全、有继续危害社会可能者，可以予以强制医疗。

知识拓展 ▶

　　《中华人民共和国刑事诉讼法》第二百八十四条规定:"实施暴力行为,危害公共安全或者严重危害公民人身安全,经法定程序鉴定依法不负刑事责任的精神病人,有继续危害社会可能的,可以予以强制医疗。"

　　第二百八十五条规定:"公安机关发现精神病人符合强制医疗条件的,应当写出强制医疗意见书,移送人民检察院。对于公安机关移送的或者在审查起诉过程中发现的精神病人符合强制医疗条件的,人民检察院应当向人民法院提出强制医疗的申请。人民法院在审理案件过程中发现被告人符合强制医疗条件的,可以做出强制医疗的决定。"

四、评定刑事责任能力要注意的问题

　　刑事责任能力等级将直接关系着刑事案件的定性与相关处置,评定时必须细致、慎重。首先,应遵循"无病推定"原则,即应假定被鉴定人精神状态正常、具有完全刑事责任能力,除非有确凿证据表明其患有精神障碍且影响对涉案行为的辨认或控制能力时,方可作出相应的责任能力评定意见,忌用临床工作与思维模式,先入为主地去寻找"有病"依据,并用疾病去解释自己觉得的"异常"作案行为。其次,评定时要全面把握医学要件和法学要件,注意两个要件的有机结合,不孤立或片面地强调某个要件。对医学要件,不能简单依据病历、调查材料或原鉴定报告去草草认定,一定要做好去伪存真工作;在建立起医学诊断后,再重点考察精神症状对法学要件(涉案时的辨认与控制能力)的影响程度,重视对作案过程的阅读与剖析,严格按照相关评定标准来开展工作,并特别注意以下问题:

(一)要正确理解刑法第十八条含意

　　《刑法》第十八条是我国刑事责任能力评定的法律基础。据此条款,才引申出责任能力的评定要件、责任能力等级及各等级所对应的判定原则。现行《精神障碍者刑事责任能力评定指南》即完全遵照此框架所形成,从事相关评定工作应理解该条款真正内涵。

　　1. "间歇性的精神病人" "间歇性精神病"是一个法律概念,而非精神医学概念,在精神医学的疾病诊断系统中从未出现过"间歇性精神病"的病名或综合征。多数学者认为,"间歇性精神病"系指那些存在间歇发作情况的精神障碍,如癫痫所致精神障碍、情感性精神障碍(躁郁症)、癔症等。精神病人(无论是否为"间歇性")在精神症状缓解/精神正常的时候出现危害行为,就不存在减轻/从轻处罚或不负刑事责任必需的医学基础,即使其行为当时存在辨认或控制能力受损的情形(如生理性激情),本就应该评定为完全责任能力,为此,此款规定显得有点多余。另外,从法条上看,由于第1款即可转述为"精神病人在能辨认和控制自己行为的时候造成危害结果,应当负刑事责任",本款的意思已经包括在第1款的规定中,既然"精神病人"中存在"间歇性的精神病人",应该没必要进行特别规定了。

　　2. 醉酒人的责任能力 酒精可以削弱人的自控能力和辨认能力,醉酒状态下使其在平时受到抑制的反社会动机脱抑制,极易作出错误的推理和判断,从而导致危害行为的发生。但与多数精神障碍类型所不同的是,这种损害在酒醒后会完全恢复。为此,我国立法上特别设立阻却条款,例外规定"醉酒的人犯罪,应当负刑事责任",近似于国外的"有病但有罪"。但由于该款规定过于概括,且一些醉酒种类如病理性醉酒、慢性酒中毒也同样存在生物学缺陷基础,与内源性精神障碍的发病并无本质上区别,不加区别地将所有醉酒者均视为完全刑事责任能力处理也不符合立法精神。目前我国对醉酒者的责任能力评定/认定模式是: ①将慢性酒中毒者视为普通精神病人,按辨认与控制能力程度进行评定; ②对急性酒中毒则视诊断类型分别对待,采用承认法律标准、更强调于医学状态的认定方法,类似大陆法系国家的责任能力判断模式。即规定单纯醉酒(普通醉酒)者为完全责任能力、复杂性醉酒者为限定责任能力、病理性醉酒为无责任能力。值得注意的是,有鉴定人对急性酒中毒的诊断不够严格,仍将部分单纯醉酒错误鉴定为复杂性醉酒或病理性醉酒,影响了案件处理。

（二）严格按《指南》评定吸毒所致精神障碍者责任能力

毒品是一类强大的精神活性物质，由于医生处方不当或个人反复使用也会导致依赖综合征和其他精神障碍，如中毒、戒断综合征、精神病性症状（如幻觉、妄想和病理性观念）、情感障碍及残留性或迟发性精神障碍，即毒品所致精神障碍。近年来，国内毒品（特别是一些新型毒品如冰毒等）所致的精神障碍者涉案率也有不断增加的趋势。与醉酒类似，吸食毒品也能严重影响对自身行为的辨认与控制能力，在刑法未对此进行明确规定情形下，如何正确评定与认定其刑事责任能力极大地困扰着相关司法实践。争论的焦点主要集中在因自陷性行为吸毒后出现明显的精神障碍，陷于辨认或控制能力丧失状态下实施危害行为时该如何评定其刑事责任能力上。

案例 3-3 ▶

被鉴定人梁某涉嫌于2011年12月23日实施故意伤害行为而被刑事拘留，因其交代作案动机等有悖常理，疑其存在精神异常而提请鉴定。

1. 摘录被鉴定人讯问笔录 "……我2005年在广东东莞打工的时候就认识她，当时这个女孩子的父亲在附近做保安，她工作的岗亭离我住的地方很近，那个女孩子看他父亲的时候我看见过她，他们是东莞本地人，当时我跟她父亲关系很好，我知道她父亲要她嫁给我（当时没有当面说过），后来因为我听说她父亲和她发生了性关系，我就不想要这个女孩子了，我就离开东莞到中山市，在中山市的时候我听说她父要叫人来杀我，我就逃回老家了。2011年我到上海某大酒店工作，我在酒店看见了那个女员工后我确定她就是东莞的那个女孩子，我还知道他爸爸要我娶她，如果我不同意的话他就叫人来打我杀我，他会害我一辈子。所以我想，如果我不把这个女的杀了，她爸爸是不会出来和我见面的，我只有杀了她才能见到她爸爸跟他说道理。所以前天我到路边地摊上买了那把折叠刀，准备用刀把她给杀了……（上面那些事情你听谁说的？）我听电脑说的，他们做了什么、说了什么我都能在电脑上听到但看不到，我做什么说什么他们都能在电脑上听到看到……我见过她，而且她说话的声音也一样，而且我还听到她和一个江西的女孩子在3楼宿舍里说一定要嫁给我，所以我确定她就是东莞的那个女孩子……"

2. 检查所见 被鉴定人着囚服，戴手铐，自行步入检查室，意识清晰，接触合作。称其2005年在广东打工时得罪了人，被人偷去存折、路卡、身份证到美国卖白粉，所得罪的人想把女儿嫁给他，2月份时在电脑中听到此女跟其父亲、哥哥、表爷发生过性关系而不想要她，"我家电脑，像看电视一样听出来的，我看不见他们，我能听见他们，他们能看见我。"认为对方非要其与此女在一起的原因是"她自己发生过性关系了，嫁不出去，非要嫁给我"。称还听到上述三人说带此女到美国修补处女膜，自己因此不想跟这个女人在一起，也因此被她父亲及哥哥等人迫害，"（他们）叫武汉少林寺来抓我，叫我跟那个女的在一起，今年听到的，说我不要那个女孩子，非要叫武汉少林寺来抓我，非要我跟她在一起……2005年9月份，在中山市用原子弹、核弹准备炸死我，这是听到的，白天（听到的），她爸、哥哥和表爷说的……广西壮族自治区主席也听见了，准备我坐车的时候用导弹炸死我……他们请武汉少林寺来抓我，他们不抓，他们就用导弹炸了少林寺，武汉副市长也被炸死了，这是电脑上听到的……害死了我的家人，被人家害的，中毒死的……"。承认为此才到来到上海，2011年6月份来上海酒店打工后不久即在员工中认出那个女孩，"来到我就认出来了，2005年时在她老爸身边见过，听声音听出来的。"称在此期间某些重要领导也都要其与这个女孩在一起，自己为此"想打她已经好多次了"。对于杀害她的原因，称是"我把她杀了算了，反正我家里也没人了。这样一来才能逼她父亲出来谈判"。被鉴定人目前称在看守所内也能听见他们的声音，"（这里）能听见，今天说准备放我出去……不是说放我出去，是她爸对武警说放我出去。"表示自己出去后若再见到这个女孩就"见一次杀一次"。对于为何能在电脑中听到声音，称："这个你们不懂。"整个检查过程，被鉴定人可引出幻听、被害妄想及被监视感，妄想内容较荒谬，病理性意志要求增强，自知力无。

辅助检查：精神病人责任能力评定量表测评为10分,属无责任能力范围。

3. 鉴定分析

（1）关于精神状态诊断：被鉴定人2005年在广东打工时即无明显诱因出现明显精神异常,如无故臆想某男子要将女儿嫁给他,凭空耳闻人语或从电脑中听见该女孩与她父、兄等人的性爱声音与对话,对方也能通过电脑监视其行为,因"知道"该女孩跟多人"发生过性关系"不想与她在一起而遭到对方的多种形式迫害,为此逃离广东,并不断更换城市,以躲避对方的迫害,来上海后仍自觉摆脱不了,只好杀害那个"不洁"的女孩来逼对方谈判,在看守所上述异常表现仍然存在。本次检查：被鉴定人意识清晰,在排除伪装后可引出幻听、被害妄想及被监视感,妄想内容较荒谬,病理性意志要求增强,自知力无。根据《中国精神障碍分类与诊断标准第三版（CCMD-3）》,被鉴定人患有精神分裂症,作案时及目前均处于发病期,诊断依据如下：

症状标准：反复出现的幻听、被监视感及被害妄想等;

严重标准：自知力丧失,为躲避迫害不断迁徙,频繁更换工作,直至涉及刑事案件;

病程标准：自2005年开始出现上述精神病性症状,持续至今;

排除标准：①无脑外伤及脑损害证据,颅脑CT检查未见异常,可排除器质性精神障碍;②无吸食精神活性物质的经历,可排除精神活性物质所致精神障碍;③被鉴定人症状以幻听、被监视感及被害妄想为主,其妄想对象虽然较固定,但内容极荒谬,故可排除偏执型精神病。

（2）刑事责任能力评定：被鉴定人患有精神分裂症,凭空认定被害人是广东打工时认识的"不洁"女孩,并认为对方家人因其不愿接纳她而对其多番迫害,一直追至上海也不放松,只好实施伤害行为来逼对方父亲出面谈判,为此,作案是在精神病性症状的直接影响下所实施,丧失了对作案行为的实质性辨认能力。精神病人责任能力评定量表测评为10分,属无责任能力范围。根据《精神障碍者刑事责任能力评定指南》（SF/Z JD0104002-2011）,被鉴定人对本案应评定为无刑事责任能力。

4. 鉴定意见　被鉴定人梁某患有精神分裂症,作案时及目前均处于发病期。对本案应评定为无刑事责任能力。

最后,需要特别强调的是,刑事责任能力是针对行为人某一危害行为/案件而作出的,不同刑事案件并不能借用或同样推定。倘若再次犯案,针对新的危害行为的责任能力问题,需要重新鉴定确定。那些曾经通过鉴定免去或减轻刑事处罚的"精神病人",也并不因此便永久享受这种"豁免权"。

（蔡伟雄　韩臣柏）

第七节　民事行为能力的评定

案例3-4 ▶

2003年,徐某因患精神病打伤父亲被强制送往上海市青春精神病康复院住院。2008年父亲过世后,居委会指定其哥哥作为监护人。2004年起,徐某认为自己已经康复一直要求出院,但两任监护人均以其未真正痊愈为由不同意。2012年,其生母刘某以监护人未履行监护职责为由向法院提起诉讼,要求将徐某的监护人变更为自己。法院特委托对徐某进行精神状态鉴定及民事行为能力评定,鉴定结果为"徐某患有精神分裂症,目前处于残留期,具有限制民事行为能力",但法院最终因故未支持徐母请求。2013年,徐某又委托律师以侵犯人身自由权将其兄与医院告上法庭,遗憾的是,这起网络所称"首起精神卫生法案"仍以原告败诉结束,徐某不得不继续待在精神病院。

一、民事行为能力的概念

民事行为能力(civil capacity),是指民事主体以自己的行为参加民事法律关系,从而取得享有民事权利和承担民事义务的资格。也有人认为,民事行为能力是自然人能够以自己的行为,按照法律关系行使权利和承担义务,从而具有法律关系上的发生、变更、终止的能力或资格,以具有辨认本人行为的性质和后果,以及理智地、审慎地处理本人的事务为准则。

> **知识链接** ▶
>
> 自然人(natural person)是在自然状态下出生的人。公民(citizen, civil)指具有某一国国籍,并根据该国法律规定享有权利和承担义务的(自然)人。
>
> 在我国,公民在民事法律地位上和自然人同义。而在有些国家,公民仅指具有一国国籍的自然人,而自然人还包括外国人和无国籍人。
>
> 行为人就是实施行为的人,这里的行为可以是作为也可以是不作为。

具有民事行为能力是民事活动发生法律效力的前提条件。如果行为人具有民事行为能力,则其可独立进行民事活动、行使自己的民事权利,如结婚或离婚、赠养、抚养和收养、订立遗嘱和财产继承、签订合同、参加选举等;同时履行与此相对应的义务,承担相应的民事责任。比如有民事行为能力的公民签订了房屋租赁合同,便取得了房屋的使用权,需按时交纳租金等,如果违反租赁合同,就要承担违约责任。

民事行为能力有广义与狭义之分,也有人称之为"总体民事行为能力"和"特定的民事行为能力"。广义的民事行为能力,是指自然人在取得民事行为能力资格之后,直至这种资格消失或终止的整个过程中,对自己参加的所有民事活动所具有的辨认能力。狭义的民事行为能力,则指该公民参加某一项或某一些民事活动所具备的辨认能力。

> **知识拓展** ▶
>
> 民事权利能力是民事法律赋予民事主体从事民事活动,从而享受民事权利和承担民事义务的资格。民事权利能力是民事行为能力的前提。公民从出生时起到死亡时止,均具有民事权利能力;而民事行为能力则受年龄和智力、健康状况限制。如18岁以下的公民会因为年龄(10周岁以下)和健康状况(精神病)而影响其民事行为能力。
>
> 有效的民事法律行为应当同时具备的要件是:行为人具有相应的民事行为能力;意思表示真实;不违反法律或者社会公共利益。

二、民事行为能力的种类

法律赋予公民民事行为能力,以其对自己行为的辨认能力为基础。包括对民事活动/行为的认识能力及对行为后果和利害关系的预期判断能力。我国的民事法律,视公民的年龄与精神状态情况,将民事行为能力划分为完全民事行为能力、限制民事行为能力、无民事行为能力三类(三分法)。

(一)完全民事行为能力

完全民事行为能力,是指公民有能力/资格以自己的行为取得和行使法律允许的所有民事权利,承担和履行全部民事义务。《中华人民共和国民法通则》(下称《民法通则》)第十一条规定:"18周岁以上的公民是成年人,具有完全民事行为能力,可以独立进行民事活动,是完全民事行为能力人。16周岁以上不满18周岁的公民,以自己的劳动收入为主要生活来源的,视为完全民事行为能力人";为此,达到法定年龄、具备一定的社会知识和经验的公民,在民事活动中能够正确表达自己意思并理智处理自己事务,能够预期行为可能发生的后果及对自己的影响,也就具有完全行为能力。同样,如果精神障碍并不影响其对民事活动/行为的辨认,此种情况下的精神病人也应具有完全行为能力。

(二)限制民事行为能力

限制民事行为能力,是指公民享有的民事行为能力是不完全的,在某种程度或某些范围内受到一定的限制。如《民法通则》第十二条第一款规定:"10周岁以上的未成年人是限制民事行为能力人,可以进行与他年龄、智力相适应的民事活动;其他民事活动由他的法定代理人代理,或者征得他的法定代理人的同意。"同样,对本已达到法定完全民事行为能力年龄的精神病人,如果受智力障碍或精神症状的影响,存在对自己行为的认识和判断上的偏差,也被法律视为限制民事行为能力人。《民法通则》第十三条第二款特别规定:"不能完全辨认自己行为的精神病人是限制民事行为能力人,可以进行与他的精神健康状况相适应的民事活动;其他民事活动由他的法定代理人代理,或者征得他的法定代理人的同意"。对是否与其"精神健康状态相适应",最高人民法院《关于贯彻执行〈民法通则〉若干问题的意见(试行)》第四条规定,可以从该"行为与本人生活相关联的程度、本人的精神状态是否理解其行为、并预见相应的行为后果以及行为标的数额等方面认定"。

(三)无民事行为能力

不满10周岁的未成年人,由于年龄小、心智发育有限,尚不具备对复杂事物或行为的辨认能力,我国《民法通则》将其规定为"无民事行为能力人,由他的法定代理人代理民事活动"。同样,对那些"不能辨认自己行为的精神病人",《民法通则》也视其为无民事行为能力(incapability)人,其民事活动也由其法定代理人代理。

其他部门法律对民事行为能力或民事活动也存在一些特别规定或补充。如《中华人民共和国合同法》第九条:"当事人订立合同,应当具有相应的民事权利能力和民事行为能力。当事人依法可以委托代理人订立合同。"第四十七条:"限制民事行为能力人订立的合同,经法定代理人追认后,该合同有效,但纯获利益的合同或者与其年龄、智力、精神健康状况相适应而订立的合同,不必经法定代理人追认。相对人可以催告法定代理人在一个月内予以追认。在法定代理人未作表示的,视为拒绝追认……"《中华人民共和国继承法》第六条:"无行为能力人的继承权,由他的法定代理人代为行使。限制行为能力人的继承权、受遗赠权,由他的法定代理人代为行使,或者征得法定代理人同意后行使。"第十八条:"下列人员不能作为遗嘱见证人:(一)无行为能力人、限制行为能力人……"第二十二条:"无行为能力人或者限制行为能力人所立的遗嘱无效……"但是,"无民事行为能力人、限制民事行为能力人接受奖励、赠与、报酬,他人不得以行为人无民事行为能力、限制民事行为能力为由,主张以上行为无效。"

三、精神病人民事行为能力的评定

(一)评定的法律依据与评定原则

我国对精神病人的民事行为能力评定的法律依据是《民法通则》第十三条,及最高人民法院《关于贯彻执行〈民法通则〉若干问题的意见(试行)》,但上述法律规定只是一些原则性规定。《精神疾病司法鉴定暂行规定》则在第二十条规定:"民事案件被鉴定人行为能力的评定:

1. 被鉴定人在进行民事活动时,经鉴定患有精神疾病,由于严重的精神活动障碍,致使不能辨认或者不能保护自己合法权益的,为无民事行为能力。

2. 被鉴定人在进行民事活动时,经鉴定患有精神疾病,由于精神活动障碍,致使不能完全辨认、不能控制或者不能完全保护自己合法权益的,为限制民事行为能力。

3. 被鉴定人在进行民事活动时,经鉴定属于下列情况之一的,为具有民事行为能力:

(1)具有精神疾病既往史,但在民事活动时并无精神异常;

(2)精神疾病的间歇期,精神症状已经消失;

（3）虽患有精神疾病，但其病理性精神活动具有明显局限性，并对他所进行的民事活动具有辨认能力和能保护自己合法权益的；

（4）智能低下，但对自己的合法权益仍具有辨认能力和保护能力的。"

为此，其评定工作也同样遵循"医学要件"和"法学要件"相结合的原则。"医学要件"，就是是否患有精神疾病，且在具体评定中要注意精神疾病性质、疾病的不同阶段及严重程度、可能的预后等；"法学要件"主要是对所涉及民事活动的辨认能力，考察其行为是否受精神症状影响、是否能认识本人行为的性质和后果以及理智地、审慎地处理本人的事务（实质上也含有控制能力，与上述第二十条评定原则对应）。

长期以来，《暂行规定》的相关规定一直在指导着民事行为能力评定实践，但该规定也只是一些评定原则，缺乏具体评定标准。目前，司法部司法鉴定管理局已制定《精神障碍者民事行为能力评定指南》，将于近期颁布，其判定原则是：

1. 完全民事行为能力　不能建立明确的精神障碍诊断；或虽然能建立明确的精神障碍诊断，但被鉴定人能良好地辨认有关事务的权利和义务，也能完整、正确地作出意思表示，并能保护自己的合法权益。

2. 限制民事行为能力　受精神症状的影响，被鉴定人不能完全辨认自己的权利和义务，不能作出完整、正确的意思表示，不能有效地保护自己的合法权益。

3. 无民事行为能力　受精神症状的影响，被鉴定人不能辨认自己的权利和义务，或不能作出真实的意思表示，或不能保护自己的合法权益。

> **知识拓展** ▶
>
> 意思表示真实指行为人在意志自由，能认识到自己的意思表示之法律效果的前提下，内心意图与外部表达相一致的状态，是确认民事法律行为的有效要件之一。它包含两层含义：行为人的内心意愿与其行为所表达的意思一致；行为人的意思表示是自觉自愿的，而非由于受相对人或第三人施加的影响，也非出于自己的重大误解。在通常情况下，行为人的内心意愿和这种意思的外部表示是一致的，即意思表示真实。但如果行为人患有精神疾病，会由于认识上的缺陷而导致内心意图与外部表达不一致，这时他的意思表示是不真实的。意思表示基于重大错误的的民事行为，不构成民事法律行为，而成为一种无效的或得变更的、得撤销的民事行为。

（二）评定实务

我国目前涉及鉴定的民事案件大体可归纳为：遗产继承纠纷、经济纠纷（包括合同纠纷）、婚姻问题、民事赔偿纠纷、赠与、赡养纠纷、领养子女（亲权、监护）、劳动争议、其他（如宣告公民民事行为能力状态）等。从法学角度而言，这类鉴定可以归纳为下列两大类型：特别程序案件中对民事行为能力的评定；无效民事行为中的有关民事行为能力评定。对精神病人，由于疾病性质、严重程度不一，有的并不影响或不完全影响对有关事务的辨认能力，有的则影响严重，鉴定时必须依据实际情况谨慎处理。

1. 特别程序中的民事行为能力评定　《民法通则》第十九条规定："精神病人的利害关系人，可以向人民法院申请宣告精神病人为无民事行为能力人或者限制民事行为能力人。被人民法院宣告为无民事行为能力人或者限制民事行为能力人的，根据他健康恢复的状况，经本人或者利害关系人申请，人民法院可以宣告他为限制民事行为能力人或者完全民事行为能力人。"法院在认定公民的民事行为能力状态时，"应当根据司法精神病学鉴定或者参照医院的诊断、鉴定确认。在不具备诊断、鉴定条件的情况下，也可以参照群众公认的当事人的精神状态认定，但应以利害关系人没有异议为限。"

知识链接 ▶

《民事诉讼法》第四节认定公民无民事行为能力、限制民事行为能力案件

第一百八十七条　申请认定公民无民事行为能力或者限制民事行为能力,由其近亲属或者其他利害关系人向该公民住所地基层人民法院提出。

申请书应当写明该公民无民事行为能力或者限制民事行为能力的事实和根据。

第一百八十八条　人民法院受理申请后,必要时应当对被请求认定为无民事行为能力或者限制民事行为能力的公民进行鉴定。申请人已提供鉴定意见的,应当对鉴定意见进行审查。

第一百八十九条　人民法院审理认定公民无民事行为能力或者限制民事行为能力的案件,应当由该公民的近亲属为代理人,但申请人除外。近亲属互相推诿的,由人民法院指定其中一人为代理人。该公民健康情况许可的,还应当询问本人的意见。

人民法院经审理认定申请有事实根据的,判决该公民为无民事行为能力或者限制民事行为能力人;认定申请没有事实根据的,应当判决予以驳回。

第一百九十条　人民法院根据被认定为无民事行为能力人、限制民事行为能力人或者他的监护人的申请,证实该公民无民事行为能力或者限制民事行为能力的原因已经消除的,应当作出新判决,撤销原判决。

　　对这类特别程序案件的民事行为能力评定,评价的是行为人现在和今后一段时期范围内的总体民事行为能力状态,获认定后评定结果将影响其此阶段的民事活动。评定时应重点关注其现时精神疾病性质、疾病所处阶段、疾病严重程度、疾病对其一般民事活动可能产生的影响,并结合该精神疾病在今后一段时期里可能发展的状态进行综合评估。为避免不必要的纠纷,对一些急性短暂的精神障碍,建议不作此类评定(可评定特定民事行为能力)。为慎重起见,鉴定意见可表述为"目前应评定为某某民事行为能力",强调评定的仅系现阶段情形。

案例 3-5 ▶

　　申请人王某向法院提出申请,申请宣告其姐王宝珠为无民事行为能力人。

　　1. 送检材料摘要　摘录出院小结:住院时间2015年2月21日至3月6日。出院诊断:2型糖尿病伴周围神经病变、多发腔隙性脑梗死、阿尔茨海默病、高血压病3级(极高危组)、冠心病(心肌缺血型)、肺部感染、褥疮、脊髓灰质炎后遗症。

　　根据某敬老院出具的"证明"(2015年4月9日):王宝珠于2013年11月26日起入住敬老院,当时能自己吃饭,自己用马桶,能出门晒太阳。从2015年2月份开始身体状况下降,血糖升高,住院之后一切生活不能自理,大小便失禁,直到现在未好转。

　　2. 鉴定调查　据王某反映:王宝珠高中文化,小儿麻痹症患者,有肢体残疾证。既往有高血压病史二十多年,2012年患脑梗,之后智力、记忆力逐渐减退,表现为乱吃药,药吃过了还要吃,洗澡给她干净衣服却仍旧穿脏衣服,生活料理能力明显下降,烧饭、洗澡、洗衣等日常家务劳动均需家人照顾。今年2月份血糖升高,住院之后状态更差,大便解在床上,小便用尿不湿,吃饭多数靠喂,饥饱不会表示,甚至吃脏东西,不认识姐妹,不能正常交流。

　　3. 检查所见　被鉴定人卧床,使用尿不湿。意识清,仪态尚整,接触被动,反应迟钝,尚能理解个别简单提问,回答片言只语,言语简单,有的答非所问。只知道自己姓名,陪同一旁的是妹妹。不知道自己的出生年月、年龄、住址、工作经历、退休工资等,不知妹妹名字。不知目前日期、上午下午、现在何处。计算能力差,不能进行个位数加减运算。意志要求缺乏,智能、记忆明显减退。

　　4. 鉴定分析　据家属反映及病历记载，被鉴定人既往有高血压和脑梗死病史，2012年起智能、记忆逐渐下降，生活能力明显减退。2015年2月因病住院治疗，出院诊断为多发腔隙性脑梗死、Alzheimer病等。目前整日卧床，不能正常交流，饮食喂食，大小便失禁，生活完全不能自理。本次精神检查：被鉴定人卧床，意识清，言语简单，应答困难，不能进行正常交流，对个人基本情况及与其切身利益有关的问题诉述不清，意志要求缺乏，定向、常识、记忆、计算能力极差，智力水平明显低下。综上所述，根据《ICD-10精神与行为障碍分类》，被鉴定人患有器质性精神障碍（痴呆）。

　　被鉴定人患有器质性精神障碍（痴呆），对事物的辨认能力存在明显障碍，意思表示和自我保护能力差。根据《司法精神病学行为能力评定》（SJB-M-1-2003），目前应评定为无民事行为能力。

　　5. 鉴定意见　被鉴定人王宝珠患有器质性精神障碍（痴呆），目前应评定为无民事行为能力。

　　2. 无效民事行为中的民事行为能力评定　无效民事行为是指已经成立，但欠缺法律行为的有效要件，行为人设立、变更和终止民事法律关系的意思表示不能发生法律效力的民事行为，委托进行民事行为能力评定的绝大多数是此类案件。涉及这类民事行为能力评定时，比如签订合同的合同能力或立遗嘱时的遗嘱能力，只有一个相关时间点，要求将行为人的整体状态与特定时间的行为辨认挂钩。多数情形下是判断某一总体上被认为是限制民事行为能力人，所进行的某民事活动是否与其精神健康状况相适应。也就是对精神病人某一具体民事行为/事件的行为能力即"特定民事行为能力"进行评定，该事件涉及的可能是已经完成的、正在进行中或将要进行的某一民事行为。对这类事件，特别要注意"一案一评定"，绝对不能推定使用，因为处理具体事务所需要的辨认能力并不相同。同时，对已发生的民事行为，在送检与调查材料不完整、可靠性较差、内容冲突较明显而又无法辨其真伪，以及鉴定检查与送检及调查材料不符时，在评定民事行为能力时应慎之又慎，以免陷入被动。如果限于已有材料与检查难以进行准确推断当时的民事行为能力状况，就不应强求出具鉴定意见。

案例3-6 ▶

　　在审理某公司与车某（被鉴定人）、车某儿子房屋买卖合同纠纷一案中，因家属反映被鉴定人神志不清。为明确被鉴定人目前的精神状态及其民事行为能力状况，法院委托进行鉴定。

　　1. 送检材料摘要　据被鉴定人门、急诊就医记录册：被鉴定人多次因高血压、脑梗复诊。

　　据某医院被鉴定人CT报告（2015年3月17日）：脑内多发腔隙性梗死灶，老年脑萎缩。

　　摘录2014年5月4日某养老院工作人员笔录："现在车某神智（志）不清，大小便失禁，无法正常交流。"

　　2. 鉴定调查　据被鉴定人子女反映：被鉴定人81岁，文盲，正常退休，当时既有高血压病，长期服用降压药物。2002年曾有脑梗，2010年世博会期间被鉴定人外出找不到回家的路，经常走失。住敬老院2年多了，目前分不清家人，能进食，但对质量、数量均无要求，大小便失禁；话少，记性明显下降；不知自己身处何处，白天、晚上有时也分不清楚。

　　3. 检查所见　被鉴定人坐于椅子上，意识清晰，仪态尚整，表情欣快，不停咀嚼，被动接触，检查合作。数问一答，内容极其简单。让其辨认陪伴在旁的儿子，则笑、摆手，让其辨认陪伴在旁的女儿，则笑，说出女儿小名。问其姓名，则摆手，再问其姓名，则笑答"车民族"，追问其"车某某"是谁，则笑称"就是我呀"。问其年龄，则笑而不语。不知当前地址、时间、季节。问其是否吃了午饭，点头，再问其是否吃了晚饭，亦点头。告知其鉴定人身份，问其有何不适、有何要求，均痴笑、不语。整个检查过程中，情感反应欠协调，主动意志活动明显减退，记忆、智能明显下降，自知力无。

4. 分析说明 据送检材料及调查所得：被鉴定人2002年曾有脑梗，多次脑梗复诊，2010年即表现出明显异常，经常走失；住敬老院已经2年多。目前少语，认不清家人，不知身处何处，有时分不清白天、晚上，大小便失禁。2015年3月颅脑CT平扫提示"脑内多发腔隙性梗死灶，老年脑萎缩"。精神检查见：意识清晰，表情欣快，不停咀嚼，数问一答，内容极其简单，存在明显定向障碍。情感反应欠协调，主动意志活动明显减退，记忆、智能明显下降，自知力无。综上所述，根据《ICD-10精神与行为障碍分类》，被鉴定人患有器质性精神障碍。由于目前存在明显认知功能障碍，致使不能作出真实的意思表示。根据《司法精神病学行为能力评定》（SJB-M-1-2003），被鉴定人在本案中目前应评定为无民事行为能力。

5. 鉴定意见 被鉴定人车某患有器质性精神障碍，在本案中目前应评定为无民事行为能力。

（蔡伟雄 韩臣柏）

第八节 其他法律能力的评定

一、诉讼能力

诉讼能力（capacity to action）亦称诉讼行为能力，指当事人是否具有参与诉讼活动的行为能力，即能否理解自己在诉讼过程中的地位、权利和诉讼过程的意义，是否具有行使自己诉讼权利的能力。最高人民检察院司法解释使用的诉讼行为能力具有受审能力同样的含义。英美国家的受审能力和诉讼能力是同义词。在中国法医精神病学鉴定实践中，民事诉讼活动中的诉讼能力可作为行为能力的一种进行鉴定。

最高人民法院、最高人民检察院、公安部、司法部和原卫生部于1989年颁布实施的《精神疾病司法鉴定暂行规定》第二十一条第一款规定："被鉴定人为刑事案件的被告人，在诉讼过程中，经鉴定患有精神疾病，致使不能行使诉讼权利的，为无诉讼能力。"第二款规定："被鉴定人为民事案件的当事人或刑事案件的自诉人，在诉讼过程中经鉴定患有精神疾病，致使不能行使诉讼权利的，为无诉讼能力。"

判定一个人是否具有诉讼行为能力，主要从医学要件和法学要件两个方面进行分析考虑。医学要件主要是精神医学的临床诊断，即是否患有精神障碍，严重程度如何。法学要件则注重于对诉讼的性质、意义和过程的理解，能否与其辩护人合作，履行法律赋予的申诉权利。因精神障碍致使其不具有诉讼行为能力的，应中止审理，直到通过采取医疗措施，病情好转，恢复诉讼行为能力后再审理。

二、受审能力

受审能力（competence to stand trial）是指刑事案件的犯罪嫌疑人、被告人能否理解自己在刑事诉讼活动中的地位、权利，能否理解诉讼过程的含义，能否行使自己的诉讼权利的能力。受审能力仅用于刑事诉讼。受审能力与刑事责任能力不同，受审能力主要研究被鉴定人刑事诉讼时的精神状态对其理解诉讼性质及可能后果，以及合理与辩护人合作并选择合理辩护策略的影响，责任能力则主要研究作案时被鉴定人的精神状态对其辨认和控制自己行为能力的影响；受审能力主要影响诉讼程序进行，可能导致诉讼中止，而责任能力主要影响刑事责任的判定。

受审能力的概念最先出现于英国普通法："审判那些不知道法庭辩护本质的被告人是不公正的。"而明确的法律表述见于1788年Hale刑事辩护判例："如果一个人理智健全时犯了一个重罪，在接受审判前变得疯狂，则在疯狂期间不应接受法律询问，而应送到监狱直到无能力消失；原因在于，他不能理智地对起诉进行辩护。"美国关于受审能力评定在宪法、联邦法律中都有规定。1791年修改的美国宪法认为:"在所有刑事控告案件中,被告人有权享有如下权利:由州或犯罪地的陪审团进行公正迅速的公开审判,犯罪地法院预先按照法律规定通知被告人被控告的原因和性质;为了获取有利于被告人的证据,可以使用强制程序,并且在辩护时可以得到律师的帮助。"说明辩护权这一受审能力的核心问题得到了明确的规定。1960年美国联邦法院颁布了受审能力的法律标准,即有名的Dusky标准:"对地方法官来说,仅仅查明被告人'能确定时间、地点和回忆某些事情'是不够的,还必须检查被告人是否有足够的表达能力同他的律师商量,他是否对被控告一事有适当的理解。"由于具有明确的关于受审能力鉴定的法律规定,所以西方国家受审能力的提出和鉴定明显多于责任能力。

1984年2月4日,最高人民法院在关于刑事案件被告人在审理过程中患精神病应否中止审理的批复中指出:"关于刑事案件被告人在审理过程中患精神病或精神病发作应否中止审理的问题,刑事诉讼法没有规定,我们意见,仍可按本院1957年9月30日研字2032号《关于案件在何种情况下可以中止审理问题的批复》办理。即:当事人在审判中精神病发作,应中止审理,决定精神病好转后恢复审理。中止审理的时间,不计入刑事诉讼法第一百二十五条和一百四十二条规定的审判期以内。"1997年颁布实施的修改后的《刑事诉讼法》有一些相关的规定,如第十一条"……被告人有权获得辩护,人民法院有义务保证被告人获得辩护"。第十四条第一款"人民法院、人民检察院和公安机关应当保障诉讼参与人依法享有的诉讼权利"。这些是我国开展受审能力鉴定的主要法律依据。

受审能力评定主要从医学要件和法学要件两个方面进行。医学要件主要是精神医学的临床诊断,即是否患有某种精神障碍,其严重程度如何,其精神状态在鉴定当时的合作性、真实性如何。法学要件则注重于法学问题的理解,能否理解对其起诉的目的和性质;能否理解自己的情况与这场诉讼的关系;有无与律师合作、商量,帮助辩护人为他辩护的能力;对其他诉讼参与人的提问能否做出应有回答;以及对可能的审判结果和惩罚的理解能力等。被鉴定人若对上述诸项能得出肯定的结论,则其具备接受刑事审判的心理条件——有受审能力。否则,为无受审能力。

受审能力的评定意见具有阶段性,而非长期性。绝大多数因精神障碍致使其不具有受审能力的犯罪嫌疑人,经过一段时间的医疗处理后,精神障碍明显缓解,受审能力也随之恢复。

三、服刑能力

服刑能力(competence of serving a sentence)是指罪犯或服刑人员能够承受刑罚的惩罚,能够理解刑罚的性质、目的和意义的生理和心理条件,亦称承受刑罚能力。

刑罚是统治阶级为了维护其利益和统治秩序,由其审判机关依照刑法的规定,剥夺犯罪人某种权益的一种强制处分。我国刑罚的目的包括三个方面的内容:一是惩罚犯罪,伸张社会正义;二是威慑犯罪分子和社会上不稳定分子,抑制犯罪意念;三是改造犯罪分子,使其自觉遵守国家的法律秩序。因精神障碍致使犯罪人不理解刑罚的性质、目的和意义,惩罚对其就不能产生积极效果,也就不能制止其本人或社会其他成员再次发生类似事件,反而使其病情恶化,产生消极效果。

判定一个人是否具备服刑能力:也应从医学和法学两方面的要件分析。医学要件仍然是精神医学的临床诊断,它是被鉴定人能否承受刑罚的前提条件,在明确医学诊断的基础上,认真分析考查被鉴定人所患精神障碍类型和严重程度,以及精神异常活动对其理解刑罚的性质、目的和意义的影响程度,从而确定被鉴定人是否具备承受刑罚的能力。评定为无服刑能力的精神障碍者,应将其送往公安系统开办的安康医院或监狱当局设立的精神病监护医疗机构接受强制性医疗措施,待精神症状消失,精神活动恢复正常,能够承受刑罚后,再送回原服刑机关继续执行原判决。

四、作证能力

作证能力（competence of testimony）是指任何公民自己看到或听到的真实情况，并能提供对案件有关系的证言的能力。我国《刑事诉讼法》第四十八条第一款规定："凡是知道案件情况的人，都有作证的义务"。但是，证人作证的前提是能够提供对查清案件事实有助的情况。而在现实生活中，有些人因生理上的缺陷，或者精神活动的异常，或年幼无知，使他们对客观事物不能正确地辨别是非，或不能正确对客观事实进行表达，以致不能准确地向司法机关提供对查清案件有意义的情况。因此，为了确保证据的准确性和可靠性，《刑事诉讼法》第四十八条第二款规定："生理上、精神上有缺陷或者年幼，不能辨别是非，不能正确表达的人，不能作证人。"《民事诉讼法》第七十条第二款规定："不能正确表达意见的人，不能作证"。这就是说，法律为证人的法律主体资格规定了严格标准，即所谓证人能力。

在司法实践中，确认有生理缺陷和年幼的人有无作为证人的主体资格比较容易，而对精神上缺陷的人是否具备证人的主体资格的判定则较为困难。在法医精神病学鉴定中，判定一个人是否具备作证的能力，同样须从医学要件和法学要件两方面进行分析考虑。医学要件仍然是医学诊断，确定被鉴定人是否患有精神疾病或精神缺陷，即精神障碍的性质和程度；法学要件则是被鉴定人是否由于精神障碍，致使其丧失了对客观事物的是非判别能力，能否正确地通过语言文字表述事实。这里所说的对客观事物的是非辨别能力和能否正确表达的实质内涵包括两个方面的内容，一个是被鉴定人对客观事物是非的主观态度，另一个则是被鉴定人对自己在诉讼活动中，作为证人对法律所赋予证人的权利和义务的理解和运作。

五、性自我防卫能力

性自我防卫能力（ability to defend oneself against sexual abuse）是指被害人对两性行为的社会意义、性质及其后果的理解能力。关于性自卫能力的概念，至今在法医精神病学界的认识并未完全一致，对于此类鉴定的法律能力评定用语比较混乱，有的冠以"责任能力"，有的用"行为能力"，也有的将此类精神鉴定为非婚性行为鉴定。而在法医精神病学鉴定实践中，司法部门通常是将疑有精神障碍妇女以刑事案件的被害人身份要求对其鉴定，而非刑事案件的被告，故不宜用责任能力。该类案件不是民事案件，也不宜用行为能力，以免与民事案件的行为能力相混淆。最高人民法院、最高人民检察院、公安部、司法部和前卫生部于1989年共同签署颁布从1989年8月1日起施行的《精神疾病司法鉴定暂行规定》（以下简称《暂行规定》）第二十二条第一款规定："被鉴定人是女性，经鉴定患有精神病，在她的性不可侵犯权利遭到侵害时，对自身所受的侵害或严重后果缺乏实质性理解能力时，为无性自我防卫能力"。法医精神病学界对此名称的合理性存在一些不同的看法，但在国家对此类法医精神病学鉴定的新条款颁布之前，仍以使用性自我防卫能力这一名称为宜，以避免混乱。

我国《刑法》第二百三十六条对强奸罪的定义和刑罚有明确的规定。强奸妇女罪是指违背妇女意志，使用暴力、胁迫或其他手段与妇女发生性行为，其本质是违背妇女的意愿；也就是说，只要在性行为过程中，女性表现反抗或不配合，都表明她的态度和意愿，依照《刑法》就可确定案件的性质。而患有精神障碍的妇女则是一个特殊的客体，由于其脑功能障碍，辨别是非的能力受到损害，和（或）意志行为能力削弱或缺乏，有的本能欲望亢进，追逐异性。对于上述的精神障碍患者，在其性不受侵犯权利遭到不法侵害时，不能做出相应的反抗行为，甚至主动要求发生性行为的，为了保护精神障碍妇女的人身权利不受侵害，最高人民法院、最高人民检察院、公安部于1984年4月28日联合发布《关于当前办理强奸案中具体应用法律的若干问题的解答》（以下简称《解答》）的通知指出："明知妇女是精神病患者或痴呆（程度严重）而与之发生性行为的，不管犯罪分子采取什么手段，都应以强奸罪论处。与间歇性精神病患者在未发病期间发生性行为，妇女本人同意的，不构成强奸罪。"

在评定精神障碍妇女的性自我防卫能力时，遵照《解答》和《暂行规定》包括医学和法法两个标准。

医学标准：被鉴定人是否符合ICD-10或CCMD-3的诊断标准。法学标准：即性受害时的精神状态,对性行为的实质性理解能力,和(或)对性本能冲动的自我控制能力。

在性自我防卫能力判定时应注意以下几点。

(一)关于性自我防卫能力鉴定范围的界限

在性自我防卫能力的鉴定中,不能按常规的鉴定模式办理,即不是对所有的被鉴定人都做出性自我防卫能力的鉴定意见,一般多为被告人在实施奸淫,被害人无反抗,司法办案人员疑其有精神障碍,尚不能确定是否为强奸时,不但要对被鉴定人进行有无精神障碍的评定,而且还应对其性自我防卫能力进行评定。对以下几种情况则不宜进行性自我防卫能力鉴定:

1. 在奸淫妇女的案件中,被害妇女有明显反抗表示,这一事实足以表明这种性行为是违背妇女意志的,不论被害人精神状态是否正常,均可按《刑法》第二百三十六条强奸罪论处,可不对其性自我防卫能力进行鉴定。但对被害人的精神状态仍有必要进行鉴定,强奸精神病者或严重痴呆者,可引用相应条款加重处罚。

2. 如被告人明确表示在实施奸淫行为前或当时,已知被害人是精神病患者或痴呆(程度严重)者,而与其发生性行为的,按照《解答》规定,都以强奸罪论处。鉴定人只对受害人的精神状态进行判定,可不对其性自我防卫能力进行评定。否则,可能会人为地造成麻烦,导致案件审理复杂化,使犯罪嫌疑人有机可乘。

3. 对与间歇性精神病患者在未发病期间发生性行为,妇女本人同意的,鉴定人只需对被鉴定人做出是否属间歇性精神病患者的鉴定,其发生性行为当时是否属于疾病的间歇期,可不进行性自我防卫能力的评定。

(二)关于被害精神障碍妇女是否主动与被动

在法医精神学界认识上分歧颇大,有的学者认为患有精神障碍的妇女,由于性欲亢进,主动追求男性发生性行为时,不应判被告人为强奸罪。多数学者认为不能以被鉴定人与他人发生性行为的主动与否为条件,关键在于其对性侵害及严重后果是否具有实质性理解能力。精神障碍妇女可因各种精神病理因素的影响和支配,其性主动行为并非代表妇女的真实意愿,被告"明知"被害人处于疾病状态而利用其主动性行为要求与之发生两性行为,应该追究其刑事责任,以保障精神障碍妇女的合法权益。

(三)关于"明知"与"不明知"

要确定被告是否"明知"被害人为精神障碍者,除根据其询问口供外,更主要的是做社会调查。在此类案件中,多数被告对被害人是熟识的,理应了解患者的病态情况。患者周围的人都已共知,如果被告处于这样的环境中却推说"不知",则与情况不符。有的被告既往虽不认识被害人,但在案发前的接触中已发现被害人有某些精神异常表现。案发后被告仍坚持"不知",其目的显然是为了开脱罪责,逃避处罚。当然,判断被告是否"明知"是司法人员的工作范围,不是法医鉴定人的职责,鉴定书中无须述及。

(四)性自我防卫能力的分级

对于性自我防卫能力的分级,按照《暂行规定》只分为有性自我防卫能力和无性自我防卫能力两种,但在法医精神病学鉴定实践中,与责任能力、行为能力的分级一样,由于精神障碍者的病情各不相同,其严重程度有轻有重,对性行为的实质性理解能力也不完全一致,这就很难把性自我防卫能力截然划分为有和无两级,也就是说客观上存在着性自我防卫能力削弱的事实。因此,将其分为"无""部分"(或"削弱")和"有"三个等级,更符合法医精神病学的鉴定实践。

(胡泽卿)

第九节　精神损伤和精神伤残的评定

案例3-7

邱某，女，一年半前（4岁半时）因"精神发育迟滞"在某儿康中心做训练期间，被该中心老师王某"摔打"致伤头部，导致其"双侧额颞顶区硬膜下血肿；左侧顶叶脑挫裂伤并出血；左侧大脑半球、双侧小脑多发脑挫裂伤并脑梗死"等，王某因"故意伤害罪"已判刑在狱。因涉及赔偿问题，委托某大学法医鉴定中心实施鉴定，结论为"邱某诊断为'脑外伤所致精神障碍（器质性智能损害）'，构成四级伤残；该伤害事件对邱某目前的精神状态存在直接因果关系。"

因双方对该结论均有异议，且需明确护理依赖程度等问题，故法院再次委托鉴定。在再次鉴定中，双方反映伤者在伤前的表现有较大出入，甚至相互矛盾，鉴定机构要求双方提供伤者伤前的录像资料，以客观反映其伤前的智力发育水平。

受害方提供的三段视频显示：邱某能与其他小朋友一起玩耍，能听从简单指令，有情绪表达和目的性活动；但动作笨拙，言语表达不佳，说话内容少、吐字含糊难辨。

肇事方提供五段视频显示：邱某表现拘谨、紧张，反应慢，常不能配合训练老师，未能完成接球、拍球、穿珠子、读拼音等训练，需两名老师协助下走平衡木，未见言语表达的情况。

双方的视频资料反映，邱某在此次脑外伤前的精神发育状况较同龄人要差，在熟悉的环境中表现稍好些，但仍存在一定的语言和运动发育迟滞的情况（以言语和语言发育障碍为主），在陌生环境下其精神发育迟滞的表现更明显，这些表现符合精神发育迟滞的临床特点。根据其此次脑外伤前的社会适应及社会活动能力的缺陷程度评定，邱某精神发育迟滞应在"轻度至边缘"范围，同时有"言语和语言发育障碍"的表现。

此次鉴定检查发现，邱某的伤情较第一次鉴定时更差，主要与伤者脑损伤重及精神发育迟滞随年龄增长与同龄人差距越来越大的疾病规律有关，表现为对铃铛、正面拍手、做动作、图片、玩具等均无反应；也无语言功能（既不能表达，也不能理解），甚至很少发音；虽能坐、拍桌子，但动作无目的性，难独自站立、行走，多动不宁，左手到处乱抓，右侧肢体运动困难；不会玩玩具、不管什么都是拿了就往嘴里塞，喂稀饭时能张嘴接，喝牛奶时咬吸管、且漏出，大小便不能表达，戴尿不湿。结合当前的社会适应能力和生活能力评估结果，其此次鉴定的精神发育迟滞程度在重度（偏轻）范围。

再次鉴定意见：①邱某目前的精神状态诊断为"重度精神发育迟滞"，相当于"重度智力缺损"，以脑外伤导致精神发育受阻为主；②邱某的"重度精神发育迟滞"目前符合《道路交通事故受伤人员伤残评定》（GB/ 18667-2002）三级伤残的评定条件；③邱某目前的精神伤残与2012年7月2日的伤害事故有关联；④邱某目前精神伤残等级所对应的护理依赖程度应为"大部分护理依赖"（幼儿本身存在护理依赖）。

1986年，我国制定《民法通则》第一百二十条中对公民的姓名权、肖像权、名誉权、荣誉权作出损害赔偿的规定，这是首次出现在我国精神损害赔偿制度中的法律依据。然而，人的生命健康权遭受侵害时的精神损失赔偿则被排斥在外。1993年8月7日最高人民法院《关于审理名誉权案件的若干问题的解答》首次使用了"精神损害"的名词。2001年3月10日，最高人民法院颁布实施《关于确定民事侵权精神损害赔偿责任若干问题的解释》，加强了对精神损害者的司法保护。按照该司法解释，生命健康权和名誉权、肖像权一样，受到侵害就正当请求精神损害的赔偿。全国人民代表大会常务委员会第十二次会议于2009年12月26日通过了（2010年7月1日正式实施）《中华人民共和国侵权责任法》，更为明确地指出"侵害他人人身权益，造成他人严重精神损害的，被侵权人可以请求精神损害赔偿。"从我国法制化进程可以看出,我国法律越来越重视人的精神损害诉讼及其相关问题。

　　然而,无论是2014年前我国使用的《人体重伤鉴定标准》《人体轻伤鉴定标准(试行)》和《人体轻微伤的鉴定标准》,还是2014年1月1日由最高人民法院、最高人民检察院、公安部、国家安全部、司法部联合发布实施的《人体损伤程度鉴定标准》(将之前的三个标准合三为一),这些标准中涉及的精神损伤条款都很少,并存在一些不尽完善之处,加上精神活动的复杂性及精神损伤的影响因素远多于躯体损伤,因而精神损伤的研究和评定工作任重而道远。

一、基本概念及相互关系

(一)基本概念

　　精神损伤(mental damage)是指个体遭受外来物理、化学、生物或心理等因素作用后,大脑功能活动发生紊乱,出现认知、情感、意志和行为等方面的精神功能紊乱或缺失。这个定义指出:精神损伤的因素不仅包括了器质性生理因素,还包括了非器质性心理因素;精神损伤的表现形式也不单单指器质性的大脑功能损伤,还包括心理功能的紊乱,但精神损伤一定有精神障碍的临床症状表现。在诉讼活动中,如需确定是否有"严重精神损害",建议按照《中国精神障碍分类与诊断标准(第3版)》(CCMD-3)或《国际疾病分类第十版》(ICD-10)进行评定。

　　"精神伤残"或"精神残疾"与精神损伤的概念也有差异。首先从字面表达意义上来说,精神伤残(mental disability)是指精神损伤达到了不可逆的程度,即出现了终身影响个体生活和社会功能的精神问题,因而,它与躯体伤残呈并列关系。精神残疾是指精神疾病导致了个体生活和社会功能明显缺陷,它与躯体残疾呈并列关系。精神损伤是各种因素引起的大脑功能紊乱,而表现出的各种精神障碍,这些精神障碍可以是可逆性的,即可以恢复到正常水平;也可以是不可逆性的,不能恢复到正常水平。精神损伤者的症状起初可能比较重,但随着病情的好转,症状逐渐减少乃至消失。有的精神症状虽然不能恢复到正常状态,但对其个人、家庭和社会的影响并不太大,未达到伤残的程度;而有的精神损伤却严重影响到个人、家庭和社会,达到了精神伤残的程度。如个体受到重大精神创伤后出现急性应激性精神障碍,精神活动明显紊乱,但经过适当的治疗或处理后,精神症状可完全消失,精神活动可恢复至正常水平,不遗留精神残疾。又如颅脑创伤所致的认知功能损伤,在脑外伤后的头一段时间内表现得最重,随着脑损伤的恢复,认知功能也有所好转,甚至完全恢复正常;但有的严重脑损伤导致不可逆性的认知功能缺损;有的虽然有持续的神经症样症状,但对其社会功能无明显影响。因此,精神损伤的概念范围更广,有精神损伤者,不一定有精神残疾。

　　从法律依据、鉴定目的、鉴定对象及程度标准来看,精神损伤与精神伤残有着不同的含义:

　　1. 法律依据不同　精神损伤鉴定的法律依据是《人体损伤程度鉴定标准》(以下简称《损伤标准》);精神伤残程度鉴定的法律依据主要是《道路交通事故受伤人员伤残评定》(GB/18667-2002)(以下简称《道标》)或《劳动能力鉴定　职工工伤与职业病致残等级》(GB/T16180-2014)(以下简称《工标》)。

　　2. 鉴定的目的不同　精神损伤程度鉴定的目的是对违法犯罪行为者实施刑事处罚提供依据;精神伤残程度鉴定是为当事人获得赔偿提供依据。

　　3. 鉴定对象不同　精神损伤的鉴定对象主要涉及刑事案件中各种原因导致的精神障碍者,其性质可能是器质性的精神障碍,也可能是功能性的。精神伤残鉴定的对象一般涉及工伤、职业病、道路交通事故、意外保险的伤残人员,属于理赔案件,一般都涉及器质性的精神问题。

　　4. 鉴定的程度或等级不同　目前尚无单纯用于精神损伤程度的鉴定标准,在现行《损伤标准》中只有器质性精神损伤的个别条款,人体损伤分为重伤、轻伤和轻微伤三度,其中重伤和轻伤又进一步分为一级和二级;精神伤残程度分为十级。

(二)相互关系

　　虽然,精神损伤与精神伤残有显而易见的差异,但是由于精神损伤鉴定是对被伤害后精神障碍的性质、严重程度及其与加害因素之间的因果关系进行法医精神病评定的过程。因此,在鉴定实践中,

精神损伤与精神伤残的评定有着密切联系,而且经常会有些重叠或相互转化的情况,主要表现在以下几个方面:

1. 损伤与伤残鉴定事宜的相互转化 由于目前的精神伤残案件大多属于理赔案件,有时无需进入司法程序;但当这类案件(如交通肇事或其他意外伤害保险)的赔偿方与被伤害方对鉴定结论有异议或出现纠纷时则上诉法庭。由于历史的原因,法庭常将这类案件视为精神损伤案件。此外,有些个体经营的单位或部门,临时雇佣工作人员,在工作中被雇佣人员受伤,而未及时参与社会保险,虽然该类案件本应属于精神伤残的性质,但往往直接上诉法庭,成为民事赔偿的精神损伤案件。

2. 损伤的结局与伤残程度密切相关 在涉及精神损伤案件的赔偿问题时,由于往往涉及受害人损伤后遗的一系列问题,如损伤是否对被害人的日常生活和社会功能造成影响、影响程度及其影响时间(短暂还是长期,甚至终身)等,而这些问题常常需要从"致残"或"残疾"的性质和程度来判断,但目前我国的《损伤标准》是"以致伤因素对人体直接造成的原发性损伤及由损伤引起的并发症或者后遗症为依据",尤其是对于"以原发性损伤及其并发症作为评定依据的,评定时应以损伤当时伤情为主,结合损伤的后果或者结局为辅,综合评定"。因此,人体损伤鉴定标准就不太可能对"损伤"与"伤残"两种情况(前者为过程,后者为结局)齐头并进来考虑,也就难以用同一个标准来评定。因此,至今还没有专门评定精神损伤的标准。当精神损伤案件涉及赔偿问题时,一般都要考虑到伤者的后遗问题,即"残情"的程度,因此,尽管这类案件属于精神损伤案件,但所依据的评定标准就不得不借用"残"的概念、而采用伤残标准,如:目前对很多民事纠纷中被伤害方的精神损伤鉴定,委托机关就直接委托按照《道标》予以评定。

3. 损伤与伤残评定的时限性 虽然损伤的评定通常是即时性的,而精神伤残评定通常强调伤情的稳定后,但实际上很多情况下的伤残鉴定并未在伤情稳定后实施,而是在伤情恢复的过程中进行的,此时的伤残并非是不可逆的损伤,随着恢复时间延长,很多伤者还在不断地康复,相当一部分伤者在时隔数月的鉴定结果就大不一样,有的伤者甚至可以完全恢复到正常水平。

二、精神损伤与伤残的伤害因素

精神损伤与伤残的伤害因素包括器质性因素和非器质性因素,只要能引起大脑功能活动紊乱,都可以表现出精神症状。

(一)器质性伤害因素

是指引起大脑或躯体器质性损伤或病变的因素,常导致精神伤残。器质性因素可以作为直接因素导致器质性精神损伤和伤残,也可以作为一种间接因素,引起功能性精神障碍,如:颅脑或躯体损伤后,被鉴定人对损伤的处理(治疗、护理、赔偿等)不满,或担心对自身工作或劳动能力造成终身影响,进而引起抑郁、焦虑,甚至出现精神病性症状。

1. 物理因素 指冲击、坠落或爆炸等直接作用,导致颅脑血液循环和脑脊液动力失去平衡、脑损伤、颅内或脑内出血等引起短暂或持续认知功能损伤或精神障碍。

2. 化学因素 指毒性物质(包括成瘾物质和非成瘾物质)进入体内,引起短暂或持续的中枢神经系统病变所出现的认知功能损伤或精神障碍。成瘾物质主要有镇静、催眠药、苯丙胺类、大麻、鸦片类等;非成瘾物质主要包括工业废品中的一氧化碳、二氧化硫、四乙基铅、汞、锰等重金属;农业用品中的有机磷等物质。

3. 生物因素 指细菌、病毒、螺旋体、支原体、原虫等感染或其毒性代谢产物的蓄积和吸收,导致脑功能或脑实质病变,从而引起认知功能损伤和精神症状。

(二)非器质性伤害因素

是指社会心理(精神应激)因素,是精神损伤的常见伤害因素,如:侮辱、歧视、诽谤、冤屈、殴打以及各种原因造成的精神紧张、恐惧等。精神应激因素可以直接引起脑功能的紊乱而出现精神障碍,也可以通过削弱机体防御功能,使具有潜在的精神疾病明朗化,或使原有的精神疾病症状加重。此外,精神应激因素也像理化、生物因素一样,通过改变机体免疫系统功能和代谢、激素与内分泌系统等,间接引起大脑的生理功能变化。

精神损伤与伤残除了伤害因素的作用外,可能还有其他影响因素的参与,如:被伤害方的素质因素常常会影响其症状性质、损伤程度及其预后,尤其是个体的心理素质。当个体的心理机能存在某些缺陷、其代偿能力还可以弥补这种缺陷时,仍可维持正常的精神活动;但若心理负担加重,超出了其所能代偿的能力时,就表现出不正常。因此,素质因素虽然不直接引起精神障碍,但在某些促发因素作用下,精神症状便得以显露。素质因素在不同的精神损伤中所起的作用有所不同。一般来说,内源性精神障碍,素质因素在精神损伤中的作用占首要地位,而在外源性精神障碍(包括器质性和功能性)则是次要的。另外,受害方对伤害因素及其伤害后果的认知以及事件处理的纠纷过程对精神损伤临床表现的影响也是不可忽略的。

三、精神损伤与伤残的表现形式

精神损伤与伤残的形式多种多样,如同普通精神科临床的精神障碍表现一样,但大体可归纳成两大类,一类是器质性障碍,另一类是功能性障碍。器质性障碍大多系颅脑外伤引起,这类精神障碍与脑实质损伤程度有一定的关系,如广泛性脑挫裂伤、原发性脑干损伤、严重的弥漫性轴索损伤等,往往引起严重的精神损伤和伤残,如器质性智能损害、器质性记忆损害、器质性谵妄、器质性精神病性症状、器质性情感障碍、器质性人格障碍、器质性神经症样综合征等。功能性障碍一般由心理因素引起,但也可以由器质性因素诱发,常见的表现形式有应激相关障碍、分离或转换性障碍、各类神经症(包括赔偿性神经症)、某些内源性精神障碍(如精神分裂症、偏执性精神障碍)等,这些表现形式以精神损伤案件中多见,精神伤残案件中少见,即便存在也不符合目前我国的伤残评定原则和评残标准。由于多种影响因素的干扰,精神损伤与伤残的临床表现形式比普通精神障碍更为复杂,往往是几种类型和表现形式兼有之,可以是几种器质性综合征合并存在;也可以是器质性与功能性障碍合并存在,还可能是真性精神损伤与伪装精神损伤同时并存。各种表现形式将在本书第五章中分别加以详细叙述。

四、精神损伤与伤残的鉴定目的和原则

当事人常作为受害人而要求鉴定其损伤或伤残的性质、关联关系、严重程度及其预后等问题,以便司法部门作出公正的裁决。因此,精神损伤或伤残的法医学鉴定需要明确以下几个问题:

(一)精神损伤或伤残的性质

确定精神损伤或伤残的性质就是要明确精神障碍的诊断。在确定精神损伤或伤残的性质时必须弄清楚:是真性精神损伤还是伪装的精神损伤?是器质性精神损伤还是功能性精神损伤?由于精神损伤或伤残的法医学鉴定直接涉及当事人的切身利益,伪装或夸大的情况比较多见,因而在这类鉴定中,对伪装的识别常常是鉴定的首要任务,明确哪些临床表现是真性精神损伤或伤残,哪些是伪装或夸大的。在排除了伪装之后,再进一步澄清其临床表现是否符合器质性精神障碍的特点,且哪些表现可以用器质性因素解释,哪些表现不能;没有器质性损伤史者,需要澄清在疾病发生发展过程中是否有心理因素的影响、临床表现是否具有应激性心理障碍,还是内源性精神障碍。

(二)伤害因素与精神损伤或伤残的关联

伤害因素与损伤结局的关联关系是确定肇事方责任大小的重要依据。一般将关联关系分为直接关联、间接关联和无关联三等。

1. 直接关联(完全作用) 是指被鉴定人的精神障碍由伤害方直接造成,且没有证据表明其他影响因素在该精神障碍中的作用。通常包括以下两种情况:

(1)伤害因素在被鉴定人精神障碍的发生、发展和转归中起着决定性作用,精神障碍的症状是由伤害因素直接造成,且缺乏被鉴定人个体内在因素(躯体和心理素质)及患方影响因素的证据。

（2）目前还没有足够的医学证据表明其他影响因素在被鉴定人所患精神障碍中的作用,而伤害因素在该精神障碍中的作用又是非常明确的。

在器质性精神障碍中,由肇事方造成的脑损害所致智能损害、记忆损害、人格改变、精神病性症状、神经症样症状等,伤害因素与精神障碍存在直接关联关系;但值得注意的是,器质性精神障碍不一定都是直接关联关系或完全作用,例如:伤者在此次纠纷前已经存在自身的脑器质性因素(如脑积水、脑萎缩,脑血管病或大脑发育不良等),即便在此次纠纷过程中伤者遭受了脑损害的因素,但伤害因素在精神障碍的发生发展过程中的参与度也并非百分之百。

2.间接关联(部分作用)　精神障碍的症状与伤害因素有关,但并非直接作用,而是有其他因素的参与,共同影响当事人的精神症状。这类关系中通常有以下几种情形:

（1）诱发关系:指被鉴定人本身具有一定的发病基础或曾经发生过类似的精神障碍,伤害因素促使尚未发生的精神障碍显现出来,或使得已经缓解了的精神障碍再度发生,即诱发精神障碍的首次发作,或诱发原有精神障碍的复发。例如:原有高血压、高血脂、动脉硬化的病人,在某种外界因素的作用下(被吓或其他应激)诱发高血压伴发的精神障碍,患者本身具有器质性病因基础,但精神应激因素作为其精神障碍的诱发因素。又如:癔症、精神分裂症、双相情感障碍、偏执性精神障碍等功能性精神疾病,与其自身的心理素质或内在因素有密切关系。因此,对于诱发因素的认定需要慎重,尤其是对于诱发原有精神疾病的复发,因疾病本身存在演变、发展等问题,伤害因素在疾病的复发中究竟起了多大的诱发作用通常是难以确定的,因此更需谨慎。

（2）增荷关系:指被鉴定人本身存在一定的病理基础,或未完全缓解的精神障碍在伤害因素的作用下,使原有的精神障碍明显加重,即加重关系。加重的精神症状与伤害因素之间无直接因果关系,但有可能在原发病的基础上加重了病情,如被鉴定人在原有精神发育迟滞的基础上,又经历一次脑外伤,伤害因素作用后使其认知功能和社会能力较伤前更差;又如既往有精神分裂症,在被伤害前,其病情相对稳定,伤害因素作用后,分裂症状突显严重等。

（3）转因关系:伤害因素对被鉴定人的精神障碍非直接作用,而是因原发因素继发出另外一个伤害因素,进而导致精神障碍,例如患者遭受头部或躯体外伤,伤情本身并不重,没有直接导致精神障碍,而是受伤引起的心理压力导致精神障碍;或外伤后由于医疗因素或机体某些因素而引发其他问题所引起的精神障碍,如被伤害的个体在治疗伤情的过程中由于对药物过敏而出现过敏性休克,进而造成缺血、缺氧性脑病等。

（4）转嫁关系:伤害因素没有直接作用于被伤害的对象,而是伤害因素引起的精神应激因素影响与被伤害者有直接血缘关系或亲密关系的另一个体(被鉴定人),致使其出现精神障碍。此时精神障碍的个体是伤害因素的间接对象,如儿子被他人打伤致死或车祸致残、致死等,其母亲遭受强烈的心理刺激后出现应激性或其他精神障碍。

（5）辅因关系:指伤害因素在精神障碍发生发展中的作用并不突出(如应激事件小),但有一定的辅助作用,有理由认为个体的心理功能(如个体心理素质、或伤前精神状况)也存在一定缺陷,如某些颅脑外伤后神经症综合征,或躯体损伤引发的类神经症样症状或情绪问题等。这类神经症的发生通常有个体受伤前心理素质的影响,而颅脑外伤起着辅助作用。

3.无关联(无作用)　是指伤害因素与被鉴定人的精神障碍之间缺乏关联性依据。通常见于以下几种情况:

（1）被鉴定人的精神障碍在伤害因素发生之前即已存在,但被鉴定人及其家属故意隐瞒病史;或精神障碍的早期症状,不易为人所知,在伤害因素发生后被误以为是伤害因素的结果。

（2）被鉴定人的精神障碍与伤害因素在发生的时间上只是一种巧合,如被他人打一巴掌后表现出肝豆状核变性等遗传性疾病的病症。

（3）在此次纠纷事件后出现的精神障碍已经缓解,但在另一因素的引导下又出现了与前次伤害因素无关的精神障碍。

知识拓展 ▶

随着社会法制化的进程,对关联关系的划分要求越来越细,不仅将原来三分法中的部分关联关系细分为大部分、部分和小部分三级(即五级划分),近年来还参照世界卫生组织《国际功能、残疾和健康分类》中有关关联关系的分级方法,又在"小部分"与"无关联"之间划分出"轻微关联(轻微作用)"等级,即将伤病关系分为"完全作用(直接关联)""主要作用(大部分关联)""同等作用(部分关联)""次要作用(小部分关联)""轻微作用(轻微关联)""无作用(无关联)"六个等级(六级划分)。其中,主要作用(大部分关联)指伤害因素在被鉴定人的精神障碍发生发展中的作用比受害方的影响因素要大;同等作用(部分关联)指伤害方影响因素在被鉴定人的精神障碍发生、发展中的作用与受害方影响因素相当或等同;次要作用(小部分关联)指伤害方影响因素在被鉴定人的精神障碍发生发展中的作用比受害方影响因素小,但比轻微作用大;轻微作用(轻微关联)指伤害方影响因素在被鉴定人的精神障碍发生发展中的作用不大,但没有理由认定伤害因素在该精神障碍的发生发展过程中完全无关。

此外,已有学者对精神损伤的伤害因素参与度进行了更细的量化研究,即用百分度来计算参与度,希望为法庭提供了更为明确的关联关系判定依据。但由于法医精神病学的基础学科的发展水平有限,多数精神障碍的病因不明,这种参与度的计算尚在研究之中。

(三)精神损伤和伤残的程度及预后

精神损伤和伤残程度评定直接影响到肇事方的法定责任和经济赔偿等问题,是此类鉴定的重要内容之一。目前我国尚无独立的精神损伤和伤残程度评定标准,而是在《损伤标准》和《道标》或《工标》中有少数几个精神损伤和伤残的评定条款。这里所指"预后"主要涉及被鉴定人伤后出现精神障碍是否存在医疗或护理依赖及其程度的评估问题。

1. 精神损伤程度评定　2014年1月1日正式实施的《人体损伤程度鉴定标准》将人体损伤分为重伤、轻伤、轻微伤三度,仅在"重伤一级"中提到与精神损伤的一个条款:"5.1.1e)重度智能减退或者器质性精神障碍,生活完全不能自理。"然而,该标准在附录B(规范性附录)"功能损害判定基准和使用说明"对颅脑损伤中的智能减退分为"极重、重度、中度、轻度、边缘状态"五级:

极重度智能减退:IQ低于25;语言功能丧失;生活完全不能自理。

重度智能减退:IQ 25~39之间;语言功能严重受损,不能进行有效的语言交流;生活大部分不能自理。

中度智能减退:IQ 40~54之间;能掌握日常生活用语,但词汇贫乏,对周围环境辨别能力差,只能以简单的方式与人交往;生活部分不能自理,能做简单劳动。

轻度智能减退:IQ 55~69之间;无明显语言障碍,对周围环境有较好的辨别能力,能比较恰当的与人交往;生活能自理,能做一般非技术性工作。

边缘智能状态:IQ 70~84之间;抽象思维能力或者思维广度、深度机敏性显示不良;不能完成高级复杂的脑力劳动。

根据该标准附录B"功能损害判定基准和使用说明"对颅脑损伤中的智能减退划分五级的内容理解,各种程度的智能减退不可能只有"重度智能减退"才构成损伤程度,其他智能减退也应该构成相应损伤程度,可以此类推,重度及极重度智能减退均为重伤指标之一;中度、轻度智能减退、甚至边缘智力状态(轻度认知障碍),只要系本次伤害因素所致也应构成一定损伤等级;理由是:①器质性智能减退(无论程度轻重)一般都是在脑挫裂伤的基础上发生的,而脑挫裂伤已构成《损伤标准》中的重伤;②中度或轻度智能减退一般都对伤者的社会功能造成了负面影响,理应构成损伤程度和伤残等级;③该标准既然列出不同程度的智能减退,应该有相应的损伤程度和等级。但是,由于《损伤标准》中没有对这些问题作出具体规定,在运用这些理念实施鉴定时需谨慎,好在精神损伤案件中,凡是事件导致的器质性精神障碍一般其颅脑损伤或躯体损伤程度足以构成严重的躯体损伤,即其颅脑或躯体损伤足以达到重伤或轻伤的标准,无需通过精神损伤的程度来判定。

2. 精神伤残程度评定　精神伤残鉴定大多是理赔案件,也有少数是刑事附带民事或单纯的民事赔偿案件。理赔案件使用的标准主要有两个国标,即《道标》和《工标》;此外,司法部根据《道标》及《司法鉴定程序通则》,结合精神疾病司法鉴定的实践,为道路交通事故受伤人员的精神伤残程度评定制定了《道路交通事故受伤人员精神伤残评定规范》(SF/Z JD0104004),进一步明确了道路交通事故引发的精神伤残的鉴定人资质、鉴定原则、鉴定时限及等级划分等问题。最高人民法院2005年1月1日颁布实施了《人体损伤残疾程度鉴定标准(试行)》(以下简称《损伤残疾程度标准》),适用于人民法院审理刑事、民事和行政案件中涉及的人体损伤残疾程度的鉴定,但有些地方法院在审理这些案件时仍使用《道标》,可能是《道标》使用的历史较长、对标准中的条款理解和运用较为熟知的缘故。目前我国所有的伤残标准均分为十级,但精神伤残的条款在各伤残标准中有所不同(表3-1)。

表3-1　三个伤残标准有关精神伤残等级划分对照表

损伤残疾程度或伤残等级	《道标》(GB18667-2002)	《工标》(GB/T16180-2014)	《损伤残疾程度标准》
一级	极重度智力缺损(智商20以下)或精神障碍,日常生活完全不能自理	极重度智能损伤	极重度智力障碍;极重度器质性精神障碍,日常生活完全不能自理
二级	重度智力缺损(智商34以下)或精神障碍,日常生活需随时有人帮助才能完成	重度智能损伤	—
三级	重度智力缺损或精神障碍,不能完全独立生活,需经常有人监护	精神病性症状,经系统治疗1年后仍表现为危险或冲动行为者,或仍缺乏生活自理能力者	重度智力障碍;重度器质性精神障碍,不能完全独立生活,需经常有人监护
四级	中度智力缺损(智商49以下)或精神障碍,日常生活能力严重受限,间或需要帮助	重度智能损伤;精神病性症状,经系统治疗1年后仍缺乏社交能力者	—
五级	中度智力缺损或精神障碍,日常生活能力明显受限,需要指导	—	中度智力障碍
六级	中度智力缺损或精神障碍,日常生活能力部分受限,但能部分代偿,部分日常生活需要帮助	轻度智能损害;精神病性症状,经系统治疗1年后仍影响职业劳动能力者	中度器质性精神障碍,日常生活能力部分受限,需要指导
七级	轻度智力缺损(智商70以下)或精神障碍,日常生活有关的活动能力严重受限	边缘智能损害;人格改变经系统治疗1年后仍存在明显社会功能受损者	轻度智力障碍
八级	轻度智力缺损或精神障碍,日常生活有关的活动能力部分受限	—	轻度器质性精神障碍,日常生活有关的活动能力明显受限
九级	轻度智力缺损或精神障碍,日常活动能力部分受限	—	—
十级		—	边缘智能状态;人格改变

　　无论是损伤标准还是伤残标准,均限定在器质性障碍的范畴,精神损伤和精神伤残也是如此,只有当与伤害因素有关联作用的器质性精神障碍才构成损伤或伤残等级,任何功能性障碍一般都不符合现行损伤或伤残标准的评定原则,只能评定关联关系或/和劳动能力,这是精神损伤程度和精神伤残等级评定的基本原则。

案例 3-8 ▶

　　周某,女,53岁,小学文化,城镇居民,家庭主妇。××年×月×日早上8点,某单位反应炉产生的氟化氢、二氧化硫等酸性气体泄漏,导致当地50多个居民不同程度出现呼吸道症状,周某家离事故地点相对较远,当时并无症状,并主动帮助有症状的居民送医。至下午6点(50多位居民均已康复后),周某突然出现"胸闷、呼吸困难、心悸、手足麻木、肢体抖动"等症状,在多家医院就诊,先后诊断为"急性混合性酸雾中毒""氟化氢气体中毒后神经症样反应"等。

　　事故后一年半实施首次鉴定,结论为:"周某急性氟化氢等混合气体中毒的症状与体征不构成伤残""急性氟化氢气体中毒是周某氟化氢气体中毒后神经症样反应诱因之一"。因周某及其家属对上述鉴定结论不服,于两年半后独自委托某机构再次鉴定,结论为:"周某目前存在器质性精神障碍和周围神经损害,表现为精神病性症状和右侧肢体不自主运动及肌力减退,符合有毒气体中毒所产生的神经系统损害,评定为五级伤残"。因二次鉴定结论相差甚远,且第二次鉴定程序不合法,法院难以采信,又于事发3年半后重新委托对其"是否存在诈病诈伤、因果关系(参与度)及精神伤残程度(参照《工标》)"进行鉴定。

　　家属在本次鉴定中反映:周某在此次事故前无躯体及精神疾病,此次事故发生10小时后出现症状,送急诊室医治时给她做了"气管插管""打了2个月的安定药""拔掉气管插管后就出现一讲话嘴就撅起来说不清楚、口吃样"表现,身体也"开始抖起来""越激动抖得越快",曾在某医院治疗"本来有效果,轻一点",但"被赶出院后病情又重了,一直持续至今""惹她生气就抖得厉害、更说不出话来""没人时能自己扶着墙过去,有人时什么都依赖别人帮助"。与她同时吸入这种气体的"其他58人没有这种情况",她可能是"插管伤到神经了""没插管肯定不会这样""长期给她打安定也有害"。

　　鉴定检查发现,周某目光很少对视,言语理解及反应速度良好,交谈呈口吃状,初期不能说出字词,嘴巴不停抖动,鼓励后逐渐能发出重复多次的单个字,但不经意间又能快速说出完整、流畅的短句,特别是在讲述自己的不适症状时(如"头痛、耳朵里面痛、腿痛、骨头里面痛、手和背痛、右侧手脚和脸麻木"等),表情动作明显做作、夸张,等候鉴定时肢体抖动不明显也无喘气表现,但到检查人员面前时即表现出喘气、躯体抖动,检查其肢体时抖动更明显;说到自己不适时也会突然喘大气;对智力、记忆测验性问题多近似回答,如:回答一年有"13"个月、"10−7=2""5+4=8"等,也知道自己"舌头不灵,讲不出话",是"插管睡了好久,舌头就开始抖"。心理测验显示其在智力、记忆测验中有"不合作,故意答错",但无夸大精神症状的表现。颅脑CT、神经系统及血液生化检查等检查均未见异常。

　　分析说明:此次事故虽有酸性气体泄漏,但周某家距事故地点较远、影响较小,且时隔10小时、在其他58位受害群众的症状均已痊愈后出现涉及多个系统的症状,与其他受害群众的症状明显不同,不能用有害气体急性中毒来解释,很可能是"急性焦虑发作"的表现,而之后表现的症状更有心理因素的影响,如伤者和家属均一致认为这些症状是因为"气管插管、打安定针"引发,但这些症状不符合治疗可能引起神经功能器质性损害的临床特征,且家属反映其"被赶出院后病情加重""惹她生气时症状重",说明其症状明显受心理因素的影响;其病程已持续数年;社会功能受损,但自知力良好;临床症状缺乏器官系统的器质性证据,不具有器质性精神障碍的诊断依据;也无重性精神病性症状及病理性情感障碍的表现。周某虽在智力、记忆检测中有主观不合作表现,但并无明显伪装其他精神症状。

鉴定意见：①周某的精神状态符合《中国精神障碍分类与诊断标准（第3版）》中"神经症"的诊断标准（部分症状具有主观性，但为了妥善解决该纠纷，该意见未在司法鉴定意见书中体现）；②周某所患"神经症"与此次有害气体泄漏事件及其处理过程存在关联性，参与度在"同等作用"范围；③根据《工标》（GB/T16180-2006）有关"心理障碍"的评定原则，周某所患"神经症"可评定为十级伤残。《工标》GB/T16180-2006总则4.1.5"一些特殊残情，在器官缺损或功能障碍的基础上虽不造成医疗依赖，但却导致心理障碍或减损伤残者的生活质量，在评定伤残等级时，应适当考虑这些后果"，但《工标》GB/T16180-2014已删除此条款，提示功能性障碍不符合伤残评定的条件。

3. 医疗和护理依赖评估　在某些精神损伤或伤残案件中有时需要对医疗和护理依赖程度进行评估，有的委托方还要求对伤后至鉴定前一段时间的治疗合理性进行评估，以防当事人借此纠纷之际过度医疗的行为，通常可以根据现代精神医学的相关知识做出评估。

多数器质性精神损伤或伤残的可治性较差，如：器质性智力或记忆损害等大多依赖于颅脑损伤的康复而逐渐恢复，且有器质性基础的损伤或伤残治疗的效果往往不佳，因而只有严重的精神病性症状、给护理人员、家庭和社会带来较大困难或危害时方有治疗的必要性，但随着康复医学的发展，也有主张尽早对这类损伤进行康复治疗，更有利于这些精神功能的恢复。

有相当一部分功能性精神障碍存在医疗依赖，尤其是伤害事件诱发的内源性精神病，加上有赔偿因素的干扰，即便是应激相关障碍或神经症也容易形成慢性状态而有一定医疗依赖。

医疗依赖分为特殊医疗依赖和一般医疗依赖，前者指必须终身接受特殊药物、特殊医疗设备或装置进行治疗的，后者指需要接受长期或终身药物治疗的，精神损伤或伤残大多属于一般医疗依赖。医疗依赖的程度分为"有"和"无"。

无论是器质性、还是功能障碍，在伤害事件后出现精神障碍而产生医疗依赖者大多在鉴定前已经在精神科专科进行了相关治疗，因此，医疗依赖费用的评估一般遵循以下原则：

（1）对可治性精神障碍，应尽可能系统治疗后再实施后续治疗费用的评估。

（2）以现行教科书为准，按照精神医学基本理论及认识，确定当事人所患精神疾病的常规治疗手段，并评估当事人精神损伤或伤残当前治疗方案的合理性。

（3）对于已经进行系统治疗者，原则上以已使用且有效的手段，在此基础上计算费用；尚未经治疗者，在精神医学的首选治疗方案中，选取适合当事人临床症状的治疗方案、并计算费用。

（4）计算药物费用的同时，还需要计算在使用药物的过程中需要进行医学相关检查的费用（了解药物对躯体状况的影响）以及必要的心理治疗费用等。

（5）费用计算一般以"月"为单位；由于精神障碍大多数有慢性化趋势（除应激相关障碍外），尤其是内源性精神病，通常需要长期服药，计算时限应按照现行教科书对所患疾病治疗观点、并结合当事人的病情予以陈述，不宜千篇一律地做出"长期治疗"的评估意见。

护理依赖是指当事人因生活自理障碍需依赖于他人护理的情形。伤残标准中仅有《工标》提及"生活自理障碍"的评估内容，包括"进食、翻身、大小便、穿衣洗漱、自主行动"五项，"生活自理障碍"的程度，即护理依赖的程度，分为三级，五项均需护理者为完全生活自理障碍（完全护理依赖），三项或四项需要护理者为大部分生活自理障碍（大部分护理依赖），一项或两项需要护理者为部分生活自理障碍（部分护理依赖）。然而，这五项评估内容大多反映躯体或神经功能障碍，精神功能障碍者通常不影响吃喝拉撒和自主行动，但并非他们都没有护理依赖。因此，这个标准不完全适合精神障碍的护理依赖评估。

中华人民共和国公安部2008年颁布了《人身损害护理依赖程度评定》（GA/T800-2008）的公共安全行业标准，适用于因人为伤害、交通事故、意外伤害等因素所造成的人身伤残、精神障碍护理依赖程度的评定。该标准对精神障碍护理依赖程度的评估内容和评分方法做了具体规定,包括"进食、修饰、更衣、理发洗澡剪指甲、整理个人卫生、小便始末、大便始末、外出行走、睡眠、服药、使用日常生活用具、乘车"共12个项目,对精神障碍者生活自理障碍具有较好的针对性,每一个项目分为0分、5分、10分三个等级,每一个等级的评估条件均有具体规定(表3-2)。该量表总分值为120分,总分在81分以上,日常生活基本能够自理,为无护理依赖;总分值在80分以下,为有护理依赖。护理依赖程度分为三级:总分80~61分,为部分护理依赖;总分60~41分,为大部分护理依赖;总分40分以下,为完全护理依赖。但是,本标准规定的"精神障碍者护理依赖程度评定,应在其精神障碍至少经过一年以上治疗后进行"缺乏科学依据。

表3-2 "精神障碍者护理依赖程度评定"量表

NO.	项目	评估内容及说明	评分及其条件			记分
			10分	5分	0分	
1	进食	a)按时;b)定量;c)在规定地点完成进食。以上3项无须他人提醒、引领、督促、控制或喂食,无厌食、拒食、绝食、暴饮暴食、不知饥饱等行为	能自主完成a)、b)、c)	经常需他人提醒、引领、督促、控制才能完成a)、b)、c)中的1项或2项	完全靠他人督促、帮助才能完成a)、b)、c)或需他人喂食	
2	修饰	a)梳头;b)洗脸;c)刷牙;d)剃须。以上4项不需他人帮助打水、准备洗漱用具等	能保持外貌整洁。自主完成a)、b)、c)、d)中2项以上	经常需他人提醒、督促、帮助才能完成a)、b)、c)、d)中1项以上	完全靠他人帮助才能完成a)、b)和(或)c)、d)	
3	更衣	a)穿脱衣服;b)定时更换衣服;c)按季节、天气、温度变化适时增减衣服	衣着得体。能自主完成a)、b)、c)	经常需他人提醒、督促、帮助才能完成a)、b)、c)	完全靠他人帮助才能完成a)、b)、c)	
4	理发、洗澡、剪指甲	a)去理发店理发;b)去洗浴处洗澡;c)自己或要求他人帮助剪指甲	能自主完成a)、b)、c)	经常需他人提醒、督促、引领、帮助才能完成的a)、b)、c)中1项以上	从不主动理发、洗澡、剪指甲,完全需他人强制、帮助才能完成a)、b)、c)	
5	整理个人卫生	a)整理自己的床铺;b)打扫室内卫生;c)清洗衣物;d)女性能自理经期卫生,使用更换卫生巾、清洗内裤等	能自主完成的a)、b)、c),女性能自主完成的d)	经常需他人提醒、指导才能完成a)、b)、c)中一项以上,女性在他人提醒、指导下才能完成d)	完全靠他人帮助才能完成a)、b)、c),女性完全依靠他人帮助才能完成d)	
6	小便始末	a)到规定地方;b)解系裤带,完成小便过程;c)清理小便	能自主完成a)、b)、c)	经常需他人提醒、督促、引领才能完成a)、b)、c)基本能自主完成	完全依靠他人帮助才能完成a)、b)、c)	
7	大便始末	a)到规定地方;b)解系裤带,完成大便过程;c)清理大便	能自主完成a)、b)、c)	经常需他人提醒、督促、引领才能完成a)、b)、c)基本能自主完成	完全依靠他人帮助才能完成a)、b)、c)	

续表

NO.	项目	评估内容及说明	评分及其条件			记分
			10分	5分	0分	
8	外出行走	a）自主外出； b）通常能独自找回出发处； c）需要他人陪同	能自主完成a）、b）	完成a）、b）经常需要c），否则就有走失的危险；或从不外出	完成a）、b）必需c），否则就会丢失	
9	睡眠	a）按正常人的作息时间、规律睡眠； b）不能按正常人的作息时间、规律睡眠，如昼夜颠倒、白天思睡、夜间不宁、晚上不睡、早晨不起等； c）睡眠需要他人监护、帮助	能自主完成a）或偶有异常睡眠但不需c）	有b）所列举异常睡眠表现1种以上，经常需要c）	有b）所列举异常睡眠表现1种以上，长期需要c）	
10	服药	a）保管药物； b）定时服药； c）定量服药	不需要服药，或需要服药，但能遵照医嘱自主完成a）、b）、c）	需要服药，能自主完成a），但b）、c）需他人提醒、督促、帮助才能完成	需要服药，均需他人帮助才能完成a）、b）、c）	
11	使用日常生活用具	a）使用炉灶； b）使用日用电器； c）使用自来水	能自主安全使用a）、b）、c）	经常需他人指导、监护才能使用a）、b）、c）中1项以上	从不使用a）、b）、c）或使用a）、b）、c）经常发生危险	
12	乘车	a）能乘坐交通工具，如公共汽车、出租车等； b）需要他人陪同； c）不能乘坐交通工具	能自主完成a）	需要b）才能完成a）	c）或在有b）的情况下也难完成a）	

（高北陵）

第十节 劳动能力的评定

劳动能力（labor capacity）是指劳动者能够以自己的行为依法行使劳动权利和履行劳动义务的能力，即劳动法律意义上所称的劳动行为能力，它是人的体力和脑力的总和，也是民事能力的具体细化。与其相对应的是劳动权利能力，后者是指劳动者依法享有劳动权利和承担劳动义务的资格。劳动者的劳动权利能力和劳动行为能力是统一、不可分割的。劳动权利能力和劳动行为能力是公民在年满16周岁时同时产生的；两者都必须由劳动者本人实现，也都受到一定的限制。公民一旦与劳动行为能力分离，也就丧失了劳动权利能力，即劳动能力完全丧失的公民不再是劳动者，而是身体或精神残疾的残疾人。因此，劳动能力丧失的真正含义也是"残疾"的概念，一旦被确认劳动能力完全丧失，也就不能履行劳动权利。

劳动能力评定有广义和狭义之分，广义的劳动能力评定是指任何原因引发的精神和（或）躯体疾病、中毒、受伤等导致劳动能力减损或丧失的残疾程度评定（包括劳动功能障碍程度和生活自理障碍程度），如职工工伤、职业病、或非因工伤病、普通公民躯体或精神残疾、军人和武警病残、交通事故、计划生育病残儿等影响劳动能力的情形，评定标准依据不同部门的相关规定而不同，如职工工伤、职业病的劳动能力鉴定依据《劳动能力鉴定 职工工伤与职业病致残等级》；非因工伤病的劳动能力评定依据《职工非因工伤残或因病丧失劳动能力程度鉴定标准》；各类残疾人的劳动能力评定依据《第二次全国残疾人抽样调查残疾标准》；军人、武警等伤病的劳动能力评定依据《军人残疾等级评定标准》，道路交通事故受伤的劳动能力评定依据《道路交通事故受伤人员伤残评定》标准，计划生育病残儿的评定依据是《病残儿医学鉴定诊断标准及其父母再生育的指导原则》等。

狭义的劳动能力评定仅指劳动者非因工伤病丧失劳动能力程度的评定，属于"非因工伤病提前退休、退职劳动能力鉴定"范畴，评定标准是《职工非因工伤残或因病丧失劳动能力程度鉴定标准》，少见病种有时需要与《劳动能力鉴定　职工工伤与职业病致残等级》配套使用；此外，向国家缴纳了养老保险金的非职业性公民也适用于此类劳动能力评定。

本节主要介绍狭义的劳动能力（非因工伤病丧失劳动能力）鉴定及残疾人等级评定的相关内容，《劳动能力鉴定　职工工伤与职业病致残等级》和《道路交通事故受伤人员伤残评定》的内容见本章第九节，《军人残疾等级评定标准》及计划生育病残儿鉴定在法医精神病鉴定领域中相对较少，基本上由部队和计划生育行政部门指定相关机构或聘请专家统一评定，故此节略。

一、非因工伤、因病丧失劳动能力程度评定

（一）基本概念

系指个体非因工伤或非职业病所致劳动能力减损或丧失，即因自身受伤或自身所患疾病影响劳动能力的状况，是属于狭义的劳动能力鉴定范畴。此类鉴定大多是员工或职工因病提前退休的劳动能力等级鉴定，也包括向国家缴纳了养老保险金的非职业性公民因病丧失劳动能力的鉴定（向国家缴纳了养老保险金者凡达到完全丧失劳动能力条件的可享受退休待遇）。

（二）评定标准

劳动和社会保障部于2002年4月5日首次颁布实施的《职工非因工伤残或因病丧失劳动能力程度鉴定标准（试行）》（劳社部发〔2002〕8号），2015年修订的《职工非因工伤残或因病丧失劳动能力程度鉴定标准》（以下简称《劳标》）将是我国此类劳动能力丧失程度鉴定的依据。《劳标》将劳动能力丧失程度分为"完全丧失""大部分丧失"和"部分丧失"三个档次，完全丧失劳动能力是指因损伤或疾病造成人体组织器官缺失、严重缺损、畸形或严重损害，致使伤病的组织器官或生理功能完全丧失或存在严重功能障碍。大部分丧失劳动能力是指因损伤或疾病造成人体组织器官大部分缺失、明显畸形或损害，致使受损组织器官功能中等度以上障碍。部分丧失劳动能力是指因损伤或疾病造成人体组织器官发生轻度缺损或畸形，经治疗康复仍不可逆转的，致使受损组织器官轻度功能障碍。这些定义基本上是针对躯体器质性疾病而言的，对精神障碍造成劳动能力丧失的情形难以适应，好在《劳标》对精神障碍丧失劳动能力有一些具体条款，且规定得更为详细。

新《劳标》增加了一些影响劳动能力缺损的疾病，但仍不可能包罗万象，因而，新《劳标》"正确使用标准的说明"中指出："对未列出的其他非因工负伤丧失劳动能力程度的条目，可参照国家标准《劳动能力鉴定　职工工伤与职业病致残等级》（GB/T16180-2014）相应条目执行"，因此，对于少见伤病，仍要需与《劳动能力鉴定　职工工伤与职业病致残等级》（GB/T16180-2014）（以下简称《工标》）配套使用，而《工标》将职工工伤职业病丧失劳动能力程度分为10个等级，《劳标》将《工标》中的1至4级列为完全丧失劳动能力范围，5至6级列为大部分丧失劳动能力范围，而《工标》中的7至10级伤残有"部分残疾"的含义，因此，很多省市的劳动能力鉴定委员会将《工标》中的7至10级伤残视为"部分丧失劳动能力"的范围。

（三）程度评定

新《劳标》对精神障碍导致劳动能力丧失的程度已明确分为"完全、大部分、部分"三级，且对每级程度都做了具体规定：

1. "完全丧失劳动能力"的评定条件　主要包括严重影响社会功能的以下几类精神疾病：

（1）精神分裂症，经系统治疗5年仍不能症状缓解者；偏执性精神障碍，妄想牢固，经5年系统治疗仍无缓解，严重影响社会功能者。

（2）慢性器质性精神障碍,经系统治疗2年仍有下述症状之一,并严重影响职业功能者:①痴呆（中度智能或记忆减退）;②存在精神病性症状,持续或经常出现的情绪不稳定以及不能自控的冲动攻击行为。

（3）难治性的情感障碍,经系统治疗5年仍不能缓解,严重影响社会功能者。

（4）具有明显强迫型人格发病基础的难治性强迫障碍,经系统治疗5年无效,严重影响社会功能者。

（5）智能障碍导致日常生活不能完全自理、言语功能中度受损或社会功能严重受损者（IQ<50）。

2. "大部分丧失劳动能力"的评定条件　包括五类疾病:

（1）精神分裂症经5年以上系统治疗后仍有精神症状,社会功能轻度受损者。

（2）慢性器质性精神障碍,经系统治疗2年后缓解,需定期随访者。

（3）情感障碍,经5年系统治疗后仍有反复发作,社会功能中度受损。

（4）精神活性物质所致精神障碍或非成瘾物质所致精神障碍,经系统治疗5年后,仍存有精神症状,社会功能中度受损者。

（5）智能障碍导致生活自理需要督促帮助,言语功能轻度受损,社会功能中度受损者（IQ50~59）。

3. "部分丧失劳动能力"的评定条件　包括以下多种精神障碍:

（1）精神分裂症经5年以上治疗后症状稳定者;或精神分裂症确诊1年以上,但未经5年以上系统治疗,存在精神症状,社会功能受损者。

（2）情感障碍、人格障碍、应激障碍、癔症、神经症,经系统治疗2年后,仍存在精神症状,社会功能轻度受损者。

（3）智能障碍,生活能勉强自理,社会功能轻度受损（IQ60~79）。

（四）注意事项

在实施劳动能力丧失程度鉴定时,需注意以下问题:

1. 由于此类劳动能力鉴定涉及是否享受国家提前退休的优厚待遇,有一部分与心理因素有关的轻性精神障碍,为了达到提前退休或其他有利于自身的目的（如与单位闹意见不想上班,或脱离现单位去做另一份工作、以获得更高的经济收益等）,夸大精神症状的情况较为常见,甚至个别人伪装精神障碍,需要鉴定人特别警觉,注意斟酌病历资料、甄别各类医疗结果的客观性和真实性。

2.《劳标》对劳动能力丧失的评定条件都做了明确、具体的规定,包括疾病类型、病症标准、病程标准,系统治疗时间、年龄条件等,应当严格遵循这些条款的条件要求评定劳动能力的丧失程度,不应随意更改、解释或放宽这些条件。

3. 在完全丧失劳动能力等级中,器质性精神障碍提到"精神病性症状",虽《劳标》未具体规定,但由于《劳标》与《工标》有配套使用的情形,因此,一般应按照《工标》对精神病性症状的界定,包括"有下列表现之一者: 突出的妄想、持久或反复出现的幻觉、病理性思维联想障碍、紧张综合征,包括紧张性兴奋与紧张性木僵（catatonia）、情感障碍显著,且妨碍社会功能（包括生活自理功能、社交功能及职业和角色功能）",均属于"精神病性症状"的范畴,因此,不仅指幻觉、妄想,也包括了器质性情感障碍等症状。

4. 新《劳标》"正确使用标准的说明"中指出"系统治疗"是指经住院治疗,或每月二次以上（含二次）到医院进行门诊治疗并坚持服药一个疗程以上,以及恶性肿瘤在门诊进行放射或化学治疗。然而,在劳动能力鉴定实践中,经常会有死亡职工供养直系亲属的劳动能力鉴定,这类被鉴定人大多未经系统治疗（如患精神发育迟滞或其他精神病,未曾治疗过或仅服药几个月）,不能满足《劳标》中规定的"系统治疗"条件,但社会保险行政部门要求专家做出劳动能力丧失程度的现状评定,以便确定是否发放死亡职工供养亲属的抚恤金问题（只给完全丧失劳动能力的亲属发放供养亲属抚恤金）,此时做出的鉴定意见可以用"被鉴定人诊断患有精神发育迟滞（或××精神病）,其病情严重程度已达到'完全丧失劳动能力'的程度,但未曾系统治疗（或系统治疗不足×年）"的形式表达,既有利于无劳动能力（完全丧失劳动能力）的亲属获取工伤死亡抚恤金,也可规避鉴定风险。

此外,新《劳标》对"精神分裂症确诊1年以上,但未经5年以上系统治疗,存在精神症状,社会功能受损者"情形规定只能评定为"部分丧失劳动能力",也就是说,无论被鉴定人的病情严重程度是否达到"完全丧失劳动能力"或"大部分丧失劳动能力"的程度,但若系统治疗不足5年,至多只能评定为"部分丧失劳动能力",这一点值得鉴定人注意。

5.在我国,"非因工伤病提前退休、退职劳动能力鉴定"的法定机构是劳动能力鉴定委员会,一般分为市、省两级(省级含直辖市和自治区),由社会保险行政部门、卫生行政部门、工会组织、经办机构代表以及用人单位代表组成。因此,此类劳动能力鉴定并非需要法医精神病鉴定机构实施,除非劳动能力鉴定委员会指定当地的法医精神病鉴定机构作为其精神专科的附属鉴定机构,但无需启动司法鉴定程序,对市级劳动能力鉴定委员会作出的鉴定结论不服的,可以向省、自治区、直辖市劳动能力鉴定委员会提出再次鉴定,省、自治区、直辖市劳动能力鉴定委员会作出的鉴定结论为最终结论,因此,属行政复议的范畴;此外,劳动能力鉴定对鉴定人资质的要求是医疗卫生高级专业技术职务任职资格,无需司法鉴定人做出鉴定。但有少数未参保的单位和个人出现劳动纠纷时,有时会通过司法程序委托法医精神病鉴定机构做出具有法律效力的劳动能力司法鉴定意见。

案例分析与知识链接 3-9 ▶

刘某,女,36岁,大学文化,已婚,某电业集团员工。由单位和本人委托"非因工伤病合同期满劳动能力鉴定"。

据病历资料记载:刘某于2006年开始无明显诱因出现"情绪低落、兴趣下降、闻到男友做的鱼有怪味、对周围人有戒心、自言自语"等,2007年在市级精神病院住院治疗,查及"凭空听到有人议论自己、怀疑路人在注视自己"等病症,诊断为"分裂情感性精神病",予"帕罗西汀、奥氮平"治疗2月余"好转出院"。后因服药依从性差,病情多次反复,先后10次住院治疗,2011年诊断为"精神分裂症",用过"奥氮平、氯氮平、利培酮"等药物,均"好转"出院,3月前末次出院情况为"接触尚可,对答切题,表情自然,无情绪低落表现,未引出幻觉,意志活动尚可,无自知力"。家属反映其近三月来能坚持服药,按时上下班,生活自理,鉴定前最后一次复诊记录其"思维条理清楚,未引出明显幻觉、妄想,情感适切,希望继续去上班,承认有3~4次犯病,自知力缺乏",以"利培酮"4毫克/日维持治疗。单位反映被鉴定人目前难以胜任病前的工作,且工作效率低。

鉴定检查:被鉴定人神清,生命体征平稳,四肢活动自如,未引出神经系统阳性体征;精神欠佳,无精打采,对检查基本合作,注意能集中,对答切题;对既往病历中记录的幻觉、妄想表示"有同事爱说自己的闲话""我的一举一动他们都要说,有时听到、有时感觉到",但表示目前"没有""现在还行",解释为"现在调节好了""上次(鉴定前1个月)回单位聊了聊都挺好的""都有变化,我也比较温文尔雅、她们的言语都改善了好多"。其情绪平稳、情感反应适切,未查出病理优势性情感体验;行为安静,有礼节,未见怪异行为;对自身精神病症的自知力缺乏,称自己"没什么病,有一点点问题""自己冲动""说不清楚,希望维持现在的状况,以前自己比较激动,没有控制好情绪""可能以前有那样的(病态),现在比较看淡(那些问题),(与同事的)关系也好了""现在不会了,以后这种情况可能会比较少,现在都是一间一间的办公室,相互不干扰"。能接受定期复诊、规律服药等建议,表示"定期来拿药""不会影响工作"。

分析:(1)被鉴定人的精神状态具有以下临床特点:①症状:曾反复出现的言语性幻听,有时有幻嗅;并有与文化不相称的持续性妄想(关系、被害妄想);②病程:呈持续性病程8年,未曾痊愈过;③严重标准:发病时社会功能严重受损,自知力缺乏;④鉴别:鉴定检查未发现大脑及躯体疾病的证据,也无精神活性物质使用的情况,故不支持相关精神障碍的诊断;其在首次发病时虽有"情绪低落、兴趣下降",但有感知觉和思维障碍的影响,且之后反复10余次加重时并无病理性优势情感体验和表现,故诊断心境障碍或分裂情感性精神病的依据不足。以上几点提示被鉴定人的精神异常表现符合"精神分裂症"之诊断。

（2）被鉴定人的劳动能力状况：①患精神分裂症8年；②系统治疗7年（住院10余次），虽无明显精神病性症状，但对自身病症缺乏自知力，仍认为过去是单位同事爱说自己的闲话，一举一动都要说，与客观事实不符；③目前仍在服用中等剂量抗精神病药物，其需长期维持治疗，因而对其精神状况及社会功能有一定影响（精神不佳，难以胜任病前工作）。提示被鉴定人的社会功能有轻度受损，未达到"完全丧失劳动能力"的程度，但较"部分丧失"重。

鉴定意见：刘某诊断患有"精神分裂症"，其目前病情符合《劳标》大部分丧失劳动能力的评定条件。

二、残疾人等级评定

（一）基本概念

"残疾"指人的生理或心理功能缺陷或缺损，导致职业、社会活动和（或）个人生活自理能力受限或丧失的状态。"缺陷"通常指先天性、遗传性或不良环境等原因引起的出生时即已存在的各种结构性畸形或功能性异常。"缺损"通常指后天各种原因导致已经发育成熟的某种器官组织或功能不全或受损。"残障"是指社会活动和生活自理能力因为残疾而受到不同程度的影响（是残疾的后果）。

"残疾人"是指在心理、生理、人体结构上，某种组织、功能丧失或者不正常，全部或者部分丧失以正常方式从事某种活动能力的人。残疾人可能是缺陷导致社会功能障碍，也可能是缺损导致的，后者也是伤残的结果。

从上述概念中可以看出，残疾与劳动能力有不可分割的联系，广义的劳动能力鉴定应包括残疾人鉴定，后者仅针对是否符合国家残疾人评定标准的一类特殊劳动能力丧失或障碍的鉴定，通过鉴定是否属于残疾人及其残疾等级后，可以享受国家对残疾人的各种福利待遇。2007年5月28日国家统计局、第二次全国残疾人抽样调查领导小组公布我国共有8296万各类残疾人（未包括中国香港特别行政区、中国澳门特别行政区、中国台湾省残疾人口数），占全国总人口比例的6.34%，由此可见，残疾人的鉴定工作也是任重道远。

（二）评定标准

为了维护残疾人的合法权益，发展残疾人事业，保障残疾人平等地充分参与社会生活，全国人大常委会1990年12月28日通过了《中华人民共和国残疾人保障法》，2008年4月24日对该法进行了修订（自2008年7月1日起施行）。中国残疾人联合会为落实残疾人保障法，于1995年首次颁布了《中国实用残疾人评定标准(试用)》，2008年又颁布了《第二次全国残疾人抽样调查残疾标准》，这是目前我国残疾人等级评定的主要依据。该标准将残疾人分为视力残疾、听力残疾、言语残疾、肢体残疾、智力残疾、精神残疾、多重残疾和其他残疾8类，主要是前6类，其中精神方面的残疾包括智力残疾和精神残疾2类。

智力残疾是指智力显著低于一般人水平，并伴有适应行为的障碍。此类残疾是由于神经系统结构、功能障碍，使个体活动和参与受到限制，需要社会环境提供一些支持和帮助；既包含在智力发育期间（18岁之前），由于各种有害因素导致的精神发育迟滞，也包括智力发育成熟以后，由于各种有害因素导致智力损害或智力减退的情形。

智力是精神活动的组成部分，因而，广义的精神残疾应当包括智力残疾。狭义的精神残疾是指智力因素以外的其他精神障碍持续一年以上未痊愈，由于病人的认知、情感和行为障碍，影响其日常生活和社会参与。精神残疾可由精神分裂症、心境障碍（情感性精神障碍）、器质性精神障碍、精神活性物质所致精神障碍、儿童少年期精神障碍及其他精神障碍（如顽固的强迫症）等精神疾病引起。

根据中国残疾人联合会对残疾人的分类,本节采用狭义的精神残疾概念。

(三)等级评定

智力残疾和精神残疾均分为4级,一级的残疾程度最重,四级最轻。

1. 智力残疾分级　根据世界卫生组织残疾评定表(第2版)(WHO DisabilityAssessment Schedule, Second Edition, WHO DAS-Ⅱ),并按照智力商数(IQ)和社会适应行为的水平将智力残疾划分为4级(表3-3)。

表3-3　世界卫生组织残疾评定表—智力残疾分级

智力残疾级别	分级标准			
	发展商(DQ)0~6岁	智商(IQ)7岁以上	适应行为(AB)	WHO-DAS-Ⅱ分值
一级	≤25	<20	极重度	≥116分
二级	26~39	20~34	重度	106~115分
三级	40~54	35~49	中度	96~105分
四级	55~75	50~69	轻度	52~95分

2. 精神残疾分级　18岁以上的精神障碍患者根据WHO DAS-Ⅱ的分数和适应行为表现,18岁以下者依据适应行为的表现,将精神残疾划分为4级(表3-4)。

表3-4　世界卫生组织残疾评定表—精神残疾分级

精神残疾级别	分级标准			
	WHO-DAS-Ⅱ分值	适应行为(AB)	生活自理能力	社会功能及生活照料
一级	≥116分	严重障碍	生活完全不能自理,忽视自己的生理、心理的基本要求	不与人交往,无法从事工作,不能学习新事物。需要环境提供全面、广泛的支持,生活长期、全部需他人监护
二级	106~115分	重度障碍	生活大部分不能自理	基本不与人交往,只与照顾者简单交往,能理解简单照顾者的指令,有一定学习能力。监护下能从事简单劳动。能表达自己的基本需求,偶尔被动参与社交活动;需要环境提供广泛的支持,大部分生活仍需他人照料
三级	96~105分	中度障碍	生活上不能完全自理	可以与人进行简单交流,能表达自己的情感。能独立从事简单劳动,能学习新事物,但学习能力明显比一般人差。被动参与社交活动,偶尔能主动参与社交活动;需要环境提供部分的支持,即所需要的支持服务是经常性的、短时间的需求,部分生活需由他人照料
四级	52~95分	轻度障碍	生活上基本自理,但自理能力比一般人差,有时忽略个人卫生	能与人交往,能表达自己的情感,体会他人情感的能力较差,能从事一般的工作,学习新事物的能力比一般人稍差;偶尔需要环境提供支持,一般情况下生活不需要由他人照料

知识拓展 ▶

　　世界卫生组织残疾评定量表（WHO DAS-Ⅱ）是目前国际上通用的残疾程度量化评估工具，每个条目的计分都有明确的规定，能有效提高专家评定的客观性、科学性和一致性,虽不同类型的残疾人，其功能障碍的领域有所不同，但该量表在涉及分量表和条目内容时，也考虑了各类残疾的特点，用同一个标准来衡量所有类型的残疾能充分体现"公平"原则。该量表由36个条目组成，每个条目1~5级评分，包括理解与交流、身体移动、自我照料、与他人相处、生活活动、社会参与共6个分量表。最高分180分，最低分36分。每个分量表由数个条目组成。以下是该量表的条目内容和计分:

条目内容	障碍程度记分（分）				
	无障碍	轻度	中度	重度	极重度
一、理解与交流（认知）					
1. 集中注意力做事10分钟	1	2	3	4	5
2. 记住做重要的事情	1	2	3	4	5
3. 分析和解决日常生活中的问题	1	2	3	4	5
4. 学习新事物	1	2	3	4	5
5. 理解他人谈话内容	1	2	3	4	5
6. 主动与他人交流	1	2	3	4	5
二、身体移动（活动性）					
1. 长时间站立（如30分钟）	1	2	3	4	5
2. 从座位上站起	1	2	3	4	5
3. 从家里来回移动	1	2	3	4	5
4. 走出家门	1	2	3	4	5
5. 长距离行走（如1公里）	1	2	3	4	5
三、自我照料（自理）					
1. 洗澡	1	2	3	4	5
2. 穿衣	1	2	3	4	5
3. 进食	1	2	3	4	5
4. 自己生活数日	1	2	3	4	5
四、与他人相处					
1. 与陌生人相处	1	2	3	4	5
2. 保持友谊	1	2	3	4	5
3. 与关系密切的人相处	1	2	3	4	5
4. 结交新朋友	1	2	3	4	5
5. 性活动	1	2	3	4	5
五、生活活动（家务与工作）					
1. 承担家庭责任	1	2	3	4	5
2. 很好地完成您最重要的家务劳动	1	2	3	4	5
3. 完成您需要做的所有家务	1	2	3	4	5

续表

条目内容	障碍程度记分（分）				
	无障碍	轻度	中度	重度	极重度
4. 按照需要尽快完成家务	1	2	3	4	5
5. 您的日常工作	1	2	3	4	5
6. 很好地完成重要的工作	1	2	3	4	5
7. 完成需要做的所有工作	1	2	3	4	5
8. 按照需要尽快完成工作	1	2	3	4	5
六、社会参与					
1. 您同周围人一样参加社区活动（如节日、宗教或其他活动）时，存在多大困难？	1	2	3	4	5
2. 您周围环境阻碍和限制，对您产生了多大的困难？	1	2	3	4	5
3. 其他人的态度和行为对您有尊严地生活造成多大困难？	1	2	3	4	5
4. 您在自己的健康或疾病结局上花费时间有多大？	1	2	3	4	5
5. 您的健康问题对情绪的影响有多大？	1	2	3	4	5
6. 您和您的家人在您的健康问题上的经济花费有多大？	1	2	3	4	5
7. 因为您的健康或残疾问题，您的家庭遇到多大的困难？	1	2	3	4	5
8. 您自己在放松和休闲上遇到多大困难？	1	2	3	4	5

评残分界值为：51分以下无残疾，52~95分轻度残疾，96~105分中度残疾，106~115分重度残疾，116分以上极重度残疾

（四）注意事项

在实施精神残疾等级鉴定时，需注意以下问题：

1. 用WHO DAS-Ⅱ评定残疾程度是为了更客观、科学，但实际应用时也会遇到一些问题，如"身体移动（活动性）"分量表的内容（长时间站立30分钟、从座位上站起、在家里来回移动、走出家门、长距离行走1公里）均是针对躯体残的，即便是十分严重的智力残疾和精神残疾在该分量表的条目上也很可能无障碍，至多是不能听从指挥站立或行走，但这些表现不是不能站立和行走而导致的，且不是永久性的不能站立和行走，不符合"残"的规律，因而在此分量表上的得分较低，但躯体残者，他们在"与他人相处"和"社会参与"等方面也可能得分较低，因此，评定该量表时仍需要实事求是计分，才可能公平对待每一个残疾人。

此外，在该量表的"社会参与"条目中，都是通过询问残疾人本人回答计分，作为智力残疾和精神残疾者，常常难以获得与其真实情况相符的答案（智力残疾通常存在理解困难，精神残疾的作答通常受精神病症状影响），而且也容易受个体主观因素的影响，因此，在评定这些条目时，需要评定人观察被评定者的日常起居才能准确判断和评估其实际情况。

2. 评定智力残疾时，要求有具体的IQ值，但有的智力残疾者伴有语言功能或躯体功能障碍，往往难以实施完成成套智力测验，即便实施了，也难以准确反映其实际智力水平；还有的重度和极重度智力缺陷者，无法理解指导语，也不能实施这些测验，因此，对这类残疾人可以用智力影响的社会功能评定量表的结果来间接反映其智力水平，如："成人智残评定量表"或"儿童适应行为评定量表"，这些量表的评估结果同时还可以反映智力残疾的"适应行为"；精神残疾的"适应行为"缺乏客观评估工具，评定时可以"社会功能及生活照料"的内容作为参考依据，也可以用其他精神科量化评估工具（如：精

神功能大体评定量表等）来辅助评定。

3.残疾人等级评定工作一般情况无需司法鉴定机构实施,大多由残联聘请精神科专业人员实施,但当司法机关需要他们出示相关证明时,仍需要法医精神病鉴定机构实施司法鉴定,才具有法律效力。

案例分析与知识链接 3-10 ▶

张某,男性,19岁,文盲,未婚,无业。因办理户籍迁移事宜,公安机关需要其提供残疾程度的鉴定报告,故被鉴定人的父亲委托鉴定。

据被鉴定人的父亲反映,张某为早产儿,孕期约35周,顺产,出生后体质虚弱,每月都感冒发烧两三次,有时烧到39℃。3岁才逐渐会走路,约4岁才会叫妈妈。8岁时曾入幼儿园,上课乱走,难以静坐,不听从管理,小学拒收。目前个人生活自理能力很差,一直要专人看管,照顾其生活起居,学东西非常慢,教了10年才学会数数到30,但不会加减运算;能认识及称呼家里人,讲话内容简单,每句话一般只讲一两个字,不会完整表达意思,对别人的话大多不能理解;能认识大约50个汉字,但不理解意思,更不会用词;能认识钞票面值,但不会使用;肚子饿了会到处找东西吃,能自己用筷子吃饭,但会漏饭,自己洗脸洗澡洗不干净,需家人帮助。平时在家里玩,看电视,只看动画片和西游记,不会讲电视里的情节,也不理解里面的意思。

鉴定检查:被鉴定人意识清楚,愚型面容,表情呆傻,手指粗短,四肢活动可,未见明显神经系统异常体征。接触被动,检查尚配合,无夸大症状、回避眼神对视等表现。注意力基本能集中,言语表达较差,口齿不清,有些话家人能勉强听清,言语表达简短,一般不超过四个字。理解力差,对所提问题大部分不理解,经常答非所问,例如问"现在什么季节",只会机械地说"春夏秋冬";不知目前年月,不知自己所处城市的名字,不能识别医生的身份,称医生是"警察""抓小偷的";对简单问题部分能应答,能正确说出自己的名字和年龄,但"不知道"自己生日,能指出陪伴在身旁的"爸爸""妈妈",但不能称呼阿姨、叔叔等。能识别手表,但不知道其用途,也说不出时间;能机械地从一数到一百,但不会任何加减法运算;能认识纸币面值,但不会使用纸币,不知道"多少张5元等于1张10元";能认识少量简单汉字,但讲不出所识汉字的意思。让其用左手摸自己右耳则呆坐不动,对指令大多不能理解,不能分辨左右。中国修订成人智力量表:言语智商46,操作31,总智商34。简易智能状态检查表(MMSE)7分,提示有显著认知功能缺陷。成人智残评定量表14分,提示重度智残。WHO DAS-Ⅱ评定量表109分。

分析:

(1)被鉴定人的精神状态具有以下临床特点:①症状:被鉴定人系早产儿,自幼精神发育落后于同龄人,3岁才会走路,4岁才会叫妈妈;学习能力很差,成年后仍不会算数;②病程:呈持续性,已19年;③严重标准:IQ34,智力影响的社会适应在重度缺陷范围,两者基本一致,个人生活需要他人照料;④鉴别:未发现大脑局灶性病理证据,也无明显精神症状,故不支持其他器质性精神障碍的诊断。以上几点提示被鉴定人的精神异常表现符合"精神发育迟滞(重度偏轻)"之诊断。

(2)被鉴定人的劳动能力状况:①自幼精神发育迟滞;②IQ34,属重度智力缺陷范围;③智力影响的社会适应行为在重度范围;④WHO DAS-Ⅱ评定量表109分,属重度范围;三项指标与临床检查所见基本一致,提示被鉴定人的智力残疾程度在重度残疾范围。

鉴定意见:张某诊断患有"精神发育迟滞(重度偏轻)",其目前病情符合《第二次全国残疾人抽样调查残疾标准》二级智力残疾的评定条件。

（高北陵）

第十一节 医疗纠纷的评定

通过本节的学习,你应该掌握医疗纠纷的概念;了解我国医疗纠纷的法律规定和不同法系处理医疗纠纷的情况;熟悉医疗纠纷的处理途径与分类;了解医疗纠纷处理"双轨制"。

一、医疗纠纷的概念

纠纷即纠葛争执不下。广义的医疗纠纷是指在医疗行为过程中,医、患双方发生的一切纠葛。在本书第二章医疗行为及医患关系中已经表明医疗行为的特征及医疗行为参与者各自的责任与义务。因此,医疗纠纷(medical dispute)是指发生在医疗卫生、预防保健、医学美容等具有合法资质的医疗机构中,一方(或多方)当事人认为另一方(或多方)当事人在提供医疗服务或履行法定义务和约定义务时存在过失,造成实际损害后果,应当承担违约责任或侵权责任,但双方(或多方)当事人对所争议事实认识不同、相互争执、各执己见的情形。

二、我国与医疗纠纷及鉴定相关的法律规定

我国与医疗纠纷及鉴定相关的法律规定及名称随着我国法律制度的不断完善经历了多次变化。1987年6月29日国务院颁布了《医疗事故处理办法》,这是我国第一部专门用于处理医疗事故纠纷的法规;2002年4月国务院颁布《医疗事故处理条例》取代了《医疗事故处理办法》。原卫生部发布了《医疗事故技术鉴定暂行办法》(2002年7月31日)和《医疗事故分级标准》(2002年9月1日),并将医疗事故的鉴定主体由之前的医疗事故技术鉴定委员会改为医学会。最高人民法院发布的《关于参照〈医疗事故处理条例〉审理医疗纠纷民事案件的通知》(2003年1月6日)规定:"条例施行后发生的医疗事故引起的医疗赔偿纠纷,参照条例的有关规定办理;因医疗事故以外的原因引起的其他医疗赔偿纠纷,诉至法院的,适用民法通则的规定""人民法院在民事审判中,根据当事人的申请或者依职权决定进行医疗事故司法鉴定的,交由条例所规定的医学会组织鉴定。因医疗事故以外的原因引起的其他医疗赔偿纠纷需要进行司法鉴定的,按照《人民法院对外委托司法鉴定管理规定》组织鉴定。"

由上可见,根据2003年最高人民法院的精神,"医疗赔偿纠纷"包括了"医疗事故"和"医疗事故以外的原因"引起的两种情况。而鉴定可"交医学会组织鉴定"或"进行司法鉴定"。因此,我国的医疗纠纷鉴定呈现了"双轨制"情况。

2010年7月1日实施的《中华人民共和国侵权责任法》第七章对"医疗损害责任"进行了规定,"医疗损害责任"一词正式出现在我国法律条文之中。2010年6月30日最高人民法院发布的《关于适用侵权责任法若干问题的通知》第三条规定"人民法院适用侵权责任法审理民事纠纷案件,根据当事人的申请或者依职权决定进行医疗损害鉴定的,按照《全国人民代表大会常务委员会关于司法鉴定管理问题的决定》《人民法院对外委托司法鉴定管理规定》及国家有关部门的规定组织鉴定。"可见,适用侵权责任法的"医疗损害鉴定"按照司法鉴定管理的程序进行。同年原卫生部颁布《关于做好〈侵权责任法〉贯彻实施工作的通知》,明确"医学会要继续依法履行医疗事故技术鉴定等法定鉴定职责""对于司法机关或医患双方共同委托的医疗损害责任技术鉴定,医学会应当受理,并可参照《医疗事故技术鉴定暂行办法》等有关规定,依法组织鉴定。医疗损害责任技术鉴定分级参照《医疗事故分级标准(试行)》执行。"

有学者认为《侵权责任法》在处理医疗纠纷中具有最高法律效力,因此《医疗事故处理条例》应予废止。目前还没有法律、法规及司法解释明令废止《医疗事故处理条例》。因此,我国目前医疗纠纷适用法律二元化现象导致了医疗纠纷处理中的三个双轨制情况:①医疗损害责任案由的双轨制:既有医疗事故责任纠纷又有医疗过错责任纠纷;②医疗损害责任鉴定的双轨制:既有医学会进行医疗事故鉴定,又有司法鉴定机构进行医疗过错鉴定;③赔偿计算标准的双轨制:既有依据医疗事故处理

条例所规定的赔偿标准进行计算,又有依据民法通则所规定的人身损害赔偿标准进行计算。

除以上法律规定外,"精神障碍医学鉴定"在法医精神病鉴定中也会涉及。2013年5月1日开始实施的《中华人民共和国精神卫生法》第三十二条规定,患者或者其监护人对需要住院治疗的诊断结论有异议,不同意对患者实施住院治疗,并且"对再次诊断结论有异议的,可以自主委托依法取得执业资质的鉴定机构进行精神障碍医学鉴定""接受委托的鉴定机构应当指定本机构具有该鉴定事项执业资格的二名以上鉴定人共同进行鉴定,并及时出具鉴定报告。"这里规定了由司法鉴定机构进行"精神障碍医学鉴定"。

三、国外医疗纠纷处理与鉴定的法规

虽然国家法律不同,医疗纠纷及鉴定相关的制度不同,但都有一个共同的特征,即在法律适用过程中对涉及的医学专业问题进行事实上的认定,是解决医疗纠纷、明确各方责任的关键环节。

在美国的医疗纠纷案件使用"medical malpractice"(医疗过失),美国处理医疗纠纷的法律主要源于民事侵权法(Tort),很多概念和民事侵权法是相通的。只要患者认为医疗不当(过失),就可以到法院提起医疗损害责任赔偿之诉,法院审查认定医患双方建立了合法的医疗法律关系,就受理此赔偿纠纷案件。如医务人员的过失(negligence)就是从民法中借鉴而来,其判断标准也都是衍生于民法:①医务人员对患者负有医务职责;②医务人员的行为偏离了所应该遵循的职业行为标准;③患者确实受到了损伤;④过失行为与患者所声称的损害之间必须存在因果关系。美国法院受理的医患纠纷民事案件对医方主体资格没有任何限制条件,不仅包括个人,也包括组织,同时也不限于有治疗资格的人,只要提供了医疗服务,就有可能成为医疗不当的主体。

在确定是否有医疗损害方面,美国实行的是专家证人(expert testimony)制度。几乎每一件医疗损害诉讼案件都要请医学专家给出意见,当事双方均可聘请自己的专家证人。专家的证词对判断医护人员是否存在过失及是否因此导致患者的损害起着重要的作用。在美国,曾有患者告医生在口腔手术中划伤自己的面部皮肤,患者没有请任何口腔专家为其作证,结果法庭判决医生没有责任,其理由是医学是一门生命科学,科学上的问题应该请该领域的专家给出参考意见,病人自己的关于医学上的证词是没有说服力的。

大陆法系国家的法国在1835年就有医疗侵权责任概念的存在,法国分别根据行政法规和民事法规处理侵权赔偿责任,并将医疗过错区分为"医疗科学上的过错"和"医疗伦理上的过错"。德国处理医患纠纷案件上,和美国、日本适用的法律一样,也适用民事侵权法和民事赔偿法。但是,卫生行政部门不干涉医患纠纷的处理,虽然可以对最后判决有过失的医务人员进行处罚,甚至要医院取消和被处罚医师的合同。大部分大陆法系国家处理医疗纠纷案件的鉴定都是启动司法鉴定程序。由法官指定鉴定人或者法官接受当事人申请指定特定的鉴定机构进行鉴定。大陆法系法官在庭审中处于核心地位,鉴定人主要是提出专业性的见解或出具专业性的鉴定意见帮助法官厘清案件事实,至于最终能否采纳则主要看法官的判断。按规定鉴定人要接受出庭,其鉴定意见经过质证,法庭采信以便作为判定为医疗纠纷的依据。如何进行鉴定,在欧洲的多个国家有指南。如2013年《国际法医学杂志》刊载的《医疗事故-医疗责任-鉴定方法与评价标准欧洲指南》,就有德国、法国、意大利、英国、奥地利、瑞士、立陶宛、爱沙尼亚等十多个国家的专业人士参与制定。有意思的一点是,该指南指出医疗责任鉴定的指定专家(appointed expert)应当是被所在国家权威机构认可的法医学专家。

四、我国医疗纠纷的解决途径与分类

纠纷代表着一种责任不确定的争议状态,目前我国医疗纠纷发生后其解决方法有几种。首先是医患双方自行协商解决;其次是第三方协商解决,特别是2011年1月1日《中华人民共和国人民调解法》实施后,全国很多地方相继确立以医疗纠纷人民调解为主的非诉讼解决机制;另外可以进行行政调解,其主要是卫生行政管理部门依法对纠纷进行调解;最后是诉讼解决,即医患纠纷当事人通过向人

民法院提起诉讼的方式,由法院按照法定程序解决医疗纠纷。

根据医疗纠纷的含义及我国医疗纠纷的实际情况,可以将医疗纠纷分为医源性纠纷和非医源性纠纷两种。医源性医疗纠纷是指由于医疗服务提供者(医疗机构及其医务人员有过失)方面的原因导致的医疗纠纷。比如侵害患者知情同意权责任的纠纷,或由于严重过失产生的医疗事故等。非医源性医疗纠纷是指由于求医者(患者)方面的原因导致的医疗纠纷,通常由于求医者缺乏医学常识,对医疗意外、医疗并发症、疾病自然转归(如死亡)等情况无法接受或其他原因引发的纠纷。

五、我国医疗纠纷鉴定

纠纷中,各执己见,发现真相是解决医疗纠纷的核心问题,而鉴定过程就是努力接近真相的过程。但是,任何鉴定意见,只能是一种法律上的推定事实而非客观事实本身。鉴定的科学性是指在法律框架内鉴定意见的实然(实际鉴定意见)与应然(客观规律与客观事实)的吻合程度,吻合程度越高,人们就认为鉴定意见越具有科学性。

由于目前医疗纠纷适用法律的二元化现象导致我国医疗纠纷鉴定制度的"双轨制",即医学会组织进行的医疗事故鉴定和司法鉴定机构承担的医疗损害司法鉴定,另外还有精神障碍的医学鉴定。

1. 医疗损害司法鉴定 医疗损害司法鉴定是司法鉴定机构的鉴定人根据侵权法及相关规定,综合运用医学、法学、法医学和其他自然与社会科学判定医疗损害案件事实的一种证明活动。

根据侵权责任法,医疗侵权损害赔偿责任的构成必须具备一定的条件,这些条件是侵权损害赔偿责任的构成要件。其一是医疗违法行为,医疗违法行为是指医疗机构及医务人员在医疗活动过程中实施的,违反医疗卫生管理法律、行政法规、部门规章制度、诊疗护理规范、常规等要求的业务上的必要义务,从而引起他人生命身体伤害的行为。其二是医疗主观过错,医疗侵权责任中的主观过错则是指医疗主观过失的过错形式。医疗主观过失,是指医务人员在医疗活动中应当预见的某种损害结果的发生,但因为疏忽大意没有预见到,或已经预见到而轻信能够避免,从而导致损害结果发生的主观心理态度。三是医疗损害事实,即是因医疗行为所生的负面医疗结果,医疗损害责任的承担必须以损害的存在为前提。四是医疗因果关系,在诊疗活动和损害事实之间必须存在因果关系。只有符合该四种构成要件且不存在免责事由时,才构成医疗侵权。

2. 医疗事故技术鉴定 是指医学会根据原卫生部《关于做好〈侵权责任法〉贯彻实施工作的通知》《医疗事故技术鉴定暂行办法》等有关规定,依法组织医学临床各专业的专家(常包括法医学专家),进行医疗事故技术鉴定的过程;医疗事故技术鉴定主要参照《医疗事故处理条例》及《医疗事故分级标准(试行)》及现代医学的理论等确定是否为构成医疗事故并划分事故的等级。医疗行政部门依行政法律处理医疗纠纷时常依据医疗事故鉴定结果进行判断。

3. 精神障碍的医学鉴定 精神障碍的医学鉴定是指司法鉴定机构的鉴定人,根据精神卫生法及相关规定,对被鉴定人当前或特定时段的精神状态进行评估,作出有无精神障碍、何种精神障碍及其严重程度的过程。判断有无精神障碍主要依据《中国精神障碍分类与诊断标准(第3版)》(CCMD-3)或《国际疾病与相关健康问题统计分类第10版》(ICD-10)。

案例3-11 ▶

2012年10月2日,27岁的梁某在家与母廖女士发生争吵、砸坏物品,并要求母亲到外面居住。因疑梁某心理、精神问题,其母报警求助,请求协助其将梁某送精神病医院。门诊医师接诊后开具入院证,由廖女士缴部分费用后为梁某办理非自愿住院手续,梁某住精神病院至同年11月2日,其母来为梁某办理出院手续。出院诊断为"双相情感障碍-躁狂发作"。出院后3月梁某告医院称:自己没有精神病却被记载患过精神病,使得自己重新求职不得,同时交往的男友也与自己分手,严重影响了梁某的生存权。由于精神病院的过错行为导致了自己的危害后果,要求医院赔偿精神损失的同时将自己某患过精神病的记录消除。

精神病医院称：精神病医院的医疗行为均是按照相应的法律法规进行，行为规范。

根据梁某的申请，一审法院首先委托某法医鉴定机构对梁某是否具有民事行为能力、精神病院的医疗行为是否存在过错、损害后果及过错与损害后果之间的因果关系进行司法鉴定。

鉴定机构意见：医方所作"双相情感障碍-躁狂相"的诊断符合CCMD-3相关诊断标准，且已与患者家属签署书面住院、用药知情同意书。医方医疗行为不存在过错。""被鉴定人目前精神状态无异常，处于疾病的缓解期，具有完全民事行为能力。"因此，一审判决认定精神病院收治梁某的行为并未损害梁某的合法权益。

梁某不服，申请二审，理由如下：即使如司法鉴定意见书所述，梁某符合"双相情感障碍-躁狂相"的诊断标准，也不代表梁某达到了必须被收治入院的标准。梁某被精神病院收住院后，该院众医务人员曾将其捆绑并按倒在地，侵害了梁某的身体权和人格尊严。故请求：精神病院向梁某赔礼道歉，消除梁某的住院记录、精神病记录；判令精神病院向梁某返还医疗费、伙食费、误工费、精神损害赔偿金共计110 722.75元。

精神病医院称：梁某患有精神病事实明确，梁某被收治当天情绪激动，到了持刀准备伤人的程度，现场公安民警合力才将其送医就诊。梁某患"双相情感障碍-躁狂相"精神病，刚入院时需要保护约束性医疗，否则，可能对其自身和其他病人造成伤害。并且根据精神卫生法的规定，约束后也及时告知了家属（监护人）。

法院最后裁决：诉讼中，根据被鉴定人的申请，法院委托某鉴定中心对其是否具有民事行为能力及医院的医疗行为是否存在过错，损害后果及其过错与损害后果之间的因果关系进行鉴定。鉴定意见表明，医方作出的"双相情感障碍-躁狂发作"的诊断符合CCMD-3的诊断标准，并且与患者家属签署住院、用药知情意见书。医院收治其住院的行为并没有损害其合法权益，有事实依据。梁某自己主张的没有达到入院收治的程度，理由不足，本院不予采纳。梁某主张精神病院收治自己后对自己实施了殴打、侮辱等人身伤害行为，但未提供证据证明该主张，其主张的侵权行为不属于法律或者司法解释规定的适用举证倒置的侵权行为。

通过案例3-11我们可以发现，患者是因为"双相情感障碍-躁狂发作"发作时被送医院进行了非自愿住院治疗，但是出院后恋爱和工作出现了问题，患者不希望自己有住精神病院的历史。按照本节所表述的这三种鉴定，该案例可进行精神障碍的医学鉴定。但是，患方一般会根据侵权法进行维权，法院也会根据其申请或认为需要时进行医疗损害司法鉴定。因此，法医精神病学鉴定实践会面对更多的医疗损害司法鉴定。

（胡峻梅）

本章小结

法医精神病学鉴定的目的是在刑事案件中，确定被鉴定人是否患有精神障碍，如患有精神障碍，是何种精神障碍，精神障碍与所实施危害行为之间的关系，以评定其有无刑事责任能力。确定被鉴定人在预审、庭审中的精神状态，以评定其有无受审能力。确定被鉴定人在服刑期间的精神状态，以评定其有无服刑能力。

在民事案件中，确定被鉴定人是否患有精神障碍，如果患有精神障碍，精神障碍对其意思表达能力的影响程度，以评定其有无民事行为能力，在人身伤害案件中，确定被鉴定人是否患有精神障碍，如果患有常见的脑外伤所致精神障碍，可评定其伤残等级和护理依赖程度。

确定疑似受害人在遭受性侵犯时的精神状态，以评定其自我保护能力。

刑事责任能力是指一个人能够正确认识自己行为的性质、意义和后果，并能依据这种认识自觉地选择和控制自己行为，从而对自己实施的法律所禁止的行为承担刑事责任的能力。

民事行为能力即一个人的行为能否发生民事法律效力的资格。

受审能力是指刑事案件的犯罪嫌疑人理解自己在刑事诉讼活动中的地位、权利,行使自己的诉讼权利的能力。

服刑能力是指服刑人员能够承受刑事处罚的生理和心理能力。

性自我保护能力指精神障碍患者遭受性侵犯时,对两性行为的社会意义、性质及其后果的理解能力。

精神损伤是指个体遭受外来物理、化学、生物或心理等因素作用后,大脑功能发生紊乱,出现认知、情绪、意志行为等方面的精神功能紊乱和缺失。

劳动能力是指劳动者能够以自己的行为依法行使劳动权利和履行劳动义务的能力。

医疗纠纷是指医患双方对治疗后果及其原因产生分歧而向卫生行政部门或法院提请处理所引起的争议。

关键术语:

法医精神病学鉴定(forensic psychiatric assessment)

刑事责任能力(ability of criminal responsibility)

精神障碍(mental disorders)

精神病(psychoses)

民事行为能力(civil capacity)

诉讼能力(fit to plea)

受审能力(competence to stand trial)

服刑能力(competence of serving a sentence)

作证能力(competence of testimony)

性自我防卫能力(ability to defend oneself against sexual abuse)

精神损伤(mental injure)

劳动能力(labor ability)

医疗纠纷(medical disputation)

思考题

1. 为什么要进行法医精神病学鉴定?

2. 哪些方法可增加法医精神病学鉴定的客观性?

3. 哪些举措可减少医疗纠纷?

第四章　精神病学基础

案例 4-1 ▶

刘某,男,44岁,未婚,无业,因袭击一名在同一大楼居住的老妇,被警察送来鉴定。他愤怒地说:"该死的贱女人,她和同伙这样作弄我,罪有应得,我算是便宜了她们。"

他22岁起病,他在法学院一年级时逐渐地认为同学们嘲弄他。他认为,当他进入教室时同学喷鼻息及打喷嚏都是嘲弄他。和他恋爱的女友与他绝交时,他认为该女友被一位相貌相似的人"替换"了。他报警要求帮助解决"绑架"问题。他的学习成绩急剧下降。

他找到一份工作,在工作中,他感到同事向他发出的干扰"信号"不断增多,他变得愈来愈猜疑与退缩。这是他第一次说听到说话声。工作了7个月,他被解雇了。不久他第一次住院,当时是24岁,此后未再工作。

他已住院12次,时间最长的一次是8个月。近5年只住过一次,为时3周。住院期间用过各种抗精神病药治疗。虽然出院时医生开了药,但他离开医院不久即停止用药。除了每年2次和叔父去午餐会及与精神卫生工作者接触外,他完全断绝了社交。他独自生活及处理自己的财物,包括少量遗产。他每日阅读书籍杂志,自己煮饭及做清洁工作。

他坚信所住的公寓是一个大通讯系统的中心。这系统涉及三大电视网络、邻居和附近几百名"演员"。公寓有些秘密摄影机密切监视他的活动。他看电视时播音员对他的细小动作(如上厕所)很快就作出评论。每当他外出,便有人通知"演员们"监视他,街上所有的人都注意他。有两台由邻居操纵的"仪器",其中一台仪器负责除了"开玩笑的人"以外的所有的说话声。他不能肯定谁控制那些只偶尔"来访问"他的非常奇特的说话声。另一些每天听到许多次的说话声是由这台仪器产生,他有时想这台仪器是由他所袭击的邻居直接操纵的。例如,他正在查阅自己的投资记录时,这些"使人烦恼"的说话声总是告诉他要买些什么股票。另一台他称为"梦仪器"的仪器将色情梦塞进他头里,梦见的多是"妇女"。

他描述其他一些不寻常的体验。例如他最近去一家离家15千米的鞋店,希望买到一些还未"修改过"的鞋。但是他很快发现像他买的其他鞋一样,鞋里已装上特殊的钉子来对付他。他感到吃惊的是他决定去那家鞋店必然事前已被"骚扰者"所知道,所以他们能够有时间去专门为他修改了鞋子。他认为那些人为了长期监视他已花了很大力气及用了几百万元,有时他认为这些都是为了揭露他的"超人智慧"秘密的大型实验。

精神检查时,主要查见关系妄想、被控制妄想、幻听等精神病性症状。

鉴定意见:精神分裂症、建议监护治疗。

第一节 精神检查技巧

精神状况检查(mental state examination, MSE),简称精神检查,是精神障碍诊断过程的必要步骤,要求检查者具备良好的晤谈技巧(interview skill),因为检查基本上是谈话的过程。精神检查是精神科临床工作和法医精神鉴定最基本的技能,也是较难把握的技能,需要在实践中反复练习。因为,尽管谈话是人们最常用的交流方式,但是要保证和精神病患者的谈话顺利、真实、有效率,则不是一件容易的事情。在刑事侦查阶段讯问犯罪嫌疑人时,经验丰富和讯问技巧高超往往是突破顽固抵抗的关键因素。精神鉴定的对象则更为特殊——既是犯罪嫌疑人,也可能是真正的精神病患者,其心理状况比一般人更为复杂,与他们谈话的难度比一般精神科临床上的精神检查还要大。

成功的精神检查不仅需要扎实的基础知识和灵活准确地运用技巧,还有赖于检查者自身的素质如耐心、清晰敏锐的逻辑推理、对自身心理的觉察与把握等因素。在精神科临床工作中,精神检查技巧需要在有经验者的督导下不断地实践和积累经验,才能迅速有效地得到提高。在法医精神鉴定中,同样如此。

一、精神检查的准备

1. 阅读卷宗 检查前必须认真阅读委托人送来的案卷,做到心中有数。必要时应书写检查提纲。在阅卷时要注意运用精神障碍专业知识去思考和发现问题,以备在检查中重点澄清。一般来讲,案卷材料主要涉及被鉴定人的违法行为的事实过程,而反映被鉴定人精神异常的言行的记录,多数不够详细准确,因此在阅卷时应考虑这些由于专业不同和出发角度不同造成的差别,在随后地检查中妥善解决。

2. 环境准备 不管在医院还是在监管场所进行检查,应当选择安静且不受打扰的环境。检查者和被鉴定人的座位不应过于接近或太远,最好保持一定角度。一般应避免几位鉴定人员同时坐在被鉴定人的对面,这样会使被鉴定人产生较大的心理抵抗。

3. 心理准备 检查者自身情感因素对检查过程和结果的影响是很大的,却往往被忽视。有时,对违法行为的义愤填膺很容易造成不恰当的主观偏见,从而误导检查过程。比如:阅读案卷过程中对被鉴定人产生"狡诈残忍、反社会人格"的印象,这是难以避免甚至是必要的假设性判断。但是这种假设如果成为"先入为主"的主观偏见,以至于在检查中始终以"狡诈残忍"来看待被鉴定人,与之交谈时,检查者的态度和所提的问题都很容易出现偏向,并可能导致最终的误诊误判。正确的做法是,在检查中始终客观冷静地抱着澄清问题与事实的心态进行询问,来证实或修正最初的判断。检查者应时刻察觉和审视自己的心理和情绪状态,时刻提醒自己注意保持客观。

检查者在交谈前还应积极调整心态,无论在着装、表情、姿势、口吻等各个方面都应努力表现出充满信心又易于亲近的状态,这样有利于对被鉴定人产生正面的心理影响。

4. 对被检查者的心理影响 无论是真正的罪犯还是精神病患者,在接受询问时多数处于心理劣势而采取"守势"。检查者应敏锐察觉被鉴定对象的心理状态,妥善利用自己的心理优势来化解被鉴定人的心理防线。在检查时不宜过分使用心理优势,"强大的政策攻心"在刑侦询问时对于顽固罪犯有作用,但用于真正的精神病患者往往适得其反,反而增加心理抵抗。不急不躁、循循善诱,在不经意中逐渐解除被鉴定对象的心理防卫,看准火候时才单刀直入、攻其不备,往往更加有效。

5. 身份公开　关于检查者是否应当公开身份的问题,多年来一直存在争论。随着法制进程的深入,保护犯罪嫌疑人的合法权益成为共识,被鉴定人的法律意识在逐渐增强,所谓"秘密鉴定",正受到来自法律程序和被鉴定人权益保护两方面的挑战。从法律原则上讲,被鉴定人在接受鉴定前应当得到告知;在鉴定操作上讲,鉴定人应当在与被鉴定人正式谈话前公开自己的身份。但在某些特殊情况下为了保证检查的顺利进行,可以先不公开身份,待检查中或者检查结束后再行告知。

二、精神检查的交谈形式和基本步骤

交谈形式一般有三种:开放式、半开放式和封闭式。开放式交谈常以开放式问题为先导,如"谈谈你的情况?"不限定回答的范围和方式,一般用于交谈开始和态度合作的被鉴定人,检查者应注意倾听和观察,根据回答来判断被鉴定人对检查的态度,情绪状态等。封闭式交谈以封闭式提问为先导,如"你的身体有没有受过伤?"限定回答范围和方式,一般用于不合作者,或交谈中需要重点澄清的事实。半开放式问题如"你觉得自己有什么病?""你家里还有什么人?"等,在检查中应用较多。三种方式应结合使用,但在开始阶段应采取开放式或半开放式交谈。

精神检查的基本步骤有三,即一般交谈、深入交谈、结束交谈。每一步骤都有主要的任务和目标,应有机结合而不是机械分开。整个检查过程的时间依据不同情况而定,一般应在30分钟以上。对于某些疑难案例还可以在不同时间和地点多次检查。

1. 一般性交谈　主要任务是:①了解被鉴定人的一般精神状况如意识状态,合作程度,情绪状态等;②被鉴定人的个人与家庭基本情况;③观察他对检查者的基本反应并建立信任感;④发现可能成为突破口的线索。除非特殊情况不要在此阶段采用封闭式提问直入主题,一般不要直接询问犯罪事实,否则很容易使检查陷入僵局。可以从一般寒暄开始,逐渐接近并完成以上主要任务,有经验的检查者往往在拉家常式的谈话中就完成了大部分检查内容。如果在开放式地寒暄一段时间后被鉴定人始终不予合作,可考虑转入封闭式提问或质询性的提问。

2. 深入性交谈　此阶段是充分运用各种交谈技巧,获取信息和确定症状的阶段,因此澄清症状和事实是此阶段的主要任务。在此阶段多采用半开放和封闭式提问,不放过任何疑点,抓住话头深入询问,反复验证和澄清症状。

3. 结束性交谈　此阶段的任务是:①询问被鉴定人对案件的态度、估计和期望,尤其是对自己行为的法律性质和后果的认识等;②给被鉴定人最后陈述的机会,如问"你还有什么要告诉我们吗?"或"你还有什么要求?"对于某些不合作的被鉴定人,富有技巧和智慧的表示结束谈话可能在最后时刻突破他们的心理防线,检查者应有耐心。

三、精神检查的晤谈技巧

(一)一般技巧

1. 观察　观察的重要性无论怎样强调都不过分。通过观察被鉴定人的外貌、衣着、表情、姿态、口吻、语调、反应等,检查者可以感受、体察和推测其心理状态,从而适时调整谈话方式和主题。观察和倾听相结合,可以达到"无声胜有声"的效果。

2. 倾听　最重要也是最基本的一项检查技术,却最容易被忽视。初学者往往倾向于学习如何尖锐地提问,直到把对方问得"哑口无言",这样的结果和精神检查的要求相违背。一般情况下,精神检查中都是争取让被检查者尽可能多说话,而多数情况下倾听的确是最简单而有效的检查方法,尤其是在即将取得突破的关键时刻,耐心平静地等待片刻是很有必要的。

专注倾听的同时要注意观察,认真体会、思考、理解被鉴定人的"话外之音"。应特别注意被鉴定人在交谈过程中的一些似乎与主题无关的插入语,或莫名其妙的只言片语,因为其中往往隐藏着重要的信息。如被鉴定人说到自己因为"受到迫害"而多次上访时,突然说"我经常坐飞机去",而他是个经济条件很差的农民,此时就要高度怀疑和重视这句话,运用各种检查技巧澄清事实。结果发现该人存在特殊的运动性幻觉:一闭眼就感到自己坐在飞机上呼啸升空。专注的倾听还可以使被鉴定人感到受到尊重和重视,愿意主动讲述。

3. 肯定　指检查者肯定被鉴定人所述体验与感受"具有个人的真实性",即肯定他本人真的看见了或听见了,无论这些体验和感受对正常人来说是多么荒谬。比如被鉴定人声称"大白天听见鬼唱歌,还能看见许多鬼",此时有两种常见的反应方式:

(1)肯定方式:继续认真倾听,或者提问"你能够说的更详细些吗?""那一定很吓人,你当时怎么办?"这样将得到更多的信息。

(2)否定方式:立即斥责"胡说八道,大白天怎么会有鬼!这是迷信!""老实点,别装蒜!"这样做就远离专业态度,很容易陷入僵局或争论而影响检查的效率。提请鉴定的起因,多数是因为发现被鉴定人"胡说八道"或者言行异常,鉴定目的之一正是要澄清这些异常言行的性质,而不是不加鉴别就予以否定。

即使怀疑被鉴定人伪装症状也不必立即反驳,而应当让他继续叙说。一般情况下,他说的越多,越能暴露出伪装的本质。无论在刑事侦查和精神检查中,与对方陷入争论都是走向僵局的开始。

4. 重构与代述　重构是把对方说的话用不同的措辞和句子加以复述或总结,但不改变其说话的意图和目的。重构可以突出重点话题,并引导出具有临床诊断意义的症状名称。如"你刚才说的……,是说你的心情抑郁吗?"代述是将对方不好意思说或者不愿明说但显然又十分重要的话,由检查者代为说出。

5. 澄清　就是弄清楚事情的实际经过,以及事件从开始到最后整个过程中病人的情感体验和情绪反应。其实,几乎其他所有的交谈技巧都是为了有效地澄清。在澄清时一般不要逼迫式的提问,应根据对方的话头进行启发式的、征询式的提问,如果时间允许,应尽可能让其自己叙述。

6. 提问　提问是一种高级技巧,对于同样的问题,不同的问法可以得到不同的回答,因此应在实践中不断积累经验。以下特殊检查技巧中包含了一些常用的提问技巧。

(二)特殊技巧

1. 顺藤摸瓜　即善于抓住"话头"发现蛛丝马迹。如被鉴定人谈到最近身体状况时说"身体虚弱了,总要小便,不然不答应,每次小便要使劲才能尿出一点。"一般的深入询问可能集中于是否有尿频、尿急、尿痛等症状,而实际上最重要的是夹杂于这段话中"不然不答应"这句听起来"没头没脑"的话。检查者敏锐怀疑这句话可能潜藏重要症状,或者需要澄清为何这样说,因此问"你刚才说'不然不答应'是什么意思?"被鉴定人答"有人总想找我要精子,要是不给他,他就说要杀我。"这又需要澄清——什么人找他要精子?如何要法?要去干什么?最后澄清是幻听让他捐献"精子",因为他自认为是某伟人的后代。

2. 顺水推舟　当被鉴定人比较主动但谈话主题不集中时,有必要进行引导,但一般不应提出一个另外的话题,而是顺着他的某个话题引申下去。如被鉴定人谈到某一件事情,检查者认为很重要,但被鉴定人又照例浅尝辄止转换话题时,检查者立即引导提问"这件事情请你说具体些。""举个具体例子?""后来呢?"等,引导其深入详细地描述。

3. 逆水行舟　当被鉴定人过分主动,话多并且总是试图控制谈话时,必须及时有效地制止。一般不应采用喝止的方式,而是有耐心地同时又坚决地要求他回到谈话主题。可以坚持重复某一句关键性的提问,直到得到回答。也可以先打断他后立即说明某一问题的重要性,提出就此展开交谈的要求。

4. 迂回深入　当被鉴定人(尤其是真正的精神病患者)不愿暴露内心想法,在交谈中被动应付,谈到一般问题时表现合作,涉及关键问题时顾左右而言他,此时应延长一般性交谈的时间与之"闲谈",从他比较愿意回答的问题如家庭一般情况,个人经历,个人爱好或他感兴趣的话题等着手,逐渐迂回接近核心问题,同时观察和感觉其戒备的强度,逐渐深入到核心问题。在对待不合作的被鉴定人时,这是应用最多的技巧,要求有耐心和循循善诱的能力。

5. 故意刺激 主要是为了观察被鉴定人的情感反应。正常情感具有波动性,即对内外刺激(思维和环境变化)产生相适应的反应。有的被鉴定人对微小刺激产生强烈反应,如某些人格障碍及易激惹者,有的被鉴定人无论怎样刺激也无动于衷,如情感淡漠的精神分裂症患者。但多数被鉴定人的情感反应介于两者之间,需要通过不同强度的言语刺激来观察。可以在检查中说一些反话,如知情人反映被鉴定人曾说母亲要害死他,但检查时他不主动涉及此情况甚至予以否认,可以在合适时间"你母亲对你一定很好"。也可以直接对被鉴定人的话予以否定的评价。应当注意一般不应在会谈前期使用故意刺激,避免过早陷入僵局。

四、精神检查的基本内容

以下检查内容的顺序,不能作为实际鉴定时精神检查的顺序。在检查中应将这些内容铭记于心,根据不同的情况尽可能做到"重点突出,内容全面",切忌依照以下顺序按部就班地询问。

(一)一般表现(整体精神状况)

1. 意识状态 意识是否清楚,如有意识障碍,性质、程度如何。
2. 定向力 自我定向,时间、地点、人物定向。
3. 外表 衣着和个人卫生、面容与身体姿态。
4. 接触情况 主动还是被动接触,合作程度,对周围环境的态度。

(二)认识活动

1. 知觉障碍 错觉、幻觉、感知综合障碍。
2. 思维形式障碍和思维内容障碍。
3. 记忆力 即刻记忆、远近记忆,遗忘(顺行与逆行性遗忘、错构与虚构)。可通过询问既往和最近经历或事件、前日饮食内容、回忆检查开始时医生自我介绍内容、顺背和倒背数字等方法来检查。
4. 智能 根据患者文化水平初步询问一般常识、计算力(100-7,应用题等)、理解力和分析综合、抽象概括能力(解释常用成语和寓言、比较事物相同点和不同点、对事物和物品进行分类)。如怀疑有智能障碍,应在面谈后进行正式的智能测验。
5. 自知力 对自己的精神状态的认识和领悟能力。
6. 对案件的认识 对作案动机和目的、案件法律性质的认识,悔改的态度等。

(三)情感活动

情感活动的检查和评判一直是精神检查中的难点。情感活动需要患者的讲述和医生的询问,如心境低落或高涨的体验,但有时则需要依靠细致的观察表情变化及其他非言语表达的情感活动。观察应有足够的时间和足够的刺激量。情感障碍的确定应以优势情感为基础,即在多数时间里对多数刺激的反应如何。

(四)意志与行为

本能活动(食欲和性欲)减退或亢进,意志活动减退或增强,有无兴奋、冲动、木僵、怪异动作和行为,与其他精神活动的联系。

五、心理测验与躯体及神经系统检查

心理测验主要是人格、智能、临床记忆及其他有关量表的检查等,根据具体情况选择。关于心理测验的意义在第五节详述。

尽管精神障碍患者的躯体和神经系统检查阳性发现较少,却是诊断和鉴别诊断首先考虑的依据,因此是不可缺少的检查项目。必要时还要进行实验室检查,主要项目有:血尿便常规、肝肾功能、心肌酶谱与血糖、心电图、脑电图、胸部X线片、腹部B超等,根据情况还应检查脑脊液、脑CT、MRI。

六、不合作被鉴定人的精神检查

精神障碍患者只要缺乏自知力就可能表现出不同程度的不合作。临床上因患者严重的不合作，以至于难以按常规步骤和内容进行检查的情况，多出现于严重兴奋、缄默、违拗及意识障碍者。精神鉴定中不合作的情况更为复杂，一般有两种原因：

1. 精神症状　即严重兴奋、木僵、缄默、违拗等。由于意识障碍导致不合作的情况在鉴定中比较少见。检查时应特别注意运用观察技巧，并重点按以下几个方面的提纲进行检查。

（1）一般外貌：观察其意识状态，饮食睡眠情况，日常活动和生活自理情况等。

（2）自发言语：兴奋者自发言语的内容，能否回答检查者的提问。缄默者能否用手势或点头摇头等身体语言回答问题及表达自己的意愿，能否笔谈（用文字书写进行交流）。

（3）表情变化：有无恐惧、警惕、焦虑、忧愁、呆板等表情，对环境变化、检查者的言语刺激和态度变化的反应等。

（4）动作行为：有无特殊姿势和动作。

除了严重的精神病状态造成的不合作外，在鉴定中不难见到癔症性的木僵、缄默状态，首先需要和伪装精神病鉴别。如果判断是癔症的可能性较大，可采用言语和行为暗示观察被鉴定人的反应，必要时可进行麻醉分析。还应当观察被鉴定人在其他场合的表现，如收集被鉴定人在监狱及与不同身份者接触时的表现的有关证据，或者在不同场合对其进行检查。

2. 伪装精神病　参阅第七章。

（唐宏宇）

第二节　常见精神症状及其评估

精神活动表现在认知和思维活动、情感活动、意志和行为活动三方面，简称知、情、意。异常的精神活动同样表现为这三方面的障碍，即为精神症状。临床精神症状复杂多变，本节主要介绍精神鉴定中常见的精神症状。

一、精神症状的评价要点

检查和判定某一异常精神活动现象是否属于精神症状，应从以下几方面入手，或说应涉及以下三方面的内容：

（一）精神症状的共性特点

1. 症状的出现不受患者意识的控制，而且一旦出现，难以通过主观控制令其改变或消失。

2. 症状的内容与周围客观环境多不相称。

3. 症状会给患者带来不同程度的社会功能损害。

4. 多数情况下患者因症状而感到痛苦。

（二）对比分析

1. 纵向对比　此言语、思维或行为是否与其过去一贯的精神活动相一致。

2. 横向对比　此言语、思维或行为是否与其他一般正常人的一致，是否为其他人或其所处的社会广泛接受。

（三）精神症状的三个基本要素

1. 性质　即症状的内容性质和归类，如这一异常现象具体表现如何，属于幻觉还是妄想？如果是妄想，是什么类别的妄想？

2. 频度、强度　每天出现的次数，每次持续的时间，增多或减少的影响因素，对患者其他精神活动和日常生活、工作的影响程度等。

3. 时间　症状开始的时间,总共持续多长时间。如果是间断性的,间隔时间和发作时间。

一般来说,妄想症状要持续至少一周才能确认;幻觉如果每天几乎大部分时间都出现,持续2~3天就可确认。如果某种现象不能满足以上全部三要素,即使是"异常的",也不能构成临床症状,更没有临床诊断意义。比如正常人也可能出现幻觉(入睡前幻觉),但频度(很少每天出现,每次只有几秒或几十秒)、强度(影响甚微)、持续时间(没有持续出现)等都不具备病理意义。又比如正常人经常出现情感低落或高涨的现象,必须在程度和持续时间这两个方面符合标准(显著影响生活和社交功能,每天都同样严重而且至少2周以上),才能确认其具有临床诊断意义。

在检查某一症状时应努力确定以上三个要素。在鉴定书中记录某症状存在时,应完整描述三个要素的内容才能令人信服。

二、常见精神症状及评价

(一)感知觉障碍(disturbances of sensation and perception)

1. 感觉障碍　有感觉过敏、感觉减退或缺失、感觉倒错等,多见于神经系统疾病,精神鉴定检查中最常作为精神症状出现的是感觉缺失,常与癔症性瘫痪同时出现,属于癔症转换症状,感觉缺失的分布范围与神经解剖不符是最基本的鉴别要点。

2. 知觉障碍　知觉是事物的各种感觉属性如颜色、质地、形状等,反映到大脑后经过综合形成的整体印象。人们感受事物多数以知觉形象为主导,如对于一个白色纸杯的直接反映是"一个白色的纸杯",而不是"一个白色",加上"一个圆柱形"。

有三种主要的知觉障碍——错觉、幻觉、感知综合障碍。

(1)错觉(illusion):是歪曲的知觉体验,特点是首先有客观的刺激存在,但被完全错误地感知,如将草绳看成蛇。错觉的产生与感知条件(如光线暗淡)和心理状态(如恐惧、紧张及期待等)有关,正常人也经常出现错觉,因此临床诊断意义不大。

(2)幻觉(hallucination):是虚幻的知觉体验,特征是没有相应的客观刺激存在,却出现了相关的知觉体验,如凭空听见有人在骂他。幻觉是精神科最常见的病理现象,具有较高的诊断意义。正常人偶然出现的幻觉(如入睡前幻觉)没有临床意义。

依据感受的途径和存在的部位,可将幻觉分为真性幻觉和假性幻觉(pseudo-hallucination)。来源于主观空间和不通过感官而感知到是假性幻觉的两个基本特征,如不通过眼睛就能"看到"脑海中出现神仙形象。此症状与想象和表象的区别,应对照前述精神症状共同特点。想象和表象可以随意控制而假性幻觉不能。在实际检查中区分真性或假性幻觉时,必须询问幻觉的来源在哪里?是如何感受到的?

幻觉可能涉及所有感官,如幻视(visual hallucination)、幻听(auditory hallucination)、幻嗅(olfactory hallucination)、幻味(gustatory hallucination)、幻触(tactile/haptic hallucination)以及涉及本体感受器的运动性幻觉等。意识清楚状态下最常见的是听幻觉,主要是言语性幻听。谵妄状态下最常见视幻觉,内容多为恐怖性的形象如妖魔鬼怪,或小动物等,如见到满地是小老鼠,床上有许多昆虫等。

幻听(auditory hallucination)是精神科临床上最常见的幻觉,表现形式多样,有非言语性幻听如噪声、机器声、音乐、鸟兽声等,更多见的且诊断意义较大的是言语性幻听。依据具体内容有"命令性的幻听",听到有人用命令的口气让他去跳楼、去杀人等,具有很大的危险性;"评论性幻听",听到某人或几个人在议论他,内容多是讽刺、辱骂的。这些症状都对精神分裂症具有重要诊断价值,其中"第三人称追踪评论性幻听"最具有特征性,即几个幻听的声音对患者的言行随时随地发表议论,有如实况转播,如"他在做饭,他现在出门了,他拐弯了……"等。

除特殊情况(慢性酒精中毒的"幻觉症")外,幻听多伴有或继发出现妄想,如凭空听到有人说要杀他,不久就会产生被迫害的妄想观念。因此在检查时要注意询问幻听的动态发展,以及对幻听的态度与认识。从联系的和动态的观点出发检查和评价精神症状,是精神检查的一个重要方法。

有两个特殊的幻听在鉴定中也比较常见:

思维鸣响(thought echo):是一种特殊的幻听,表现为凭空听到清晰声音将自己的思想或内心活动讲述出来。如想到"是吃饭的时间了",声音就说"是吃饭的时间了",又如凭空听到声音逐字逐句地复述他正在看书的内容。

功能性幻听(functional auditory hallucination):属于最常见的功能性幻觉。感受一个真实听觉的同时出现一个幻听,两者互不重叠且同时消失,患者能够明确区分两者。比如患者对医生说"我听到脚步声在说话",原来他每当听到周围人的脚步声时(真实听觉),就听到一个陌生男子的声音在骂他"笨蛋,笨蛋……",幻听的节奏和脚步声是一致的,脚步声消失,幻听也消失。还有一位患者总是要将闹钟藏起来,原来他听到闹钟走秒的节奏声中有人声在骂他。功能性幻听的内容多是机械而重复的。

(3)感知综合障碍(psychosensory disturbance):特征是对客观事物整体性质的感知是正确的,但对个别属性的感知发生了障碍,最常见的是视物变形症(metamorphopsia),即看见外界事物的形状、大小、体积等出现了改变,如看见别人的脸变得像染了绿漆一样;又如在镜子里看见自己的脸变形,眼睛似两粒瓜子,耳朵像兔子等,但整体上能认出还是自己的脸,因此经常照镜子,临床上称为"窥镜症状"。

注意和错觉的鉴别。两者都存在实际的客观刺激,但错觉是对客观刺激完全错误的感知。将石头看成大老虎是错觉,将小石头看成巨石是感知综合障碍。

(二)思维障碍(disturbances of thinking)

思维障碍分为两大类:思维形式障碍和思维内容障碍。

1.思维形式障碍 包括思维联想障碍和思维逻辑障碍。

(1)思维奔逸(fight of thought):为思维联想速度异常加快,表现为明显话多,语速快。严重者连续多天口若悬河,除了短暂睡眠外,几乎一刻不停地说话,直到声音嘶哑还不停顿,主观上常感到"舌头跟不上思路"。注意力和话题难以集中,经常受环境中的微小刺激而转换,称为"随境转移"。言语内容经常表现出"音联"和"意联",如问他叫什么,答:"姓王,大王的王,王者之气,气冲霄汉直捣黄龙,龙潭虎穴,杨子荣打虎上山,(唱……),唱不上去了,老了,夕阳无限好,只是近黄昏……"。此症状是躁狂症的典型思维障碍。

(2)思维迟缓(inhibition of thought):和思维奔逸相反,是思维联想速度异常缓慢,表现为比平时显著话少,语速慢,严重时达到无言语的程度。患者主观体验到"脑子生了锈,舌头像石头"。是抑郁症典型的思维障碍。

(3)思维散漫(looseness of thought)和思维破裂(splitting of thought) 属于思维联想障碍,表现为联想过程中主题和概念之间的联系缺乏内在逻辑。思维散漫也称思维松弛,特征是"接触性离题",即谈话似乎与主题有接触,每个句子的语法和表达都正确,连续几个句子也有完整的意思,但整段话说下来往往远离刚开始交谈的主题,让人"不知所云"。当表现严重时发展成思维破裂,几乎只有单句或单词的正确表达,句子之间没有任何内在的联系,正常人根本听不懂,也无法理解。如问他姓什么,答"姓什么?那天来了当兵的,爷爷早死了,河里没了鱼,你说怎么办?"

需要注意的是,"答非所问"不等于思维破裂。检查时一问一答所表现出的"思维破裂"在精神鉴定中的可信度是很低的,因为一般人伪装答非所问并不困难。真正的思维破裂表现在一段自发的言语中,而且应当经常出现。因此恰当的检查方法是问患者一个问题,然后倾听他的一段回答。如果提问太多,反而有利于伪装者"顺竿爬"。

思维散漫就只能从更长的一段自发言语中体现出来,如果说思维破裂还可能伪装的话,思维松弛几乎没有办法伪装,因为要用一系列完全正常的词句去体现内在的病理性的联想混乱,对于正常人来说是十分困难的事情。封闭式提问不利于检查出思维松弛。同样是封闭式地询问姓名、年龄等一般情况,思维破裂者很快就不能正常交谈,而思维松弛者能够顺利地做出正确答案,一问一答十分准确。

但是当给出一个开放性问题(如谈谈你最近的情况)时,思维破裂者的言语仍然混乱,而思维松弛者则认真回答问题,开始也能听懂他说的话,但是到最后仍然弄不清楚他最近的情况究竟如何,而且无论你如何反复澄清最初的提问,或者不断提醒他谈话的主题,却总是难以得到令人满意的回答。和思维松弛者交谈,检查者往往经常体验到焦急与不耐烦感,感到脑力劳累,甚至自己的思维也开始混乱。如果当时没有记录,事后几乎无法回忆谈话内容。

(4)语词新作(neologism)和病理性象征性思维(pathologic symbolic thinking):都属于思维逻辑障碍。语词新作是指患者自创文字、语言或图画等,表达一些任何人都不能理解的意思。如用"犭市"表示"狼心狗肺"。

象征性思维在日常生活中不少见,如鸽子象征和平,红旗是用烈士的鲜血染成的等等,所有人都能够理解。病理性象征性思维的特征是用一些具体的动作或行为,来表达抽象的概念、道理等。如果他不解释,别人则不知道其表达的意思;如果他解释了,任何人都觉得难以理解,甚至荒谬。如某人总是将暖水壶抱在胸口,表示"党和人民心连心",又如某患者不断用头撞汽车轮胎,表示"投胎"(意思是要重新做人)。

病理性象征性思维的荒谬之处,在于具体动作与所表达的意义之间的逻辑关系的荒谬。这种逻辑联系是极端个人化的,只有他本人这样推理和联想。单从表达的意义看,往往都是公认的概念或者道理。这一症状具有很高的原发病理性质。

2.思维内容障碍 包括妄想、超价观念、强迫观念。

(1)妄想(delusion):是病理性的歪曲信念,是病态的推理和判断。

1)妄想具有三个基本特征:病态的坚信,自我卷入,个人独有。它是精神科最常见的症状。

病态的坚信:不能被说服、与事实不符、与个人学识经历也不符,更重要的是不能为事实所纠正。最典型的情况是:证明患者思维错误的事实证据越充分,他反而越坚信自己的判断或者看法是正确的。

自我卷入:妄想都是涉及自我的,均涉及个体的各种需求和切身利益。如"有人迫害我""我是某历史名人的儿子"等。

个人独有:这一点尤其具有鉴别意义。迷信观念、某些宗教观念、或邪教思想等,其坚信程度和妄想没有明显区别,但这些思想和观念都是群体性的,并非个人独有。二人以上共有同一妄想内容的特殊情况极为罕见,称为"感应性妄想",都发生在感情极其深厚、思想容易共鸣的家庭成员中。表现为某位家庭成员首先出现妄想,随后"感应"到其他家庭成员(一般是两人共有)。

妄想内容有文化和时代的烙印。美国患者不会说自己是玉皇大帝;19世纪50年代没有涉及互联网的妄想。

2)妄想按起源可分为原发性妄想(primary delusion)和继发性妄想(secondary delusion)。

原发性妄想具有重要的临床诊断意义,是精神分裂症的特征性症状。典型的原发妄想的发生有如下特点:①发生前精神正常;②突然出现,很快确信,迅速发展;③与当时处境、心情等没有可理解的联系。

原发性妄想有:①妄想知觉(delusional perception):正常知觉体验后立即产生与该知觉毫无关系的妄想,并确认妄想信念是由知觉引起的。如接受肝穿刺的患者在穿刺针接触皮肤的一刹那,产生自己被上帝选中当接班人的想法。②妄想心境或气氛:感到环境突然变得具有某种特殊意义和不祥征兆,并很快发展为妄想。如正常男子在居家附近散步时,突然感到周围气氛极度紧张,如同战争爆发一样,随后就"醒悟",第三次世界大战爆发了。③突发性妄想:突然发生,思维内容荒谬离奇,难以理解。

继发性妄想最常继发于幻觉,也可继发于心境障碍、意识障碍、记忆障碍(丢失东西后产生被窃妄想)、智能缺陷(如痴呆伴发的妄想)。

3)妄想的命名多根据其内容和性质。如被害妄想、夸大妄想、疑病妄想等。临床上常见的妄想有:

A. 被害妄想（delusion of persecution）：是最常见的妄想。患者坚信自己被迫害，迫害的手段主要有跟踪、监视、下毒等。患者受妄想的支配可出现拒食、控告、逃跑或采取自卫、自伤、伤人等行为。

B. 关系妄想（delusion of reference）：将环境中与他无关的事物都认为是与他有关，如认为周围人的谈话是在议论他，别人吐痰是在蔑视他，人们的一举一动都与他有一定关系。常与被害妄想伴随出现，两者的区别主要在于后者的内容对患者自身安全构成威胁。检查应注意询问患者的具体感受。

有时关系妄想被不仔细的检查者误认为是幻听，比如被鉴定人说"听到周围的人都在说我的坏话"，而家属及周围知情人都说没有这种现象，仔细的检查者可能有两种判断：幻听，或者是关系妄想，因此应进一步询问"听到声音的当时周围是否有人""距离多远"等问题予以澄清。

C. 嫉妒妄想（delusion of jealousy）：患者无中生有地坚信自己的配偶对自己不忠实，另有所爱，为此患者跟踪监视配偶的日常活动，截留拆阅别人写给配偶的信件，检查配偶的衣服等日常生活用品，甚至暴力拷问以寻找私通情人的证据。

嫉妒妄想是凶杀行为的重要危险因素。一些嫉妒妄想者发生严重的家庭暴力行为，但对外人却极力隐瞒。如某人在家对妻子施以酷刑，逼迫其承认与人私通，同时关紧门窗，开大电视和收录机音量，以此掩盖妻子的惨叫。在外人面前却竭力表现出对妻子关心体贴。

鉴定时确定嫉妒妄想一定要十分慎重。一是不要轻易肯定。嫉妒是人类最普遍的情感之一，一般人对嫉妒观念的认识差别较大。对两性关系缺乏安全感者以及人格存在缺陷者，很容易产生对异性伴侣的怀疑，尤其是在两性关系遭遇挫折时，这种现象比较普遍，因此不能轻率地认定是嫉妒妄想。二是不要轻易否定。有时证明材料表明某人可能存在此症状，但他坚决否认，并似乎有否认的证据（如事实证明他的配偶的确有外遇），此时也不要轻易否定症状的存在。尤其是慢性酒中毒患者，由于人格改变，往往极力隐瞒自己的思想和行为，检查者不应轻率否定嫉妒妄想。如某被鉴定人因为怀疑妻子作风不端而杀害妻子，有证据表明其妻确有外遇。但是，被鉴定人并不只是怀疑妻子和某人有外遇，而是坚信妻子和周围所有男性都有染，其中包括自己未成年的侄子和70岁的老父，其推理和判断过程十分荒谬。因此，确定嫉妒妄想最重要的是澄清其推理过程是否荒谬，涉及范围是否不可理解。

D. 被洞悉妄想（delusion of being revealed）：又称内心被揭露感（delusion that thoughts are being read），患者感到自己内心的想法别人都能知道。检查该症状时应注意询问"别人是如何知道的？"有些患者回答是"通过别人的言谈举止看出来的"，也有继发于评论性幻听（尤其是追踪评论性幻听），这些内心被揭露感都不是原发的。最具有原发的病理性质（原发性妄想）的症状是：既不是通过别人的言谈举止暗示，也不是外界事物的启示，而是"本能的""直觉性的""莫名其妙"地感到自己的思想尽人皆知。此时应询问"多少人知道你的想法""范围有多大"，有些患者感到全世界乃至全宇宙都知道他的想法。

E. 物理影响妄想（delusion of physical influence）：也有学者将其与被控制感视为同一概念。患者觉得自己的思想、情感和意志行为都受到外界某种力量的影响或控制，如受到电波、超声波，或特殊的先进仪器的控制，伴有明显的不自主或者不能自控感。如患者觉得自己的大脑已被电脑控制，变成了机器人。

F. 夸大妄想（grandiose delusion）：患者认为自己有非凡的才智，至高无上的权利和地位，大量的财富和发明创造。如果患者坚信自己是名人的后裔，目前的父母不是生身父母，称为非血统妄想。

G. 罪恶妄想（delusion of guilt）：又称自罪妄想。患者毫无根据地坚信自己犯了严重错误或不可宽恕的罪恶，应受严厉的惩罚，认为自己罪大恶极死有余辜，以致坐以待毙或拒食自杀。如某患者认为自己幼年在幼儿园时曾抢过小朋友的玩具，犯有抢劫罪，要求劳动改造以赎罪。

H. 疑病妄想（hypochondriacal delusion）：患者无根据地坚信自己患了某种严重躯体疾病或不治之症，因而到处求医，即使通过一系列详细检查和多次反复的医学验证都不能纠正。

I. 钟情妄想（delusion of being love）：患者坚信自己被异性所钟情，对方的身份、地位、财产收入等，多数比患者优越，但患者仍坚信对方爱他，绝不是他本人单相思。

（2）超价观念（overvalued ideas）：是一种以强烈情感为基础、在意识中占主导地位、显著影响个人心理活动和行为的顽固信念，有时和妄想难区分，主要鉴别如下：

此种思维障碍从患者的个性和经历来看，具有一定可理解性。其发生常有一定的事实起因，推理过程也基本合乎逻辑，但观念偏激以至于相同文化背景的多数人都不能接受，常常导致人际冲突。典型的产生过程如：一贯敏感多疑、对身体过分关注的人，因为某次体检的偶然异常而怀疑自己已经罹患某种严重的疾病（疑病观念）。后来在反复检查排除躯体疾病以及多次心理治疗后，疑病观念可以消除（如果是疑病妄想，则不能通过事实纠正和被说服）。超价观念受情感影响较大，对引起此观念的最初事件的情感"冷却"后，观念随之减弱或消退。

（3）强迫观念（obsessive ideas）：某一概念、形象、想法、念头等在脑子里反复纠缠出现（强迫），明知不必要并且主动有意识地抵抗（反强迫），却摆脱不掉，为此感到痛苦。强迫和反强迫是其基本特征。临床上常见有：

1）强迫性穷思竭虑：反复思考和追究一些对本人生活毫无意义的问题，如"为什么习惯称男女而不是女男？""为什么人有两只手而不是三只手，如果有第三只手会长在哪里？"

2）强迫性怀疑：反复怀疑刚刚做完的事情的正确性、可靠性，以至于反复检查与核实。常伴有强迫性核对与检查动作，如反复关门、检查煤气、检查刚写下的文字等等。

3）强迫性回忆：反复回忆刚才做了哪些事情、顺序如何等，一定要分毫不差，否则焦虑万分。

4）强迫性对立观念：脑子里无法克制地冒出违背道德和法律的念头，如和领导谈话时，脑子里不停地想骂人的脏话，拼命克制唯恐骂出口。强迫观念的内容有时可能十分"荒谬"，但患者无一例外都感到是自己的观念，即具有"属我性"。强迫观念往往伴随强迫动作和行为。

3. 注意障碍（disorder of attention）　注意是感知觉和思维活动的基础。被动注意由外界刺激引起，如正在听课的学生的注意力被窗外突然的喧哗所吸引。主动注意是个体对既定目标的注意，如聚精会神地注意实验中试管温度的变化。常见的注意障碍有：

（1）注意增强：为主动注意的增强，如被害妄想者对周围人的一举一动的注意，疑病患者对自身细微的正常生理变化的过度关注等。

（2）注意涣散：主动注意不能集中于目标。多见于精神分裂症，患者似乎在认真看书达几个小时，实际上根本就没有翻动一页，也说不清到底看了什么内容。

（3）注意转移：为被动注意增强，表现为注意对象不断变化，最典型的表现见于躁狂患者的"随境转移"症状。

4. 记忆障碍（disturbances of memory）　记忆有四个过程：识记、保持、再认、回忆。临床上将记忆分为瞬时记忆（半分钟之内）、近记忆（数天之内）和远记忆（数月至数年）。

（1）遗忘（amnesia）：对某一事件或某一时期内经历的事情不能回忆。实际上只是"回忆的丧失"，可保留再认。分为顺行性遗忘和逆行性遗忘等。

（2）错构（paramnesia）：是记忆的错误，对曾经发生的事件在发生地点、情节，尤其是时间上出现错误回忆，混淆不清却坚信。

（3）虚构（confabulation）：前提是存在遗忘，然后用一段虚构的故事来填补遗忘的片断。有时患者所谈内容大部为既往记忆的残余，在提问者的诱导下串联在一起，丰富生动又显得荒诞不经，常转瞬即忘，临床上称为虚谈症，见于各种原因导致的痴呆。

5. 智能障碍（disturbances of intelligence）　智能是一种综合的精神活动功能，是运用既往获得的知识、经验，以解决新问题、形成新概念的能力。包含理解力、计算力、分析能力、创造能力等方面。智能水平与年龄、教育程度、职业等因素有关。智能可以用智商（IQ）来测量。

（1）精神发育迟滞（mental retardation，MR）：是指生长发育成熟以前（18岁以前），由于各种致病因素造成智能发育受阻,使智能始终停留在低下水平,明显低于同龄的正常少儿。临床上分为轻度、中度、重度和极重度,其IQ标准分别为轻度50~69,中度35~49,重度20~34,极重度<20。

(2)痴呆(dementia):指智能发育正常后,由于各种原因导致大脑器质性或功能性损害,使得智能又退行到低于正常水平。

精神发育迟滞与痴呆的区别在于:精神发育迟滞者从来没有达到过正常智力,而痴呆是由正常水平退行到智力低下。

(3)假性痴呆(pseudo-dementia):是鉴定中常见的一类特殊的痴呆表现,不是由于大脑器质性病变所致,而是一种心理症状,完全可以恢复正常。最典型的是刚塞综合征(Ganser syndrome),又称心因性假性痴呆,多见于强烈心理刺激诱发的癔症和拘禁性反应等。核心症状是对简单问题给予近似而错误的回答——近似回答,如2+3=4等。他显然理解了问题的意义,但回答不正确。还有一个特点是简单的日常行为有错误如将钥匙倒过来开门,同时对复杂问题却能正确解决,如象棋下得很好,打扑克牌计算精准等。

6. 自知力(insight) 又称内省力,指对自己精神疾病的认识和判断能力。精神病人对病的认识和态度构成疾病的一个组成部分是精神疾病的一个显著特点。一般说,轻型精神疾病如各类神经症患者,自知力是基本完整的,而重型精神病如精神分裂症,均有程度不同的自知力缺失,因此不承认自己有病,拒绝看病、服药。

自知力是判断精神疾病严重程度和疗效的重要指标之一。即使是严重的精神病,在疾病初期也可以保留部分自知力,随着疾病的进展患者丧失了判断能力,称之为自知力丧失。当病情好转时,自知力逐渐恢复。

7. 定向力(orientation) 对时间、地点、人物及自身状态(姓名、年龄、职业等)的识别能力。一般情况下定向力障碍是意识障碍的重要判定标准。有一个特殊的症状叫"冒充者综合征",形式上与人物定向障碍类似,实质上是一种思维障碍:患者认为某个熟悉的人已经被目前环境中的某人所冒充或替换,如患者认定某护士就是他的姨妈化装的,或者他姨妈的身体已经被该护士所替代,但思想还是他姨妈的。

(三)情感障碍(affective disorder)

情感(affect)、情绪(emotion)、心境(mood)是从不同方面描述情感的三个概念。一般讲,情感是和人的社会需要相联系的一种复杂态度体验,相对稳定和深刻。情绪更多与人的生物需要相联系,包括与动物共有的原始性反应,更多地由内外刺激而激发,原始性和短暂激烈性是其特点。心境是一种持久的、波动程度较轻的心情背景,更多是表示一种情感的状态,而不是对刺激的情绪反应。精神病学中心境和情感的概念可以通用。

正常情感的稳定性是一种具有动态波动的稳定,即随着内外环境(如思想和外界信息)的改变而发生相适应的变化,情感障碍主要表现在波动幅度过大、波动时间异常、或波动与刺激不协调等方面。

1. 情感高涨(elation) 是正性情感的显著增加,表现为与环境刺激不适应的过分愉快、喜悦和幸福感。患者有"节日般的心情",环境中的一切都似乎让他感到心情愉快,没有发愁的事情,自我感觉良好,自信心膨胀等。是躁狂状态的核心症状,常伴有其他躁狂症状如兴趣增多、思维奔逸、言语和活动增多等。

痴呆患者可以表现出欣快症(euphoria),这是一种自得其乐的满足感,患者总是乐呵呵的表情,但给人呆傻、愚蠢的印象。

2. 情感低落(depression) 负性情感的显著增强。患者心情灰暗,情绪低沉,忧心忡忡,愁眉不展,唉声叹气,对外界一切都失去兴趣,悲观失望,感到自己一无是处。是抑郁症的核心症状。常伴有自杀观念、兴趣减退、思维迟缓、精神活动迟滞等症状。

3. 焦虑(anxiety) 一种与客观不符的、莫名其妙的惶恐不安与提心吊胆的心情状态。焦虑具有

"自由浮动"的特征,即无时无刻无定所地发生,没有明确对象和具体内容的恐惧,这是与恐惧症的根本区别,后者总是表现为对具体对象的恐惧,其他表现与焦虑相似。

焦虑有精神和躯体两方面的表现。精神焦虑即焦虑的主观体验,主要是莫名其妙的惶恐不安与提心吊胆;躯体焦虑表现为运动性不安,如震颤、肌肉紧张、坐立不安、搓手顿足等,同时伴有自主神经功能紊乱如口干、颜面潮红、出汗、心悸、呼吸急促、胸闷、尿急尿频等。

急性发作性焦虑即惊恐发作。一般毫无征兆地突然发生,极度恐慌不安,感到"快要发疯""不能自控",经常伴有心悸、憋气、濒死感,易误诊为心脏病发作,内科检查正常可资鉴别。

4. 情感淡漠(apathy)　情感活动严重衰退,情感失去正常的波动性,患者对外界任何刺激(无论令人悲伤或愉快的)均缺乏相应情感反应,对周围发生的事漠不关心。情感减退程度较轻时称为情感平淡(flattened)或情感迟钝(blunted)。

情感减退一般从高级的和细腻的情感开始,如对社会的关注、对他人的同情心、对亲人的感情等,在检查时应注意向知情人和亲密者了解这些方面的变化。

5. 易激惹(irritability)　情感反应性过分强烈,表现为微小刺激引起短暂而强烈的情绪反应,且多为愤怒和不满的情绪。常见于某些人格障碍如反社会人格、偏执型人格和情绪不稳型人格,也见于其他精神障碍。

(四)意志障碍(disturbances of volition)

意志是人们自觉地确定目标,并克服困难用自己的行动去实现目标的心理过程。鉴定中常见的意志障碍有:

1. 意志增强(hyperbulia)　病理性的意志活动增多,多与病态情感或妄想有关。患者可以持续坚持某些行为,表现出极强的持久性。例如嫉妒妄想者坚信配偶有外遇,长期对配偶进行跟踪、监视、检查;疑病妄想者到处求医;夸大妄想者夜以继日地进行"发明创造"活动等。鉴定中常见于偏执性精神病或偏执型人格障碍者反复上诉的案例,患者可能几十年如一日地坚持诉讼活动。

2. 意志减退(hypobulia)　意志活动显著减少,对周围一切不感兴趣,意志消沉,不愿参加外界活动。经常呆坐,懒于料理工作学习甚至个人生活。常见于抑郁症,以及早期精神分裂症、器质性精神病等。

3. 意志缺乏(abulia)　对任何活动都缺乏明显的动机,也没有确切的打算和要求。不关心学业、工作,缺乏应有的主动性和积极性,在个人生活方面也十分懒散,甚至个人卫生也全不顾及。孤僻独处,行为退缩。对自己的状况和处境缺乏自知力,毫不在乎。多见于精神分裂症。

(五)动作和行为障碍

简单的随意和不随意运动称为动作;有动机有目的复杂随意运动称为行为(act, acts)。运动行为障碍与思维和情感障碍是密切联系的。

1. 精神运动性兴奋(psychomotor excitement)　是指整个精神活动的增强,包括言语、情感和行为都处于兴奋高涨的状态。有两种常见的表现:

(1)协调性精神运动性兴奋:患者的言语、动作虽然明显增多,其思维、情感活动和言语行为的内在联系还是基本协调的,与环境也基本协调。活动具有一定的目的性,在相当程度上能够被人理解,有时还具有一定的感染力。多见于躁狂状态(尤其是轻躁狂状态),也称为躁狂性兴奋。

(2)不协调性精神运动兴奋:言语动作的显著增多,且与思维、情感活动不相配合,即丧失内在联系。动作杂乱无章,既无动机也无目的,使人难以理解,与外界环境不协调。常见的不协调性精神运动兴奋有:

1)青春性兴奋:多见于精神分裂症青春型,特点是行为动作杂乱无章,伴鬼脸作态、不能理解的恶作剧等幼稚愚蠢的行为。

2)紧张性兴奋:多见于精神分裂症紧张型,特点是突然出现的极度行为紊乱并常伴有严重的冲动破坏伤人行为,具有很大的危险性。常与严重木僵交替出现,两者的转换也十分突然。紧张性兴奋目前已经比较少见。

3）器质性兴奋：多见于急性脑病综合征或其他器质性病变导致的精神障碍，兴奋常与意识障碍或智能障碍共存。

4）反应性兴奋：多见于严重的急性心因性反应，表现为惊恐性的狂呼乱喊或运动性不安，紧接着急性应激而发生。

2.　精神运动性抑制（psychomotor inhibition）　整个精神活动的降低，言语思维和动作都迟缓和减少。

（1）缄默症（mutism）：不用言语回答问题，但有时可用手势或以纸笔表达意思。见于精神分裂症、癔症及儿童期的选择性缄默。

（2）木僵（stupor）：一种以缄默不语、随意运动减少或缺失以及精神运动无反应为特征的状态。严重时病人保持一个固定姿势，不语不动，不进饮食，不自动排便，对任何刺激均不起反应。

（3）违拗症（negativism）：对于指令和要求都予以拒绝。单纯拒绝称为被动违拗；以相反的动作予以拒绝称为主动违拗，如让患者伸出手来，患者偏偏将手背到背后。

3.　自杀（suicide）　自杀是一个复杂的精神卫生问题。鉴定中常见的自杀行为主要发生于抑郁症。精神分裂症的自杀多由于幻觉或妄想的支配，如命令性幻听的支配。需要特别注意的是，许多杀人的精神病患者在实施凶杀行为后有自杀企图、自杀未遂或自杀身亡。

4.　自伤（self-hurt）　与自杀不同的是，自伤多数没有结束生命的企图。抑郁症多见自杀而少见单纯目的的自伤。鉴定中常见的自伤多发生于人格障碍、精神发育迟滞、精神分裂症等。

精神分裂症患者的自伤多出于症状的支配，如一位被鉴定人听到声音命令他杀死妻子，他和妻子感情很好，不愿意执行幻听命令，于是用刀砍伤自己的脑袋来替代，但是幻听表示不接受他的方法，最终无奈之下用刀背将妻子砍伤。精神发育迟滞的自伤多由于不能正确判断行为的危险性，行为本身反映其智力水平。

人格障碍的自伤最多见于情绪不稳定型人格障碍。多为了解除内心焦虑和痛苦，如用烟头烫胳膊来"用躯体的疼痛压制内心的痛苦"，肢体和身体多处刀划伤或烟头烫伤痕迹，几乎是其典型的躯体特征。反社会人格障碍的自伤多出于要挟他人，如打架斗狠时故意自伤自残以震慑别人。癔症性人格障碍自伤的目的也多是要挟他人。

5.　冲动与攻击行为（impulsive and aggressive acts）　如果某种行为未受抑制、不能抑制，或者完全不加控制，这种行为就是冲动行为。冲动行为有下列特征：出现突然；行为与处境或心理社会诱因很不相称；患者在行为前毫无准备、未加思考，也没有任何意识的抵抗和选择；行为难以令人理解。如果冲动行为指向他人，就是攻击行为。在精神障碍分类标准中，病理性偷窃、纵火、赌博、拔毛通常被视为带有冲动性的行为。

（六）意识障碍

意识障碍（disturbances of consciousness）可表现为意识清晰程度降低、意识范围缩小或意识内容改变。意识障碍更多见于中枢神经系统疾病和其他影响到大脑功能的严重躯体疾病。司法鉴定中常见有意识朦胧状态的两种特殊形式。

1.　梦游症（somnambulism）　又称睡行症。多在入睡后1~2小时突然起床（仍然在睡眠中），刻板地执行简单的日常动作。一般发作几分钟至十几分钟，然后上床入睡（有时在别处入睡），次日醒来后对上述行为完全遗忘。多见于癫痫、癔症。

2.　神游症（fugue）　多在白天清醒时突然发作，无目的外出漫游，往往持续数日甚至更长时间（有报道十几年的），期间可以有一些复杂的动作和行为如买票，吃饭住宿等，但行为无目的，经常遗忘随身物件，对周围环境缺乏足够的意识，如行走在车水马龙的街道中央，穿过正在交谈的人群等，因此常受伤。如某患者回家时，随身物品全部丢失，全身多处青紫伤痕。突然清醒，只有极为片段的记忆。多见于癫痫、癔症。

三、常见精神症状综合征及评价

精神症状极少孤立存在,多数情况下以一些症状共同组成综合征的形式而出现,精神科临床诊断更多依据综合征。鉴定中常见的综合征有:

1. 幻觉妄想综合征　多数情况下先出现幻觉,以幻听最多见,然后在幻觉基础上产生继发性妄想,如被害妄想、物理影响妄想等,妄想内容与幻觉密切相关。幻觉和妄想相互依存又互相影响。如患者凭空听到声音说"你是个大坏蛋,要杀死你",不久产生被害妄想。

2. 精神自动症综合征(psychic automatism)　对于精神分裂症具有高度诊断价值的综合征,由假性幻觉、物理影响妄想和被控制体验、内心被揭露感及系统的被害妄想组成。突出特点是患者具有强烈的精神上的不能自主感。最早由俄国的精神病学家康金斯基发现并命名——他本人就是患者。

3. 遗忘综合征(amnestic syndrome)　又称柯萨可夫综合征。三大主要症状是近记忆障碍、虚构、定向障碍尤其是时间定向障碍。多见于酒精依赖所致的精神障碍。

4. 抑郁状态　是最常见的情感综合征。有两个基本的症状群。核心症状群包括心境低落、兴趣丧失、精力下降(特征性的疲乏感)。其他症状包括注意力下降,睡眠障碍,性欲和食欲下降,自责、自杀观念和行为。严重者可有幻觉妄想等精神病性症状。需要注意的是,心境低落仅是抑郁状态的核心症状之一,不等于抑郁。抑郁状态特异性并不高,最常见于抑郁症,但也见于精神分裂症、器质性精神障碍、精神活性物质所致精神障碍等。

5. 谵妄状态(delirium)　属于意识障碍。鉴定中常见的是慢性酒中毒性谵妄状态,因为伴有明显的手、上肢和面部肌肉震颤而称为震颤谵妄。典型的谵妄状态表现为:

(1)意识障碍:主要是意识清晰度下降、定向力障碍。

(2)感知思维障碍:表现为大量生动鲜明的恐怖性错觉和幻觉(多为幻视),伴有片段妄想、紧张恐惧情绪及冲动行为,同时有理解判断和记忆障碍,可出现思维不连贯。

(3)睡眠周期和节律紊乱:多表现为昼夜颠倒,症状昼轻夜重。

(4)发作后部分或全部遗忘。

(唐宏宇)

第三节　精神障碍的病因和发病机制

关于精神障碍的病因有一个"常识性的"误区,即认为"遗传"和"精神刺激"是精神障碍的病因。实际上目前临床常见的精神障碍绝大部分病因未明。如精神分裂症及情感性精神障碍等临床最常见的精神障碍病因仍不明确,对它们的了解长期以来停留于现象学描述的阶段。近年来关于病因的研究有许多新发现,但都不能成为公认的肯定病因。

目前比较公认的观点是,精神障碍是多种致病因素综合作用的结果,因此论及精神障碍的病因时,更多采用致病因素或者危险因素(risk factors)这一概念。致病因素是指存在于精神障碍发生之前,与精神障碍的发生有关的(如增加疾病发生的可能性)各种生物、心理、社会因素。其他因素还有素质因素(predisposing factor),通常指早年的、与发病时间相对较远的危险因素,它形成精神障碍的易感素质;促发因素(precipitating factor),是与发病时间比较接近的危险因素,它引发或加速疾病的发生。

精神障碍的危险因素主要分为生物学因素和心理社会因素两大类。

一、精神障碍的生物学因素

1. 遗传因素　遗传肯定是最重要的生物学致病因素之一。包括精神分裂症、情感性精神障碍,尤其是某些类型的精神发育迟滞等,都存在较明显的遗传倾向。通过家系调查证实了患者亲属之中发生同类精神疾病的现象比普通人口中的发病率明显增高,而且血缘愈近,发病率愈高。遗传因素对疾病发生的影响程度称为"遗传度",遗传度研究的最常用方法是双生子研究。研究表明,父母之一患精神分裂症,子女患病的概率为10%~15%。父母双方均患精神分裂症,则子女患病概率达到50%。双生子同病率的调查研究发现,许多精神障碍同卵双生子的同病率远高于异卵双生子的同病率,如精神分裂症同卵双生的同病率达到50%以上。在几种严重的精神疾病中,双相障碍(躁狂-抑郁症)的遗传倾向相对较高。尽管有这些研究结果,但仍不能肯定这些精神疾病属于"遗传疾病",因为目前研究表明精神分裂症和情感性精神障碍等疾病多属于"多基因遗传"方式,多基因相互作用增加发病的危险性,而不是必然性。如果是"单基因遗传"如Huntington病,突变的某个确定基因使疾病代代相传,才称为"遗传疾病"。

细胞遗传学和分子遗传学虽然尚未取得突破性的进展,但发现染色体畸变如某个染色体缺失、重复、倒置、易位,可以引起精神发育障碍。

2. 素质因素　素质因素包括以下几个方面:

(1)心理素质(气质):建立在个体大脑的结构、神经细胞的数量与质量、信息容纳量、对刺激分析综合能力等因素之上,即所谓的"天资"。与此同时,大脑神经介质、酶的含量、生成与转化速度的不同,相应大脑皮质、边缘系统、网状结构与自主神经系统的兴奋性与稳定性各异,从而表现出对外界刺激的不同感受与耐受能力,以及程度不同的强度、速度、觉醒等情绪与动作反应。以上这些素质与遗传的关系比较密切。

心理素质本身并不致病,但可以成为潜在的"危险因素"。如不良的或易感的心理素质在外界因素冲击之下,更容易出现精神障碍。

(2)躯体素质(体质):包括体型、体力、营养、健康、损伤恢复或代偿能力、对体力、精力消耗的耐受性等。

3. 理化、生物性因素　各种全身性疾病或外伤等,都直接或间接地损害人脑的结构与功能,特别是当累及中枢神经系统时,较易引起精神障碍。

4. 其他生物性因素　年龄因素如青春期与更年期的内分泌系统功能容易失调、老年期器官功能的衰弱等,性别因素如女性特有的与月经周期密切相关的周期性精神病、产褥期精神障碍等。而酒精所致精神障碍以及烟草依赖者则以男性居多。

应当注意:生物学因素完全可能成为导致精神障碍的直接而明确的病因,最常见的是脑器质性精神障碍(如脑外伤所致器质性精神障碍、脑卒中后抑郁等)、精神活性物质所致的精神障碍(如酒精所致妄想症、"可卡因狂"等)。

二、精神障碍的心理-社会因素

精神障碍的发病机制充分体现和说明了现代医学模式:疾病是生物-心理-社会因素相互作用的结果。心理因素更多涉及患者个性、认知与价值系统、情感态度、行为方式以及社会支持系统等在疾病过程中的作用;社会因素则多指政治与社会制度、经济状况、社会生活条件、医疗水平等在发病中的作用。可以用"外因和内因相互作用"来说明两者在精神障碍发病中的作用。最重要的心理因素是人格(personality)和应激(stress)。

(一)心理因素

1. 应激事件(stress)　可出现在个人和社会生活的各个方面。应激事件对于个人造成的精神刺激的程度,不仅取决于事件本身的严重程度,更主要取决于个体素质,如个性特征,对事件的认识和应对方式等心理因素。比如同样的应激事件(如失恋),有人能妥善应对,有人因此出现严重的心理反应,甚至诱发精神疾病。常见的应激性生活事件有:

(1)婚恋与家庭问题:如失恋,夫妻关系破裂或离婚,配偶重病或丧偶,家庭关系不睦,生活困难或财产纠纷,有失业、酗酒、吸毒、赌博、犯罪等家庭成员等。

（2）人际关系问题：与老师、同学、同事或上下级之间人际关系长期紧张，晋升、奖金评定以及各种福利待遇方面的不公正待遇和不正确的对待，受到批评处分，考试与升学失败等。对自己所从事的职业不满意也可能形成慢性的心理应激反应。

（3）环境变化：如分别、迁移、移民、个人社会地位变化、社会动荡、经济萧条等。

以上生活事件一般是精神障碍的诱发因素，即使在"适应障碍"中也只是起病的因素之一，在鉴定时（尤其是涉及精神损伤的评判时），应十分慎重地评价生活事件的致病作用。

（4）极为重大应激事件与特殊遭遇：如自然或人为的灾难、本人患绝症、意外伤残、财产重大损失、被严重虐待、强奸、绑架等。这些"异乎寻常的"重大精神刺激可以成为心因性精神障碍中的急性应激障碍（acute stress disorder）和创伤后应激障碍（post-trauma stress disorder，PTSD）直接而明确的病因。

2. 人格 气质和性格是人格的两大核心组成部分，气质属于生物性的素质，性格则更多受到环境的作用。人格和精神障碍的关系如下：

（1）人格不健全是精神障碍的危险因素：人格不健全者对其他心理社会因素的耐受力低，应对应激的能力差，容易出现精神障碍。如孤僻内向、敏感多疑的人格特征与精神分裂症的关系密切，强迫性人格特征与强迫症的关系密切。

（2）人格不健全是精神障碍的后果：重性精神病患者可能会有人格改变，原来相对健全的性格病后出现不良的改变，或原来不健全的性格病后更加突出。

（3）人格障碍本身就是一类精神障碍：如反社会型人格障碍（社交紊乱型人格障碍）、偏执型人格障碍等。

（二）社会因素

1. 家庭因素 家庭关系、家庭经济、父母文化水平与教育方式等，都与精神障碍的发生有一定关系。如不良的家庭教育与人格障碍关系密切，家庭内暴力诱发抑郁发作等。

2. 社会文化因素 某些特殊的精神障碍与特定的文化有密切关系，如东南亚国家和我国华南等地的"恐缩症"，与当地的民俗和迷信观念有密切联系。我国在20世纪90年代曾出现与"气功"有关的精神障碍的高发时期。欧美国家的物质滥用和物质依赖相关精神障碍比较突出。

3. 社会环境因素 指社会制度、政治经济状况、医疗水平等对精神障碍的影响。如我国自20世纪80年代以来的社会经济巨大变化，使精神障碍疾病谱也发生相应改变，如物质依赖相关精神障碍明显增多等。

（唐宏宇）

第四节 精神障碍的分类与诊断标准

一、与分类和诊断标准有关的基本概念

1. 精神障碍（mental disorder） 一类具有诊断意义的精神方面的问题，特征是伴有主观痛苦体验和社会功能损害的个人情绪、认知和行为等方面的改变。它包含目前国际和国内通用的精神障碍分类与诊断系统中的所有类别，如精神分裂症、情感性精神障碍、神经症、人格障碍、性心理障碍等。

2. 精神疾病（mental disease） 精神疾病与精神障碍是同义词，多年来在专业上一直通用。国际疾病分类第10版（international classification of disease，ICD-10）中建议不再使用"精神疾病"这一容易引起误解和争议的名词，而统一使用"精神障碍"这一名词。

3. 精神病性症状 特指幻觉、妄想以及明显的精神运动兴奋或抑制等精神症状。

4. 精神病性障碍与非精神病性障碍 以是否具有"精神病性症状"为标准，可以将所有精神障碍

分为精神病性和非精神病性两大类。前者即通常所称的精神病（psychosis），如精神分裂症、偏执性精神病等。因此，精神病只是精神障碍中的一小部分。后者范围更广，在数量上占精神障碍的大多数，以神经症为代表，因此也称为"神经症性障碍"。

5. 器质性精神障碍与功能性精神障碍　以病因来划分的分类。前者存在肯定的结构或组织上病理改变，即肯定的器质性病因，如脑外伤所致精神障碍。后者难以确定是否有病理改变，如精神分裂症、神经症等等。随着科学的进步与研究的深入，许多"功能性障碍"将会因逐步找到确切的病因而成为器质性疾病。

二、精神障碍分类的基本原则

临床医学分类总是趋向病因学分类，如SARS（severe acute respiratory syndrome）只是症状学描述，医学上总是在努力寻找其致病原因，并在最终确认某种冠状病毒是病原体后，就应按病毒类别和性质进行分类，如"××冠状病毒性肺炎"。其次是病理学分类，如通过尸体解剖找到组织学上的病因。如果病原和病理都无法明确，就只能采用临床症状来分类。由于多数精神障碍病因不明、精神现象的复杂性以及目前精神病学研究水平等原因，到目前为止，大部分精神障碍只能依据症状表现进行分类，即使部分精神障碍病因明确，为了统一标准和便于临床运用，国际通用的精神障碍分类与诊断标准依然采用症状学分类的基本原则，其特点在于：

1. 将具有相同临床表现的病例归于一类，而不考虑病因是否相同。

2. 分类只说明当时的状态，随着临床症状的变化具有可变性。

3. 症状学诊断有助于对症治疗。

当然，在症状学分类系统也继续保留了一些病因学分类的名称，如：精神活性物质所致精神障碍，创伤后应激障碍，器质性精神障碍等。

三、主要的精神障碍分类和诊断系统

1. 概况　目前主要的分类系统有《国际疾病分类手册》即ICD系统（International Classification of Disease）和美国的DSM系统（Diagnostic and Statistical Manual of Mental Disorders）以及中国的CCMD系统（Chinese Classification of Mental Disorders）。

1948年世界卫生组织（WHO）出版的ICD-6中首次列入精神疾病分类一章，1978年的ICD-9中开始对每种精神障碍给出描述性定义，有利于各国诊断概念的逐步统一。1992年出版的ICD-10应用至今，已普遍为世界各国精神医学界所接受和采纳。

我国在1978年第二届全国神经精神科学术会议上讨论通过了《中国精神疾病分类方案与诊断标准》第1版（CCMD-1）。1989年通过CCMD-2。1995年又颁布了该方案的修订版，即CCMD-2-R，2001年推出CCMD-3。该分类系统的整体框架和修订的主要原则是在保留具有我国特色、特点的精神疾病分类方法的同时将分类系统向国际疾病分类法逐渐接轨。

目前国内临床病历管理规定统一使用ICD-10系统，而临床实践中CCMD-3和ICD-10是通用的，建议互相参照使用。

2. ICD-10和CCMD的基本框架　其都将精神障碍分为10大类，比较见表4-1。

表4-1　ICD-10和CCMD-3的基本框架比较

ICD-10		CCMD-3	
F00-F09	器质性，包括症状性，精神障碍	0	器质性精神障碍
F10-F19	使用精神活性物质所致精神及行为障碍	1	精神活性物质所致精神障碍
F20-F29	精神分裂症、分裂型障碍和妄想性障碍	2	精神分裂症和其他精神病性障碍

ICD-10	CCMD-3
F20 精神分裂症	20 精神分裂症
F21 分裂型障碍	21 偏执性精神障碍
F22 持久的妄想性障碍	22 急性短暂性精神病
F23 急性而短暂的精神病性障碍	23 旅途性精神病
F24 感性性妄想性障碍	24 感应性精神病
F25 分裂情感性障碍	25 分裂情感性精神病
F30-F39 心境(情感)障碍	3 心境障碍(情感性精神障碍)
F30 躁狂发作	30 躁狂发作
F31 双相情感障碍	31 双相障碍
F32 抑郁发作	32 抑郁发作
F33 复发性抑郁障碍	33 持续性心境障碍
F34 持续性心境障碍	33.2 恶劣心境
F40-F49 神经症性、应激相关的及躯体形式障碍	4 癔症、应激相关障碍、神经症
F40 恐怖性焦虑障碍	40 癔症
F41 其他焦虑障碍	41 应激相关障碍
F42 强迫性障碍	42 与文化相关的精神障碍
F43 严重应激反应,及适应障碍	43 神经症
F44 分离(转换)性障碍	43.1 恐惧症 43.2 焦虑症
F45 躯体形式障碍	43.3 强迫症 43.4 躯体形式障碍
F50-F59 伴有生理紊乱及躯体因素的行为综合征	5 心理因素相关生理障碍
F50 进食障碍	50 进食障碍
F51 非器质性睡眠障碍	51 非器质性睡眠障碍
F52 非器质性障碍或疾病引起的性功能障碍	52 非器质性性功能障碍
F60-F69 成人人格与行为障碍	6 人格障碍,习惯与冲动控制障碍,性心理障碍
F60 特异性人格障碍	60 人格障碍
F60.0 偏执型人格障碍	60.1 偏执性人格障碍
F60.1 分裂样人格障碍	60.2 分裂样人格障碍
F60.2 社交紊乱型人格障碍	60.3 反社会性人格障碍
F60.3 情绪不稳型人格障碍	60.4 冲动性人格障碍
F60.4 表演型人格障碍	60.5 表演性人格障碍
F60.5 强迫型人格障碍	60.6 强迫型人格障碍
F61 混合型及其他人格障碍	61 习惯与冲动控制障碍

续表

ICD-10	CCMD-3
F62　持久的人格改变(不是由于疾病所致)	62　性心理障碍
F63　习惯与冲动障碍	62.1　性身份障碍
F64　性身份障碍	62.2　性偏好障碍
F65　性偏好障碍	62.3　性指向障碍
F70-F79　精神发育迟滞	7　精神发育迟滞与童年和少年期心理发育障碍
F80-F89　心理发育障碍	8　童年和少年期多动障碍,品行障碍和情绪障碍
F90-F98　发生于儿童及少年期的行为及精神障碍	9　其他精神障碍和心理卫生问题
F99　未特定的精神障碍	91　待分类的精神病性障碍
	92　其他心理卫生问题
	92.1　无精神病
	92.2　诈病
	92.3　自杀
	92.4　自伤
	92.5　病理性激情
	92.6　病理性半醒状态

3. ICD-10的主要特点

(1)世界通用性:ICD-10是WHO多个协作中心(包括中国)共同工作的产物,具有最广泛的代表性。在统一诊断名称和标准的前提下,尽可能收录和保留与文化和地区有关的诊断名词以及既往应用广泛的诊断名词(如神经衰弱等)为了便于临床应用和鉴别,在描述某种诊断要点之后,还注明包含或不包含哪种上述性质的诊断名称,如在"持续性心境障碍"之下注明包含抑郁性神经症等。

(2)反映精神病学的最新研究成果和发展动态: 如舍弃"癔症"的诊断名称,将"抑郁性神经症"归于"持续性心境障碍",对发展中国家常见的一类急性发作的精神病性障碍特设诊断类别为"急性而短暂的精神病性障碍"等。

(3)舍弃神经症-精神病的二分法,完全依据临床表现的共同特征分类,即症状学分类方法。

(4)对每一类障碍给出主要特征的临床描述。

(5)临床用版本对每一类障碍给出一般性诊断要点,研究用版本则给出诊断标准条目。

4. CCMD系统的发展趋势　CCMD-3自2001年公布以来,其符合国情特色的简洁实用性,以及与国际疾病分类尽量接轨的特点,受到广泛肯定,在全国大多数精神机构得到广泛应用,但在实践过程中也暴露出一些问题。由于对诊断要点缺乏有效的描述,在实际应用中容易导致理解不一致。在某些诊断上因缺乏国际上广泛的认可而导致误解。目前的发展趋势是,CCMD系统将很快被最新的ICD系统所取代。估计在近几年内,我国就将完全采用ICD系统(即ICD-11),而不再使用CCMD-3。

四、精神障碍诊断标准的基本要素

诊断标准是对诊断所必须的条件采取的具体而明确的规定,一般分为临床工作用诊断标准和研究用诊断标准。精神鉴定中主要采用工作用诊断标准,它一般应包括以下四个方面的内容:

1. 症状学标准　规定诊断某种精神障碍所必须具备的精神症状的要求,有些标准具体到症状数目和比例。

2. 病程标准　规定诊断某种精神障碍时,该障碍明确存在的最短时间。

3. 严重程度标准　规定诊断某种精神障碍时,该障碍造成的社会功能或心理功能缺失的严重程度。

4. 排除标准　规定了诊断某种精神障碍必须排除的前提。

需要特别强调的是,确立精神障碍诊断的最大前提是首先排除器质性疾病,也就是说,如果存在器质性疾病的可靠依据,应首先考虑器质性精神障碍的诊断,ICD-10和CCMD-3分类中的精神障碍大类别的次序,体现了这一基本思想。

（唐宏宇）

第五节　精神障碍的诊断

一、精神障碍诊断的复杂性

1. 诊断依据的特殊性　与其他临床学科明显不同的是,精神障碍的诊断很少以定量的生物学指标和物理检查结果作为诊断依据,而主要依据病史和精神状态检查,这是由于精神障碍本身特点所决定的。精神科诊断多属于症状学诊断,症状的确定主要依赖于临床观察和晤谈。和精神病患者晤谈的本身就有一定难度,而对于精神鉴定来说,由于被鉴定人及其家属的特殊心理,难免在陈述病史或在检查会谈中隐瞒或夸大病情,鉴定医生同时还要对原始资料的真实性和有效性进行判断,其诊断依据更需要客观而准确。

2. 诊断思路的特殊性　临床诊断思路是具有共性的,但精神科诊断过程中更多主观判断和推理,并且这些判断和推理很少能够借助医疗仪器检查的客观数据和影像进行验证和纠正,因此更容易失去约束。精神鉴定的诊断过程还涉及犯罪心理和法律相关的特殊问题。

3. 鉴定诊断过程的复杂性　鉴定诊断中受到比临床诊断更多的专业技能之外的干扰因素,这是不言而喻的。

二、鉴定诊断过程中的注意事项

1. 提倡"无病推定"的诊断思想　"无病推定"是精神鉴定诊断和精神科临床诊断的重要区别,也是两者工作性质不同的具体体现。临床诊断过程中,医生一般都首先假设来诊者是患者,然后考虑其存在何种精神症状,属于何种精神疾病,实际上绝大多数来诊者的确是精神障碍患者,无精神障碍者的比例是很小的。但是在精神鉴定过程中,不仅被鉴定人的身份不同于普通临床就诊者,而且最终被证明"无精神病"甚至是"诈病"者的比例要高于精神科临床。另外,精神科医生一般基本采信患者家属陈述的病史,并直接作为诊断分析的重要依据。但是精神鉴定过程中,无论被鉴定人还是其家属,都不可避免存在对病情的不同程度的夸大(有时是隐瞒)。

质证与调查是贯彻"无病推定"的重要方法。鉴定时不轻信有病的陈述,应从"无病"的角度出发考虑诊断问题,收集各种证据尤其是广泛收集知情人反映的情况,以此来互相佐证被鉴定人的陈述的真实可靠性,最后决定采信的病史,分析和确定诊断。

2. 坚持公正客观原则　无论在询问知情人还是精神检查中,都应保持公正、客观的态度,尤其注意避免受主观偏见和道德评价的影响。如第一节所述,要保持澄清问题的心态并时刻审视自身心理和情绪状态对诊断的影响。同时,案件的双方都不可避免可能对鉴定者及鉴定过程抱有担心和疑虑,应公正公平地对待案件双方的陈述。

3. 努力提高临床技能　正确的鉴定诊断依赖于坚实的精神科临床基础,重要的精神科基础知识和基本技能(如症状学知识和精神检查技巧),都必须经过严格的临床训练才能掌握。对精神症状的识别和理解,绝不是通过书本知识就可以达到的目标,鉴定医生资格认证中对精神科临床基本功提出具体要求,是有充分依据的。

4.尽量避免先入为主　误诊误判的一个重要原因是先入为主。无论是先入为主的认定无病或有病都是十分错误的,它排斥逻辑思维,妨碍质证和调查,更容易丧失公正和公平。

三、诊断的思路和步骤

精神障碍的诊断应首先确立症状学诊断,然后再确立疾病分类学诊断。在诊断分析过程中首先产生尽可能全面的诊断假设,然后运用逻辑思维方法对这些假设逐一对比、澄清、排除,最终剩下最可能的诊断。诊断假设从阅卷就开始了,随着信息的增多,诊断假设必然由少到多;随着不断澄清和排除,诊断假设又由多变少,最后剩下最终诊断。如发现被鉴定人存在幻觉,此时尽可能考虑能够出现幻觉的所有情况,如有无物质依赖、有无脑外伤、可能是精神分裂症,可能是抑郁症,还可能是诈病等等,在随后的检查过程中逐一分析澄清。这一过程可以归纳为"分两步走,纵横十字交叉的诊断思路和步骤"(图4-1)。

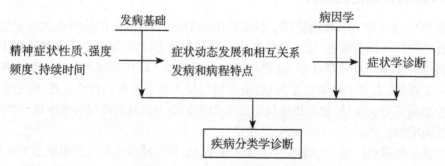

图4-1　精神障碍诊断的思路和步骤

1.第一步:确定症状学诊断——横向分析　首先确定有哪些症状,然后横向分析症状之间的联系。如前述精神症状极少孤立存在,都是围绕某一核心症状出现一系列其他症状,构成"精神症状综合征"。继而构成整个"临床相",症状学诊断就是确定症状综合征或临床相。

2.第二步:疾病分类学诊断——纵向分析　确定症状和症状学诊断的同时,也产生了众多的诊断假设。以第一步确定"幻觉妄想状态"的症状学诊断为例,此综合征可以出现在多种精神障碍中,因此有多种疾病分类学诊断假设。通过纵向分析发病基础、病因学、病程特点,并将这些因素与横断面的症状学诊断联系,逐渐排除不可能的诊断假设,确定更可能的诊断。

(1)特殊症状分析:有些症状具有一定的特异性,有特殊的诊断意义,如思维鸣响或第三人称追踪评论性幻听等,是精神分裂症的"特征性症状"。

(2)病程分析:短暂的幻觉妄想状态可以出现于严重的抑郁症,如果整个病程呈发作形式,则更加支持抑郁症的诊断;如果是慢性迁延性病程,则支持精神分裂症的诊断。

(3)病因分析:脑器质疾病(肿瘤、感染、外伤、癫痫、躯体疾病等)、药物滥用、酒依赖等,无一例外可以出现"幻觉妄想状态"。没有这些疾病的证据就分别可以排除:器质性精神障碍、精神活性物质所致精神障碍等。

(4)发病基础分析:最重要的是病前性格和精神疾病家族史。如孤僻内向、敏感多疑的性格和精神分裂症阳性家族史都无疑增加"精神分裂症"的可能性,反之亦然。又如强迫性人格特点对诊断强迫症有较大意义。

四、心理测量的应用与注意事项

临床应用的心理测量工具多数是量表（rating scale）。精神科量表大致有3类：一是症状量表，用以评定某类疾病的症状的严重程度，在精神科应用最普遍。二是诊断量表，用于诊断或鉴别诊断，只有为数较少的几种，用于特定疾病的诊断和鉴别诊断的，多与特定的分类诊断系统如ICD-10配套。三是用于特定目的的特殊量表，如用以评定社会适应功能缺陷程度社会功能缺损量表。用于评价人格的量表如EPQ，以及人格诊断量表（personality diagnostic questionnaire PDQ）；智力测查量表如韦氏智力测验量表等。

目前在鉴定检查中越来越多地使用各种量表，尤其是人格量表和智力测验。由于量表的结果是数据化的，因此在一些非专业人员中产生误解，认为数据比主观判断更客观，有些鉴定人员也倾向于依靠心理测量来进行诊断，这是值得商榷的。尽管心理测量有许多优点，比如检查内容清晰、明确有条理，可降低主观影响程度，数据化便于科研统计等，但心理测量到目前为止还不能取代临床观察和检查，因此在诊断中主要是辅助作用，只能作为临床诊断的参考。即使是目前少数几个广泛应用的诊断量表如人格诊断问卷，最后也需依靠临床晤谈做最后的确诊。另外，在使用量表时还要考虑被鉴定人在回答量表中的问题时，存在不配合甚至造假的问题。

智力测验（intelligence test）是临床诊断智能障碍最重要的参考指标，但是单靠智商结果就确诊精神发育迟滞或是痴呆，容易使刻意的伪装者在智力测验中得逞。实际上诊断精神发育迟滞应满足一系列社会功能缺陷的临床表现，这些表现是他自幼就开始并为周围人所观察到的，通过调查知情人才能澄清。有许多因素可影响智力测定的结果，如临场发挥，语言问题等。智商的高低，必须结合临床来判断它的意义。一般认为，测定结果只可能偏低，不考虑偏高，实际智力水平等于或高于所测定的水平。

五、诊断标准的应用与注意事项

毫无疑问，任何诊断都必须符合诊断标准，但是诊断过程绝对不是生搬硬套诊断标准的过程，而是收集资料、临床检查、逻辑分析的过程，诊断标准主要是起规范和限制作用。诊断标准来源于临床实践，只有对疾病症状以及疾病规律有深入了解后，才能真正理解诊断标准中具体条款的正确含义并正确运用诊断标准。

应当努力避免两种对诊断标准的错误运用：

1. 望文生义的理解诊断标准　常表现为对被鉴定人的精神异常现象不能正确识别，也没有正确理解诊断标准中所述症状名词在临床上的确切含义，就直接对照和联系，然后就下诊断。如果没有严格的精神科临床培训，每个人对诊断标准中的名词都会有自己的理解，这种理解多是望文生义的，与临床实际往往相差甚远，这样就违背了"标准"的初衷。

2. 用诊断标准代替诊断分析过程　表现为诊断分析过程中产生"先入为主"的判断，然后拿着诊断标准逐项寻找条款作为支持的证据。

（唐宏宇）

第六节　精神障碍的实验室检查

一、影像学检查

（一）X线成像

在涉及颅脑外伤所致的精神损伤鉴定中，经常需要颅脑X线平片检查以了解头颅骨折情况。在检查中特别要注意骨折线与正常颅缝、血管沟进行鉴别,避免将正常的生理性结构混淆为颅骨骨折。同时,应注意颅底骨折的可能性。

(二)计算机体层成像

与传统的X线成像相比,计算机体层成像(computed tomography,CT)显示的是人体某个断层的组织密度分布图。CT图像是真正的断层图像,其图像清晰,密度分辨率高,无断层以外组织结构干扰,因此显著扩大了人体的检查范围。由于颅脑CT提高了大脑病变的检出率与诊断的准确率,能显示常规X线检查无法显示的病变和病灶,检查方便,成像速度快,对颅脑疾病具有很高的诊断价值。

目前常用的CT检查方式有平扫(又称普通或非增强扫描)、增强扫描、造影扫描以及特殊扫描。为使病灶与邻近正常组织的密度对比差异增大,以提高病变的检出率及定性诊断的准确率,可采用增强扫描。增强扫描主要用于脑肿瘤、颅内感染及脑血管疾病(如动脉瘤、血管畸形)等。动态增强CT采用快速向血管内注入造影剂,对所选定的区域进行连续扫描,测定兴趣区的CT值,描出时间密度曲线,以了解兴趣区血流动力学变化,可反映肿瘤血管的分布状况和血-脑脊液屏障被破坏程度。

在法医精神病鉴定中,根据不同案情需应用不同的CT检查方法,通常的扫描方位多采用横断层面,也可根据需要检查颅脑病变或颅底骨折时加用冠状层面或矢状面扫描。颅脑损伤主要表现为脑出血、脑挫伤及脑水肿、脑肿胀,CT不仅能清楚显示这些病理改变,而且可以定位、定量和评价病情的严重程度。CT还能显示X线不易显示的颅底骨折及骨折并发的颅内血肿。另外,CT显示脑出血为高密度,脑梗死常为低密度,是脑血管病首选的检查技术。脱髓鞘疾病表现为侧脑室周围白质区对称性略低密度区,CT值较梗死灶略高,部分可融合成片状,无占位表现,多伴程度不等的脑萎缩。

(三)磁共振成像

磁共振成像(magnetic resonance imaging,MRI)是自20世纪70年代末在物理学领域发现磁共振现象的基础上,借助计算机技术和图像重建数学的进展和成果而发展起来的一种医学影像技术。在二十多年时间内,得到了广泛的应用并显示出强大优势。与包括CT在内的其他影像技术相比,MRI不仅进行形态学研究,在功能、组织化学及生物化学方面也得到了广泛的应用,还具有安全、无创、多方位、多参数成像的显著特点,同时图像对脑和软组织分辨率极佳,能清楚地显示脑灰质、脑白质等组织,解剖结构和病变形态显示清楚、逼真。该技术所具有的潜力,使它成为发展最为迅速的医学影像技术之一。MRI的种种特点和优势,使它在精神疾病的诊断和治疗、神经心理学研究、脑损伤评估中得到了广泛的应用。

1. 大脑物理成像

(1)颅脑MRI平扫:适用于绝大多数颅脑内病变的显示与确诊。因MRI显示大脑灰白质对比优于CT,因此对于CT显示不清或病变性质需要进一步明确的案例,可考虑应用MRI检查。对于颅内出血怀疑有脑血管畸形、脑动脉瘤时,可选用MR血管成像(MRA)用于脑血管病的筛查。

(2)特殊脑区体积测量:海马结构在神经系统中属原皮质,在学习与记忆中起重要作用,还具有控制感情行为与神经内分泌的功能。其体积的变化,通过神经元凋亡和神经生成(neurogenesis),在一生中维持一个动态的平衡,正常人三十岁以后海马结构体积与年龄呈负相关,即随着年龄的增长,海马结构体积也出现相应的生理性减小。研究表明,随着个体遭受的应激强度增大或持续时间延长,可导致海马神经元萎缩或丢失。海马体积的变化可以作为精神创伤所致大脑神经元损害的客观指标之一,且精神创伤的强度与海马损伤程度有显著的相关性。海马体积的变化在精神疾病中并非特异,这一现象还可见于抑郁症、阿尔茨海默病(Alzheimer's disease,AD)、癫痫等。重性抑郁障碍患者的海马结构体积减小,且海马的体积与病程呈显著的相关性或显著的对数相关性;但也有报道在抑郁症患者中没有发现海马体积的变化。AD是以老年斑和神经元纤维缠结等病理改变为特征的老年痴呆,随着海马体积下降,还可见大脑皮质变薄、脑沟回增宽、脑室扩大、全脑体积缩小。MRI研究发现AD患者海马区萎缩明显,海马结构的体积与智力水平呈直线相关。近几年的研究表明,MRI检查患者海马结构体积的萎缩,结合神经心理测验轻度认知的损害,有助于AD的早期诊断。另外,海马亦为脑内易发癫痫活动的神经结构,原发性癫痫患者最常见的病理变化为海马和颞叶内侧结构的硬化,随着发作次数的增多,海马等结构硬化程度的加重,患者的认知能力受损程度也逐渐明显。采用MRI技术测量海马结构,可作为癫痫定侧、定性的诊断和手术治疗的无创伤协助手段。尽管缺乏特异性,动态观察海马体积变化,可有助于了解病情与大脑神经元受损程度的关系,还可以预测疾病的发展规律,协助诊断和观察疗效。

2. 大脑功能成像 在磁共振物理成像的基础上,目前已有的大脑功能成像技术包括功能磁共振成像(functional-MRI, fMRI)、磁共振频谱(magnetic resonance spectroscopy, MRS)、磁共振弥散张量成像(diffusion tensor imaging, DTI)及正电子发射计算机断层扫描(positron emission computed tomography, PET)等,并在神经心理学研究与测试、功能性精神疾病机制研究、脑损伤致伤机制等研究得到了广泛的应用。

(1)fMRI:该技术的主要原理是利用大脑皮层微血管中的血氧变化,即血液中氧合血红蛋白与脱氧血红蛋白的比率的改变,顺磁性的脱氧血红蛋白(Bold)比率降低,引起局部磁场均匀性变化,从而引起磁共振信号强度变化。Bold-fMRI具有成本较低、空间/时间分辨率较高、无创性、无需放射性示踪剂、可短时间重复扫描等优点,已经成为脑功能研究中最先进及最有前景的技术之一,目前已在法医精神病学和司法心理学研究得到了广泛的应用。

有些涉及欺骗与诈病的技术,如利用fMRI技术可发现一系列与伪装、欺骗、决策有关的脑区或神经回路,已在法医精神病学鉴定中得到了初步应用。fMRI很可能是继传统的测谎仪之后,更具有应用前景的新型测谎设备。迄今,人类说谎相关神经网络和神经机制的系列研究,已有一些重要的发现。首先,说谎比讲真话需要更广泛的大脑活动参与,即说谎更需要耗费脑力。与讲真话相比,说谎可使更广泛的脑区激活,并触发与情绪和反应抑制有关的脑区活跃起来。其次,甚至不同类型的说谎,似乎也存在不同神经网络系统。最后,扣带前回对于人类的思维和行为起着关键性作用,具有错误监视器和控制矛盾冲突的作用。

(2)MRS:该技术利用化学位移的原理,可在体分析脑内多种代谢产物浓度。研究表明N-乙酰天冬氨酸(N-acetyl aspartate, NAA)作为人脑中含量最多的N-乙酰氨基酸,主要存在于神经元内,可作为神经元的内源性标记(endogenous marker),它的含量多少可反映神经元的数量和功能状况。另外,肌酸(creatine, Cr)作为重要的能量代谢产物,可反映神经元的能量代谢水平;胆碱(choline, Cho)则主要存在于细胞膜上,信号强度的改变可反映细胞膜的合成和降解水平。精神障碍经常涉及神经生化的改变,已有充分的证据表明创伤后应激障碍(PTSD)患者海马的这些代谢产物水平出现下降。

(3)DTI:该技术是弥散加权成像(DWI)的一种高级形式,至少可在6个方向施加弥散敏感梯度,可更加准确地分析组织内水分子的弥散状况,并可通过特定的后处理来显示脑内的白质纤维束结构和髓鞘化水平。研究表明,DTI对大脑白质组织损伤程度和预后预测的评价,是一有价值的生物学标记。定量分析大脑白质纤维各向异性程度的参数主要有:部分各向异性(factional anisotropy, FA)、各向异性指数(anisotropy index, AI)、相对各向异性(relative anisotropy, RA)及表观弥散系数(apparent diffusion coefficient, ADC),其中最常用的是FA和ADC。FA指水分子各向异性成分占整个弥散张量的比例,ADC反映水分子的弥散速度和范围。

在交通事故中,由于瞬间的加速、减速及旋转运动,大脑神经元轴索可受到剪切力和弹力拉伸的损害。尽管传统的CT/MRI常规技术对此类损伤无阳性发现,但慢性脑外伤后头痛患者和灵长目动物脑震荡尸体解剖证实,大脑内存在弥散性轴索损伤(diffusive axonal injury, DAI)、小神经胶质细胞聚集及无神经科体征的小斑点样出血改变。而且,这种损伤好发于不同密度组织结构之间,如灰质和白质结合处、两侧大脑半球之间的胼胝体、基底节、内囊以及大小脑之间的脑干上端。轻度颅脑损伤的轴索损伤,甚至可出现可逆性改变。单独使用ADC值或FA值可粗略地评估脑组织的微细结构变化,而两个参数相结合,可更准确地反映大脑白质的形态学改变和阐述病变的发生机制。DTI通过测定各向异性的强度和方向,了解轴索的结构完整性;MRS则通过测定仅存在于神经元的NAA水平,了解神经元轴索的数量和功能状况,两种测定技术的结合,可更全面地提供大脑白质轴索结构和功能完整性的信息,为轻度颅脑损伤的客观评定提供了一种在体无创的检测新技术。

（4）PET:该技术可以进行大脑功能、代谢和受体显像,具有无创的特点。PET本质上是一种放射自显影技术,将特定的放射性示踪剂注入人体,这些示踪剂参与体内生化代谢过程中的某些步骤,但又不完全参与整个过程,所以一般情况下示踪剂被"陷落"（trapping）在细胞内而聚集,从而形成高放射性细胞,通过高灵敏的探测器进行探测这些细胞发射出的光子,转换成数字信号而以解剖的形式显现出来。只要找到合适的标记方法,可以直接将任何一项神经分子生物学进展的成果开发为相应的示踪剂,完成与临床的无缝对接。PET/CT则是将PET和CT有机结合在一起,将PET图像和CT图像融合,可以同时反映病灶的病理生理变化和形态结构,明显提高诊断的准确性。随着研究的深入,人们提出了"神经化学脑影像"的概念,其基本思想来源于脑功能活动的化学本质,尤其是神经活动的神经递质化学。随着受体分子化学结构的研究深入,PET将成为脑功能研究深入拓展提供了一个有力的手段。

二、生物电检查

在临床与司法鉴定中,目前广泛应用的脑生物电检查技术包括脑电图（EEG）、脑电地形图（BEAM）、大脑诱发电位（BEP）等传统检查项目,对器质性精神障碍的鉴别诊断具有特别重要的作用。另外,事件相关电位（event related potential, ERP）和多道生理记录仪（polygraph）也在法医精神病鉴定中得到了越来越多的应用。

（一）脑电图与脑电地形图

EEG是记录脑的自主生物电活动而了解脑功能的一种方法,既可了解脑的生理功能,也可反映脑的病理改变,可帮助筛选颅内病变及了解脑损伤引起的脑功能变化。BEAM是利用电子计算机将头颅各电极在一定时间内提取的脑电位加以分析并成像的技术,画出相等电位值的分布图。它是20世纪70年代以来发展的一种脑电新型成像技术,是研究脑功能改变的一种无创伤性方法。比脑电图直观,更能进行定量分析。可以图像方式按解剖部位显示脑功能变化,使功能与形态改变结合起来,能更快速地进行脑电信息分析。

（二）脑诱发电位

BEP是对人体的某一感觉器官给予刺激,在大脑相应的部位发生的与刺激有锁时关系的神经电位变化或电位活动。EEG主要反映大脑的自发电活动,而BEP则主要反映感觉器官、周围神经与中枢的传导系统的功能。常见的感觉诱发电位主要有听觉诱发电位（AEP）、视觉诱发电位（VEP）及体感诱发电位（SEP）。SEP的波形特征与遗传有关,因而较其他感觉诱发电位更为稳定可靠。视觉或听觉诱发电位,国内大多用于颅脑外伤的测查,也有报道用于癔症中"假性失明"或"假性聋哑"及诈病的鉴别,并取得了成功。其前提必须排除相关信号通路的器质性改变。根据国内外对BEP的研究,认为BEP参数对精神病诊断有一定的帮助。以AEP和VEP为例,有人尝试由以下3个步骤予以应用:①波形变异与波幅高低,作为区别精神病与非精神病的指标。精神病患者波形变异大,波幅低于正常人;②潜伏期长短,作为区别器质性与功能性精神病的指标,器质性精神病的潜伏期延长,功能性缩短;③后节律,作为区分精神分裂症和情感障碍的指标,通常精神分裂症患者后节律较少。BEP是继EEG之后发展起来的一门新技术,开始主要应用在法医临床鉴定,现在也成为法医精神病鉴定的常规实验室检查之一。

（三）事件相关电位

ERP是当外加一种特定的刺激,作用于感觉系统或脑的某一部位,在给予刺激或撤销刺激时,在脑区引起的电位变化。受试对不同内容刺激的认知加工过程不同,表现在脑电位变化的不同。这些电位变化反映了与感觉、运动或认知事件相关联的神经元活动。ERP技术的最显著优势在于它具有很高时间分辨率(毫秒数量级)。相对大脑fMRI而言,ERP实施的条件并不苛刻,成本也低,同时还能监测到大脑的即时认知过程和电活动,克服了大脑fMRI技术的弊端。不过,这种方法的空间分辨率却较大脑fMRI差,它不能够准确地记录哪些脑区在认知活动过程中发生了变化。目前,ERP在精神疾病诊断、神经心理学研究得到了较多的应用,还可以用于欺骗与伪装认知损害诈病的测试和研究。

P300是受试者在辨认"靶刺激"时在其头皮记录到的潜伏期约为300ms的晚期正性波,因其为晚成分中的第3个正波,故也称P3。它与受试者对刺激信号的信息意义进行信息加工等过程有关,能对稀少的、有意义的刺激产生反应,是大脑的高级思维活动反映。研究表明P300的幅度和潜伏期与说谎有关,提示在讲真话和说谎之间存在认知功能的差异。P300潜伏期取决于刺激辨认速度和决定过程,波幅则与受试者的注意程度和刺激的信息量呈正比。在只有真正的罪犯才充分掌握有关犯罪细节的情况下,当其受到与案件相关的实物或场景照片刺激时,对罪犯蕴含有更多的信息量,必然引出P300波幅高值。因此,将与案情有关的和无关的事件编成一刺激序列,根据两者引出的P300波幅的高低,可判定被测者是否为真正的罪犯。神经学家Farwell在西雅图首先开办了名为"大脑指纹实验室"(brain fingerprinting)的公司,他发现P300可用来揭示出被测试者所隐瞒的信息。近年来,P300已广泛用于伪装遗忘的测查研究,并被认为是一个可靠的检查技术,其结果具有满意的特异性和统计学可信度。尽管P300测谎的假阳性率很低,但其测谎的准确率还受被测者的注意力和配合程度的影响。

内侧额叶负电位(medial-frontal negativity, MFN)被认为可反映扣带前回(anterior cingulate cortex, ACC)活动的指标。与持续讲真话相比,持续说谎的反应模式为反应缓慢而多变,并伴有较大的MFN。甚至与持续说谎相比,随机说谎的反应时间更加缓慢而多变,而且MFN活动明显增强。MFN分布结果表明,持续讲真话、持续说谎及随机说谎具有三种不同的大脑活动模式,说明ACC在说谎反应中发挥关键性作用。另外,在即时选择任务中错误可产生错误相关负电位(error-related negativity, ERN)。但是,ERN的错误特异性已经受到正确反应负电位(correct response negativity, CRN)研究结果的挑战。正确的反应可引出CRN,其波幅大小随着冲突的大小和可能性而增大,甚至在低冲突中也是如此。

关联性负变(contingent negative variation, CNV),又称作伴随负变化、条件负变化、偶发负变化或期待波(expectancy wave, EW)。让受试者观看熟悉的、陌生的和目标面孔,发现在看到目标面孔时受试CNV的负相电位偏转更加明显,这一差异可能与受试的动机和无法确定自己是否能通过测试的心理有关。采用CNV作为测谎的指标,还发现与"无罪"组相比,在接受目标刺激前"有罪"组的CNV波幅有明显的下降。

(四)多道生理测试仪

多道生理测试仪,即传统的测谎仪(图4-2)。将测谎仪用于测谎办案,始于1921年美国加州警察局,至今已有90多年的应用历史。除用于侦查办案外,也应用于机密单位人员的忠诚测试、招收新雇员的审查等诸多方面。据统计,美国每年接受测谎仪测试人员数量高达百万人次以上,美国中央情报局、联邦调查局、海关总署、核武器工厂人员的聘用和定期考核均需通过测谎关。但是,这一测谎技术自诞生以来,其测谎结果的准确性和权威性一直备受争议。测谎仪通过对人体在说谎时常有的生理反应,如流汗、血压增高、心跳加快和呼吸急促等现象进行判断。人们只要在测谎时感到焦虑,就会出现上述反应,极易产生假阳性结果。而那些习惯说谎和技艺高超的说谎者可以控制这些反应的出现,并成功通过测试,此时测谎仪无疑面临着尴尬的境地。另外,测谎仪的可靠性在很大程度上取决于与仪器无关的因素,如测谎工作者的训练素质和被试人群的特点(焦虑的外周反应程度)等。在国内法医精神病鉴定实践中,近几年来测谎仪主要在伪装精神障碍或诈病鉴别诊断中得到初步应用。但是,这些局限性是导致测谎结果还不能作为直接证据采用的根本原因。

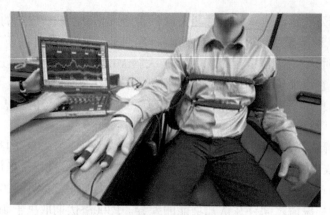

图4-2　多道生理测试仪(测谎仪)

三、心理测量技术

心理学评定工具,主要涉及对伪装精神病和伪装认知损害相关诈病或主观努力程度的测查。对伪装精神病的甄别,主要采用投射测验和人格测验(personality test);而对伪装认知损害相关诈病的甄别,多采用非必选测验和必选测验。

(一)投射测验与人格测验

洛夏墨迹测验(Rorschach inkblot test)是最主要的投射测验,侧重于精神动力学理论来研究人格的一种方法。所谓投射测验,通常是指观察个人对一些模糊的或无主题的材料所做出的反应,在这些反应中自然包含了个人的行为特征模式。此测验是用10张纯灰至黑和浓淡不匀的彩色墨迹图呈现给受试,告诉他,在这些墨迹中看到像什么便说出来,一张可看出多个东西来(图4-3)。我国在20世纪40年代后期便引进了该套测验,现已有正常成人的常模。研究表明诈病与洛夏投射测验的反应时间、戏剧性内容、卡片拒绝次数及内容的矛盾大小(即不能作出容易和普通的反应,却能说出高难度的反应)存在相关。但是,一些研究者批评这一测验在方法学上缺少严谨性,对诈病指数的效度和信度分析需要满意的对照,才能作出客观可靠的结论。

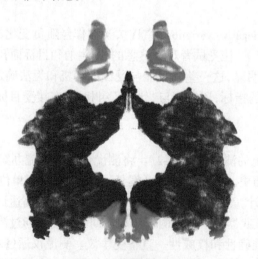

图4-3　洛夏墨迹测验

在人格测验中,使用最多、研究最深入的是明尼苏达多项人格调查表(Minnesota multiphasic personality inventory, MMPI)。MMPI是美国1942年制定,我国于20世纪70年代引进修订。美国又于80年代对其进行了修订,称为MMPI-2。MMPI-2有更多反映伪装或夸大精神症状的效度分量表。MMPI-2共有567个条目,其中与MMPI有394个条目完全相同,重新编写了66个条目,新增加了107个条目,主要用来揭示受试的一些人格特征及判断答卷的有效性。测验的内容范围很广,包括身体状况、精神状态及对家庭、婚姻、宗教、政治、法律、社会的态度等,已被证明有很好的信度和效度。其中,与识别伪装有关的分量表有:①L量表:又称说谎量表,由反映个人品行的条目组成,内容涉及那些从社会价值观或习惯上值得称赞,但实际上却是每个人都可能存在的问题。测量过多宣扬自己优点的倾向,高分反映有意表现的倾向。②F量表:又称"稀有回答"或"稀有认同"量表,用来检测那些以不寻常方式回答测试条目的情况。该分量表主要由奇异感知觉、古怪思维、特殊体验、迫害观念、情绪隔离及异己体验等一些不寻常的体验或信念所组成,这些条目在大多数(90%以上)的正常人群是很少认同的,故名为"稀有认同"量表。高分表示任意回答、诈病或确系严重偏执。③Fb量表:以偏常的方向回答这个量表条目的人数少于10%作为选择原则,条目内容主要与受试者遭受急性应激和情绪压抑有关。有学者认为Fb量表升高见于夸大精神症状、伪装精神障碍、确实存在精神疾病、没有足够的阅读能力、随机回答和存在严重的心理病态。④Fp量表:是Arbisi等编制的一个了解受试是否以个人不喜欢的方式或过度报告精神病理的效度量表,特别是精神病人出现认同很多精神病理条目的时候。可以用来了解F量表升高的原因究竟是因为随机回答造成的,还是因为没有足够的阅读能力,或真的存在精神病理,或因为故意伪装病情的结果。如果该量表和F量表同时升高,而其他效度量表(如VRIN和TRIN)没有升高,提示受试企图夸大精神病理现象,这个量表很少受疾病诊断的影响。⑤O和S亚量表:对考察受试在意义明显的和隐含条目的回答情况有一定价值,因而可用来评估受试是否夸大或掩饰精神病理。当受试夸大报告存在精神病理时,O量表较S量表分更高;相反,S量表较O量表分更为升高则提示掩饰精神病理。有研究认为,如果所有5个O量表的T分升高到80或以上,而所有5个S量表T分在50或以上时,表明受试试图夸大;相反,受试可能存在掩饰的情况。因此,分析夸大或掩饰要看5个O量表的T分数之和与5个S量表T分数之和的差异程度。⑥K-F指数:又称Gough伪装指数,是将两个传统效度量表(F效度量表与K效度量表)结合使用所形成的一个新的效度指标,即将两个量表的原始分相减即得,特别对伪装"坏"的剖图有良好的辨认能力。当K-F指数大于10,认为剖面图提示夸大精神病理症状;当K-F指数小于0,则认为剖面图提示掩饰精神病理症状;当K-F指数处于中间状态(0~9)时,则认为受试者精确认同了条目(提示剖面图有效)。但应当注意K-F指数存在16~25%的假阳性。⑦Ds-r量表:又称修订Gough伪装量表,是一个检查伪装精神障碍的量表,其条目内容比F量表和Fb量表更隐蔽,很少与极度严重或明显的精神病性障碍相关。

(二)非必选测验和必选测验

国内外对于识别伪装智力低下和记忆损害的心理评定工具,从测验方法上基本可分为非必选测验和必选测验。

1. 非必选测验　非必选测验没有备选答案,由受试用语言表达和描述试题答案。经过多年的发展,目前常用的非必选测验包括Rey记忆测验、记忆诈病测验(TOMM)、韦氏记忆量表修订本(WMS-R)的伪装指数及数字广度测验等。这些测验费时不多,但它们的敏感性也较低。

(1)Rey记忆测验:1940年由Rey创建,由15个条目组成,也称为Rey15-item memory test,这个测验即利用了地板效应的原理。要求被试再认15个独立的条目,看起来有一定的复杂性,实际上这些条目的排列组成都是非常易于识记的。即便是由真正的认知功能损害患者来做测验,绝大部分(≥90%)的患者也能够顺利地完成。

(2)TOMM:1996年由Tombaugh创制的,由50个线条图构成的项目组成,测试过程包含实验1(Trial1)、实验2(Trial2)。最初的效度研究表明,对扩大或伪装记忆损害的检测,TOMM是一个非常有用的工具,不受被试年龄、教育程度、认知状况、神经损害及情绪状态的影响,但是与上述的Rey记忆测验一样,同为地板效应的原理,一旦受试者明白其原理或者经过简单的培训都可以通过,故敏感度较低。

(3)WMS-R"伪装指数":由Mittenberg根据WMS-R发展出来的,发现在实验研究中的"伪装"与颅脑损伤患者的"注意/专心指数"(attention/concentration index)和"一般记忆指数"(general memory index)有明显不同,据此可以计算出伪装指数,但也有研究发现其假阴性率较高(23%),敏感性较低。此外,受试者必须完成韦氏记忆测验11个分量表的全部内容。因而,对于颅脑损伤后有明显躯体功能障碍和体弱的受试者来说,可行性较差。

(4)数字广度分测验:主要反映受试者的瞬时记忆水平。该测验是由受试者复述出一些随机排列组合的数字(如58,294,3728等),一般从两位数开始,逐渐增加,让被测者顺背或者倒背出来。一些心理学家发现,韦氏智力量表和韦氏记忆量表中的数字广度分测验能够把实验指导下的模拟"伪装"与获得性脑损伤和有明显记忆损伤的患者区分开来,因此,将数字广度测验用于探查伪装智力和记忆损害的工具。还有研究发现,许多严重的记忆损害患者,包括柯萨可夫(Korsakoff)综合征、脑炎及经历过神经外科手术的患者,其瞬时记忆(数字广度的技能)常常保持相对良好。因此,数字广度测验得分过低的受试者存在伪装的可能,特别是当这种"差成绩"的情况出现在轻度颅脑损伤(如脑震荡)受试者时,伪装的可能性更高。

2. 必选测验 必选测验(forced-choice testing, FCT),被认为是识别伪装认知能力低下最可靠的心理测查工具,其效度在伪装记忆损害的中国人中得到了证实。这类测验的每一个测试题都备有两个或多个答案以供选择,但其中只有一个是正确答案。测验时,要求受试者必须选择一个自己认为是正确的答案,不允许不做选择的情况,因而称为"必选测验"。这类测验不必用言语表达,只要用手指出或者点头示意即可。该类测验采用了统计学中的二项式定理,即在一个二项必选测验中,所有条目都有50%的正确选项概率,受试者在没有记忆的帮助下随机做出反应,都能有50%的正确率。有目的选对时,得分会显著高于50%;而有目的选错时,得分会显著低于50%(图4-4)。这些评定方法都是对伪装行为的量化,即当受试在这些测验的分数达到了显著性水平时,便认为受试有伪装的可能性。二项必选测验通常会与智力或记忆测验同步实施,对智力或记忆测验结果的可靠性进行再评估。尽管识别诈病行为模式的测试具有内在复杂性,但狡猾的伪装者一旦理解测验的设计原理,仍有可能逃避测试的检查。

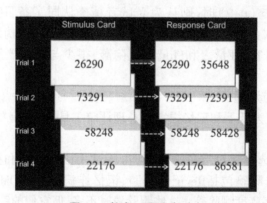

图4-4 数字二项必选测验

波特兰数字再认测验(Portland digit recognition test, PDRT)是Binder和Willis1991年创建的,共包含72个条目,每个条目首先显示5个数字组成的序列,在一些干扰注意力的措施(如倒数)后出现两个数字序列,让受试者从中选择哪一个是刚才出现过的。有研究调查发现单纯临床上未卷入法医鉴定的中度及重度颅脑损伤患者得分均在划界分以上,相反,17%的参与法医鉴定的轻度颅脑损伤患者得分明显低于划界分。在实际操作中,如果受试者在最初的18个或者36个条目表现出色,那么可以终止测验,以节省操作时间。如果运用得好,PDRT可以有效地降低假阳性率,然而,此测验的敏感性较低,伪装的检出率并不高。

(三)神经心理学测验

神经心理学主要是研究行为与大脑关系的一门新兴学科。神经心理学测验,过去主要用来协助临床医生作出脑病损病灶的定位甚至定性诊断。近年来,现代颅脑成像技术已取代神经心理学测验的这一传统作用,但仍有一些脑功能测量需要结合或参考神经心理学测验结果。目前国内在临床上常使用的神经心理学测验包括:韦氏成人智测(Wechsler adult intelligence scale, WAIS)、韦氏记忆测验(Wechsler memory scale, WMS)、H-R成套神经心理测验(Halstead-Reitan neuropsychological test battery)、Stroop字色干扰测验(Stroop word-color interference task)等。单项神经心理学测验主要测量某一脑功能,成套神经心理学测验可对脑功能进行全面估量。神经心理学测验方法较多,需选择对颅脑损伤敏感的测验项目。韦氏智测中的领悟分测验是该测验项目中最好的预测认知损害的测验。研究表明,H-R成套神经心理测验诊断脑损伤的符合率达80%左右,各分测验的差异也有助于了解不同部位脑功能的情况。颅脑损伤患者的损伤程度越严重,神经心理的损害也越严重。认知损害与损伤的严重度显著相关。由于大脑的不同部位的功能有所差异,所以不同部位受损就有可能有不同的神经心理测验结果。前额损伤会损害执行功能,左额受损会导致失语症,海马部位的损伤与记忆障碍有关,而弥散性轴索损伤会产生注意和心理过程速度的缺陷。Stroop字色干扰测验对执行功能中的心理控制和反应的可塑性较敏感,常用于额叶损害的伤者。

四、其他实验室检查

(一)精神活性物质的定性与定量

海洛因和甲基苯丙胺(冰毒)是目前我国毒品犯罪最严重,对人类精神健康危害极大,也是滥用人群最多的两类毒品。在法医精神病学鉴定中,必须尽快掌握犯罪嫌疑人在实施犯罪行为期间或之前滥用毒品的性质和体内水平,以评估毒品对被鉴定人精神状态、实质性辨认能力及控制能力的影响程度。目前,我国常规的吸毒认定检材依然以尿液为主,但当吸毒者吸毒数日后,尿液等常规检材失去检验价值,这时毛发就成为吸毒认定的最佳检材。毛发作为一个特殊的载体,在吸毒检验方面具有其他检材不可比拟的优势。相对于尿液和血液检材,它易采集、易保存,可长时间保留吸毒信息,可反映吸毒的时间范围、吸毒的程度和吸毒的变化。因此毛发中毒品分析是目前普遍应用的尿液分析方法的补充和发展。

海洛因的化学名称是二乙酰吗啡,海洛因进入人体后在血脂酶的作用下迅速代谢为6-单乙酰吗啡,然后进一步代谢成吗啡。海洛因和6-单乙酰吗啡均含有酯的结构,在尿液和血液中很容易水解为吗啡,因此尿液和血液中这些母体和中间代谢物的含量很低,且随着吸食时间的延长浓度越来越低,最后可能只能检测到最终的代谢物吗啡。由于吗啡也可由可待因代谢或由使用药物吗啡产生,因此在生物检材中只检出吗啡,并不能证明滥用了海洛因。为了提高海洛因滥用的证据力,必须在检材中检出6-单乙酰吗啡。而毛发中的成分以6-单乙酰吗啡为主,因此毛发是证明滥用海洛因的最佳检材。苯丙胺类毒品的主要代谢途径之一是N-脱烷基产物,因此甲基苯丙胺的主要代谢物是苯丙胺。在甲基苯丙胺类毒品滥用者的毛发中,甲基苯丙胺的含量相对于血液和尿液中的含量要高。由于这两类毒品及其代谢物成分的化学结构不同,因此对应的毛发分析也应采用不同的检测方法。

(二)脑脊液与血清检查

正常脑脊液无色透明,新生儿脑脊液(因含有胆红素)、陈旧出血或蛋白含量过高时,脑脊液可呈黄色。正常人由于血-脑脊液屏障完整,脑脊液内酶浓度比血清内酶浓度低。当颅脑损伤、颅内肿瘤或脑缺氧时,血-脑脊液屏障破坏,细胞膜通透性也有改变,使脑脊液内酶量增加,且不受蛋白总量、糖含量及细胞数的影响,主要与脑细胞坏死程度和细胞膜的损害程度有关。近年来,一些脑损伤生化标志物如神经元特异性烯醇化酶(neuron-specific enolase, NSE)、血清脑损伤相关蛋白(S100)、胶质纤维酸性蛋白(glial fibriliary acidic protein, GFAP)、髓鞘碱性蛋白(myelin basic protein, MBP)等,已逐渐成为临床与司法鉴定评定脑损伤的重要指标。用于脑损伤的标志物必须满足以下标准:①测定简单,具有良好的可靠性;②在许多生物体液中均可测定;③可用于纵向监测;④具有早期诊断价值。

NSE主要存在于中枢神经系统的神经元和神经内分泌细胞内,是目前唯一能特异性反映神经元损伤的生化标志物。作为神经细胞分化成熟及神经细胞损伤的重要标志,其含量可敏感而特异性地反映神经元损伤程度。当神经元损伤或坏死后,NSE迅速从细胞内溢入脑脊液,通过受损的血-脑脊液屏障进入血液中,致血清NSE浓度升高,其含量可反映神经元受损的程度。

S-100蛋白是一组可100%溶于中性饱和硫酸铵溶液中的酸性钙结合蛋白,故此得名。神经系统中,S-100蛋白主要由胶质细胞和Schwann细胞合成与分泌;中枢神经系统中主要由星形胶质细胞合成与分泌。脑损伤死亡病人血清高浓度S-100β蛋白可能参与了创伤后的神经变性过程。一些脑损伤疾病,如急性脑梗死、体外循环脑损伤、阿尔茨海默病等,脑组织S-100蛋白均有过度表达。在星形胶质细胞中S-100的含量与血清中S-100水平常常显示相反的关系,血清S-100增高是由于缺氧和/或循环障碍时中枢神经系统星形胶质细胞发生了广泛损伤。因为在大脑存在高浓度S-100B蛋白(ββ),目前可用免疫试验检测S-100蛋白ββ和αβ二聚体中的β亚单位,作为分析各种原因所致脑损伤的生化标志物。

研究表明,无论颅脑CT是否显示病灶,脑损伤病人的血清及脑脊液中均发现NSE、S-100蛋白有不同程度的增高,并且与脑挫伤的体积有关,其浓度的高低反映了神经细胞和神经胶质细胞的损害程度。在脑脊液中这些脑特异性蛋白主要来源于脑组织,只有当血液中的含量显著增高时才能影响脑脊液的水平。NSE、S-100蛋白的升高可能与病灶内神经元细胞及神经胶质细胞的缺血坏死、胞质内蛋白外漏、血-脑脊液屏障的破损有关;也可能是脑组织因缺氧缺血后细胞能量代谢发生障碍诱导了NSE、S-100蛋白基因表达,以维持细胞正常功能而导致NSE、S-100蛋白含量迅速升高。

单一的指标常常不能保证其可靠性,这些蛋白存在的问题如下:①非大脑特异的;②性别、年龄、物种及神经疾病都可能对这些蛋白的产生有影响;③损伤类型和严重度、部位影响细胞的释放;④浓度还受扩散率、脑脊液容积和流量的影响;⑤肾脏和肝脏对这些蛋白廓清速度的影响;⑥分析的标准化问题。因此,建议联合NSE、S-100的定量分析,并进行动态观察,可以提高早期诊断脑损伤、进行病情评估及预后估计的准确性与可靠性。

（赵　虎）

本章小结

精神病学基础是从事法医精神病学鉴定工作必不可少的部分基本知识,基本理论和基本技能。幻觉是指在没有相应的客观刺激存在时,却出现了相应的知觉体验。妄想是一种病理性的歪曲信念,病人坚信不疑,且不能为事实所纠正,不能被说服,所坚信的与客观事实不符。精神病理表现形式多种多样,有兴趣的读者可进一步阅读许又新著《精神病理学——精神症状的分析》。目前临床常见的大多数精神障碍的病因不明,机制不清。精神障碍分类和诊断系统主要有《国际疾病分类手册》即ICD系统和美国的DSM系统,以及中国的CCMD系统。大脑影像学技术、功能成像技术、心理测量技术、毒品的定性定量分析等实验室检查项目,是诊断某些精神障碍的条件之一,法医精神病学工作者应理解其基本的科学原理,熟悉各项目的适应证。

关键术语

精神状况检查（mental state examination）

错觉（illusion）

幻听（hallucination）

思维鸣响（auditory hallucination）

功能性幻听（functional auditory hallucination）

思维奔逸（fight of thought）

思维迟缓（inhibition of thought）

思维散漫（looseness of thought）

思维破裂（splitting of thought）

语词新作（neologism）

病理性象征性思维（pathologic symbolic thinking）

妄想（delusion）

强迫观念（obsessive ideas）

注意障碍（disorder of attention）

记忆障碍（disturbances of memory）

遗忘（amnesia）

智能障碍（disturbances of intelligence）

精神发育迟滞（mental retardation，MR）

痴呆（dementia）

自知力（insight）

定向力（orientation）

情感障碍（affective disorder）

焦虑（anxiety）

情感淡漠（apathy）

易激惹（irritability）

意志增强（hyperbulia）

意志减退（hypobulia）

意志缺乏（abulia）

精神运动性兴奋（psychomotor excitement）

精神运动性抑制（psychomotor inhibition）

缄默症（mutism）

木僵（stupor）

违拗症（negativism）

自杀（suicide）

自伤（self-hurt）

冲动与攻击行为（impulsive and aggressive acts）

意识障碍（disturbance of consciousness）

梦游症（somnambulism）

神游症（fugue）

应激（stress）

功能磁共振成像（functional-MRI，fMRI）

磁共振频谱（magnetic resonance spectroscopy，MRS）

磁共振弥散张量成像（diffusion tensor imaging，DTI）

正电子发射计算机断层扫描（positron emission computed tomography，PET）

事件相关电位（event related potential，ERP）

多道生理记录仪（polygraph）

洛夏墨迹测验（Rorschach inkblot test）

明尼苏达多项人格调查表（Minnesota multiphasic personality inventory，MMPI）

必选测验（forced-choice testing，FCT）

韦氏成人智测验（Wechsler adult intelligence scale，WAIS）

韦氏记忆测验（Wechsler memory scale，WMS）

H-R成套神经心理测验（Halstead-Reitan neuropsychological test battery）

Stroop 字色干扰测验（Stroop word-color interference task）

思考题

1. 引起精神障碍的可能病因有哪些？

2. 精神障碍的临床表现有哪些？

3. 哪些实验室方法可帮助人们认识精神障碍的发生机制？

第五章　各种精神障碍的法医学问题

学习目标

通过本章的学习，你应该能够：

掌握　常见精神障碍的概念；

熟悉　常见精神障碍的法律能力评定原则；

了解　常见精神障碍的临床表现和诊断要点。

第一节　精神分裂症

案例 5-1 ▶

李某，男，25岁，未婚，被控抢劫。

简要案情：李某于某日下午二时许，在某市郊一马路旁游逛时，见公路旁停着一辆白色面包车，（司机上厕所，车内仍有一人），便上前打开车门，车内人问"你干什么？"李称"我是警察要用你的车。"即将车启动，并不准车内人下车，强行将车开走，途中让车内人下车，继续行驶并将车停在一陌生的村庄被抓获。

审讯中交代，抢车是因为没有钱用，想把汽车开回家自己用，也可以在家跑运输、客运赚点钱，并交代不让车内人下车是怕他下车后报警。

李某7岁上学至初中毕业，在校学习期间曾任班干部，并被评为三好学生，后学习驾驶，在一单位任驾驶员工作。工作认真负责，数次受到表扬。约于5年前逐渐出现失眠、个性改变、孤独离群、不与人交谈时独处发愣、工作能力下降，无目的地在外游荡数月，曾去山东、石家庄、北京等地并被遣送回家，后出现明显被害，认为有人在背后做交易、被跟踪、监视多年，并有幻听，称江泽民要让他当干部等，无故打父母，因而住院治疗，诊断精神分裂症，于案前二年痊愈出院。出院二年来，断续服药治疗，表现常独处发愣、生活被动，时常无目的地外处游荡，偶尔也在家人的催促下做些家务劳动。

鉴定时检查发现接触被动、情感平淡、对自己的前途、生活等无打算、计划，未发现感知觉和思维内容障碍；对作案称当时走在路上见一面包车停在路旁，突然想到可把车开回家，可以用车运客赚钱，问为何要冒充警察抢车，称是在电视上看过，警察这样用过别人的车。对目前所处现状表现无所谓，自知力不全。

鉴定意见：被鉴定人李某系患精神分裂症（缓解不全），作案时有限制责任能力。

　　分析：①被鉴定人李某患精神分裂症，虽治疗痊愈出院，但出院后未坚持服药，仍表现被动、意志活动贫乏，正常的生活、工作和社会功能未完全恢复；②作案动机看似现实为"抢车为用运输或客运赚钱"，但平日并无为自己工作、生计思考、计划，该患者虽无明显的精神分裂症阳性症状，但此反映了精神分裂症人格的不协调和内在心理活动的不协调；③看似有一定的自我保护能力称是警察，不让车内人下车怕报案，但在光天化日下抢车是因为在电视上见过警察这样用过别人的车，可见其推理方式过于简单，有别一般抢劫汽车犯罪的过程；④病前患者表现较好，遵纪守法，此行为与病前行为不能统一，缺乏正常的犯罪基础，不能排除精神分裂症对其行为的影响。

　　精神分裂症（schizophrenia）是一组病因未阐明的精神疾病。多起病于青壮年时期，常缓慢起病，具有思维、情感、行为等多方面障碍，及精神活动不协调。通常意识清楚，智能尚好，有的患者在疾病过程中可出现认知功能障碍，自然病程多迁延，呈反复加重或恶化，但部分病人症状可以长期缓解或达到基本痊愈。

一、临床学

（一）流行病学

　　精神分裂症的发病率在0.2‰~0.6‰之间，患病率为6‰，城市明显地高于农村，有十分显著的差异。且以较低的社会阶层多见，社会阶层越低，患病率越高，呈负相关，是高社会阶层发病率的9倍。20~30岁发病约占1/2。偏执型精神分裂症起病年龄相对较晚。

（二）病因与发病机制

1. 生物学因素

（1）遗传倾向：对精神分裂症的遗传学研究主要通过家系、双生子、寄养子及分子遗传学四个方面提示精神分裂症有一定的遗传倾向。依据为：

1）家系因素：与患者的血缘关系越近，发病率越高。精神分裂症亲属的患病率约为一般人群的6~7倍。

2）双生子研究：精神分裂症单卵双生子的患病率比双卵双生子高4~6倍。

3）寄养子研究：精神分裂症患者的子女寄养出去比精神健康父母的子女寄养出去，成年后精神分裂症患病率高（5/47,0/50）。

4）分子遗传学研究：部分精神分裂症患者第5号染色体5q11.2~13.5片段缺失，并易位于第一号染色体上。

（2）生化代谢异常：对精神分裂症患者的神经生化研究表明精神分裂症患者存在着某些生物异常。依据为：

1）多巴胺功能亢进：大脑多巴胺神经元、多巴胺代谢以及抗精神病药理的研究发现精神分裂症患者存在多巴胺功能相对亢进的异常。多巴胺功能的相对亢进与精神分裂症的阳性症状有较密切的联系。

2）去甲肾上腺素功能亢进：研究表明精神分裂症患者脑组织内、脑积液以及血液中去甲肾上腺素及其代谢产物浓度升高。

3）乙酰胆碱功能增高：对乙酰胆碱的研究发现精神分裂症患者的阴性症状与乙酰胆碱功能增高有较密切的联系。

4）5-羟色胺功能异常：多项研究表明精神分裂症患者存在5-羟色胺代谢及5-羟色胺受体的异常。且部分抗精神病药通过影响5-羟色胺代谢及受体达到治疗精神分裂症的作用。

（3）脑形态学及生理异常

1）脑影像异常：CT、MRI及PET对精神分裂症研究发现部分患者存在侧脑室扩大；脑皮层萎缩；颞叶、海马部位血流量增加等。

2）脑电及眼动异常：精神分裂症的眼动功能异常主要表现为快速扫视系统在追踪目标时脱抑制，而睡眠脑电异常主要表现为第四期慢波睡眠减少。

2.社会心理因素　精神分裂症虽然多数以缓慢隐袭起病为特征，但有时可以在环境和社会心理因素影响下急性或亚急性起病。

（1）病前个性：精神分裂症患者病前个性以分裂性人格多见，表现为内向、孤独、敏感、主动性差，当其遭遇一定的社会心理刺激时，应激能力较差。

（2）心理因素：精神分裂症虽然绝大多数是缓慢隐袭起病，但精神分裂症患者可在心理刺激因素仅为该病的诱发因素。精神分裂并不是与社会心理因素密切相关的精神疾病。

（三）临床表现

1.起病形式及早期症状

（1）慢性起病：从起病到症状明显约为3个月以上。大多数为慢性起病。表现以个性改变和类神经症症状最为常见。

1）个性改变：表现为对人冷淡疏远、孤独少语、敏感多疑、生活懒散、易激惹、注意力不佳。

2）类神经症症状：表现为类神经衰弱症状，包括失眠、易疲劳、情绪不稳、学习工作能力下降；人格解体症状、强迫症状或疑病症状。

（2）亚急性起病：从起病到症状明显约为2周到3个月。表现为情绪抑郁、强迫症状或疑病观念，从而形成妄想性体验。

（3）急性起病：从起病到症状明显为2周内，表现为突然出现明显的兴奋躁动、行为冲动，可有意识障碍。可在明显的精神刺激、中毒、躯体感染或分娩后急骤起病。

2.特征性症状

（1）思维联想障碍：

1）思维连贯性障碍：表现为思维散漫、思维破裂、思维中断、思维被夺、思维插入、思维云集和强制性思维。

2）思维逻辑性障碍：表现为逻辑倒错性思维、象征性思维、诡辩症。

（2）情感障碍：表现为情感淡漠、情感迟钝、情感倒错。

（3）意志行为障碍：表现为意志缺乏、矛盾意向、意向倒错和违拗、被动服从、模仿言语、模仿动作和冲动行为。

3.其他常见症状

（1）感、知觉障碍：以听幻觉多见，表现为评论性幻听和争论性幻听，还可出现幻视、幻嗅、幻味、幻味以及内脏性幻觉、内感性不适和感知综合障碍等。

（2）妄想：是精神分裂症常见的思维内容障碍。主要表现为被害妄想、嫉妒妄想、非血统妄想等。

（3）紧张综合征：表现为紧张性木僵，包括不动、不语、不食、违拗、蜡样屈曲，可突然出现冲动行为。

4.认知障碍　认知功能障碍也被人认为是精神分裂症的原发性损害，其主要损害包括：

（1）注意障碍：表现为注意分散和监控性注意障碍（即主动注意明显减弱，被动注意异常）；注意专注与转移困难（过度关注原有信息、难以将注意转移至其他信息）；选择性注意障碍（难以从众多的信息中选择出需要注意的信息）；觉醒度降低（对外界刺激做出反应的水平和能力下降）。

（2）记忆障碍：是广泛性的记忆损害，包括瞬时、短时和长时记忆受损。

（3）抽象思维障碍：主要表现为难以制定、形成、修正和执行计划；难以处理和解决问题；难以执行目标性任务。

5.临床表现

（1）偏执型：较常见，临床特点以妄想为主，常伴有幻觉，以幻听较多见。

（2）青春型：多见于青年期起病，以思维、情感和行为障碍或紊乱为主，例如明显的思维松弛、思维破裂、情感倒错、行为怪异。

（3）紧张型：起病较急，以紧张综合征为主，其中紧张性木僵较常见。

（4）单纯型：起病十分缓慢。①以思维、情感淡漠、意志减退等阴性症状为主，从无明显阳性症状；②社会功能严重受损，趋向精神衰退；③起病隐袭，缓慢发展，病程至少2年，常在青少年期起病。

（5）未定型：①符合精神分裂症诊断标准、有明显阳性症状；②不符合上述亚型的诊断标准或为偏执型、青春型和紧张型的混合形式。

（6）其他状态：

1）分裂症后抑郁：①最近1年内确诊为分裂症，分裂症病情好转而未痊愈时出现抑郁症状；②此时以持续2周以上的抑郁为主要症状，虽然还有精神病性症状，但已非主要临床相；③排除抑郁症、分裂情感性精神病。

2）精神分裂症缓解期：曾确定为分裂症，现治疗症状消失，自知力和社会功能恢复至少已2个月。

3）精神分裂症残留期：①过去符合分裂症诊断标准，且至少2年一直未完全缓解；②病情好转，但至少残留下列一项：Ⅰ.个别阳性症状；Ⅱ.个别阴性症状，和思维贫乏、情感淡漠、意志减退或社会性退缩；Ⅲ.人格改变；③社会功能和自知力缺陷不严重；最近1年症状相对稳定，无明显好转或恶化。

4）慢性精神分裂症：①符合分裂症诊断标准；②病程至少2年。

5）精神分裂症衰退期：①符合分裂症诊断标准；②最近1年以精神衰退为主；③社会功能严重受损，成为精神残疾。

6.病程及预后　精神分裂症的病程呈发展、反复、加重的特点，可呈持续性和间歇发作两种形式，持续性病程为不断发展、加重至精神功能衰退。间歇发作为发作、缓解、发作、缓解时可残留部分症状或人格改变，反复发作也可出现精神功能衰退。

精神分裂症患者的预后对具体的患者来说尚难确定，一般认为其预后与多种因素有关，包括家族史；病前个性；起病诱因；起病缓急；临床类型；治疗；家庭监护和社会支持等。

（四）诊断

精神分裂症的诊断是根据精神异常病史、精神检查、综合分析诊断。诊断标准为《中国精神疾病障碍分类与诊断标准》（第3版）。其精神分裂症诊断标准为：

1.症状标准　至少有下列两项，并非继发于意识障碍、智能障碍、情感高涨或低落，单纯型分裂症另规定。

（1）反复出现的言语性幻听；

（2）明显的思维松弛、思维破裂、言语不连贯，或思维贫乏；

（3）思维被插入、被撤走、被播散，思维中断，或强制性思维；

（4）被动、被控制，或被洞悉体验；

（5）原发性妄想（包括妄想知觉、妄想心境）或其他荒谬的妄想；

（6）思维逻辑倒错、病理性象征性思维，或语词新作；

（7）情感倒错，或明显的情感淡漠；

（8）紧张综合征，怪异行为或愚蠢行为；

（9）明显的意志减退或缺乏。

2.严重标准　自知力障碍，并有社会功能严重受损或无法进行有效交谈。

3.病程标准

（1）符合症状标准和严重标准至少已持续1个月，单纯型另有规定。

（2）若同时符合分裂症和情感性精神障碍的症状标准，当情感症状减轻到不满足情感性精神障碍症状标准时，分裂症状需继续满足分裂症的症状标准至少2周以上，方可诊断为分裂症。

4.排除标准　排除器质性精神障碍，及精神活性物质和成瘾性物质所致精神障碍。尚未缓解的分裂症病人，若又罹患有前述两类疾病，应并列诊断。

二、治疗

精神分裂症以药物治疗为主,不同时期或特点可配以电休克治疗、心理治疗或文娱治疗。

三、法医学问题

（一）刑事法律能力

精神分裂症作为一种最常见的精神疾病,同样是精神疾病司法鉴定工作中最为常见的精神疾病,约占所有鉴定案件的1/3~1/2。精神分裂症患者的思维、情感和意志活动的严重障碍,特别是其思维障碍较为突出。常在精神病理的影响下与周围环境产生各种冲突,出现各种危害行为。因而涉及某些法律问题,如责任能力、受审能力和服刑能力等,其中以实施危害行为时的责任能力问题最多见。

1. 精神分裂症的危害行为

（1）危害行为的频度: 精神分裂症患者在刑事犯罪中危害行为的发生率是否高于正常人群,学者间报道并不一致。有学者报道精神分裂症患者的犯罪率并不比正常人群高。仅暴力行为的危险性高于正常人。但新近的研究（Haller, R. 等,2002）表明精神分裂症患者的危害行为和暴力行为的危险都高于正常人群。目前已为人们普遍接受的观点是精神分裂症患者暴力行为较一般人群高。

在我国司法精神疾病鉴定实践中,在刑事危害行为案例中,精神分裂症所占比例虽较过去有所下降,但仍居第一位。南京1979—1988年占49.0%,1989—1998年占37.4%; 北京报道1981年占68.5%。有学者统计了1976—1995年在各类杂志上发表有关司法精神疾病鉴定的文章231篇,共报道了9771例鉴定案例,其中精神分裂症为3974例,约占40.6%。

（2）危害行为的类型: 精神分裂症患者可涉及各类危害行为。以凶杀行为最多见,约占精神分裂症危害行为鉴定案例的1/3~1/2,凶杀和伤害行为问题超过1/2。南京报道（1979—2000）在401例精神疾病患者凶杀案件中,精神分裂症占61.85%（248/401）; 在523例精神分裂症患者各种危害行为中,占47.4%（248/523）。上海报道精神分裂症凶杀占32.3%; 杭州报道在精神病人112例凶杀伤害案中,精神分裂症占58.9（66/112）。其次为性侵害、纵火和盗窃行为类。

（3）危害行为的特点: 精神分裂症患者由于受其精神病理的影响,一般说来,他们的危害行为的过程也常常有别于一般正常人的犯罪行为,主要表现为:

1）突发性: 其危害行为的发生率具有突发性的约占20%~60%。患者可在幻觉、妄想的直接支配下,对其周围的人突然发起攻击行为,造成他人的伤害,或在病理性情绪、意志影响下,因环境中微不足道的小事突然冲动攻击他人。

2）公开性: 患者往往在大庭广众之下公开实施危害行为,约51%~59%。对时间、地点不加选择; 作案后也缺乏自我保护,在现场周围徘徊,多数被现场抓获。

3）凶残性: 患者的凶杀行为常十分残酷,手段残忍,可在病理性妄想的支配下,数十刀甚至上百刀地捅受害人。

多数精神分裂症患者的危害行为具有上述特征,但也有些患者,特别是偏执型精神分裂症患者有时也会实施有预谋、有准备的危害行为。

2. 危害行为与临床类型及病理性症状

（1）凶杀、伤害等侵犯人身生命安全的行为: 是精神分裂症危害行为中最常见的类型。以精神分裂症偏执型最多见,常在妄想、幻觉的直接支配下所为,较多见的是关系妄想、被害妄想、嫉妒妄想和命令性幻听的影响,对周围的人发生突然的攻击行为。如患者表现为敏感多疑、觉得受到他人的注意、非议、蔑视; 或感到被排挤、暗示; 或觉得被人跟踪、监视和受到他人的无线电、电子仪器的控制等,因而采取"反击""报复"行为攻击他人,导致凶杀或伤害。偶尔也可见发生于精神分裂症的其他类型,如发生于青春型精神分裂症患者的紊乱行为; 紧张型精神分裂症、精神分裂症衰退期患者的突然的冲动行为等。

（2）强奸、猥亵等性侵犯行为：也是一种较为常见的危害行为，以青春型、慢性或残留性精神分裂症多见，亦也可见于偏执型精神分裂症。青春型患者除思维紊乱、内容荒诞、行为幼稚外常有较丰富的性色彩，可导致流氓猥亵行为甚至强奸行为，如一青春型精神分裂症患者，行为紊乱、性色彩明显，时有在外突然搂抱、亲吻路上行走的女性等行为。慢性精神分裂症患者的社会道德伦理观念减弱或丧失，在本能的驱使下可出现突然的性冲动而导致强奸行为。偏执型精神分裂症患者可受病理性妄想的直接影响出现强奸或猥亵行为。

（3）盗窃、抢劫、贪污等侵犯财产行为：侵犯财产行为也是精神分裂症患者常见的一类危害行为，特别是盗窃行为较为常见。多见于慢性精神分裂症患者，也可见于偏执型或其他型精神分裂症。慢性精神分裂症患者的盗窃行为常仅为满足饥饱等基本需要。偏执型精神分裂症患者可在妄想影响下所为，如在被害妄想影响下，以盗窃行为报复妄想对象等，如一精神分裂症偏执型患者，个性内向，做事谨慎、胆小怕事，但存在明显的被迫害妄想。认为单位一副厂长刘某在工作中故意整自己，与厂里的其他人甚至自己的妻子合谋来迫害他，而该厂长是分管厂里宣传工作的，因此他将厂里的一台录像机偷盗后扔到附近的河里，这样厂长要对该事负责，从而报复该厂长。

3. 危害行为与责任能力　精神分裂症患者实施危害行为时的责任能力评定的总的法律依据是《刑法》第十八条，即根据其实施危害行为时疾病对其辨认和控制能力的影响，评定其作案时的责任能力状态。在司法精神疾病鉴定实践中，对精神分裂症患者危害行为时的责任能力评定过程，不同学者之间有时会产生较大分歧。分歧的主要原因是掌握医学标准与法学标准的着重点不同。其次是精神分裂症为一种具有思维、情感和意志行为严重障碍、且不协调，并具有人格特征改变，且病程、转归非常复杂多样化的精神病。因此，精神分裂症患者实施危害行为时责任能力评定要在明确精神分裂诊断，并判明其实施危害行为时疾病所处的疾病阶段以及疾病的严重程度，综合地分析其辨认能力和控制能力的影响，作出责任能力评定。

（1）精神分裂症早期（初期）阶段：因其以人格改变、类神经疾病症状为主，一般较少发生危害社会行为。但有些早期患者具有激惹性增高，情绪不稳定或行为怪异，有时会发生妨害社会秩序、破坏公共安全、甚至突然冲动伤人，与早期症状没有明确联系，但又无明确的作案动机，且危害行为与其病前行为或正常人行为有悖时，一般评定为限制责任能力。

（2）精神分裂症发展（严重）阶段：

1）危害行为与妄想、幻觉等精神病性症状有因果关系：这是精神分裂症患者发生危害行为时最多见的一种。他们的危害行为常受到其病理性症状的直接影响，特别是在妄想、幻觉的直接支配下实施危害行为，评定为无责任能力。

2）危害行为与精神病性症状无明确因果关系：在疾病的严重阶段，虽未发现其危害行为与精神病性症状有明确因果关系，但要特别注意本病幻觉、妄想等认知症状对病人情绪、意志、行为的间接影响。同样，由于疾病特点，使其症状暴露局限或不充分。因此在这种情况下，可从三个方面考察其实施危害行为时的辨认能力：①是否有明确的可解释的正常动机；②危害行为过程是否与患者病前行为过程相统一；③危害性是否与正常人危害有悖。若无明确动机，与病前行为过程不一致且与正常人危害行为有悖，可以评定为无责任能力或限制责任能力。在疾病严重阶段，即使能找到"现实"动机，也要结合该患者本病的特点综合分析、审慎评定。例如一慢性精神分裂症患者，终日流浪在外，居无定所，衣衫褴褛，食不果腹，因饥饿、寒冷偷盗食物、财物，甚至公开抢劫食物，看似其危害行为的动机是一个满足现实需要的现实动机，但很显然此例不能因是现实动机而有完全责任能力。

（3）精神分裂症缓解阶段：精神分裂症缓解状态是指其临床症状消失、自知力恢复，能够从事病前或相当于病前水平的工作，社会适应能力及人际关系良好，且不残留人格的缺陷。在鉴定实践中常包括两种情况，即不完全缓解状态和完全缓解状态，为此需要进行认真详细的检查，并深入全面地调查，然后加以确定。

1）精神分裂症不完全（部分）缓解状态：表现为主要症状消失，自知力大部分恢复，能从事病前或稍次于病前水平的工作,社会适应能力能力尚好,但偶有精神病性症状出现;还有表现为临床症状基本缓解,但残留明显的人格改变,如易激惹、敏感多疑、较易与环境发生冲突。因此在本病不完全缓解状态下,因残留的人格改变而导致危害行为或危害行为与其病前行为或正常人危害行为有悖时,一般评定为限制责任能力,如案例5-1。

2）精神分裂症完全缓解状态: 一般认为,精神分裂症患者在完全缓解状态实施危害行为时评定为有责任能力。但实际鉴定工作中对其病史、治疗情况、恢复过程,以及其生活、工作及社会适应能力有较全面的了解,必须有充分的证据能够证明其精神分裂症确实完全缓解,特别是注意其社会适应能力是否真的恢复良好。我国有学者提出精神分裂症的完全缓解是指:"缓解状态保持稳定二、三年时间,具有正常的认知、辨别能力和行为控制能力。"国外学者(Morozo. B.)指出精神分裂症的完全缓解是指:"既无精神症状,也无躯体症状,为时3~4年且在一般的和强烈的刺激因素作用下仍保持稳定状态。"

案例 5-2 ▶

李某,男,30岁,未婚,农民。

案情:李某1983年3月某日晚,与本村一8岁女孩张某去公社看戏未成,在返回途中李某将女孩带至途中一旧砖窑处,提出奸淫该女,遭拒绝后,李某用双手掐住张某的脖子致其死亡,后将该女尸体扔入附近的机井里。次日晨李某畏罪逃跑,4天后被抓获。

李某于1977年5月开始出现精神异常,外跑,乱语,疑饭中有毒,打父母。1979年住院诊断精神分裂,经治疗后痊愈出院,出院后坚持服药,治疗三年余,案前未服药已一年余。村干部、村民及其弟弟、弟媳一致反映李出院后数年来从未出现过病情反复,与父母及弟弟、弟媳一起相处较好,但因家里贫困及以往患过精神病而一直未能成家。

审讯中如实交代了作案经过。当时与女孩张某一同去公社看戏,后听说当晚不演了,就与女孩一同回来。后在砖窑处休息。想没有别人,只有和女孩两人,是个机会,就产生了强奸她的念头。我提出后她不同意,还说要去告诉她娘。我害怕此事暴露,当时想着把她搞死就没事了,事后想想又害怕,第二天就逃出去的。现表示认罪伏法。

精神检查接触一般,情感反应适切,对答切题,未发现感知觉及思维障碍。称掐死女孩当时是一时冲动,感到后悔。对不起自己家人,对不起受害者家人,希望宽大处理。

鉴定意见:被鉴定人李某患精神分裂症,作案时处疾病完全缓解期,有完全刑事责任能力。

分析:①李某于6年前患精神分裂症,经住院治疗痊愈出院;②出院后李某在坚持服药治疗三年余,以及在作案前停服药一年余的时间内病情未再出现反复,且生活劳动、社会适应能力较好,未发现残留人格改变,其缓解时间已达四年余;③作案系在与受害者两人独处时一时冲动而欲强奸女孩,在遭拒绝后怕事情暴露情况下所为,与正常人同类作案过程无明显不同。

(二)民事法律能力

精神分裂症患者因涉及其民事法律能力问题的案例近十年来呈明显的增加趋势。常见的案例涉及患者的婚姻能力,如离婚案件中,患者是否有能力参与离婚诉讼;财产处置及继承能力,如患者是否有能力处置自己的房产或继承其他人的财产等;遗嘱能力,如患者生前所立遗嘱或现在所立遗嘱是否有效;劳动合同能力,如患者自己提出辞职申请,且被单位采纳辞退,写辞职申请时的行为能力如何等。这些都归属于患者的民事行为能力范畴。

1. 民事行为能力评定原则　精神分裂症患者,由于受疾病影响,其正确判断事物的能力可能受到不同程度的影响,使其在民事行为中正确地表达自己意思,并理智地处理自己事务的能力受损,即影响到正确表达自己的意思。因此依我国《民法》第十三条规定:"不能辨认自己行为的精神病人是无行为能力的人,由他的法定代理人代理民事行为。不能完全辨认自己行为的精神病人是限制民事行为能力人,可以进行与他的健康状态相适应的民事活动,其他活动由他的法定代理人代理,或者经他的法定代理人的同意。"因此对精神分裂症患者行为能力评定的总体原则,是依据精神分裂症患者疾病的不同阶段及严重程度,看其是否具有独立地判断是非和理智地处理自己事务的能力分别评定为有行为能力,限制行为能力和无行为能力。但在具体某一案件中对精神分裂症患者的行为能力的评定实际上包含两类情形,即一般民事行为能力和特定民事行为行为能力,在这两种行为能力评定中,运用上述原则时,着重点应有所区别。

2. 一般民事行为能力　这是指在精神分裂症患者尚未涉及到某一具体民事行为时,经其利害关系人申请,经法院受理、委托,对其行为能力进行评定,并经法院判决认定宣告。常因患者的家人或亲属对患者的遗产可能的处置行为或者因监护抚养问题向法院提出申请要求对患者的行为能力作出评定。这实质上是对该精神分裂症患者广义的行为能力评定,因为一旦宣告某人为精神分裂症患者无行为能力,则将意味着其后的所有"民事法律行为"无效,直至其行为能力恢复。而其行为能力的恢复需要再鉴定、再宣告。所以对此类行为能力的鉴定一定要慎重。

(1)评定原则:对精神分裂症患者该类行为能力的评定原则是根据该患者现精神分裂症所处的阶段、损伤的严重程度、疾病对其一般意志行为可能产生的影响的一种推定式的行为能力评定。在评定时对该被鉴定人所患精神分裂症在今后相当一段时期疾病的可能发展状态做出充分的估计,注意保护精神分裂症病人的合法民事权益。一般说来,①处于疾病发展阶段或严重阶段评定为无行为能力或限制行为能力;②疾病处于缓解不全期阶段(或不完全缓解阶段)为限制行为能力;③疾病处于完全缓解阶段为完全行为能力。

(2)注意事项:在对精神分裂症患者进行一般民事行为能力评定时,在应用上述原则时,需要注意:①查清患者目前所处精神分裂症的疾病阶段,因为这是推定式判断的重要依据;②分析目前疾病症状对整体精神功能的影响,特别是在疾病的发展阶段,因为精神分裂症患者即使在疾病的发展阶段,也并非对周围环境中发生的事物都完全丧失辨认和处理能力。有时评为限制行为能力更为有利,有利于保护精神病人的合法权益。在此情况下,一般该患者涉及具体某一民事行为时,依《民法》十三条规定而再行鉴定,确定此时患者是否能够具有和适应的民事行为能力。

案例 5-3 ▶

吴某,女,50岁,已婚,个体户。

1. 离婚诉讼时的行为能力　吴某自1969年始出现精神异常,乱语,自认为是党的高级干部的女儿,遭到别人迫害,自己要写中国建军史和党史等。因精神分裂症多次住精神病院治疗,精神分裂症病史30余年,继续服药治疗后成家生一子,但因无固定职业,近两年来从事个体饮食,卖早点。

本次向法院提出离婚诉讼,称丈夫不支持自己写建军史和党史,还和儿子一道阻止其外出寻亲人找自己的干部父亲,不是和她一条道的人,是反革命,因此要与丈夫一刀两断,坚持要求离婚。

鉴定检查发现存在明显的夸大妄想、非血统妄想、被害妄想、情感反应不适切,无自知力。

鉴定意见:被鉴定人吴某系精神分裂症(偏执型),对离婚诉讼无行为能力。

分析结论:吴某患精神分裂症数十年,目前存在较多的病理性症状;其离婚诉讼的请求,是受其病理性妄想的直接影响,非真实的意思表达,即其意思表达是病理性的。故评定为对离婚诉讼无行为能力。

2. 宣告民事行为能力　两年后,还是同一个被鉴定人吴某,因其丈夫向法院提出申请,申请宣告吴某为无民事行为能力人而再次鉴定。

距上次鉴定2年间,吴某又住院治疗一次,进步出院。出院后仍断续服药,一年多来继续从事个体经营,平时能料理一般家务,并将一自家平房出租给别人做生意,但仍坚持丈夫是反革命,因为不支持她写党史的行为等。

鉴定检查仍然存在夸大、非血统及被害妄想,并称丈夫要对其迫害,想把她搞成无行为能力的人等。情绪爱激动,谈了近期参加选举时选举某人的理由等。

鉴定意见:被鉴定人吴某系精神分裂症(偏执型),目前为限制行为能力。

分析:①被鉴定人吴某虽患精神分裂症,现仍存在较多的病理性症状,疾病并未缓解,但仍保留一些正常行为如料理家务、房屋出租、卖早点等;②本次是宣告其行为能力鉴定,无从考察其对某一具体行为的意思表示能力;③一旦以其仍处于精神分裂症的严重阶段,即仍有较丰富的精神病性症状而宣告其无民事行为能力,一经出台则将意味着吴某从此的所有民事行为均因其是无民事行为人而无效,有可能剥夺了该患者某些正当的权益;④评定为限制行为能力则较为可行,因为限制行为能力在法律上的意义是,患者可以进行与他的健康状况相适应的民事活动。因此在此种限制行为能力下,一旦该患者遇有某些民事行为时就可争取针对这些问题具有的民事行为。考察患者对此民事行为是否具有真实的意思表达而确定其民事行为的行为能力。

3. 特定民事行为能力　在精神分裂症患者民事行为能力评定中,大部分属于此类,它包括:①精神分裂症患者已经实施完成的某一民事行为时的行为能力,如生前或现已立的遗嘱或已完成的财产公证、已签约的合同或已提交的辞职报告等;②即将进行的某一民事行为能力,如离婚诉讼、出庭作证、财产分割或处置等。

(1)评定原则:此类行为能力评定的特点是针对某一明确的具体的民事行为时的行为能力评定,因此评定时重点是考察患者对这一具体的民事行为是否具有真实的意思表达,即对该事物的判断、理解、处置能力。

(2)注意事项:

1)此类评定时,患者精神分裂症所处的疾病阶段仅作为分析病情可能对其意思表达影响的参考标准,疾病的阶段不能作为评定某一具体民事行为时的行为能力的标准。

2)评定要对具体的已完成的或即将进行的民事行为作具体分析,查明患者的意思表达是否由于疾病某一症状而影响了其真实的意思表达能力,即影响了他对该民事行为的判断、理解和处置能力,如受到某些病理性妄想的直接影响,或即使处于疾病不完全缓解阶段,但其处置行为明显受到其情绪不稳的影响。

案例5-4

窦某,男,40岁,已婚,管理员。

窦某系市容管理监察支队管理员,多年来工作表现好,但约四年前开始渐出现精神异常表现,性格变得暴躁,与人格格不入,说话颠三倒四,怀疑单位同事和单位领导联合起来迫害他,怀疑家中被放了窃听器,认为有人跟踪他,常凭空听见有人讲自己坏话,在家中打父亲、妻子。因感单位领导和同事联合起来迫害自己,于一年前写辞职报告,要求辞职,而与单位签订了辞职协议,并预取了35 000元补助费。约于辞职后半年,因在家中用斧子砍妻子,无法管理送入院。诊断精神分裂症并治疗。其妻认为窦某在写辞职申请时已患精神分裂症,辞职报告应无效,并诉至法院提请鉴定。

鉴定检查发现被鉴定人仍存在被害妄想,坚信在单位工作时遭到领导和同事迫害,并在其家中放了窃听器。情感反应不适切,无自知力。

鉴定意见:被鉴定人窦某患精神分裂症(偏执型),写辞职报告是病理性妄想直接支配所为,无行为能力。

分析:窦某在写辞职报告时处于精神分裂症疾病的严重阶段,写辞职报告行为是在患者被迫害妄想的直接影响下一种逃避行为,即是受病理性症状直接影响下的非真实的意思表达,故无行为能力。

有些患者虽然处于疾病的严重阶段,但其对某一民事行为的意思表达并不受病理性认知影响,且符合一般的常理等。

案例5-5 ▶

朱某,女,64岁,工人,已婚。

朱某约于32岁时渐出现与周围人际关系紧张,认为别人在背后议论她,自己丈夫与单位多个女人有关系,甚至认为丈夫与其姐姐也有不正当性关系,曾先后四次住院治疗,多年来一直断续服药治疗。平时爱发脾气,能做些日常家务。因房屋拆迁2个月前与丈夫一同到公证处将其住房处置给儿子、孙子,当其六个女儿知道后,以其母有精神分裂症不能处置该财产为由诉讼至法院。

鉴定检查发现存在明显的关系妄想、嫉妒妄想,认为周围邻居常议论自己,有时给她脸色看,仍疑丈夫与别的女人有关系,无自知力。对房产处置称房子不给儿子、孙子给谁,"我和丈夫、儿子住一起",问其为何不把拆迁的钱分些给女儿,称女儿都是嫁出去的人。

鉴定意见:被鉴定人朱某患精神分裂症(偏执型),对其处置房产的行为有行为能力。

分析:①朱某患精神分裂症多年,目前仍存在明显的精神病性症状,但其处置房产的意思表达并未受到疾病症状的影响;②患者住于城南老城区,受传统习惯影响也较深,将房屋处置给儿子、孙子,符合传统习惯,且其丈夫精神正常,对其房产也同样处置,其意思表达与丈夫也一致。

(三)其他相关法律问题

1. **性自我防卫能力**　女性精神分裂症患者,在社会生活中时有遭受不法分子的性侵害行为。对精神分裂症患者的性自我防卫能力的鉴定,在所有性自我防卫能力鉴定中占第二位,仅次于精神发育迟滞患者的性自我防卫能力的鉴定。

(1)评定原则:女性精神分裂症患者受性侵犯时性自我防卫能力的评定,要结合患者精神分裂症病情的严重程度,和对该性行为的实质性辨认能力结合评定。一般说:①精神分裂症处于疾病的发展阶段或严重阶段,评定为无性自我防卫能力;②精神分裂症处于不完全缓解期或缓解不完全阶段,要结合性行为事件的过程及患者对该性行为的实质性辨认能力确定其性保护能力,可评定为无性自我防卫能力、性自我防卫能力削弱或有性自我防卫能力;③精神分裂症处于完全缓解期,对性行为有辨认能力时评定为有性自我防卫能力。

(2)注意事项:①要确定女性精神分裂症患者在遭性侵害时所处疾病阶段是严重阶段、不全缓解期或完全缓解阶段;②在性行为时,男方是否觉得女方有精神异常之举。不能简单的判定女方是主动还是被动。

案例5-6 ▶

檀某,女,24岁,高中,未婚,农民。

简要案情:檀某自2001年夏至2002年春,多次被犯罪嫌疑人殷某带回家中或在野外奸污。

檀某初中阶段学习成绩优良,自高二始渐出现学习成绩下降,有时无故旷课,勉强高中毕业,后出现多疑,认为父母不是自己的亲生父母,怀疑家中饭里有毒等。后住院诊断精神分裂症并予治疗,痊愈出院。在父母的督促下能坚持服药治疗。少与人交往,不愿做家务及田间农活,易与父母发火。

鉴定检查发现接触十分被动,情感反应淡漠,意志活动减退。在谈及自己被奸污之事时缺乏相应的情感反应,而称在家没事可干,没有人陪自己玩,称犯罪嫌疑人殷某对其较好,陪自己玩,还陪她一起看电视等,对其性行为的性质可能给她及家人带来的后果与影响缺乏认识。

鉴定结论：被鉴定人檀某精神分裂症（不全缓解期），无性自我防卫能力。

分析：①被鉴定人檀某患精神分裂症，经治疗痊愈出院，但从其出院以后的表现可以判明檀某虽然已无妄想等精神分裂症阳性症状，但其意志活动明显减退，终日无所事事，对未来生活、工作无打算、要求，社会功能损失明显；②犯罪嫌疑人是有妇之夫，明知被鉴定人有精神病，第一次以诱骗手段称带其出去玩，便轻易地将患者骗至家中，而患者则觉无人陪着玩，犯罪嫌疑人可陪其玩；③患者对第一次及以后多次的性行为的性质及可能给自己及家人带来的后果及影响缺乏认识。

2. 精神损伤　精神分裂症患者人身损害赔偿案，近年来在司法精神病鉴定实践中逐年增加。我们知道大多数精神分裂症患者的起病形式是缓慢隐袭起病。他们的起病没有明显的心理和环境刺激因素。但也有一些患者是在遭遇到外界强烈的心理刺激后，即在一定的生活事件作用下急性或亚急性起病，如打架纠纷、被处罚、惊吓等，这就有可能导致了一定的民事纠纷。即在患者起病后，或经过相当一段时间后，患者的家人或亲属就患者的精神分裂症与其生活事件的关系提起人身损害赔偿诉讼。

（1）精神损伤与生活事件：现阶段，对于精神损伤与生活事件的关系及精神损伤程度的鉴定尚缺乏统一的标准和相应的法规，因此在司法精神病鉴定实践中关于精神损伤与生活事件的关系有着许多不同的描述。有以因果关系描述为直接因果、间接因果和无因果关系；有以相关关系描述为直接相关、间接相关和无关。在精神分裂症与生活事件关系的鉴定中也存在同样不同的描述，而不同的描述可能导致不同的司法审判结果，即产生不同的民事赔偿责任。简单地以因果关系评定生活事件与精神分裂症的关系，可能导致数十万的经济赔偿。

因此，在现阶段对生活事件与精神分裂症关系的界定上，以诱发因素来描述生活事件与精神分裂症的关系较为合适。因为：①精神分裂症这一疾病的性质归属是一种原因未明的内因性精神疾病，它不同于心因性精神障碍；②有些生活事件的心理刺激并不强烈，精神分裂症的疾病过程中，也缺乏对该生活事件的心理反应色彩；或病愈后，回忆当时生活事件也未有强烈的情感体验；③虽在强烈的精神刺激因素下起病，但随着疾病的发展，病态的内容与心理刺激因素逐渐地失去关联性，精神分裂症的症状愈加突出。

（2）评定原则：

1）明确查清生活事件即心理刺激前被鉴定人是否完全正常：因多数精神分裂症患者是缓慢、隐袭起病。开始可能表现为个性改变、学习、工作能力下降，甚至思维上有明确的精神病性症状，不易被当事人觉察。若生活事件前确实完全正常而且该生活事件与该患者精神分裂症的发病有密切的时间联系，可评定为该生活事件是其精神分裂症发病的诱发因素。

案例 5-7 ▶

柳某，男，39岁，工人，已婚。

简要案情：1999年某日柳某在车间工作时，行车突然摔下，砸在距其约一米处。柳某受惊吓，后患精神分裂症。家属认为柳某患精神分裂症是惊吓所致，诉至法院。

柳某原个性内向，办事谨慎，在单位任车间安全员，平时工作认真负责，工作多年来一直未出现事故等。行车掉下时，同事见其面色苍白，呆立不动，别人将其拉至椅子坐下后仍面无表情，由家属陪伴回家。夜间突然大叫起床撕被子，做些怪异动作，无故打人，外跑、傻笑。后经精神病院诊断为分裂样精神病，一年后更正诊断为精神分裂症。

鉴定检查发现接触十分被动、傻笑、情感不协调及被害妄想，无自知力。

鉴定意见：被鉴定人柳某患精神分裂症，1999年某日行车摔下事件是其发病的诱发因素。

分析：①被鉴定人柳某1999年某日行车摔下事件前精神正常，无精神分裂症依据；②柳某是安全员，行车掉下是安全事故，其有责任。且车子砸下的位置仅距其一米，明显受惊吓，所以这一事件对柳某是强烈的心理刺激因素；③事故当时即有惊吓表现，当晚即出现精神异常、行为紊乱明显，与行车掉下事件有明确的时间关联。

2）若生活事件发生时，被鉴定人已处于精神分裂症的病程中，要确定该生活事件是否加重了精神分裂症疾病：除要查明该生活事件与精神分裂症病情加重有密切的时间联系，还要确定其加重的疾病症状的内容与生活事件有密切的联系，即有事件的关联性，方可评定为该生活事件加速了被鉴定人原有精神分裂症的发展。

（3）注意事项：

1）心理刺激的强弱：评定中要注意区分生活事件的心理刺激因素的强弱。有时是在受到明显而强烈的心理刺激后出现精神分裂症，有些刺激因素并不强烈，仅为一般性的，人们经常遇到的心理刺激因素。

2）有一些看似心理刺激因素的生活事件其实是患者病态行为的结果，是患者对于环境适应不良的结果。

案例 5-8 ▶

李某，男，学生，未婚，人身损害赔偿。

简要案情：李某与被告人王某为同一中学高中同班同学，1999年10月一天下课时李某头部被王某击一拳，当时感头昏眼花，休息两日后继续上学。2000年2月李某以精神分裂症住院治疗。李某家人认为李某患的精神分裂症是王某一拳所致，诉至法院，要求王某承担赔偿责任。

李某原学习成绩较好，但高中二年级后逐渐下降，有时无故骂同学是"小人"。进入高三后有时无故自笑、自语，在教室里大声吼叫"我要考哈佛大学、世界大学"。9月及10月的二次模拟考试分别为32和44名。一天下课时，李某又辱骂王时，被王某击其头部一拳，当时未出现昏迷、呕吐，回家休息二天后继续上学。11月第三次模拟考试成绩为28名，2000年2月初诊病历记载"自去年8月开始无端怀疑被人跟踪、情绪波动等"。

鉴定检查发现李某安静合作，接触好，对答切题，回忆1999年与王某纠纷时称，上课时王某坐在他后排，将《生理卫生》书放在桌上，当时认为书中有青春期性生理和男女性知识内容，意思是侮辱他不男不女，很气愤，下课才和他争吵。现觉得以前的有些想法很荒诞可笑。自知力存在。

鉴定意见：被鉴定人李某患精神分裂症，1999年10月被打生活事件与该疾病无关。

分析：①李某在1999年10月被打事件以前有明显的精神异常表现；②被打生活事件明显是李某所患精神分裂症病态影响的结果；③被打生活事件后并没有出现明确的病情发展加速的依据。

3）心理刺激与起病时间的距离：有些患者是在明确的心理刺激因素作用下起病，其起病与该生活事件有明确的时间关联性，有一些虽有明确的心理刺激因素，但距离患者起病时间较远，其生活事件与起病缺乏明确的时间关联。

案例 5-9 ▶

秦某,男,21岁,学生,未婚,人身损害赔偿。

简要案情:1997年5月某日晚秦某被朱某、蔡某两人打伤,致左耳外伤性鼓膜穿孔。2002年5月经院诊断精神分裂症,同年7月秦某以朱某、蔡某两人1997年5月某晚打人行为致其患精神分裂症为由向法院提起诉讼。

秦某自幼性格内向,上初中时学习成绩一般。1997年5月被打休息数日后继续上学,并参加中考,考取某职业高中。自高中二年级时发现其有上课时无故离开教室而发脾气。且1999年8月首次精神病就诊病历记载"2月前,情绪不稳、讲话重复、啰嗦、爱发火、无缘故称自己要'结婚了'等"。

鉴定检查发现情感不协调、思维内容紊乱、有丰富的性色彩,片段的视、听幻觉,无自知力。

鉴定意见:秦某患精神分裂症,与1997年5月被打事件无关。

分析:①秦某1999年6月左右逐渐出现精神异常表现,至2002年5月病情明显、住院治疗,符合精神分裂症缓慢起病、逐渐加重的病程特征;②1997年5月的事件距秦精神分裂症起病时间较长,缺乏明确的时间关联。

4)一因还是多因:在鉴定中要注意对心理刺激因素进行具体分析,有些是某单一的心理刺激因素与精神分裂症的起病的关系;有些是同时几个互不相关的心理刺激因素与精神分裂症起病的关系;还有一些是同时几个互为的因果关系与精神分裂症起病的关系。对于这些在鉴定实践中我们要有区别地对待。

（韩臣柏）

第二节　心境障碍

心境障碍(mood disorders)又称情感性障碍(affective disorders),是以显著而持久的情感和心境改变为主要特征的一组疾病。以情感高涨或低落,伴有相应的认知和行为改变为主要临床特征。间歇期精神状态基本正常,常有反复发作倾向,预后较好,部分可残留症状或转为慢性。它包括了躁狂和抑郁交替发作的双相障碍和单纯躁狂发作(mania)或抑郁发作(depression)。

一、临床学

（一）流行病学

1982年全国精神疾病流行病学调查的结果显示,心境障碍的总患病率为0.37‰,终生患病率为0.76‰;1993年的第二次流行病学调查为心境障碍的总患病率占0.52‰,终生患病率为0.83‰。但国外调查结果较我国数倍乃至数十倍。本病以女性多见,约高于男性的2~3倍,初次发病年龄为16~35岁。

（二）病因与发病机制

1.生物学因素

（1）遗传倾向:遗传学研究表明,心境障碍受遗传因素的影响较精神分裂症明显。

1)家系调查:流行病学调查揭示心境障碍的家族聚集性较明显,血缘关系越近,患该病的概率越高。

2)双生子研究:心境障碍单卵双生子的同病率比双卵双生子的同病率高。

3)寄养子研究:研究表明,患心境障碍的双亲的子女,即使将他们寄养在精神健康的家庭,其患心境障碍的危险性依然很高。

4)分子遗传学研究:部分心境障碍患者具有X-连续标记,还有报道部分心境障碍的易感基因同位于11p15.5。

（2）生化异常:对心境障碍患者神经生物化学的研究表明,心境障碍患者存在某些生化异常,依

据为:

1）生物胺改变:研究提示去甲肾上腺素（NE）和5-羟色胺（5-HT）这两种神经介质与心境障碍有较密切的关系,躁狂患者的中枢NE水平增高,多巴胺（DA）功能增高,抑郁患者中枢5-HT功能降低,DA功能增高。

2）内分泌改变:与心境障碍有关的内分泌改变主要有:①肾上腺（HPA）的异常,即抑郁病人血浆皮质醇水平增高;②甲状腺（TSH）的异常,即甲状腺功能亢进可出现躁狂,而甲状腺功能减退则可能出现抑郁。

（3）脑生理学异常:

1）脑影像异常:PET对心境障碍研究发现双相抑郁病人两侧前额的皮质层不对称、额叶功能低下和脑皮层葡萄糖代谢低下。

2）脑电异常:多导睡眠图研究发现抑郁症患者睡眠潜伏期延长,总睡眠时间减少,较具特征的改变是快眼运动（REN）睡眠潜伏期,具有40~50分钟（正常成人平均70~90分钟）。

2.社会心理因素　许多研究表明,社会心理因素对于心境障碍的发生也起到重要的作用。尽管一般认为心境障碍与精神分裂症一样归属于内源性精神病,但临床上由于社会心理因素作用下发病的比例较精神分裂症高,特别是与抑郁症关系更为密切。有研究发现,严重生活事件后6个月内出现抑郁发作的危险率增高6倍。另发现有28%~50%的双相障碍的躁狂发作者,在首次发作前三个月内有过重大生活事件的刺激。

（三）临床表现

心境障碍是以明显而持久的心境高涨或低落为主的一组精神障碍,并有相应的思维和行为改变,可有精神病性症状。其主要临床表现为:

1.躁狂发作（mania）　以心境高涨、思维奔逸和活动增多为特征,多为急性起病。

（1）心境高涨（elation）:是躁狂发作的突出表现,患者表现心情愉快、兴高采烈、表情轻松,讲话时眉飞色舞,且这些状态与其内心的体验相一致,也有表现为情绪不稳,易于激惹、发怒,产生破坏和攻击行为。

（2）思维奔逸:是思维联想过程的加速。概念转换较快,出现为典型的"音连""意连",主要表现为言语明显增多,口若悬河、滔滔不绝,语言激昂高亢。

（3）活动增多:表现精力旺盛,忙碌不停,但常是有头无尾,有始无终,指手画脚,高谈阔论,多管闲事,惹是生非,易与周围环境发生冲突。有时举止轻佻,喜装饰打扮,好与异性接触,或慷慨大方,挥霍无度等。

（4）夸大观念和妄想:自我感觉良好,自我评价过高,自命不凡,盛气凌人,夸大自己的能力等,甚至可达妄想程度,但内容不荒谬,与其内心体验相一致。

（5）其他症状:有时可出现幻觉妄想,如关系妄想、被害妄想等精神病性症状,但一般持续时间较短,不固定。

在临床上按临床症状的轻重及不同特点又可分为轻性躁狂、复发性躁狂、无精神病性症状的躁狂症和有精神病性症状的躁狂症等。

2.抑郁发作（depression）　以心境低落、思维迟缓和活动减少为特征,多为缓慢起病。

（1）心境低落（depressed mood）:是抑郁发作的突出表现。患者表现情绪低沉,从心绪不佳直到悲观绝望、表情愁眉不展、忧伤、沮丧、长吁短叹,郁郁寡欢,有时在熟人面前出于礼貌也可强作笑颜,有时患者表现焦虑不安,易烦躁,易激惹,而出现冲动行为。

（2）思维迟缓:思维联想进程缓慢,概念间转换十分迟缓,自感思考困难,有时感到头脑里一片空白,对周围环境刺激夸大其负性一面。

（3）活动减少:表现对工作和爱好无兴趣,全身乏力或力不从心,讲话语音低沉,行动迟缓,严重者可坐立不动甚至卧床数日不起。

（4）罪恶观念与妄想：常反省自己的过去，夸大自己的责任、缺点、错误而感内疚，自责自罪，有时达罪恶妄想程度，可在罪恶观念和妄想影响下出现自杀观念和自杀行为。

（5）其他症状：患者可有许多躯体主诉和症状，如睡眠障碍，以早醒多见，食欲减退，便秘、性功能的减退、闭经、体重减退等，还可出现幻觉、疑病妄想、贫穷妄想、虚无妄想、关系妄想和被害妄想等。

临床上按抑郁发作的轻重及不同特点可分为轻性抑郁症、反复发作性抑郁症、无精神病性症状的抑郁症和有精神病性症状的抑郁症。

3. 混合发作　是一种较少见的临床表现，即在一次发作中，既有躁狂表现，又有抑郁表现，如在心境低落的患者，有言语和动作的增多，因此混合发作可使症状均不典型，易误诊。

（四）病程及预后

1. 躁狂发作　躁狂发作的病程一般是6个月，急性发作后大多数可以缓解，但反复多次发作后可能发展为慢性，而社会功能受到不同程度影响。

2. 抑郁发作　抑郁发作持续时间一般较躁狂发作长，约6~8个月，反复发作后病程可能迁延较长。

总之，心境障碍的预后一般较好，但反复发作后会出现慢性化倾向。

（五）临床类型及诊断

根据临床表现的症状特征和病程特征，按《中国精神疾病障碍分类与诊断标准》（第三版），其心境障碍的临床类型及诊断标准为：

1. 躁狂

（1）躁狂发作：

1）症状标准：以情绪高涨或易激惹为主，并至少有下列3项（若仅为易激惹，至少需4项）：①注意力不集中或随境转移；②语言增多；③思维奔逸（语速增快，言语急促等）、联想加速或意志飘忽的体验；④自我评价过高或夸大；⑤精力充沛、不感疲乏，活动增多、难以安静，或不断改变计划和活动；⑥鲁莽行为（挥霍、不负责任，或不计后果的行为等）；⑦睡眠需要减少；⑧性欲亢进。

2）严重标准：严重损害社会功能或给别人造成危险或不良后果。

3）病程标准：①符合症状标准和严重标准至少已持续1周；②可存在某些分裂性症状，但不符合分裂症的诊断标准。若同时符合分裂症的症状标准，在分裂症状缓解后，满足躁狂发作标准至少1周；

4）排除标准：排除器质性精神障碍，或精神活性物质和非成瘾物质所致躁狂。

5）说明：本躁狂发作标准仅适用于单次发作的诊断。

（2）轻性躁狂症（轻躁狂）（hypomania）：除了社会功能无损害或仅轻度损害外，发作符合躁狂发作标准。

（3）无精神病性症状的躁狂症：除了在躁狂发作的症状标准中，增加"无幻觉妄想，或紧张综合征等精神病性症状"之处，其余均符合该标准。

（4）有精神病性症状的躁狂症：除了在躁狂发作的症状标准中，增加"有幻觉妄想，或紧张综合征等精神病性症状"之处，其余均符合该标准。

（5）复发性躁狂症：

1）目前发作符合上述某一型躁狂标准，并在间隔至少2个月前，有过1次发作符合上述某一型躁狂标准；

2）从未有抑郁障碍符合任何一型抑郁、双相情感障碍，或环性情感障碍标准；

3）排除器质性精神障碍，或精神活性物质和非成瘾物质所致的躁狂发作。

2. 抑郁

（1）抑郁发作：

1）症状标准：以心境低落为主，并至少有下列四项：①兴趣丧失，无愉快感；②精力减退或疲乏感；③精神运动性迟滞或激越；④自我评价过低，自责或有内疚感；⑤联想困难或自觉思考能力下降；⑥反复出现想死的念头或有自杀、自伤行为；⑦睡眠障碍，如失眠、早醒，或睡眠过多；⑧食欲降低或体重明显减轻;⑨性欲减退。

2)严重标准:社会功能受损,给他人造成痛苦或不良后果。

3)病程标准:①符合症状标准和严重标准至少已持续2周;②可存在某些分裂性症状,但不符合分裂症的诊断。若同时符合分裂症的症状标准,在分裂症状缓解后,满足抑郁发作标准至少2周。

4)排除标准:排除器质性精神障碍,或精神活性物质或非成瘾性物质所致抑郁。

5)说明:本抑郁发作标准仅运用于首次发作的诊断。

（2）轻性抑郁症:除社会功能无损害或仅轻度损害外,发作符合抑郁发作的全部标准。

（3）无精神病性症状的抑郁症:除了在抑郁发作的症状标准中,增加"无幻觉、妄想,或紧张综合征等精神病性症状"之外,其余均符合该标准。

（4）有精神病性症状的抑郁症:除了在抑郁发作的症状标准中,增加"有幻觉、妄想,或紧张综合征等精神病性症状"之外,其余均符合该标准。

（5）复发性抑郁症:目前发作符合某一型抑郁标准,并在间隔至少2个月前,有过另1次发作符合某一型抑郁标准。

3. 双相障碍(bipolar/affective disorder)

（1）双相障碍,目前为轻躁狂:目前发作符合轻躁狂标准,以前至少有1次发作符合某一型抑郁标准。

（2）双相障碍,目前为无精神病性症状的躁狂:目前发作符合无精神病性症状的躁狂标准,以前至少有一次发作符合某一型抑郁标准。

（3）双相障碍,目前为有精神病性症状的躁狂:目前发作符合有精神病性症状的标准,以前至少有一次发作符合某一型抑郁标准。

（4）双相障碍,目前为轻抑郁:目前发作符合轻抑郁标准,以前至少有一次发作符合某一型抑郁标准。

（5）双相障碍,目前为无精神病性症状的抑郁:目前发作符合无精神病性症状的抑郁标准,以前至少有一次发作符合某一型躁狂标准。

（6）双相障碍,目前为有精神病性症状的抑郁:目前发作符合有精神病性症状的抑郁标准,以前至少有一次发作符合某一型躁狂标准。

（7）双相障碍,目前为混合性发作:

1)目前发作以躁狂和抑郁症状混合或迅速交替(即在数小时内)为特征,至少持续2周躁狂和抑郁症状均很突出;

2)以前至少有一次发作符合某一型抑郁标准或躁狂标准。

（8）双相障碍,目前为快速循环发作:在过去12个月中,至少有4次情感障碍发作,每次发作符合轻躁狂或躁狂发作、轻抑郁或抑郁发作,或情感障碍的混合性发作标准。

4. 持续性心境障碍

（1）环性心境障碍:

1)症状标准:反复出现心境高涨或低落,但不符合躁狂或抑郁发作症状标准。

2)严重标准:社会功能受损较轻。

3)病程标准:符合症状标准和严重标准至少已2年,但这2年中,可有数月心境正常间歇期。

4)排除标准:①心境变化并非躯体病,或精神活性物质导致的直接后果,也非分裂症及其他精神病性障碍的附加症状;②排除躁狂或抑郁发作,一旦符合相应标准即诊断为其他类型精神障碍。

（2）恶劣心境:

1)症状标准:持续存在心境低落,但不符合任何一型抑郁的症状标准。

2)严重标准:社会功能受损较重,自知力完整或较完整。

3)病程标准:符合症状标准和严重标准至少已2年,在这2年中,很少有持续2个月的心境正常间歇期。

4）排除标准：①心境变化并非躯体病（如甲状腺功能亢进症），或精神活性物质导致的直接后果，也非分裂症及其他精神病性障碍的附加症状；②排除各型抑郁（包括慢性抑郁或环性情感障碍），一旦符合相应的其他类型情感障碍标准，则应作出相应的其他类型诊断；③排除抑郁性人格障碍。

5. 其他待分类的心境障碍

（1）谵妄性躁狂：严重躁狂发作伴意识障碍（如谵妄）；

（2）隐匿性抑郁：在抑郁发作中，有显著的躯体症状与自主神经症状，而无相应的躯体疾病可以解释，有时甚至掩盖了抑郁症状；

（3）慢性抑郁或慢性躁狂：一次抑郁或躁狂发作的病程至少持续2年；

（4）躁狂或抑郁缓解期：曾有1次以上情感性精神障碍发作史，目前已完全缓解至少2个月。

（六）治疗

心境障碍以药物治疗为主，结合临床特点配以电休克治疗、心理治疗等。

二、法医学问题

（一）刑事法律能力

心境障碍的患病率近十多年来呈增加的倾向，特别是抑郁发作的增加表现更为明显。心境障碍也成为司法精神疾病司法鉴定工作中较常见的一种精神疾病，约占整个鉴定案件的5%~10%，仅次于精神分裂症和精神发育迟滞，位于第三位。心境障碍虽以情绪的高涨或低落为其特征，但在其病态情绪的影响下，同样也产生相应的认知障碍，而与周围环境产生各种冲突，出现各种危害行为，因而涉及某些法律关系，如责任能力、受审能力和服刑能力等，其中以实施危害行为时的责任能力问题最多见。

1. 心境障碍与危害行为　心境障碍在疾病过程中出现的危害行为依据不同的发作，即躁狂发作或抑郁发作，而有所不同。

（1）躁狂发作与危害行为：在精神疾病司法鉴定实践中，躁狂发作较抑郁发作少见。

1）危害行为类型及特点：躁狂发作的危害行为的类型主要有调戏、猥亵行为、扰乱社会、治安行为和轻伤害行为，而因躁狂发作出现严重的杀人、强奸、抢劫等行为较少见。一般认为这可能是因为躁狂发作时，患者的自我感觉良好，对环境中的刺激以产生正性的认识为主，当其严重时症状暴露明显易被周围人所注意，而不致引起严重的危害行为，另有人认为躁狂发作时患者辨认能力受损不严重，对杀人等严重危害行为尚保持着一定的辨认。

2）危害行为与病理性症状：有些躁狂症患者表现为激惹性明显增高，易于激惹，而导致与周围人发生冲突或滋生事端，或发生扰乱社会治安的行为，如患者在躁狂发作的三个多月中，连续多次的寻衅滋事，常为一点小事与邻居争吵、甚至打人，乱砸东西，当地居委会多次为此出面处理也无效，直至此次躁狂发作缓解。

有些患者举止轻佻，追逐异性，性欲亢进，行为放荡，而出现流氓猥亵行为，或嫖娼行为，如一躁狂发作患者在发作期间，多次在市火车站附近勾搭暗娼，并带回家中进行嫖娼违法活动，有的患者也可因为行为轻率出现顺手牵羊式的偷窃行为。

有些患者表现在经济上慷慨大方，随意施舍，甚至挥霍无度。如一患者在躁狂发作时，将自己掌握的单位金钱任意挥霍，在外酒店吃饭时，一次给小费就上千元，买的数千元一套的西装，随意送给他人。

有些严重的急性躁狂和谵妄性躁狂患者，可有一定程度的意识障碍，甚至可出现一过性的错觉、幻觉和妄想，而出现冲动、伤害行为。

（2）抑郁发作与危害行为：在精神疾病司法鉴定的实践中，抑郁发作时出现的危害行为明显较躁狂发作时多见，且危害行为的危害性也较大。

1）危害行为类型及特点：抑郁发作时的危害行为以凶杀行为最为多见，包括"扩大性自杀"、"间接自杀"和"激越性杀人"等，还可出现偷窃行为，纵火、抢劫、强奸行为，抑郁发作患者于危害行为后大多数投案自首，或停留的作案现场，或自杀、潜逃者极为罕见。

2）危害行为与病理性症状：杀人是抑郁发作时最严重，也是最常见的危害行为，其杀人行为可与不同的病理性症状有关。

"扩大性自杀"（expanded suicide）是抑郁发作时杀人的经典范例，即患者在严重的情绪低落的状态下，感困难重重，一筹莫展，陷入绝境，而产生强烈的自杀企图，并决意自杀摆脱痛苦，但想到自己的亲人也处在重重困难之中。为免除亲人的痛楚和不幸的遭遇，常将自己的配偶或儿女杀死后自杀。也称为"怜悯性杀亲"（mercy killing）或"家族性自杀"等。如某女患者抑郁发作时，在情绪极度低落的情况下，仍感债务重重，痛苦不堪，难以度日，欲自杀，但想到两个孩子没娘后在世上也痛苦等，便将自己3岁和5岁的孩子一前一后绑在身上，走入村边的河中，致两个孩子死亡。

间接自杀常是在抑郁发作时，情绪极度低落时，产生自杀观念，而以往数次自杀不成功，欲通过杀人的行为使其被判死刑达到自杀的目的，也称为"曲线自杀"。如一患者数次抑郁发作时曾以上吊自杀、喝农药自杀和触电自杀，甚至被电击伤去掉三根手指都未自杀成功，故在一次抑郁发作时用刀砍死一邻居，以求被枪毙达到自杀目的。

有些抑郁发作患者在严重的情绪低落下，对外界的刺激产生严重的负性认知出现关系、被害或嫉妒妄想或偏执观念，并在这些精神病性症状的影响下可出现杀人行为。在鉴定实践中抑郁发作者杀人以该类杀人最为多见。如一患者在父亲去世后，出现抑郁发作，整日忧心忡忡，坐立不动，因患者是长子，其妻便替他忙前忙后，张罗办理丧事，自然与亲人接触较多，患者感妻子不关心自己，已变心与他人相好，凌晨醒来更感如此，将熟睡的妻子砸死。

另一类较常见的抑郁发作时杀人，是患者一方面情绪极度低落，一方面又情绪极度的恶劣，焦虑不安，情绪易激惹，呈激越状态，周围环境一点小的刺激，出现突然的冲动杀人行为。如一患者抑郁发作时除情绪低落外，总感心里烦躁、焦虑、坐不住，听到家人讲话甚至邻居停自行车声也感烦躁。一天中午嫌住一楼太嘈杂，要妻子把窗帘拉上，患者突然上前掐妻子的脖子致其死亡。

有些抑郁发作患者在发作时出现偷窃行为。国外报道主要是一些女性患者发生于超市的偷窃行为。近年随着超市在我国的普遍出现，该类案例也有所见。主要是因为抑郁发作时患者在情绪低落时，注意力涣散，在超市购买时的一种漫不经心的行为，随手将物品放入自己的衣袋中。

抑郁发作时还可出现抢劫、纵火，甚至强奸行为，这些危害行为的共同点：属一种"自贱"行为，都是在情绪严重低落的情形下，或是在自责、自罪等负性认知的影响下，以通过这种危害行为达到惩罚自己的目的。

2. 危害行为与责任能力　心境障碍患者实施危害行为的责任能力评定的法律依据仍是刑法第十八条，即根据其实施危害行为时的疾病对其辨认和控制能力的影响评定其作案时的责任能力状态。

在司法精神疾病鉴定实践中，对心境障碍患者实施行为时责任能力的评定，比精神分裂症患者实施危害行为时责任能力的评定更易出现分歧，其原因主要是心境障碍以情绪障碍为突出表现，而情绪障碍对患者的意志行为的影响关系不如精神分裂症患者突出的认知障碍对其意志行为的影响关系那么明晰。其次是心境障碍主要是一发作期精神疾病，有正常的间歇期，对正常间歇期判定上存在不同的分歧。这些都有可能导致对责任能力评定的不同。因此，对心境障碍患者实施危害行为时的责任能力评定，要在明确心境障碍不同发作的特点，判明其实施危害行为时所处的疾病阶段及严重程度、综合地分析疾病对其辨认能力和控制能力的影响，作出责任能力评定。

（1）轻性心境障碍：作为独立的疾病单元，轻性心境障碍可以包括轻性躁狂症、轻性抑郁症、环性心境障碍和恶劣心境，这些疾病的共同特点是社会功能受损较轻或功能完整，对环性心境障碍或恶劣心境患者在疾病期间实施的危害行为责任能力，结合危害行为的辨认和控制能力影响一般评定为限制责任能力，如恶劣心境患者在持续心境低落时，时常伴有烦躁不安、焦虑和易激惹，当与环境发生一点小矛盾时，控制能力明显削弱，也会出现一些冲动伤人行为。

案例 5-10 ▶

罗某,男,21岁,高中,未婚,无业。

简要案情:被鉴定人罗某在家中,听见门外她母亲正与另一人发生口角,罗某冲出门外向该人脸部猛击一拳,致该人鼻骨骨折,构成轻伤害。

审讯中称当时在家里很烦躁,母亲与别人在门外争吵时,听见别人骂母亲就火了,冲出去打了那人一拳,现感到很后悔。

罗某适龄入学,高中以前学习一直较好,遵守校纪并一直担任班干部,但自上高中后常感到心中烦闷,对学习也无兴趣,也不愿当干部,甚至未参加高考,入伍后仍常感到心情压抑,主动要求复员,常失眠;曾因心中莫名烦躁难受冲砸家中电视、桌椅,甚至以拳击墙壁或用刀割皮肤等毁物或自伤行为来使烦躁心情得以缓解。

精神检查发现接触一般,表情寡欢、言语较被动、心境较低落,未发现精神病性病状,自知力存在。

鉴定意见:罗某系患持续性心境障碍——恶劣心境,作案时有限制责任能力。

分析:①罗某近5~6年来持续的心境低落,对学习、当兵等缺乏兴趣,失眠,常莫名的烦躁不安,焦虑,甚至出现毁物自杀行为以缓解烦躁心情,但数年来症状表现都达不到抑郁发作的症状标准,其社会功能并无明显受损,自知力完整,符合恶劣心境标准;②冲动伤人行为明显受其恶劣心境的烦躁焦虑影响,使其控制能力削弱;③此冲动伤人行为与其病前良好表现不一致。

对轻性躁狂症和轻性抑郁症患者在疾病期间实施危害行为的责任能力,是易产生分歧意见的。有的认为轻性躁狂或轻性抑郁患者的辨认能力受损不明显,仅是控制能力明显削弱,而应该评定为部分责任能力,也有认为虽是轻性心境障碍,但患者的许多危害行为是受其疾病症状的直接影响所致,是疾病具体表现的组成部分,而且很难判明其辨认能力未受损,故应该评定为无责任能力,如轻性躁狂患者的自我评价过高或夸大,爱管闲事,易激惹而发生扰乱治安、妨碍公务等危害行为与其疾病症状直接有关并是疾病表现的组成部分。在实际鉴定工作中,对此类情况除了看其疾病症状对其危害行为的影响程度及实施危害行为的辨认和控制能力的影响以外,还可结合其病前的人格特征、作案类型和过程及行为模式和道德品行综合评定为限制责任能力或无责任能力。

案例 5-11 ▶

蒋某,男,18岁,学生,未婚。

简要案情:某年8月19日晚11时许,被鉴定人蒋某在某宾馆洗完桑拿浴后,更衣时见旁边一衣柜未锁,便将衣柜内他人手机放入自己包中,但也不马上离开,后在浴室被当场查获。

审讯中开始报假姓名、假住址,与办案人员东扯西拉,后交代了作案经过,因疑精神异常取保候审。

蒋某是在校中学生,7月份暑假期间天天坚持到校补课,但约8月初始出现行为轻率,两次不告知父母去外地亲戚家,后出现兴奋话多,自我感觉良好,乱花钱,时常光顾洗头房、桑拿浴,请人吃饭,晚上睡得很晚,将收音机声音开得很大,影响邻居休息,有时在外过夜,自8月10日以后有数次不参加补习。9月份开学上课后由母亲护送来校,在课堂上好插嘴,喜欢穿新衣服、新鞋子在同学前炫耀,开学数日翻墙逃学,表现易激惹,数日不归家,无法坚持学习,于9月26日住精神病院,诊断躁狂发作,治疗。同学反映平时蒋有小偷小摸行为,曾在新华书店偷过一本书。

鉴定检查时(同年11月)接触好,对答切题,除自我感觉良好外未发现其他精神病性症状,称几个月前当时就感到特别的高兴,不去上学,经常去洗头房或桑拿浴,感觉自己很了不起,很有本事,夜里睡不着,不要父母管,甚至打父母等,并自称在读小学、初中时常撬开家中柜子,拿家里钱出去花。

鉴定意见：被鉴定人蒋某患躁狂发作，作案时辨认和控制能力削弱，有限制责任能力。

分析：①从蒋某整个疾病表现及程度看符合躁狂发作诊断标准，但作案时，即8月19日左右其症状符合躁狂发作的症状标准，但当时社会功能未明显受损，符合轻性躁狂之诊断标准；②偷窃手机行为与其当时病情表现自我感觉良好、行为轻率有关，系受疾病症状影响；③被查获初审讯时报假名、假地址有一定保护能力；④平时有小偷小摸行为，此次行为难以完全归于疾病症状影响其辨认控制能力。

（2）重性心境障碍：指完全符合心境障碍的症状标准及严重程度标准和病程及排除标准的患者，包括躁狂发作、抑郁发作和谵妄性躁狂。对这些社会功能受到明显损害的严重的心境障碍的患者，其辨认和控制能力也常受到较严重的影响，结合其具体实施危害行为时的辨认和控制能力一般评定为无责任能力或限制责任能力。

案例5-12 ▶

朱某，女，33岁，工人，丧偶。

简要案情：一天上午8时许，朱某被人发现在家中煤气中毒，同室有其8岁的儿子张某。经抢救朱某脱离危险，其子张某死亡。朱某脱险后称是故意要害死其子张某。

审讯中称"我不想活了，我想我走了，儿子没有妈可怜，我和儿子一起死好了"。

朱某于两年前丈夫得肝脏病去世，之后心情一直不好，觉得自己无力带大孩子，严重失眠、不想上班等，并多次自杀，曾三次把自己与孩子关在房间里放煤气，而三次煤气中毒，两次服大量镇静剂以图自杀，一次上吊均被及时发现抢救。一年前住精神病院诊断抑郁复发，予治疗3个月后痊愈出院，于作案前3个月又出现情绪低沉，对生活、工作失去兴趣，失眠，时常想怎样去死等。

朱某检查发现情绪低落、哭泣，仍存在强烈自杀企图，认为自己已无法过下去了，无力抚养孩子，想自己去死，但想到孩子这样会很可怜，所以把孩子一起带走，无自知力。

鉴定意见：被鉴定朱某患抑郁发作，作案时无刑事责任能力。

分析：①朱某于案前3个月始再次出现抑郁发作，社会功能明显受损；②杀子行为是在忧郁发作时严重的情绪低落和观念及行为的精神病理症状支配下所为，丧失了辨认和控制能力，是典型的抑郁发作患者的"扩大性自杀"。

在鉴定中，对少数特殊类型的危害行为的责任能力评定较易产生分歧，如对抑郁发作患者"间接性自杀（曲线自杀）"，有学者认为患者在杀人行为时能够认识到这种行为的性质、后果与违法性，虽辨认能力和控制能力明显削弱，但未达到丧失程度；导致其杀人动机是一种"心理变态"，而非精神病性症状所致，应评定为部分责任能力。也有学者认为，抑郁发作患者的"间接自杀"，虽了解其杀人的性质后果，并想利用其后果达到死亡的目的，这类患者是数次用其他手段自杀未成而寻求的另一种自杀手段，其时社会功能严重损失，检验现实的能力已完全丧失，已不能辨别自己行为的是非，在疾病（严重的情绪障碍，自责等）的影响下丧失了辨认和控制能力，应评定为无责任能力。

（3）伴精神病性症状的心境障碍：在抑郁发作或躁狂发作的同时伴有精神病性症状时，患者严重的情绪障碍与认知障碍相互影响，较易与周围环境产生冲突。对其实施危害行为时的辨认和控制能力影响常较明显，所以对该类患者在精神病性症状直接影响下的危害行为时的辨认和控制能力的判定一般不会产生太大分歧，评定为无责任能力。

案例 5-13 ▶

易某,男,32岁,工人,已婚。

简要案情:某日凌晨5时许,易某在自家中用皮带将其熟睡中的妻子勒死,后用刀将自己左、右手腕等处割破,并将气管割破自杀,后被发现送往医院抢救。

案发后被送往医院抢救过程中,将气管插管拔除,在住院期间的书写物中称"老婆经常讲话刺激我",经抢救后在关押中表现不语、少动,同室犯人称其像"木头人"。

易某系某厂工人,工作表现较好,与妻子及一女儿共同生活,但约作案前7个月始渐表现情绪低沉、失眠,以早醒为主。疑自身患多种疾病,经各种检查,并未发现异常后,2个月前去精神病医院门诊检查发现,自我评价过低、生活兴趣减退,自觉头脑变乱,有轻生念头,觉生不如死,抗抑郁断续治疗。至案前已数月不上班,时常卧床不起,认为妻子对其不好,变心了等。

鉴定检查发现目光呆滞,动作极缓慢,瞬目减少,长时坐立,姿势不动,语音极低,思维缓慢明显,称妻子常用含沙射影的话刺激他,"从眼神中看出她已变心"等,无自知力。

鉴定意见:被鉴定人易某患抑郁发作,作案时无刑事责任能力。

分析:①易某患抑郁发作症状十分明显,社会功能严重受损是典型的重性抑郁;②杀妻行为是在重性抑郁发作过程中,受其的精神病性症状,即关系妄想及偏执意念的直接影响下所为,完全丧失辨认和控制能力。

（4）心境障碍缓解期:心境障碍系一组发作性精神疾病,间歇期精神状态基本正常,多数可以从事原来工作、生活,社会适应一般较好,因此在间歇期即缓解期内实施危害行为时一般辨认和控制能力不受影响,应该评定为有责任能力。因此在实际鉴定工作中,要严格地查明其作案时是处于心境障碍的发作期还是间歇期,同时要注意实施危害行为时是处于轻性心境障碍还是重性心境障碍,因为有些重性的心境障碍就是由轻性心境障碍进一步发展而成。同时也要注意鉴定时的精神状态与作案时的精神状态的区别、以客观的确定作案时心境障碍的严重程度。

案例 5-14 ▶

秦某,男,38岁,工人,已婚。

简要案情:秦某于某日中午,将前来自己家中找其女儿玩耍的一名12岁的女孩拉到床上奸污,数日后案发。

审讯中开始时否认作案事实,后经教育交代了作案经过,但陈述时避重就轻,关押期间未发现精神异常表现。

秦某,于6年前出现少动、少语、想死与兴奋、话多、吹牛说大话交替出现等精神异常表现,住精神病院诊断双相情感性障碍(躁狂型),治疗三个月痊愈出院,后回单位继续从事门卫工作。2年前因父亲去世,一度睡眠差,情绪不稳,案前一年多来一直正常工作,与同事相处关系尚好,未发现精神异常表现,案前两日还在值国庆保卫班。

鉴定检查发现接触一般,未发现情绪低落、消极、少动或情绪高涨、兴奋、话多等心境障碍和其他精神病性症状,称当时是一时糊涂,而感后悔,有自知力。

鉴定意见:被鉴定人秦某系患双相情感性障碍,作案时处疾病间歇期,有完全刑事责任能力。

分析:①既往有典型的双相情感性障碍的病史;②经第一次住院治疗后,数年缓解正常,社会适应良好,两年前因父去世曾有所波动,后缓解;③现一年多来,工作社会适应良好,无精神异常依据,案前还在值单位国庆保卫班,案后关押中也未有精神异常表现,案前也无重大生活事件的刺激,故此次作案处于疾病间歇期。

（二）民事法律能力

心境障碍患者涉及民事法律能力问题的案例,近十年来也呈明显增加趋势,常见的案例涉及患者的婚姻能力,如离婚案件中患者是否有行为能力参与离婚诉讼;合同能力,如患者是否有能力与别人订合同;财产处置及继承能力,如患者是否有能力处置自己的财产或继承他人的财产等。这些都归属于患者的民事行为能力范畴。

1. 民事行为能力评定原则　心境障碍患者是以情感和心境改变为突出特征,而情感和心境的改变很明显地影响到患者的意志和行为,使其在民事行为中正确地表达自己意思,并理智地处理自己事务的能力受到不同程度的影响,即影响到其正确表达自己的意思。因此对心境障碍患者行为能力评定总的原则是结合根据心境障碍患者病情严重程度,看其是否具有独立地判断是非和理智地处理自己事务的能力,分别评为有行为能力、限制行为能力和无行为能力。同时要区分是一般民事行为能力还是特定民事行为能力。

2. 一般民事行为能力　这是指心境障碍患者尚未涉及某一具体民事行为时,经其利害关系人申请,经法院受理委托,对其行为能力进行评定,经法院认定宣告。这是对心境障碍患者行为能力的一种广义的评定。考虑到心境障碍是一种发作性精神疾病,有正常的间歇期这样特殊性,因此无特殊的需求和必要性,一般不易对心境障碍患者进行一般民事行为能力评定。在精神疾病司法鉴定实践中对心境障碍患者进行一般民事行为能力评定一般适用慢性心境障碍或持续性心境障碍。因这些心境障碍病程持续较长,多数缺乏明显的缓解期或缓解期比较短暂。鉴定中可以根据疾病严重程度可能对其意志行为和意思表达能力的影响进行推定式的行为能力评定。

（1）评定原则:一般说:①重性心境障碍,包括躁狂发作、抑郁发作、伴精神病性症状的心境障碍、谵妄性躁狂和严重的慢性心境障碍评定为无行为能力;②轻性躁狂、轻性抑郁、环性心境障碍和恶劣心境评定为限制行为能力;③心境障碍缓解期评定为完全行为能力。

（2）注意事项:对心境障碍患者进行一般民事行为能力评定时,应注意:①查明患者目前所处疾病阶段,即是发病阶段还是缓解阶段;②对慢性心境障碍患者,由于其病程持续较长,且病情的严重程度也常起伏不定,中间可能有短暂的缓解期,因此除长期处于严重的心境障碍状态外,一般以评定限制行为能力为宜,以有利于保护他们的合法权益,当他们具体涉及某以民事行为,可根据《民法通则》第十三条规定而再行鉴定,确定其该民事行为时的行为能力。

案例 5-15 ▶

方某,男,51岁,工人,未婚。

方某系某单位工人,自23岁开始出现兴奋、话多,自我感觉良好,自认才华横溢,好管闲事,睡眠明显减少,易激惹躁狂住院治疗后痊愈出院。以后又先后四次均以躁狂发作住院治疗,但随着躁狂反复发作,其缓解期越来越不明显,近8年来虽未再住院治疗,但病情一直未彻底缓解,病状起伏不定,时常可见其在街上和医院门前夸夸其谈,招致围观,或"指挥"交通或"维持"秩序。其家属向法院申请宣告其为无民事行为能力人。

鉴定检查发现自我感觉良好,自我评价较高,并对社会某些不良现象加以抨击,自知力不完整。

鉴定意见:方某患慢性躁狂症,有限制行为能力。

分析:①方某反复多次躁狂发作后缓解期不明显,近8年来病情一直未缓解,系慢性躁狂病;②多年来病情严重程度起伏波动,时轻时重,严重时可能处于无行为能力状态,轻时可能系限制行为能力状态,故评定为限制行为能力为宜。

---

3. 特定民事行为能力　在心境障碍患者民事行为能力评定中绝大部分属于此类,它包括:①心境障碍患者已经实施完成的某一民事行为时的行为能力,如生前或现在已立的遗嘱、已完成的财产公证、已签约的合同或已提交的辞职报告等;②已明确的即将进行的某一民事行为时的行为能力,如离婚诉讼、财产分割或处置等。

(1)评定原则:此类行为能力评定特点是针对某一明确的具体的民事行为时的行为能力评定,因此评定原则是结合心境障碍患者的病情重点考察其对这一具体民事行为是否具有真实的意思表达,即对该事物的判断、理解和处理能力。

(2)注意事项:①此类评定时患者心境障碍类型或阶段,仅能作为分析病情可能对其意思表达产生影响的因素;②评定要对具体已完成或即将进行的民事行为作具体分析,查明患者的意思表达是否由于疾病的原因而影响了其真实的意思表达能力,即影响了他对该民事行为的判断、理解和处理能力。

案例 5-16 ▶

夏某,男,32岁,无业,已婚。

夏某在7年前去美国工作,约7个月前出现情绪低落、焦虑不安,悲观、失眠、感自身无力、发麻,记忆力减退,疑已患艾滋病(前与一黑人有过性接触史),自认为无法坚持工作,于3个月前回国,去数家精神病院诊治,诊断为抑郁发作,门诊服药治疗,当其妻向法院提起离婚诉讼后,夏感心情更加压抑,有轻生企图,住精神病院治疗,其弟认为夏不能参与离婚诉讼向法院要求行为能力鉴定。

鉴定检查发现夏某情绪低落,思维明显迟缓,焦虑、感脑子一片空白,活着没意思,怀疑患了艾滋病,回国前把所有在美国的东西都扔了,准备回国后死在自己的家乡。对妻子提出离婚之事不置可否,烦躁焦虑称"我怎么办? 我怎么办""都给她,我已是要死的人"等,无自知力。

鉴定意见:夏某患抑郁发作,目前对离婚诉讼无民事行为能力。

分析:①患者目前处于抑郁发作的严重阶段,并伴有精神病性症状——疑病妄想和强烈的轻生念头;②目前对是否同意离婚,难以表达自己的意思。受疾病的影响对离婚一事无真实的意思表示能力。

(三)其他相关法律问题

1. 性自我防卫能力　女性心境障碍患者,在社会生活中有时会受到不法分子的性侵害行为。特别女性患者在轻性躁狂发作时,常伴有性欲亢进,患者常浓妆艳抹、花枝招展、举止轻浮,好接近男性,此时更易受到性侵害。

(1)评定原则:女性心境障碍患者受到性侵害时性自我防卫能力的评定,要结合患者心境障碍的严重程度和对该性行为的实质性辨认能力综合评定。一般说:①重性心境障碍评定为无性自我防卫能力;②轻性心境障碍、环性心境障碍和恶劣心境患者,要结合性行为事件的过程及患者对该性行为的实质性辨认能力确定其性自我防卫能力,可评定为无性自我防卫能力、性自我防卫能力削弱和有性自我防卫能力;③心境障碍缓解期,对性行为有辨认能力时评定为有性自我防卫能力。

(2)注意事项:①要查明女性心境障碍患者在遭性侵害时心境障碍的严重程度,查明是处于疾病发作期还是缓解期;②在性行为时,男方是否觉察女方有精神异常之举,不能简单地看是女患者主动还是被动,因为躁狂患者常伴性功能亢进,出现一些主动、轻浮的行为;③因心境障碍是一发作性疾病,有正常间歇期。评定时要注意区分男方与女方此前是否具有感情基础、是否在正常恋爱过程中,在患者间歇期中两人的性行为状态等,而客观综合地评定。

案例 5-17

周某,女,34岁,会计,已婚。

周某自18岁始出现情绪低沉,感到烦躁、焦虑,感觉度日如年,有自杀企图和行为,以抑郁症住院治疗,痊愈出院,两年后出现兴奋、话多,爱打扮,乱花钱,睡眠明显减少,有时夜间不归,以双相感情的躁狂相住院治疗,痊愈出现。26岁结婚,在生孩子后又出现兴奋话多,着异装,爱接近男性,并将夫妻性生活过程讲给别人听,夜间睡眠明显减少。第三次住院治疗,缓解期完全正常,一个月前患者再次出现兴奋、话多,大谈与丈夫性生活过程,夜间不睡,主动与街头一男子搭讪,称其长得很俊、潇洒等,该男子见周某言语不太正常,有机可乘,将其带回住处奸淫。

鉴定检查发现情感明显高涨,满面笑容,轻松愉快,谈及夜间在外与他人性行为时毫无羞耻感,认为男人与女人之间性行为是正常表现,不一定非要是自己的丈夫等,无自知力。

鉴定意见:周某患双相情感性障碍躁狂相,在被奸淫时无性自我防卫能力。

分析:①周某有双相情感障碍病史十多年,且反复多次发作,但间歇期正常,此次遭性侵害时处于躁狂发作期;②周某在疾病间歇期时言行正常,无行为轻浮举止等品行问题,而躁狂发作时行为轻浮明显、性欲亢进,大谈与丈夫性生活过程,与间歇期行为大相径庭;③此次虽是主动与男方搭讪,但男方也从言行中发现其精神不正常而起歹念,而周某的主动行为是其疾病本身的表现。

2. **精神损伤** 心境障碍患者人身损害赔偿案近年来在司法精神病鉴定中逐年增多。我们知道大多数心境障碍的患者呈急性或亚急性起病,有些患者在起病前有明显的社会心理刺激因素,特别对抑郁发作影响较为明显。如一些重大的负性生活事件常起明显的诱发作用。在鉴定实践中患者由于打架纠纷、被处罚、惊吓或交通事故后出现心境障碍,而导致一些民事纠纷,为此家属就患者心境障碍与其生活事件的关系,提起人身损害赔偿诉讼。因心境障碍与精神分裂症一样目前对其病因的共识是归因于内因性精神疾病,所以对于有关心境障碍与生活事件的关系的精神损伤的描述同精神分裂症,以诱发因素描述为妥。

(1)评定原则:评定时要注意:

1)明确生活事件即心理刺激前被鉴定人精神状态是否完全正常。若生活事件前确实精神状态完全正常,而且该生活事件与该患者心境障碍的发病有密切的时间联系,可评定为该生活事件是其心境障碍发病的诱发因素。

案例 5-18

华某,男,38岁,干部,已婚。

华某系某出租汽车公司干部,平时工作认真负责,无精神异常之举,2002年1月15日中午在工作中被他人殴打,致左大腿软组织挫伤,皮肤挫伤,面部软组织挫伤,三日后出现兴奋话多,自我感觉良好,夜间不眠,易激惹伴有被害内容,疑别人又要打他等,住精神病院诊断躁狂发作予治疗,两个月后痊愈出院,出院后三个月出现情绪低落,感全身无力、失眠,割腕自杀两次,住院诊断双相情感性障碍抑郁相,予治疗三个月后痊愈出院,出院后华向法院提起人身损害赔偿诉讼。

鉴定检查时意识清楚,接触好,情感反应适切,但谈及被打经过时情绪较激动,未发现感知觉障碍及思维障碍,对两次住院时精神异常表现叙述清楚,自知力存在。

鉴定意见:被鉴定人华某患双相情感性障碍,2002年1月15日被殴打事件为心理刺激因素,是首次躁狂发作的诱发因素。

分析：①华某首次躁狂发作前精神状态完全正常，未见精神异常表现依据；②华某于被打后三日急性起病，且疾病表现被害内容与被打有关联；③首次躁狂发作经治疗缓解，间歇期三个月正常，后又出现抑郁发作，较难与约半年前被殴打事件有关联。

2）若生活事件发生时，被鉴定人已处于心境障碍病程中，要确定该生活事件是否加重了被鉴定人心境障碍的疾病严重程度，除要查明生活事件与心境障碍病情加重有密切的时间联系，而必须确定其加重的疾病症状的内容与生活事件有密切的联系。即有时间的关联性和内容的关联性，方可评定为该生活事件加重了被鉴定人原有心境障碍的发展，否则评定为无关。

案例5-19▶

谢某，男，15岁，学生。

谢某系某校初三年级学生，同学和老师反映自开学以来表现情绪较高，常在下课后唱歌，有时大声喊叫或动手打同学，上课时小动作较多。喜欢与女同学交往，讲下流话，有时表现易激惹和同学发生纠纷，但每日尚能按时上课，有时家庭作业不完成，某日下课时谢某又动手打同学伍某，继而口角、争执缠打，次日谢仍显兴奋、话多，在课堂上叫喊，骂同学伍某，并冲出教室，后不敢来校上课，乱跑，夜间不归家，而住精神病院，住院表现兴奋、话多，行为冲动，易紧张害怕和低沉、话少，两组症状交替发作，经治疗后症状消失痊愈出院，后谢某家人向法院提起民事诉讼，要求人身损害赔偿。

鉴定检查表现意识清楚，接触好，有礼貌，情感反应适切，情绪稳定，称开学后自己感到心中特别愉快，总想唱歌，想和同学说话，特别喜欢和女同学接近，同学不理时，会动手拍他们一下等，承认与伍某纠纷是自己不好，先动手打他的，称和伍打架后心里就特别紧张、害怕，不敢去上学，后也不敢回家等，自知力存在。

鉴定意见：谢某患双相情感性障碍，与同学纠纷打架前已患病。纠纷与该疾病的发生无关，纠纷对促使该疾病症状加剧具有一定作用，但纠纷是谢某已患疾病所导致。

分析：①谢某在纠纷事件前已明确有精神失常表现，但社会功能未明显受损，为轻性躁狂状态，所以其发病与纠纷事件无关；②纠纷后紧接出现明显行为紊乱，紧张恐惧，社会功能明显受损。与纠纷事件有时间和内容的关联，所以不能排除谢某的疾病加重与纠纷事件无关；③虽疾病加重与纠纷事件有关，但纠纷事件本身是该患者疾病的症状所引起的结果。

（2）注意事项：在对心境障碍的患者进行精神损伤评定时，还应该注意以下几点：①心理刺激的强弱；②心理刺激与起病的时间距离；③心理刺激本身是否是病态行为的结果；④一因还是多因。

（韩臣柏）

第三节 偏执性精神障碍

偏执性精神障碍（paranoid disorder）是一组以系统妄想为主要症状，病因未明的精神障碍，可有短暂、不突出的幻觉。在不涉及妄想的情况下，其他心理方面无明显异常。30岁以后起病者较多。

一、临床学

（一）流行病学

1980年全国十二个地区流行病学调查偏执性精神障碍患病率为0.2‰，发病年龄多为30岁以上。

（二）病因与发病机制

目前本病病因不明，没有明显的遗传和器质性因素。

本病患者多数存在个性缺陷，表现为主观固执，敏感多疑，容易激动，自尊心强，自命不凡，自我评价高等。

本病大多数病前有明显的精神刺激因素，因此一般认为本病是在个性缺陷的基础上，遭受精神因素的影响发展而来。

（三）临床表现

偏执性精神障碍的临床表现以妄想为其突出的症状，主要是对现实生活中某些客观事物加以歪曲的理解而逐渐发病，并随着病程的发展妄想逐渐的系统固定，当涉及妄想内容时，常伴有强烈的情感反应，在不涉及妄想内容时，其他心理过程一般没有明显障碍。

1. 妄想　偏执性精神障碍的妄想，因是在某些现实基础上由于患者主观片面、曲解的基础上逐渐形成，所以妄想内容常具有一定现实性，内容并不荒谬。有时仅凭患者的一面之词还难以发现其妄想，或认为其看问题偏激固执，因此偏执性精神障碍患者的妄想具有以下特点：

（1）渐进性：多数患者在个性缺陷的基础上，对客观环境中发生的某些事物加以歪曲理解，有些是对客观事物缺乏全面理解或单纯强调事物的某一个方面并加以主观臆断，以后在此基础上逐步发展为关系妄想、被害妄想、夸大妄想、钟情妄想或嫉妒妄想等。

（2）系统性：患者的幻想内容与现实有一定联系，所以描述其妄想时内容仍十分逼真，患者为证明自己妄想是真实的，常描述的细节详尽，使人感到所描述的事情较完整，有时似乎很有层次和逻辑性，若不仔细调查了解，甚至真伪难辨，这与精神分裂症患者的妄想内容荒谬、离奇、泛化是明显不一致的。

（3）固定性：患者形成了较为系统的妄想后，该妄想长期存在，并可能随着与妄想内容有关事物的发展而使妄想加深或产生其他的妄想，使其妄想更为系统、固定、难以消除。

2. 幻觉　大多数偏执性精神障碍患者没有幻觉，有少数偏执性精神障碍患者，在疾病的某个时候可以出现短暂的幻觉，但幻觉不突出，即幻觉与妄想的主题内容有关，对其他心理过程无明显的影响。

（四）病程及预后

多为缓慢起病，病程较长，病情可随环境的变化而有起伏，一般人格保持较完整，不导致精神衰退。

（五）诊断

1. 症状标准　以系统妄想为主要症状，内容较固定，并有一定的现实性，不经了解难辨真伪。主要表现为被害、嫉妒、夸大、疑病或钟情等内容。

2. 严重程度标准　社会功能严重受损和自知力障碍。

3. 病程标准　符合症状标准、严重程度标准至少已持续3个月。

4. 排除标准　排除器质性精神障碍、精神活性物质和非成瘾物质所致精神障碍、分裂症，或情感性精神障碍。

（六）治疗

以抗精神病药物为主，辅以心理治疗。

二、法医学问题

（一）刑事责任能力

偏执性精神障碍虽患病率较低，在精神疾病群体中只是很小的一部分，但由于其突出的妄想症状的影响，时常与周围环境发生冲突导致各种危害行为，因而涉及某些法律关系，如责任能力、受审能力和服刑能力等，其中以实施危害行为时的责任能力最为多见。

1. 偏执性精神障碍与危害行为

（1）危害行为类型：偏执性精神障碍在妄想的直接影响下可以出现各种不同程度的危害行为。

其中以杀人行为较为多见，以被迫害妄想和嫉妒妄想最易导致凶杀。如一偏执性精神病患者，自6年前某一天见家中沙发上一裤头上有"精液"（实为白带），便渐发展为确认其妻与自己堂兄有不正当两性关系，后在嫉妒妄想的直接支配下将堂兄杀死。

妨碍公务也是偏执性精神障碍患者较多见一种危害行为，常是受被害妄想影响，自认为遭到单位领导、同事或邻里的长期"迫害"反复到有关部门上诉，甚至不辞辛苦，丢家弃业，无穷尽地上诉，如一偏执性精神障碍患者，自认为遭到学校校长的打击报复迫害，丢下家中三个3~7岁的孩子不闻不问，也不论寒冷炎热，从县城到省市甚至北京反复上访数年，甚至在外乞讨。

偏执性精神障碍患者还可在妄想的影响下出现寻衅滋事、诽谤，扰乱社会治安和盗窃等危害行为。

（2）危害行为特点：偏执性精神障碍患者的危害行为，特别是凶杀行为常有如下特点：

1）作案常有预谋：患者人格保持相对完整，思维联想多无障碍，因此对其妄想中所谓的"加害人"施以报复，常事先有所计划和预谋，适当地选择作案的时间、地点等。

2）目标明确：由于妄想系统，因此其伤害攻击的对象较为明确，即妄想内容的"加害人"。

3）手段较残忍：由于对妄想深信不疑，对"加害人"恨之入骨，一旦实施攻击时常伴强烈的激情，手段常较残忍。

4）作案后保护：患者作案后可出现伪装现场、销毁证据、掩盖罪责等行为。

2. 危害行为与责任能力　偏执性精神障碍患者实施危害行为时的责任能力评定是根据其疾病对其危害行为时的辨认能力和控制能力的影响评定。

偏执性精神障碍患者实施危害行为时的责任能力评定一般情况下分歧意见较少。因为患者除妄想外，人格相对完整，不涉及妄想的情况下，其他心理无明显异常，一般情况下作案常是在妄想的直接支配下所为，应评定为无责任能力。若作案与妄想内容无直接联系，且作案动机现实，过程无异于一般正常人，一般认为有责任能力。

案例 5-20 ▶

路某，男，51岁，已婚，医师。

路某医专毕业后从事医师工作，工作认真负责，但其个性表现较为主观固执，自尊心强。7年前因工作与一同事争吵、打架，受到院长批评。认为领导处理不公，渐认为院长有意对其打击报复，并发展为被害妄想。书写印刷材料，"控告"院长对其进行迫害、克扣他和妻子工资等，并揭发院长"贪污"（纪委查证与事实不符）。近5年反复向市、省、中央各部门告状，长期不上班也不顾及家庭。且身备凶器，扬言要杀人，各级部门做了大量疏导解释工作，但他不听规劝，愈闹愈凶，常造成有关部门难以正常工作。

鉴定检查表现意识清楚，接触好。述7年来遭到院长的打击报复和人身迫害，多年告状。各级部门都不处理院长，相互包庇，感到非常气愤。决心一定要把院长告倒。未发现感知觉障碍，无自知力。

鉴定意见：路某患偏执性精神障碍，作案时无刑事责任能力。

分析：①路某原有一定个性缺陷，主观固执、自尊心强；②在现实矛盾基础上逐渐发展为被害妄想，并反复告状，病理性意志增强明显，但妄想内容不荒谬，情绪和行为与妄想相关；③多年来人格保持相对完整，妨碍公务行为完全是受妄想影响所为。

（二）民事行为能力

偏执性精神障碍患者涉及民事法律能力问题的鉴定近些年来,也时有所见,主要涉及离婚诉讼、行政诉讼和财产处置时的特定行为能力,以及一般民事行为能力。

1. 一般民事行为能力　偏执性精神障碍患者尚未涉及某一具体民事行为时,经其利害关系人申请,经法院受理委托,对其行为能力进行评定,经法院认定宣告。由于本病患者除妄想外,不涉及妄想内容时,一般其他心理过程无明显障碍,大多能够保持对事物的分析能力,正确地表达自己的意思。因此一般评定为限制行为能力,而不评定为无行为能力。

2. 特定民事行为能力　偏执性精神障碍的患者民事行为能力评定中多数属于对某一具体民事行为时的行为能力评定主要是偏执性精神障碍患者参与诉讼时的行为能力,包括离婚诉讼、行政诉讼,以及自诉案件时的诉讼能力。此类行为能力评定主要针对某一明确目的具体的民事行为时患者的意思表达能力进行评定,判明其对该民事行为的意思表示是否受到其妄想的影响。若受到妄想的影响,一般评定为对该民事行为无行为能力;若未受到妄想影响,能够真实地表达自己的意思,则评定为对该民事行为有行为能力。

案例 5-21 ▶

丁某,男,43岁,未婚,工人。

丁某个性表现主观、片面、固执己见。高中毕业后插队到农村,后调入某翻译院工作。平时爱好英语,参加英语大专自学考试并取得11门学科结业证。10年前开始认为自己英语水平较高,要求从事翻译工作,但又不愿参加考核。为此与单位产生纠纷。以后为单位分房、分发福利以及评定职称等问题不断纠缠领导,逐渐发展为被害妄想。认为单位某领导有意对其迫害、打击,败坏他的名誉,扬言要杀人。不断写信给省、中央领导,控告、谴责单位领导对其迫害。后住精神病院诊断偏执性精神障碍。出院后仍继续给省、中央写信,控告单位某人的打击、迫害、诽谤。近6年来不上班,反复告状,并向法院提起人身损害赔偿,要求赔偿人身损伤费用50万元,因而法院就其是否具有提起诉讼的行为能力要求鉴定。

鉴定检查发现接触好,彬彬有礼,侃侃而谈,自我评价较高,认为自己工作、学习均较好,外语水平完全可以当翻译。认为单位某领导有意对其在工作安排、住房等问题上有意对其打击迫害、毁谤打击,并把自己送入精神病院搞坏其名声。缺乏自知力。

鉴定意见:丁某系偏执性精神障碍,目前提起赔偿诉讼行为完全是在病理性妄想直接支配下所为,无行为能力。

分析:①丁某原个性表现主观,固执、偏激;②自十年前因工作问题与单位领导发生纠纷,逐渐发展为被害妄想和夸大妄想,内容不荒谬,人格保持相对完整;③赔偿诉讼系病理妄想支配。

（三）其他相关法律问题

在精神疾病司法鉴定中,偏执性精神障碍主要涉及责任能力、服刑能力和行为能力鉴定,较少涉及女性偏执性精神障碍患者的性保护能力鉴定和精神损伤的鉴定。这可能因为偏执性精神障碍患者的妄想内容与现实有较多的联系,不荒谬,人格相对保持完整,不易为人们所觉察有关。另外虽然常是在一些现实生活事件基础上发展而成,但因为发展过程常较长,是一个渐进的过程,且患者常有个性缺陷的基础,故人们常把其中一些病态归于患者的个性缺陷,较少提起人身损害赔偿诉讼。

（韩臣柏）

第四节　应激相关障碍

应激相关障碍(stress-related disorders)是一组主要由严重的应激性生活事件或持续不愉快生活处境改变所致的精神障碍,也称反应性精神障碍(reactive mental disorders)。决定本组精神障碍的发生、发展、病程及临床表现的因素包括有生活事件和生活处境(如剧烈而超强精神创伤或生活事件、或持续困难处境)、个体的社会文化背景、人格特点、教育程度、智力水平及生活态度和信念等。

本病可发生于各年龄阶段,多见于青壮年,男女发病率无明显差异,国外研究显示女性高于男性。症状表现及病程与应激性生活事件的严重程度有关,在应激源消除后,症状持续时间一般不超过6个月。

本病不包括癔症、神经症、心理因素所致生理障碍及各种非心因性精神病性障碍。与文化相关的精神障碍的起因虽不与应激事件直接相关,但同属于心因性障碍,其疾病分类地位尚未确定,故附在本节介绍。

一、临床学

(一)病因与发病机制

强烈或持久的心理应激因素是导致本病发生的直接原因。这些因素既可以是火灾、地震、重大交通事故、亲人死亡、恐怖袭击等异乎寻常的生活事件,也可以是持久而沉重的情感创伤或困难处境,如家庭不睦、邻里纠纷、工作严重挫折、蒙受冤屈、长期与外界隔离及不能适应生活环境改变等。当应激性生活事件达到一定的强度,超过个体的耐受阈值,使个体失去自控能力,便可产生一系列精神症状。应激性生活事件是否致病,除应激事件的性质及强度外,还与个体当时的健康状态及造成内心冲突的严重程度有关。前者如过度疲劳、长期睡眠不足、慢性躯体疾病或有精神病遗传史的易感素质者。后者又与个体的认知模式、教育程度、社会支持、人格特征等因素有关。

面对严重的应激性生活事件,几乎每个个体都会产生一定的应激反应,但反应强度与持续时间有明显的个体差异。由于个体都具有适应与代偿机制,大多数个体在几小时或几天内消退,少数个体反应过度才出现精神障碍。

心理应激致病学说首先假设外界刺激有不同的强度,但是刺激的强度并不决定于外界事物本身,而决定于个体对刺激的认知,对事物变化的性质及与个体利害关系的评估。当评估为失去了个体最强烈需要的东西时,才会引起最强烈的反应。

(二)临床类型

按照遭受应激事件到出现应激反应的时间、病程长短及症状特点,应激相关障碍可分为急性应激障碍、创伤后应激障碍及适应障碍这三种临床类型。

1. 急性应激障碍(acute stress disorder)　也称(急性应激反应),以急剧、异乎寻常的应激性生活事件作为直接原因,症状一般在受到应激性刺激或事件的影响后几分钟内出现,最初多出现茫然状态,紧接着出现对周围环境进一步退缩,或者是激越性活动过多,常伴有惊恐性焦虑的自主神经症状(心动过速、出汗、面赤)。如果应激源及时消除,多在2~3天内消失(常在几小时内),对于发作可有部分或完全的遗忘。一般来讲,若症状超过1个月,则不考虑为急性应激障碍。

(1)心因性意识障碍:多表现为恍惚(trance)或朦胧状态(twilight state)。可出现意识范围缩窄,不能领会外在刺激,注意狭窄,定向困难,难以进行言语交流。自言自语,内容零乱,表情紧张、恐怖,动作杂乱无目的性,偶尔可见冲动行为,或突然出现表情呆滞、意识茫然状态,继而不语不动,呆若木鸡,呈短暂的心因性木僵(psychogenic stupor)状态,历时数分钟或数小时恢复,事后不能完全回忆。

(2)精神运动障碍:表现为伴强烈恐惧体验的精神运动性兴奋或精神运动性抑制。精神运动性兴奋不像躁狂症那样具有情感、言语和行为的协调性,而是表现为兴奋、激越或叫喊,过度乱动,无目的的漫游(fugue),言语增多,内容与发病因素或个体经历有关,可见某些夸大色彩。精神运动性抑制者较为少见,表现为对周围环境的退缩,感觉、知觉迟钝,情感淡漠、麻木,或抑郁、焦虑,运动减少、呆滞、缄默不语等。

(3)急性应激性精神病(急性短暂性精神病性反应):少数个体除上述症状外,还表现联想松弛,喃喃自语,言语重复,片段妄想(多见关系妄想和被害妄想)与片断幻觉,行为紊乱,姿势怪异,以及严重情感障碍,可有自杀或攻击行为。症状内容与应激源密切相关,较易被人理解。可导致社会功能和自知力严重受损。经适当治疗、消除病因或改变环境后症状迅速缓解,恢复后精神正常,一般不残留人格缺陷。

上述症状多为混合出现,也可单独出现。常伴自主神经系统症状,如心动过速、出汗、脸面朝红、呼吸急促等。

(4)特殊类型的急性应激障碍:在法医精神鉴定实践中,常遇到以下两种特殊类型的急性应激障碍:

1)拘禁性精神障碍(prison disorder):这是一类在拘禁处境下突然发生的急性应激障碍,多见于被拘禁的早期或宣判之后。突然沦为阶下囚、失去人身自由、与外界隔绝、对未来命运的担心等因素,都足以使心理承受薄弱的个体产生精神障碍。这种急性应激障碍的发生与拘禁的环境、个体的心理状况有关。另外,个体的某些特殊素质及人格特点也影响着拘禁性精神障碍的表现形式。

临床表现主要有几种形式:

A. 拘禁性情绪反应:表现为忧愁、悲戚、饮食锐减,甚至完全拒食,神情木讷迟钝,严重者可呈亚木僵或木僵状态;或表现为焦虑不安,自艾自怨,有的哭闹嚎叫,捶胸顿足,甚至自残自伤。这两种情况均可出现轻生意念和行动。症状发生迅速而激烈,持续时间往往较短。

B. 拘禁性癔症样反应:可表现为类似癔症的分离性或转换性障碍两种类型。分离性障碍可表现为意识模糊,定向错误,自我意识障碍,对罪犯身份的否认等。也可表现为Ganser综合征,出现近似但错误回答症状,容易被当作"装疯卖傻",意识清晰之后,可完全恢复正常。转换性障碍可模拟各种系统器质性损害的症状,如"失明""失听"及各种类型的"瘫痪"等,须仔细检查排除器质性疾病,切忌草率下诊断。

C. 拘禁性精神病性反应:开始先出现情绪反应,变得主观,非常敏感,情感发生改变,尤其易出现抑郁,可见自杀企图。继而突然出现幻听(多是呼唤他、嘲笑他或谴责、威吓,或听到亲属的讲话声),也可有幻视(多为见到死去的人等不吉利事物)、幻嗅、幻触。受幻觉影响可出现妄想,以被害妄想、关系妄想、夸大妄想、赦免妄想为多见。妄想往往反映个体当时的愿望或心情(如自我安慰或要求减轻刑罚的愿望或自信心),妄想常片断,不具系统性。

如拘禁前就已患有精神障碍,因症状不明显未被觉察,被拘禁后病情加剧,或间歇发作性精神病,拘禁时再度发作,这两种情况都不属于拘禁性精神障碍。

2)旅途性精神病(traveling psychosis):这是一类在长途旅行中突然发生的急性应激障碍。它不是一个独立的精神疾病单元,而是在旅途这一特定环境下所发生的应激相关障碍的总称。特别多见于乘坐长途列车,也可见于长途汽车、远程航海的旅途中。可表现为意识障碍、片断的妄想、幻觉、行为紊乱等,如持刀乱砍、伤害他人、或突然跳车等。可伴有心动过速、大汗、面色潮红、呼吸急促等自主神经系统症状。导致本病发生的应激源,既有躯体因素,如在火车上拥挤的环境中长途旅行,持续数天,睡眠剥夺和极度疲劳等;又有精神因素,如对陌生环境的恐惧或对财物被盗的担心等因素。

本症起病急骤,病程短暂,预后良好,停止旅行与充分休息后,数小时至1周内可自行缓解,无后遗症状。Bartrop等(1977年)认为,精神症状的性质及持续时间长短与个体素质和应激源的强度、刺激的持续时间有关。应激源消除1个月后若症状仍无缓解,应考虑为应激诱发了内源性精神障碍。

2.创伤后应激障碍（post-trauma stress disorder，PTSD）　遭受异乎寻常的威胁性或灾难性的心理创伤，刺激的强度超过了日常不幸事件，以致大多数人身临其境都会出现强烈的情感体验，事件发生后数日、数周至6个月以内发病，临床表现有以下几个特点：

（1）创伤性体验的反复重现（亦称"病理性重现"或"闪回"）：精神创伤性情境在个体的思维和记忆中反复地、不由自主地涌现，闯入意识之中萦绕不去，梦境中亦经常呈现。儿童则在游戏中反复模拟，有时患者出现短暂"重演"性发作，恍如身临其境，出现错觉、幻觉、意识分离性障碍、强烈情感反应。有时面临类似情境或接触纪念物、追悼会、周年祭等，会引起强烈的情绪体验和产生明显的生理反应，如心悸、出汗、面色苍白等。

个别患者在经历创伤性事件后出现心因性遗忘，经历的事件被排除于其记忆之外，即使经过提醒也予以否认。这种现象被认为是心理防御机制压抑的结果，是强烈刺激引起中枢神经系统出现了超限抑制现象。

（2）持续的警觉性增高：表现为入睡困难或睡眠不深，集中注意困难，过分地担惊受怕，犹如惊弓之鸟。在与创伤性事件近似的情景提示下，发生强烈的反应，伴有一定程度的意识状态改变，可出现精神自动症，如逃跑、呼救或冲动伤人等。这是由一些突然唤起对创伤或原来反应的回忆或刺激，发挥扳机作用而促发的。

（3）持续的回避：至少有下列6项中的2项：①极力不想有关创伤性经历的人与事；②避免参加能引起痛苦回忆的活动，或避免到会引起回忆的地方；③不愿与人交往、对亲人变得冷淡；④兴趣爱好范围狭窄，但对与创伤性经历无关的某些活动仍有兴趣；⑤对创伤性经历的选择性遗忘；⑥对未来失去希望和信心，存在焦虑和抑郁，自杀观念也较常见。

病程持续3个月以上，可长达数月或数年；症状严重程度常有波动；少数个体在多年后仍可触景生情，出现应激性体验。诊断本病必须有证据表明它发生在极其严重的创伤性事件后的6个月内。但是，如果临床表现典型，又无其他适宜诊断（如焦虑或强迫障碍，或抑郁）可供选择，即使事件与起病的间隔超过6个月，给予可能诊断也是可行的。

3.适应障碍（adjustment disorders）　因长期存在应激源或困难处境（如丧偶、出国、移民、参军、退休及严重躯体疾病的存在等，并非灾难性或异乎寻常的应激），不能适应，加上个体的人格缺陷，而产生的一种慢性心因性障碍。临床表现各式各样，包括抑郁、焦虑、烦恼（或上述各症状的混合）等情感症状，以及适应不良行为（如退缩、不注意卫生、生活无规律等）和生理功能障碍（如睡眠不好、食欲缺乏等），感到对目前处境不能应付，无从计划，难以继续。个体可能感到易于做出出人意料的举动或突发暴力行为，但这种情况极少真正发生。不过，品行障碍（如攻击或非社会行为）可为伴随特征，尤其是在青少年中。在儿童，可重新出现尿床、稚声稚气的说话、吸吮手指等，这些退行性现象通常是整个症状的一部分。

通常在应激性事件或生活发生改变后1个月之内起病，除长期的抑郁性反应外，在应激源和困难处境消除后，症状持续时间一般不超过6个月。

4.与文化相关的精神障碍（mental disorders related to culture）　这是一类与某种特定的文化或亚文化背景密切相关的心因性精神障碍。社会文化因素对这类精神障碍的发生和在人群中的传播有重要作用。

（1）气功所致精神障碍（mental disorders due to qigong）：气功是我国传统医学中健身治病的一种方法。通常做法是维持一定体位、姿势，或有某些动作，使注意集中于某处，沉思、默念、松弛和调节呼吸等，练功者在教功者的暗示或自我暗示的作用下，意识状态发生改变，进入自我诱发的"气功态"或迷离状态（trance），可出现各种异常感觉或特殊体验，发生情绪释放，或摇摆身体，或手舞足蹈，或不自主地哭笑。此时再通过自我暗示，可恢复正常。经常反复进行这种练习，可提高暗示性，随时都能进入迷离状态。如果对那种特殊体验和境界刻意追求，迷恋过深，欲罢不能，则可出现分离症状（dissociation），表现为各种异常感觉在体内乱窜，伴有情绪紧张、恐惧、焦虑，俗称"走火"，或出现幻觉、妄想、思维紊乱、自言自语、行为失去自我控制的现象,俗称"入魔"。

女性、暗示性高、人格有缺陷、文化程度低者,是气功所致精神障碍的易患人群。本病多在练气功1个月内发病,病程短暂,经脱离现场,中断练功,给予适当处理后可很快恢复正常。

(2)缩阳症(koro):是在特定社会文化背景中特有的精神障碍,是由于恐惧生殖器缩入体内致死的文化观念导致的急性焦虑发作为特征的一种综合征,又称恐缩症。可以散发或呈地方性流行,多见于中国南方地区(尤其是两广地区、海南省)、印度、东南亚某些地区。现在已经少见。

(3)与迷信巫术相关的精神障碍(mental disorders due to witchcraft):这是一类由迷信或巫术直接诱发的精神障碍。症状与迷信巫术密切相关,以神鬼附体的身份障碍、片断的幻觉、错觉、妄想,或行为紊乱等为主要表现。以巫术作为获取财物或达到其他目的者或可随意自我诱发或自我终止者不属于该障碍。

附体状态(possession state)是一种意识改变状态。表现为鬼神或精灵入侵,入侵者变成了自我或自我的一部分,或躯壳被外来入侵者所借用,出现了身份的转换。此时其全部行为,包括思想、情感都表现为外来入侵者的。此状态一种是由信众在暗示作用下自发产生的,而另一种是由巫师、巫医、神汉等通过自我诱导方式而"大鬼附体"。巫师、巫医利用鬼神附体常产生消极作用或严重的社会危害作用。他们借助于附体的"权威"身份,随心所欲,有时甚至置所谓的邪魔缠身的求治者于死地。

二、法医学问题

(一)司法鉴定要点

应激相关障碍的司法鉴定,需要注意以下几点:

1. 精神刺激必须具有一定的强度 如果没有智能障碍、人格缺陷或可使神经系统活动功能削弱的躯体情况,这种强度往往需要达到一般人难以忍受的程度。对于一般性争吵或打架斗殴等精神刺激不应轻率诊断为应激相关障碍。

2. 时间上的相关性 精神障碍的发生与精神刺激事件必须在时间上有密切的联系。急性精神症状在精神创伤后数分钟、数小时、数日或短期内急性发病。慢性精神症状虽可在1~2个月后缓慢发病,但基本上属于该精神刺激因素仍持续存在或并未获得较满意的解决。

3. 精神症状与精神刺激内容的相关性 精神症状的内容与精神刺激因素必须存在可理解的联系。如果个体的情感反应或幻觉、妄想、思维内容都荒谬怪诞与精神刺激的经历毫不相关,就不可诊断为"应激相关障碍",而应更多地考虑是否诱发了其他精神障碍。

4. 应激相关障碍预后良好,很少复发 当不良精神刺激因素消除之后,经过适当劝慰或治疗,一般均可迅速恢复,而且不遗留有精神活动缺陷。如果在原精神刺激因素消除后,仍持续不愈,或痊愈后又反复发作者,应考虑是否是癔症或诱发的其他精神障碍。一般说,应激相关障碍罕见复发,除非再遇到更强烈的或至少相等强度的精神创伤。

(二)刑事责任能力评定

受急剧、严重的精神打击后出现急性应激障碍,在朦胧状态、兴奋状态、妄想状态等症状影响下可出现冲动、伤人毁物行为,常涉及刑事责任能力的鉴定。一般情况下,在明显意识障碍、幻觉、妄想状态下造成的危害结果,个体往往不能辨认或不能控制自己的行为,应当评定为无刑事责任能力。轻度的情绪反应、轻度的反应性抑郁状态造成的危害结果,应当根据其辨认或控制能力削弱的程度,酌情评定为限制刑事责任能力或完全刑事责任能力。在司法鉴定实践中,要具体案例具体分析,将医学标准与法学标准两者结合起来综合考虑。

急性应激障碍表现为假性痴呆或木僵状态时,出现违法行为的可能性极少。急性情绪反应,如心因性抑郁状态或心因性躁狂状态,一般说个体的辨认能力和控制能力无明显削弱,因此多评定为有刑事责任能力;有的情绪反应个体受到的刺激较严重,也可发生激越危害行为,则应视具体情况具体分析,可评定为限定刑事责任能力。心因性意识模糊状态,由于意识模糊,对周围事物不能清楚地感知,行为具有自动症性质,突然发生,事后不能回忆,在此状态下易出现危害行为。急性应激性精神病,由于幻觉、妄想和严重情感障碍的影响下作案,丧失了对自身行为的辨认能力和/或控制能力,一般评定为无刑事责任能力。

如果应激相关障碍发生于违法行为之后,或发生于拘留、审判期间,涉及受审能力评定。若发生于审判之后涉及服刑能力评定。无受审能力和无服刑能力者,应该送安康医院进行治疗观察,一旦精神状态恢复正常,诉讼程序即可进行,或继续服刑。

旅途性精神病发病者,如在意识改变状态下,出现片断的妄想、幻觉及惊恐反应而导致行为紊乱,造成伤害别人或危及自己生命安全的严重事件,此时个体者对自己的危害行为处于"不能辨认"或"不能控制"状态,对此一般评定为无刑事责任能力。

一般气功所致精神障碍者,其辨认或控制能力只是某种程度的削弱,并非完全丧失,对其辨认或控制能力削弱情况下所发生的危害行为,应评定为限定刑事责任能力。极少数在严重的幻觉、妄想的作用下,出现十分荒唐的危害行为,往往手段十分残忍,由于辨认能力和控制能力完全丧失,可评定为无刑事责任能力。此类案例并不多见,在鉴定和处理时可参照病理性醉酒,第一次犯案者,应给予警告,责令其戒绝"练功",如经警告、处罚、教育再犯者,在法理上属于"自陷",则评定为完全刑事责任能力。

迷信、巫术在附体状态下的违法犯罪行为,其法律能力评定时应区别对待。巫婆、神汉在自我暗示下出现附体状态,造成危害后果的,其意识状态如何不作为减免责任能力的依据,应认定为有刑事责任能力。信徒们在巫婆、神汉的暗示下出现的附体状态与违法行为,若其辨认能力或控制能力受到损害,评定为限定刑事责任能力。

案例 5-22 ▶

张某,男,30岁,专科毕业,技术员。

张某平时性格较急躁,多疑、为人直率,工作积极能干,颇得好评。两年前与女同学刘某热恋并同居,约定于该年国庆节结婚。不料刘某的姐姐不赞成这桩婚事,张某因此常与刘姐发生矛盾冲突,从翻脸到公开打架。此后刘某对张某日益冷淡,拒绝再与张某见面。遭此"婚变",张某痛哭失声,通宵失眠。上班时撬错电钮,险发生事故。周围同事见他呆站呆立,不食不语,似失魂落魄,予劝导、安慰,他也不肯多讲话,常垂头哭泣,夜间不眠,烦躁不安,有时扯发、撞头,并有自杀观念和言语。张某曾两次找刘某,刘某不肯会见。张某数次写信给刘某,言辞激烈,结果遭到刘姐回信斥责,刘某本人也附了一个短条,要求他不要"翻脸成仇",要"好交好散"。张某接信后,更烦躁不安,脸也不洗,饭也不吃,在桌子上乱写乱画,并向刘家乱发信,内容皆凌乱不堪。有一次在信纸上划了一个大圆圈,又用红笔在上面打了两个大叉子,把手指咬出血来画了两个"?"号。有一次信封中只装了两张草纸,上面除写了刘某的名字外,其余什么也没写。国庆节前某日深夜,张某独自潜入刘宅,在黑暗中把鞋子脱掉,摸索登上三楼,又回到了厨房,拿了菜刀,进入刘某的房间内,用刀乱砍,造成刘某重伤。在审讯时,张某对作案经过供认不讳,但表现抑郁烦躁,拒食,对讯问不耐烦,有时问而不答,要求早点去死,以实现与刘某当初"同生共死"誓言。

鉴定时,意识清晰,定向力完全,接触尚合作,情绪抑郁,但又表现一切无所谓的态度。未发现幻觉、牵连观念及被害妄想。能够回忆作案经过与作案前后情况,基本与事实符合。认识杀人不对,称当时"怒火冲脑""什么后果都不顾了""情愿与她同归于尽,实现恋爱时同生共死的誓言""当时婚变对自己打击太大,头脑有些昏乱,工作也不想干,整天胡思乱想,生活表现确实不正常。别人说我发精神病,要我去医院检查,我心中有数,是急出来的,不是病。""如果到了精神病院,刘家更加瞧不起我,刘与我重归于好就永远没希望了,所以我坚决不肯去。"问他胡思乱想些什么?答

"主要是两个念头,一是想叫小刘回头,夫妻到老,一是如果达不到这个目的,就想与她同归于尽。"他对自己写的几封"怪信",解释为:那个大圆圈代表天上的月亮,说他与小刘第一次同居时,正是圆月,俩人在窗前对月盟誓;两个大叉子代表"破裂了";两个血书问号,一是问她为什么?二是问苍天为什么?那两张黄色草纸,是代表"遗弃我像用过的大便纸""过去犹如黄粱一梦"。对作案表示后悔,说"当时丧失理智,现在头脑已冷静下来了,希望能宽大处理。"体格检查包括神经系统检查皆阴性,脑电图正常。

鉴定意见:被鉴定人属于急性应激障碍,作案时控制能力明显受损,辨认能力存在。评定为部分责任能力。

案例 5-23 ▶

刘某,男,32岁,大学文化,中医医师。因杀人致死被捕。

刘某中医学院毕业后在市级医院从医并有多篇论文发表,因单位合并于西医医院并要求医师学习西医,刘某改职为卫校教师。觉清贫并想有所作为,2年前离乡去另一城市任中医师,职业发展状况良好。1月前遇一女,渐生爱意,多次与认识此女的另一青年男性发生口角冲突。某夏日陪女外出夜宵,遇男性青年来接该女。刘某随同上了男性青年的汽车欲送该女回家,被男性青年拒绝。刘某自认为有权送该女回家,遂再次口角冲突。随后,刘某从汽车后排站起,双手紧扣男青年(司机)的颈部,并从裤包中抽出多功能刀具,弹出最长的刀片置于男青年颈部,发现颈部已经"裂开",知其命难保,遂再补一刀于胸部并迅速离开现场。外逃三天后被巡警发现其游荡于一商场外,巡警要求其报出姓名单位时,刘某谎报姓名单位,结果被捕。

进入看守所第二天,出现不语,不食,上厕所时昏倒,走路需人搀扶。后出现半夜砸门哭闹,撕毁衣物,赤身露体,随地便溺,喝污水,吃废纸、棉絮、苍蝇,砸烂玻璃、床板,殴打同室其他人及管教干部有时睡在地上,口里哼一些单调的曲子。开门时即向外冲,放风时在院子里大喊大叫和翻筋斗,不听劝阻。对提问随口应答。如问"家中几口人?"答"没有人"。问"弟兄几个?"答"5个"。问"你是老几?"答"老八"。诉说左肩疼痛,怀疑被别人钉了钉子,还在冒烟;称入睡后有人把他抬起来胡乱摆弄。

被拘后22天进行鉴定,鉴定时,意识清楚,检查合作,能谈出案情部分经过。称当时被气昏了头,那个小子看不起我,侮辱我,对我不尊重,当时不知道怎么就站起来做了这样的事情。记得当时发现他的颈部开了口,作为医生,就知道他活不成了。虽那女孩痛哭声令自己心碎,但知道此处非久留之地,故迅速离开。在树林中躲藏了几天,又累又饿又怕,出来找吃的,结果被抓了。问及刚进看守所的情况时,称"我进来他们(其他犯人)就打我,骂我,对我撒小便,还来触摸我,我是什么人呀?"随之伤心哭泣。对进看守所后的表现能够大概回忆,但是不太清晰,称现在没有那种情况了。后悔自己所为,称自己太不值了,突然发生这样的事情,自己都难以接受。否认既往有精神障碍。神经系统检查无异常发现,本人及家族中无精神病史。

讨论分析:被鉴定人刘某被捕前无精神病史,工作能力可,实施违法行为时无异常,外逃被抓时知道自我掩护,谎称自己是他人。在被抓后突然出现精神异常,一月内缓解。属于拘禁性精神障碍。在狱中表现为喊叫哭闹、不知羞耻、行为龌龊、打人毁物,且不因监规的约束而收敛自己的行为,符合激越型情绪反应的临床特点。近似回答,符合Ganser综合征样症状。

鉴定意见:被鉴定人刘某作案时精神正常,被拘后出现拘禁性精神障碍,鉴定时恢复。对其作案行为,评定为有完全刑事责任能力。

案例5-24 ▶

张某,男,44岁,小学文化,农民。因伤害案被刑事拘留。

家住某省山区农村的张某,案前与儿子一道在大都市上海打工,春节时怀揣一年攒下的数千元辛苦钱准备回家过年。于2009年春节前的某晚与儿子一起踏上返家的列车。不料次日检查车票时发现自己的车票、钱、身份证等已经不见,只有被割划了口子的提包。东西被小偷扒走,当晚精神变得不正常,第3日晨张某突然站起并咬掉邻座一素不相识女性的鼻子。张某当即被警方拘留,审讯中答非所问,不知身在何处,对事件经过不能完全回忆。

案发后10日进行鉴定,被鉴定人意识清楚,检查合作,只能谈出部分经过情况。他说攒了几千元钱,是准备回家给儿子结婚用的,不料被小偷扒走,十分懊恼,手中无钱又无车票,怕下火车后连车站也出不了,感到异常紧张惶恐,"当时急得心里冒火,头脑发蒙,感到昏昏沉沉的",突然发现邻座的妇女"脸色铁青,面孔变得很可怕""不知怎么就咬掉人家的鼻子"。对伤害别人深表后悔,并认为咬掉妇女的鼻子自己很丢脸,愿意赔偿受害者的一切损失,但要求宽大处理,称与被害人素不相识,无冤无仇,"实在是头脑发蒙,不知怎么就伤了人"。

调查既往无癫痫、癔症及精神病史。神经系统检查、脑电图检查无异常,智力测验IQ为85。

讨论分析:被鉴定人旅途中钱财被窃,遭受强烈的精神刺激而出现意识模糊状态,伴有片断幻觉,无定向力,表现惊恐、冲动,行为带有自动症性质,事后部分遗忘。作案时完全丧失辨认能力和控制能力,属于旅途性精神病。

鉴定意见:被鉴定人张某在强烈的精神刺激下,发生旅途性精神病,对自己所实施的危害行为,完全丧失辨认能力和控制能力。评定为无刑事责任能力。

案例5-25 ▶

周某,女,39岁,文盲,农民。

周某自幼性格浮躁,好表现自己,好逸恶劳,好骂人。一年前因牙痛去邻村找巫医"王灵仙"看病,"王灵仙"说她家也有神,如能领下来,她自己也能看病。她回家后,即认为自己是"灵仙",一阵阵出现"大神附体"样发作。某日下午,周家姐妹四人在一起闲谈,周某声称"我得了灵仙了,什么病都能治,腰弯了的可以治得直起来"。其三姐说"你既然是神,你算算谁能死"。于是,周某就自称是"王美荣大仙",说其二姐明天4点死,因肚子里有"小金龙",整天在肚子里喝血,得给她接下来。并声称一个神不行,还要把"杜大神""赵大神"请来。自语一阵之后,即上炕摸其二姐小腹,说听到里边"唉"的一声,是要小产了,令其二姐脱裤,用手伸进阴道,掏出了一个肉团,说"小金龙"出来了,用菜刀切下,致使受害人失血过多死亡。周某找一块红布将切下的肉团包上,又将被子盖在死者身上,领其大姐、三姐叩头,又在死者面前吹气,说"小金龙"会活,最后要浇酒烧尸体,被人制止。

案发后,周某被刑事拘留。拘留期间哭闹、摔碗,表情做作。司法精神病学鉴定的过程中,出现附体状态,自称"芦文英,60岁",问"芦文英是干什么的?"唱道"3万8千里,坐火车4天4宿,我就是从那儿来的的"。问"芦文英会不会治病?"答道"黑头、疯子"。再问不答,手足开始抽搐。经针刺治疗后,意识恢复常态,知自己是周某,可作正常交谈。体格检查及神经系统检查均无异常发现。

讨论分析:周某系无文化农村妇女,原有癔症性格,受封建迷信影响,自信成神,"大神附体"时出现片断妄想,意识状态改变,肌肉抽搐,性质属于自我暗示催眠所引起的意识分离状态。由于其附体状态可随意自我诱发,其实质性的控制能力并未丧失。

鉴定意见:被鉴定人属于迷信、巫术所致精神障碍,在附体状态(癔症性分离障碍)下发生危害行为,其实质性的控制能力并未丧失。评定为完全刑事责任能力。

（三）民事行为能力评定

由于应激所致精神障碍预后较好,在法律上涉及行为能力问题者较少。一般不需要进行宣告民事行为能力的评定。对于某一具体民事行为的行为能力问题,可视个体病情的严重程度对其真实的意思表达能力的影响而评定。较轻或一般的应激反应,患者对自己的民事行为的辨认、理解和处理的能力尚未受到损害,可评定为有完全民事行为能力。正在发病中的较严重的急性应激障碍者,常常表现为有强烈恐惧体验的精神运动性兴奋,或者为精神运动性抑制状态,对周围事物不能正确感知,不能正确认识和判断,更不能正确表达自己的意愿与处理自己的事务,即在民事活动中,不能真实表达自己的意愿,可评定为无民事行为能力。但是由于急性应激障碍发病急、病程相对较短、预后好,只是在发病期间暂时无民事行为能力,如涉及民事行为能力的法律问题,可暂缓处理,待病情缓解后再作评定。

（四）精神损伤评定

应激相关障碍与创伤事件之间存在直接因果关系,由于预后良好,一般都能在3~6个月内痊愈,一般不能认为属于"重伤害",也不构成伤残等级。但对此障碍,对方应承担全部责任与经济损失。有的被鉴定人因受到无辜伤害,如非法拘禁、殴打、强奸、恐怖活动的威胁等,或受到意外的突发生活事件的打击,造成精神损伤,而涉及刑事诉讼或民事赔偿问题,司法精神鉴定的任务则是对其精神损伤的性质、严重程度及与伤害的法律关系问题进行评定,以维护当事人的合法权益。

案例5-26 ▶

纪某,女,18岁,在校大一学生。被伤害案。

纪某因经常上网聊天,认识一个网名叫"无敌帅哥"男友。某日,纪某被"无敌帅哥"诱骗至旅馆开房同居,遭受"无敌帅哥"及其伙同的另外两个人的殴打、强奸、拍裸照,并被逼迫打电话给母亲汇款30万元到"无敌帅哥"的账号上赎人。因家人及时报案,幸被警察解救并捕获案犯。纪某回家后目光呆滞,不言不语,有时紧张、恐惧、叫喊,不愿回学校上课,不敢经过网吧门口,总认为有人要绑架她。有时耳边出现恐吓、辱骂她的声音。

精神检查:被鉴定人神志清楚,检查合作,表情紧张、抑郁,应答略显迟钝。对受害经过不能完全回忆,称经常梦见被殴打、凌辱的情景,感到害怕而惊醒、惊叫。并称经常看到一男人跟着她,经常听到网上有人说话的声音,喊她去旅馆,否则就有人要打她。有时又听到说"赶快拿钱来",只听到声音,没看见人。只要不吃药,就听得到声音,睡眠不好。

体格检查、神经系统检查及脑电图、脑地形图检查,均未见异常。智力测试欠合作。调查既往无精神病史,家族中无类似精神症状者。

鉴定意见:被鉴定人纪某属创伤后应激障碍,遭受严重的精神损伤,其发病与被人殴打、凌辱有直接因果关系。

（李功迎）

第五节　癔　　症

癔症(hysteria)又称歇斯底里,是指一类有癔症性人格基础和起病常受心理社会因素影响的精神障碍。临床表现为分离症状(dissociation)和转换症状(conversion)这两种常见类型。这些症状没有可证实的器质性病变基础,往往因情绪激动、暗示或自我暗示作用于易感个体引起。本症除癔症性精神病或癔症性意识障碍有自知力障碍外,其他类型自知力基本完整,病程呈发作性或持续性。女性较多,发病常见于青春期和更年期。

一、临床学

（一）病因与发病机制

心理社会因素是引起癔症的重要原因。情感反应强烈、表情夸张、自我中心、富于幻想、极具表演性人格特征的个体，在遭受挫折、出现心理冲突或接受暗示后，尤其容易发生本病。童年期的创伤性经历，如遭受精神虐待，则是成年后发生分离性和转换性癔症的重要原因之一。部分个体有遗传因素，而躯体疾患及某些生理变化（如女性青春期或更年期）也可为发病提供条件。社会文化因素，如风俗习惯、宗教信仰等，对癔症的发生及症状表现形式也有一定影响。

癔症的发病机制主要有两种解释：其一是基于Janet的意识分离理论，认为意识状态改变是癔症发病的神经生理学基础。随着患者意识的分离，而有注意、警觉性、近记忆和信息整合能力等认知功能的损害。大脑皮层对传入刺激的抑制增强，患者自我意识减弱，并有暗示性增高。当个体受到生物、心理或社会因素的威胁时，便出现类似动物遇到危险时的各种本能反应，如剧烈地运动，假死反射和返回到幼稚时期的退行现象等。另一种解释则基于巴甫洛夫的高级神经活动学说，认为有害因素作用于神经类型属于弱型的人，引起高级神经活动第一和第二信号系统之间，大脑皮质和皮层下部之间功能的分离不协调。患者的第一信号系统和皮层下部的功能相对占优势。在外界刺激的影响下，本已处于弱化状态的大脑皮层迅速进入超限抑制，从而产生正诱导，使皮层下部的活动增强，临床上表现为情感爆发、抽搐发作，以及本能活动和自主神经的症状。另一方面，强烈持久的情绪紧张，又可在脑皮层产生兴奋灶，从而引起负诱导。这种诱导机制与上述超限抑制合起来，向皮层其他部位和皮层下扩散，使大脑皮层呈现位相状态。于是临床上出现感觉缺失、肢体瘫痪、朦胧状态等症状或体征。

（二）临床表现

1. 分离障碍（dissociative disorder）　分离是一种精神状态的表现形式，那些本来属于一个整体的精神活动相互离散分开了，此时个体部分或完全丧失对自我身份的识别和对过去的记忆。发作时常伴有不同程度、表现形式各异的意识状态改变。个体表现出来的症状可能是与其关系密切的亲友所患躯体疾病或精神障碍的类似症状。症状的发作常有利于个体摆脱困境、发泄被压抑的情绪、获取别人的同情，或得到支持和补偿。常见类型如下：

（1）情感暴发（emotional outburst）：常在与人争吵、情绪激动时突然发作，表现尽情发泄、哭叫不休、捶胸顿足、撞头打滚。多人围观时，发作尤为剧烈，具有夸张性、表演性，常给人以做作、撒娇的印象。有时伴有轻度意识状态的改变，事后不能完全回忆。

（2）癔症性意识模糊状态：主要表现意识范围缩小。发病突然，其言语、动作、表情反映心理创伤内容，伴有片段的错觉、幻觉，定向力障碍，兴奋躁动，可发生冲动攻击行为。一般历时几十分钟即可恢复，清醒后对病中经历多不能完全回忆。

（3）癔症性遗忘：不能回忆起来过去发生的事情，包括一些重要的个人资料。个体无脑器质性损害，可以表现为选择性遗忘（selective amnesia）和广泛性遗忘（generalized amnesia），被遗忘的事件往往与精神创伤有关。

（4）癔症性漫游：又称癔症性神游。此症发生在白天觉醒时，患者突然离开住所或工作场所，不辞而别外出漫游。在漫游的过程中患者能基本自我料理，如饮食、个人卫生等，还能进行简单的社交活动，如购票、乘车、甚至可与人聊天等。如果短暂肤浅的与患者接触很难看出其有明显的精神异常。患者的漫游事先无任何目的和计划，开始和结束都是突然，一般经历数小时至数天，清醒后患者对发病经过不能完整回忆。

（5）癔症性身份障碍：表现为对自己身份的觉察障碍，患者突然对自己原来的身份不能识别，表现为两种或两种以上明显不同的身份同时或交替出现，称为双重人格（double personality）或交替人格（alternating personality），但在某一时间只有其中之一很突出。涉及的每种人格都是完整的，有自己的记忆、行为、偏好,可以与该患者的病前人格完全不同。从一种人格向另一种的转变,开始时通常很突然,与创伤性事件密切相关。以后,一般只在遇到应激性事件,或者接受放松、催眠或宣泄等治疗时,才再次发生转换。

(6)癔症性假性痴呆(hysterical pseudodementia):这既不是真正的痴呆也不是伪装,表面上看出现了严重智力问题,对简单的问题和其自身状况不能做出正确回答,给予近似但错误的回答,患者对提问可以理解,但给予近似的回答,给人以故意做作的印象,称为Ganser综合征(Ganser's syndrome)。亦可表现为在心理创伤后,突然出现如儿童的幼稚、言语、表情和动作,并以幼儿身份自居,则称为童样痴呆(puerilism)。

(7)癔症性木僵:多在受到精神刺激后急剧发生,患者僵卧不动,不语,不进饮食,也不主动解大小便。一般持续数小时至数日即恢复。有的表现为昏睡状态,可延续数小时或数日。

(8)癔症性精神病:在受到严重心理创伤后突然发病,症状多变,主要表现为明显的行为紊乱、哭笑无常、表演性矫饰动作、幼稚与混乱的行为,片断的幻觉、妄想和思维障碍及人格解体等。多见于女性,病程很少超过3周,可突然痊愈而无后遗症,但可再发。

2.转换障碍(conversion disorder) 患者内在的心理冲突转换为一类躯体症状表现出来,其症状常反映个体对躯体疾病的认识和概念,临床检查找不到相应的病理学改变,所见症状与生理和解剖学原理并不相符。其"功能丧失"有助于个体逃避不愉快的冲突,或是间接反映出患者的依赖心理或怨恨,还包含着寻求被人注意的行为。一旦躯体症状出现,情绪反应便褪色或消失。

(1)癔症性感觉障碍:表现形式多样。可表现为分离性感觉缺失或分离性感觉过敏(常为皮肤感觉如:痛觉、温度觉、本体觉、粗略触觉或精细触觉的部分丧失或过敏)、分离性感觉异常(如咽部梗阻感即"癔症球")、分离性视觉障碍(失明或复视)、分离性听觉障碍(失聪或选择性耳聋)等。

(2)癔症性运动障碍:

1)癔症性抽搐发作(hysterical convulsion):常因受到精神刺激或暗示时突然发生,缓慢倒地,呼之不理、全身僵直或肢体抖动,或呈角弓反张姿势。无意识丧失、咬舌、严重摔伤或大小便失禁。发作一般历时数十分钟,可一日发作多次。

2)局部肌肉的抽动或阵挛:可表现为肢体的粗大颤动或某一群肌肉的抽动,或是声响很大的呃逆,症状可持续数分钟至数十分钟,或中间停顿片刻,不久又可持续。

3)癔症性肢体瘫痪:可表现为单瘫、偏瘫或截瘫。伴有肌张力增强或弛缓,神经系统检查无器质性损害。伴有肌张力增强者常固定于某种姿势,病程持久者可能出现失用性肌萎缩。

4)癔症性行走不能:坐时、躺时双下肢活动正常,但不能站立行走,站立时无人支撑,则缓缓倒地。神经系统检查无器质性损害。

5)癔症性缄默症、失音症:不用语言而用书写或手势与人交流称缄默症。想说话,但发不出声音,或仅发出嘶哑的、含糊的、细微的声音,称为失音症。检查声带正常,可正常咳嗽。

(3)躯体形式障碍:以反复出现的多种躯体症状为特征,但无相应躯体疾病。症状可涉及身体的任何系统或部位,最常见的是胃肠道不适感觉(疼痛、打嗝、反酸、恶心、呕吐、食欲不佳等)、异常的皮肤感觉(痒、烧灼感、刺痛、麻木感、酸痛等)等。其最重要的特点是应激引起的不快心情,以转化成躯体症状的方式出现。

3.几种特殊类型

(1)癔症的集体发病,又称流行性癔症(epidemic hysteria):多发生于常在一起生活的群体中,如学校、教堂、寺院等,也有可能发生于文化较为隔离的地区。常在这一人群中引起广泛的紧张、恐惧情绪,在相互暗示和自我暗示影响下,使癔症在短期内暴发流行。

(2)赔偿性神经症(compensative neurosis):发生于涉及赔偿过程中的精神障碍,由赔偿因素(如工伤、交通事故、打架斗殴、医疗纠纷等事件)引发了受害人的赔偿要求,诉讼过程中受害人显示、夸大和保留一系列临床症状。这些症状表现既具有神经症的病理和症状特征,又具有类似诈病的心理和病程特点。症状多变,病程冗长,有的是原发疾病或外伤症状的持久化或加重。因个体要求赔偿,而使症状固着下来,同时又因这些症状的存在而苦恼。赔偿性神经症比一般神经症更具有心因色彩,症状也具有较多的暗示与波动性,但他不是无病呻吟,不是有意识的伪装,是由于继发性获益(secondary gain)使疾病行为得到强化,患者往往不接受心理治疗和暗示,其预后取决于赔偿纠纷的解决及其满意程度。一次性终结性解决,既能减少本症的发生,又能使本症患者好转。

(3)职业神经症:这是一类与职业密切相关的运动协调障碍。患者每天都需要紧张地运用其手指的精细协调动作,如抄写、打字、弹钢琴等,特别是在疲乏或赶任务的时候,逐渐出现手部肌肉紧张、疼痛,不听使唤,以至手指活动缓慢而吃力,严重时伴肌肉震颤或痉挛而无法运用手指、前臂甚至整个上肢。放弃用手,或者改作其他手工活动,则手指运动恢复常态。

(三)病程和预后

多数初次发病者恢复迅速,如果病期超过一年,可能要持续数年才恢复。未迅速恢复的患者大多有癔症性人格障碍和社会适应困难。如果病前无人格缺陷、病因明确且能及时解决、病程短、治疗及时,一般结局良好。

(四)诊断与鉴别诊断

1. 诊断 对癔症的诊断应十分慎重,因其临床表现可模拟许多疾病的症状。诊断要点是:

(1)由心理社会因素诱发,并至少有下列一项综合征:①癔症性遗忘;②癔症性漫游;③癔症性身份障碍;④癔症性精神病;⑤癔症性运动或感觉障碍;⑥其他癔症形式。

(2)可接受言语暗示。

(3)排除器质性精神障碍、诈病。

(4)社会功能受损。

2. 鉴别诊断 在临床上特别需要鉴别的常见疾病有:

(1)癫痫:癫痫患者可同时合并有癔症表现(hystero-epilepsy),或两种病发作并存。此时应注意不要采取"两者择一"的排除法,以免漏诊。

(2)精神分裂症和情感障碍:癔症的症状可见于这两种疾病,如果有这两种疾病的症状存在,应首先考虑这两种疾病的诊断。

(3)急性应激障碍:癔症性精神病的精神症状可具有表演性、戏剧性或夸张色彩,可反复发作,并有症状完全缓解的间歇期;急性应激障碍则由相对重大的生活事件所引起,病程短暂,无复发性。

(4)造作性障碍(factitious disorder):此病的症状出于故意伪造,但缺乏明确的现实动机,患者既不以此追求特殊利益,也不逃避任何法律责任,因而有别于诈病。而癔症的症状受无意识机制的支配,与原发性或继发性获益有关,并非故意伪装,因而不同于造作性疾病和诈病。

二、法医学问题

(一)司法鉴定要点

癔症的司法鉴定,需要注意以下几点:

1. 癔症患者大多具有癔症性人格特征,其临床表现有夸张性、极具表演性,往往类似伪装精神病,需要调查被鉴定人有无不良动机和目的,注意是否有存在伪装的可能。

2. 在被鉴定人呈现痉挛样、抽搐样状态或意识改变状态时,既要注意到与癫痫发作进行鉴别,又要考虑到个别癔症患者可能会同时存在器质性脑病,不能忽视对器质性疾病的认真检查和排除。

3. 癔症患者在朦胧状态或短暂的心因性幻觉和妄想出现的时候易发生危害行为,但也有上述精神症状的发生紧贴于案前或案后,在作案当时却是意识清晰、精神活动正常者。由于界限性遗忘,被鉴定人不能回忆作案的经过,容易混淆作案与精神障碍的因果关系的界限。对此尤其要注意调查研究,结合其病史和知情人的旁证材料,审慎甄别。

4. 癔症患者可同时或先后有不同类型的发作或症状表现,如果发生法律纠纷,就要根据不同情况,进行分析处理,不能千篇一律地按照同一的模式。总之,对癔症患者刑事责任能力评定的关键,是根据被鉴定人在行为当时是否真正丧失了辨认或控制能力,临床诊断的分类在其次。

（二）刑事责任能力评定

癔症发作时,患者在潜意识内往往还保存一定的自我利益保护能力,并非完全不能辨认和控制其行为,不大可能发生导致对本身极端不利后果的危害行为。例如,癔症性情感发作,患者虽然兴奋躁动与行为紊乱,但不会或极少发生真正的自杀或杀人等恶性行为。又如,被怀疑为癔症性漫游者,一旦发生技巧性盗窃或抢劫、强奸、杀人等恶性犯罪行为时,对其鉴定就应特别慎重。癔症患者违法犯罪行为一般不多见,多为无理取闹、毁物或诈骗等。因此癔症患者的违法犯罪行为,通常无显著的辨认能力和控制能力损害,应评定为具有完全刑事责任能力。有的是在危害行为发生后出现癔症症状,其发病是由于行为对精神的刺激所导致,而不是精神症状导致行为。对于由于迷信巫术的暗示,导致在身份障碍、装神弄鬼的情况下出现的危害行为,一般都不能免除其责任能力。

但是,如果患者是由于明显的意识障碍,或在受幻觉、妄想等精神病性症状支配下出现的危害行为,辨认或控制自己行为的能力严重受损,则应评定为无刑事责任能力或限定刑事责任能力。

值得注意的是一些"神汉""巫婆"等迷信职业者,以骗取钱财或其他犯罪为目的,他们自己"故意"自我暗示变为"附体状态"而加害于与自己无关的信男善女,此时应当评定为有完全刑事责任能力;因受迷信职业者欺骗性的暗示,而出现"附体症状"的信男善女所实施的危害行为,应当酌情评定为限定刑事责任能力或无刑事责任能力;另外,癔症妇女如有卖淫活动,其目的是获取钱财,多与病情无关,应当评定为有完全刑事责任能力。

案例 5-27 ▶

章某,女,34岁,初中文化,工人。

被鉴定人章某平素性格活泼,自尊心强,好感情用事,好表现自己,情绪不稳定,遇事容易激动,只受得起表扬而经不起批评。据调查,高中毕业招工时,因精神受刺激而突然昏倒,继之乱打东西,撕衣扯发,哭泣不止,持续数小时。以后每年都有类似发作,曾经医院检查诊断为癔症。参加工作后,癔症发作有所减少,工作基本正常。

2007年5月某日,章某的母亲与邻居因故发生争吵。章某在劝解母亲时也向对方讲了些讽刺性言语,遭到对方辱骂。她顺手拿出工作包里的老虎钳,猛地朝邻居头上打去,使对方头破血流,倒于地上。章见此情形后表现紧张、哭泣、继之昏倒,四肢抽搐。被刑拘时已清醒,但精神仍处于不完全正常状态。

鉴定时,章某意识清晰,情绪不稳,有时流泪哭泣。能叙述纠纷与伤人经过,称"当时气不过,受不了那种人格侮辱,所以打了她。没有想到后果,打了后很害怕。过去从没有这样打过人,所以就昏过去了。"对打伤人承认错误,表示后悔,愿接受处罚。未见幻觉、妄想与思维障碍,自知力存在。智能检查正常,神经系统检查正常,脑电、地形图检查均正常。

鉴定意见:被鉴定人章某属于癔症发作(情感暴发型),系作案后发病。危害行为当时有辨认与控制能力,故评定为有完全刑事责任能力。

（三）民事行为能力评定

癔症患者自知力基本完整,发病者大多病程短暂,恢复迅速,无后遗症,患者的社会功能一般无损害,平时一般能够保持对周围事物的正确判断力,因此无需进行一般的广义民事行为能力的评定。对于某一具体的民事行为的行为能力问题,如果患者病情发作出现情感暴发、意识改变状态、Ganser综合征、癔症性遗忘及癔症性精神病等症状,此时患者对自己行为的辨认和控制能力会受到不同程度的影响,建议暂缓处理。

（四）其他相关法律问题

一些人在犯罪后被拘禁、审讯及服刑时出现Ganser综合征、童样痴呆、癔症性遗忘、癔症性木僵、癔症性精神病、明显的意识障碍或行为紊乱等，影响受审、服刑、受处罚能力者，一般评定为无受审和服刑能力，可暂时终止对其审讯或服刑，应该送到有监管条件的专业医院进行治疗。一旦症状缓解，便可继续审讯或服刑，不必保外就医，以避免因"疾病获益"所带来的症状反复、掩饰等负面效果。

在鉴定实践中常涉及疾病发生与纠纷事件关系的评定。一些受害者出现癔症性转换障碍，如癔症性瘫痪、失明、失音、失听等，因为癔症属于一种内源性精神障碍，发病与患者的人格特征有关，一般的精神刺激和人际冲突即可引起发作，因此癔症发作与事件之间的因果关系只是间接的诱发关系。在严格排除了器质性损伤后，其躯体症状不能按照"重伤"或"轻伤"评定，一般也构不成伤残等级。对于"赔偿性神经症"，应建议一次性赔偿解决，以免因"疾病获益"而长期纠缠。

案例 5-28 ▶

李某，女，32岁，小学文化，家庭妇女。

李某平时性格较急躁，脾气大，气量较小，其居所的厨房设在楼房公用的通道中，李某与邻居夏某家经常为彼此占用的空间而发生摩擦。一次因堆放煤基问题，两家由争吵而打架。李某被夏某打击头部而受伤，当时无昏迷。第二天起，李某称"双耳被打聋，什么声音都听不见了"，控诉要追究夏某刑事责任，并要求经济赔偿。经医生检查，未发现李某听觉器官及颅脑有器质性损伤，夏某则反控李某"诬告、讹诈"。李某因此更加气愤，哭闹不休，有时出现昏倒、四肢抽搐现象。

据调查，李某本人及家族无精神病史，但情绪不稳定，容易激动，曾经在一次与丈夫争吵后，因"气急，咽喉阻塞难受"而就医，诊断为"癔症球"，经用安慰剂暗示治疗而痊愈。此次在与夏某打架中也确实吃了亏。

鉴定时，李某情绪激动，流泪述说被打经过，主诉"双耳被打聋，什么声音都听不见了"，未见其他精神异常。颅脑CT及听觉诱发电位检查正常。

鉴定意见：被鉴定人李某"耳聋"为癔症性失聪（癔症性转换障碍）。李某本次癔症发作，与被殴打受到精神刺激有关。建议双方调解，对方作适当的经济赔偿解决。

（李功迎）

第六节　神 经 症

神经症（neurosis），亦称神经官能症，是一组有一定人格基础、起病常受心理社会因素影响的、以持久的内心冲突和痛苦体验为特征的精神障碍的总称。主要表现为焦虑、抑郁、恐怖、强迫、疑病、躯体化症状及神经衰弱症状等，有的伴有显著的自主神经症状。症状缺乏可证实的器质性病变基础，与患者的现实处境不相称，但患者对存在的症状感到痛苦和无能为力，自知力完整或基本完整，病程多迁延（病程不足3个月者诊断为"神经症性反应"）。

一、临床学

（一）病因与发病机制

1. 病因　不同类型的神经症具有鲜明的不同个性特征，神经症的产生虽与外界的心理社会因素或精神刺激的影响有关，但由于它属于一种内源性精神障碍，即使没有明显心理社会因素的作用也可发病。双生子特别是单卵双生子中同病率高，症状相似。儿童神经症发生甚早，幼儿即表现出素质倾向性。作为诱因的心理社会因素影响消除后，许多类型的神经症仍迁延不愈或易于反复而难以根治。

以上这些均说明遗传因素、易感素质与个性特征在本病的发病过程中起主要作用。

2. 发病机制　神经症的发病机制目前尚无公认一致的解释，除了遗传学说外，Freud（1898）提出精神分析学说，以某种潜意识愿望被压抑的原理解释神经症的病因。巴甫洛夫以实验性神经症的研究方法，解释神经症发病机制是通过学习所获得的对可怕情景的条件发射。人类群体中少数人的神经系统功能具有易兴奋性与易消耗性的易感素质，以及他们原来具有的性格，又为形成神经症提供了有利的前提条件。此外，对于神经症的发病机制，还存在神经生化学说、神经递质学说、神经解剖学说、脑地图研究及行为主义理论等多种不同角度的解释。

（二）临床类型

1. 焦虑症（anxiety disorder）　也称焦虑性神经症（anxiety neurosis），是指没有明确客观对象和具体观念内容的紧张、担心、不安，并伴有显著的自主神经症状和肌肉紧张，以及运动性不安。其病程标准是：符合症状标准至少已6个月，可迁延数年。焦虑症状包括三方面的表现：

（1）自由浮动性焦虑（free-floating anxiety）：与处境不相称的痛苦情绪体验，无明确客观对象和固定内容的紧张、担心、不安，莫名其妙地提心吊胆和紧张不安，或对现实生活中的某些问题过分担心或期待。患者常处于心烦意乱、仿佛将有祸事降临的恐慌预感之中。患者的这种焦虑情绪指向未来，表现为对各种偶然事件的将要发生但尚未发生，或一些虚无缥缈的事情的恐惧和担心。

（2）精神运动性不安：患者坐立不安，肌肉紧张、搓手顿足，来回走动如热锅上的蚂蚁，或不自主的震颤发抖，甚至奔跑喊叫。

（3）常伴有自主神经紊乱症状：如心悸、出汗、尿频、眩晕、口干、恶心、胸闷气短、呼吸困难、脸上发红发白、头晕及双腿无力等，或有其他躯体不适感，或阳痿、早泄、月经紊乱和性欲缺乏等性功能障碍。

焦虑症的临床特点主要为两种类型：广泛性焦虑与惊恐障碍，后者又称为急性焦虑发作（acute anxiety attack）或惊恐发作（panic attack）。

（1）广泛性焦虑（generalized anxiety disorder, GAD）：常缓慢起病，其临床特点是经常或持续存在无明确对象的焦虑，包括紧张、害怕、过分担心等，有人将其形容为找不到具体事由的提心吊胆、紧张害怕，并伴有交感神经功能活动过度的症状，如口干、出汗、心悸、气急、尿频、尿急与运动性不安等。

广泛性焦虑的病人常同时合并其他症状，最常见睡眠障碍、抑郁、疲劳、强迫、恐惧、人格解体等症状，不过这些症状不是主要临床相，多数继发于焦虑情绪。

（2）惊恐发作（panic attack）：惊恐发作是一种极端的焦虑状态，发作突然，不可预测，无明显而固定的诱因、无相关的特定情境。发作一般5~10分钟，表现为强烈的恐惧感或濒死感及失控感，难以忍受。同时感到心悸、胸闷、胸痛、气急、喉头堵塞或窒息等，因此惊叫、呼救或跑出室外。有的伴有显著的自主神经紊乱症状，也可有人格解体、现实解体等痛苦体验。发作时意识清晰，事后能回忆发作的经过。发作间歇期，除了害怕再发作外，无明显症状。其病程标准是：1个月内至少有3次，或者首次典型发作后继之以害怕再发作的焦虑持续1个月以上。

惊恐发作作为继发症状（惊恐发作综合征），可见于多种不同的精神障碍，如恐惧症、抑郁症等，并且需要与某些躯体疾病，如癫痫、心脏病发作等鉴别。

2. 强迫症（obsession-compulsive disorder）　也称强迫性神经症，其特点是有意识的自我强迫和反强迫并存，两者尖锐冲突使患者焦虑和痛苦。患者对强迫症状有一定的自知力，也意识到强迫症状的异常性，但无法摆脱。病程迁延者可以仪式动作为主而精神痛苦减轻。强迫症基本症状为强迫观念和强迫动作。

（1）强迫观念（obsessive ideas）：以刻板形式反复进入患者意识领域的自己的思想、表象或意向，不由自主地出现一些怀疑、联想、回忆和穷思竭虑等。如怀疑煤气、门窗是否关好；同时发几封信，怀疑是否装错信封；或看过某本书中的某个章节、听过某歌曲的片段反复在脑际回荡，无法摆脱；或追根究底地反复思考一些毫无意义的问题；或莫名其妙地出现与自己意愿相反的可怕念头等。

（2）强迫动作（compulsive behavior）：反复出现的刻板行为或仪式动作，是患者屈从于强迫观念力求减轻内心焦虑的结果。临床上常见的强迫动作有强迫洗涤、强迫检查、强迫询问、强迫计数、强迫性仪式动作等。

强迫症的病程，须符合症状标准至少已3个月，如果缺乏适当治疗，很少自发缓解。症状严重、病前人格有一定缺陷、存在持续的心理社会应激、有中度到重度的社会功能损害者，预后不佳。精神分裂症、抑郁症、强迫性人格障碍及某些器质性精神障碍者，也可以出现强迫症状，须加以鉴别排除。

3.恐惧症（phobia disorder） 又称恐怖焦虑障碍（phobia anxiety disorder），指对某种特定的客体或处境产生过分和不合理的恐惧，伴有显著的自主神经症状。所恐惧的客体或处境是外在的（患者身体以外的），并且以极力回避来解除这种焦虑不安，因而影响正常的生活和工作。若所害怕的客体或处境为非外在性，例如对疾病或畸形的恐惧，则不属于恐惧症而应归于疑病症。

根据恐惧对象的不同可以分为：

（1）场所恐惧症（agoraphobia）：恐惧对象主要为某些特定环境，如高处、广场、幽室、公共交通工具和拥挤场所等。患者怕离家外出，怕独处，怕离家后处于无能为力或无助的境地，害怕没有即刻能用的离场出口，许多患者想到在公共场所就精神崩溃，恐慌不已。

（2）社交恐惧症（social phobia）：与人交往时害怕被人注视，感到羞愧，怕出洋相，无地自容；若被迫进入社交场合时，则会出现严重的焦虑反应，伴有自主神经功能紊乱，如脸红、心慌、出汗等。患者一般回避社交集会，不敢与人正面交谈，不敢与人对视（对视恐惧），更不敢在公共场合演讲。

（3）特定的恐惧症（specific phobias）：又称"单纯恐惧症"（simple phobias），害怕某些特定的物体或情境，如动物（如昆虫、鼠、蛇等）、雷电、黑暗、飞行、打针、鲜血或尖锐锋利物品（刀、笔尖）等。

4.躯体形式障碍（somatoform disorder） 患者因持久地担心或相信各种躯体症状而反复就医，但其所诉症状的性质、程度，或其痛苦，没有可证实的器质性病变基础，各种医学检查阴性和医生的解释均不能打消其疑虑。患者常伴有焦虑或抑郁情绪。尽管症状的发生和持续与不愉快的生活事件、困难或冲突密切有关，但患者常否认也拒绝探讨心理因素的可能。

（1）躯体化障碍（somatization disorder）：也称Briquet综合征。主要表现为多种、多变、反复出现的躯体不适症状为主的神经症，各种医学检查不能证实有任何器质性病变足以解释其躯体症状。临床症状可涉及身体的任何系统或器官，最常见的是胃肠道不适、异常的皮肤感觉、呼吸、循环系统症状、肌肉酸痛以及性及月经方面的问题等，可有多种症状同时存在。患者起病多在30岁以前，以女性多见，病程至少2年以上。

（2）未分化躯体形式障碍（undifferentiated somatoform disorder）：患者常诉述一种或多种躯体症状，症状多变而相对不固定。临床表现为疲乏无力、胃肠道和泌尿系统等症状，症状类似于躯体化障碍，但临床症状的典型性与严重程度不够，其症状涉及的部位不如躯体化障碍广泛，也不那么丰富。病程超过半年，但不足2年，可视为不典型的躯体化障碍。

（3）疑病症（hypochondriasis）：是一组以疑病症状为主要临床特征的躯体形式障碍。患者顽固地担心或相信自己患有某种或多种严重躯体疾病，因此反复就医，不相信各种医学检查的阴性结论和医生的解释。由于对自身变化的敏感性增加，患者对自身的关注增强，夸大或曲解躯体一些细小的变化，患者会产生不适，做出疑病性解释，但不是妄想。部分患者确实存在某些躯体疾病，但其所述症状的性质、程度或痛苦体验与实际存在的疾病严重程度不符。多数患者伴有焦虑与抑郁情绪，其烦恼和关注的程度与实际健康状况很不相称。躯体变形障碍（body dysmorphic disorder）是对身体畸形（虽然根据不足甚至毫无根据）的疑虑或先占观念，也属于本症。

5.神经衰弱（neurasthenia） 是指在长期的情绪紧张和压力下继而产生的精神活动能力的减

弱,主要临床特征是精神易兴奋和易疲劳,以及紧张、烦恼、易激惹等情绪症状和肌肉紧张性疼痛、睡眠障碍等生理功能紊乱症状。症状不是继发于躯体或脑的疾病,也不是其他任何精神障碍的一部分。近年来,由于对这一疾病的认识有了变化,并随着各种特殊综合征和精神障碍亚型的进一步划分,使这一疾病概念逐渐淡化,在美国和西欧已不作此诊断,在我国神经衰弱的诊断也已明显减少。

（三）诊断和鉴别诊断

1. 诊断标准　根据临床症状特征,在恐惧、强迫症状、惊恐发作、焦虑、躯体形式症状、躯体化症状、疑病症状和神经衰弱症状中至少有一项,病程至少已3个月（惊恐障碍另有规定）,患者社会功能受损或有无法摆脱的精神痛苦,促使其主动求医。

2. 鉴别诊断　神经症是一种大脑功能性障碍,患者所诉许多躯体不适症状经体格检查、神经系统检查、实验室检查,均无异常发现,这也是诊断神经症的一个重要标准,可以与感染、中毒、外伤、肿瘤、甲状腺功能障碍、贫血、结核或风湿性感染等躯体疾病所致神经症样症状相鉴别。

神经症患者对疾病大多具有充分的自知力,并主动求医,其现实检验能力没有受到损害,不将病态的主观体验和幻想与外界客观现实相混淆,这些特点乃是与精神病鉴别的重要依据。

二、法医学问题

（一）刑事责任能力评定

从医学角度来讲,神经症仅是精神活动能力的削弱而不是紊乱和破裂。神经症患者发生肇事肇祸行为的较少,但与普通公民相比,涉及的法律问题要多一些。这是因为神经症患者的情绪反应往往过分,对自身行为的控制能力比正常人有所减弱。神经症是一个主要使自己苦恼的疾病,他们的行为虽在社会可以接受的范围内,但容易在人际关系中引起麻烦,给家人也常带来很大的苦恼。例如强迫症患者的配偶,必须遵循患者的许多清规戒律,协助完成各种仪式动作,被迫接受反复核查。少数患者可由于强迫观念与强迫行为而造成一些纠葛。恐惧症、焦虑症患者可因精神痛苦而自杀,疑病症患者的家庭必须付出大量检查费用或引起医疗纠纷。凡此种种,都足以造成家庭不和,感情破裂,分居离异,或发生民事纠纷,甚至引起刑事案件。

由于神经症属于非精神病性精神障碍,患者对疾病大都具有充分的自知力,现实检验能力没有受损,能清楚地区别主观病态体验与客观现实的差别,大多能清楚认识各自在社会中的角色,对自己的行为具有充分的是非辨别能力和控制能力,因此从总体上来说,在法律上具有完全刑事责任能力,其行为必须接受法律的约束。只有个别神经症（如强迫症、恐惧症）,由于受疾病症状的影响,在某些情况下控制能力可能有所削弱,做出一些轻微不当行为或轻微违法行为,可评定为限定刑事责任能力。

案例 5-29 ▶

　　王某,男,24岁,未婚,小学文化,农民。因纵火罪被捕。

　　王某于某夜3时一人骑自行车到本县某村,用火柴把五户农民的稻草堆点燃,造成2500元损失。经取证、现场调查和群众座谈,一致认定属于故意纵火。王某的亲属反映,王某性格孤僻,古怪,少与人交往,与某女性谈恋爱不成功,受了刺激以后就开始精神异常,出现失眠、焦急,诉说心烦、坐卧不宁,东跑西窜,变得沉默少语,有时以头撞墙,有时用自己拳头砸自己头,砸坏家中电视机,把家里围墙推到了。曾到某地精神病院诊治,医生说是"神经症",他本人不承认有精神病。受审期间,在监号中生活起居一切如正常人。

　　鉴定时,王某神志清楚,主动接触,情感活跃,表情自然流露,言语正常,没有查出幻觉、妄想。王某叙及个性情况和犯罪事实时表示:"我是沉默但是自尊心极强的人,平时好强,有自信心。我已经长这么大了,由18岁开始搞恋爱,直到现在已交了10位女友,眼看一个个都失败了,使我非常自卑,变得缺乏信心。她们说我口吃,个头矮,不愿继续发展恋爱关系。有的交往了1年多又托故不见我,还说我得过精神病,我根本没有精神病,这对我打击非常大。我常常想这些事,怎么也想不通,得了失眠病,心理烦躁忍不住,坐卧不宁,白天、晚上都到外面去散心,坐坐可能就好些。烦躁时看电视可能慢慢减轻下来,我每日常以看电视来缓解焦急心情。看电视父母亲加以阻止时,我解释看电视可减少心烦,他们还一再唠叨,弄得我火上来了,曾把电视机砸坏,也曾在心烦时用头撞墙。最后一个女友跟我断绝关系,我非常气愤,感到命运对我太不公平。过了2天我就放火烧了女友家的稻草,但一直未被侦破,我也就未主动交代。我曾找工作到工厂当工人,但工作1个月仍旧老想恋爱的事,精神不集中就不去干了。这次放火,我是生闷气,心烦,为了寻求刺激,也为了报复。我选择这几家是因为他们的房子旁边的稻草放在隐蔽处,在这些地方放火人家不易发现,又有逃跑的方便道路。放火后把火柴赶快扔掉了,我想即使有人发现,他们也查不到火柴,可以混过去。"对于纵火,承认是犯法的,表示敢作敢当,愿受处罚。

　　鉴定意见:王某患有焦虑性神经症。对于自己所实施的危害行为,具有明确的辨认能力和控制能力,评定为完全刑事责任能力。

(二)民事行为能力评定

　　由于神经症患者对疾病大都具有充分的自知力,其检验现实的能力及长时间保持理智精神活动的能力是存在的,因此不需要进行一般民事行为能力的评定。对于某一特定民事行为,由于其辨认能力保存完好,即使有的患者存在一定程度的控制能力削弱,也不至于对自己的民事行为的辨认、理解和处理能力造成明显影响,所以应评定为有完全民事行为能力。少数情况下,强迫症患者在其症状特别严重时,可能影响其行为的控制能力和意思表达能力,则需根据具体案情来评定其特定民事行为能力是否受到限制。

(三)其他相关法律问题

　　在司法鉴定实践中,神经症常因躯体化障碍、疑病症涉及医疗纠纷的诉讼,也常因交通事故、吵架斗殴等涉及"精神损伤"的鉴定。因为神经症属于一种内源性精神障碍,即使没有明显心理社会因素的作用也可发病,其精神症状是属于原发性的,其种种躯体化表现没有客观的器质性病理学依据,故所患神经症与事件之间的因果关系,只是间接的诱发关系,或者无因果关系。在严格排除了器质性的损伤后,神经症也不涉及"重伤"或"轻伤"评定,也构不成伤残等级。

(李功迎)

第七节　颅脑创伤后精神障碍

　　颅脑创伤后精神障碍(mental disorders after cranio-cerebral trauma),主要指颅脑创伤导致的各种器质性精神病理综合征,也有少数表现为功能性障碍。随着工业建设和交通事业等日益发展,颅脑创伤的发生率也相应增多。我国12地区精神疾病流行学调查(1982)结果表明,本病患病率为0.21‰。深圳市1994—2003年急性创伤状况流行病学调查资料显示,在55 241例急性创伤病例中,神经外科病例共计10 135例(含头皮裂伤等颅外伤),其中有明确颅脑损伤者4287例。2007年对这些颅脑损伤患者进行精神损伤的抽样调查发现,被调查的675例颅脑创伤者中罹患各类精神障碍者共206例,发生率为30.52%。其中,器质性智能损害与遗忘18.37%、器质性意识障碍4.89%、器质性人格改变13.48%、儿童器质性行为障碍1.19%、器质性精神病性症状1.19%、器质性抑郁综合征7.41%、器质性躁狂综合征

0.30%、器质性癔症样综合征0.89%、器质性焦虑症0.15%、强迫症0.44%、脑外伤后（含脑震荡后和脑挫裂伤后）综合征10.07%。

一、临床学

（一）颅脑损伤的分类

颅脑损伤后精神障碍的发生、发展和预后与颅脑损伤的性质、部位和程度有关，因此有必要了解颅脑损伤的类型。

1. 按照昏迷时间和程度分类　国际、国内根据格拉斯哥昏迷计分（Glasgow coma scale，GCS）及昏迷时间，将颅脑损伤分为轻、中、重三型。GCS由英国格拉斯哥颅脑损伤研究所1974年提出，分别对运动、语言、睁眼反应三方面进行评分，根据总分（最低3分，最高15分）分型。轻型：13~15分，伤后昏迷时间<20分钟；中型：9~12分，伤后昏迷时间20分钟~6小时；重型：3~8分，伤后昏迷时间>6小时，或在伤后24小时内意识恶化并昏迷>6小时。也有学者将GCS3~5分、脑疝在3小时以上（晚期脑疝），脑干反射消失，双侧瞳孔扩大，生命体征衰竭或呼吸近停止的伤情作为"极重型"。

2. 按照损伤部位和性质分类　通常有头皮损伤（含头皮血肿、头皮裂伤、头皮撕脱伤）、颅骨骨折（含颅盖骨骨折、颅底骨折）、脑损伤（含脑震荡、脑挫裂伤、弥漫性轴索损伤）及颅内血肿（含硬脑膜外血肿、硬脑膜下血肿、脑内血肿）四类。

脑损伤按照发生的时间和机制分为原发性脑损伤和继发性脑损伤两大类。原发性损伤是指外力作用于头部时立即发生的损伤，包括脑震荡和脑挫裂伤；继发性损伤是指受伤一定时间后出现的脑损害，包括脑水肿、脑肿胀和颅内血肿等。此外，按照脑与外界是否相通分为闭合性脑损伤和开放性脑损伤，凡是硬脑膜完整的脑损伤均属闭合伤，硬脑膜破裂、脑与外界相通者则为开放伤。以下简要介绍与精神损伤和伤残关系密切、且较为常见的几种脑损伤。

脑震荡（concussion）是轻型脑损伤，其特点是伤后即刻发生短暂的意识障碍（数分钟至十余分钟，不超过半小时）和顺行性遗忘。这种损伤与脑脊液的冲击（脑室液经脑室系统骤然移动）、外力打击瞬间产生的颅内压变化、脑血管功能紊乱、脑干机械性牵拉或扭曲等因素有关；但腰穿检测颅内压力和脑脊液在正常范围，CT也无异常。有学者提出，脑震荡可能是一种轻微的弥漫性轴索损伤。

脑挫裂伤是外力造成的原发性脑器质性损伤，既可发生于着力部位，也可在对冲部位；轻者仅见局部软脑膜下皮质散在点片状出血，重者损伤范围较广，深部白质受累。更严重者脑皮质和深部白质广泛挫碎、破裂、局部出血、水肿，甚至形成血肿。CT扫描能清楚显示脑挫裂伤的部位、范围和程度，是最常应用有价值的检查手段，但对于较轻的脑挫伤灶，MRI优于CT。

弥漫性轴索损伤是头部遭受加速性旋转外力作用时，因剪应力而造成的以脑内神经轴索肿胀断裂为主要特征的损伤；好发于神经轴索聚集区，如胼胝体、脑干、灰白质交界处、小脑、内囊和基底核。显微镜下发现轴缩球是确认该损伤的主要依据。轴缩球是轴索断裂后，近断端轴浆溢出膨大的结果，为圆形或卵圆形小体，直径5~20μm，一般在损伤后12小时出现，2周内逐渐增多，持续约2个月。目前公认的诊断标准为：①伤后持续昏迷（>6小时）；②CT示脑组织撕裂出血或正常；③颅内压正常但临床状况差；④无明确脑结构异常的伤后持续植物状态；⑤创伤后期弥漫性脑萎缩；⑥尸检见特征性病理改变。

（二）病因与病理

急性期发生的精神障碍是大脑皮层的弥散性抑制和脑干网状结构受累所致。慢性期的精神障碍则是大脑的神经细胞坏死、神经胶质增生，形成粘连、瘢痕、囊肿或萎缩性病变的结果。一般脑组织受损愈严重，发生精神障碍的概率就越大，持续时间也越长。除了器质性因素外，病前人格和心理社会因素对疾病的发生发展和临床表现也有一定影响。

（三）临床表现

《国际疾病及健康相关问题分类（第十版）》（ICD-10）有关"精神与行为障碍分类"中没有就颅脑创伤所致精神障碍独立分类，仅有各种器质性精神病理综合征的分类和"脑损害所致"的提法。《中国精神障碍分类与诊断标准(第三版)》(CCMD-3)对颅脑创伤所致精神障碍有独立分类,但以"脑外伤所致精神障碍"命名,且将"脑外伤所致"进一步细分为"脑震荡所致"和"脑挫裂伤所致",因而以下采用CCMD-3的临床类型予以简要阐述,ICD-10的相应代码用括弧表示。值得强调的是,以下所有临床类型并非指某种疾病,而是各种类型的临床症状群,即精神病病理综合征。

1. 脑外伤所致器质性意识障碍(F05)　由脑部弥漫性、暂时的病变引起的急性脑病综合征(acute brain syndrome)。通常发生在脑外伤后的急性期,发生率颇高,与脑出血、颅高压、脑肿胀等因素有关。其临床表现大多为谵妄状态:以意识障碍为主,伴有知觉、思维、记忆、情绪、行为障碍及睡眠-觉醒周期紊乱。意识状况恢复后大多遗忘,即呈顺行性遗忘;其病程取决于脑水肿、脑肿胀、颅高压等恢复情况,持续时间可长达1~2月,这点不同于感染中毒性急性脑病;且各年龄均可发生。谵妄状态是病情不稳定的表现,民事赔偿案件应当建议进一步治疗、病情稳定后再实施精神伤残鉴定。在民事行为能力鉴定中,颅脑创伤后的意识障碍通常表现为植物人状态,并非谵妄。

2. 脑外伤所致器质性智能损害(F02.8)　又称"器质性痴呆",临床表现为记忆、思维、理解、判断、计算、逻辑推理等多个(两个以上)智力因素全面减退,没有意识障碍。颅脑创伤引起严重痴呆的情况并不多见,较多的表现为轻度智力缺损或认知障碍,且在颅脑创伤的早期表现较重,随着脑损伤的恢复,认知功能可逐渐恢复,但若严重颅脑创伤、昏迷时间过长引起的痴呆,恢复的可能性较小。

颅脑创伤所致智能损害不是以弥漫性脑组织损害来作为诊断必要条件,局灶性脑损害也可有智能、记忆、人格等全面的障碍,故痴呆综合征是描述一组临床症状,并不包含病因和预后因素,也并非都是不可逆的,受鉴定时限等多种因素影响,鉴定的时间离颅脑创伤越近,检测出来的痴呆程度会越重;但也具有慢性进行性的智能损害综合征的某些特点,如:轻者主要为近记忆困难、思维、计算能力等减退,重者远、近记忆及其他智力因素全面减退。但由于脑外伤发生突然,不会有前驱症状,缺乏"逐渐加重"、"进行性发展"的过程。多数颅脑创伤后实施法医精神伤残鉴定时,其体力、精力均尚未恢复,注意集中困难,都会影响其智力因素的完整表现。这一点是不同于慢性进行性智能损害综合征的。此外,智能损害的诊断不能单纯依赖智商测验的结果,而应结合精神检查及智力因素影响的社会功能评估的结果做出综合判断。

3. 脑外伤所致器质性遗忘(F04)　即"器质性记忆损害",是选择性或局灶性认知(记忆)功能缺损,常导致学习新知识的能力下降,并可能有定向障碍,而其他智力因素相对保持完整。颅脑创伤后单纯表现记忆损害者很少见,且缺乏慢性脑器质性遗忘综合征的典型表现,虚构、错构的情况不多。由于该综合征的诊断标准较宽泛,只要表现有"记忆损害,尤以短时记忆(学习新鲜事物)的损害比近记忆损害明显者,无即刻记忆(实际为注意力)损害、意识障碍、注意障碍、或完全性痴呆"即可诊断,因而在精神伤残诊断中作出此类诊断的情况较多,但实际上多数是由于脑外伤尚未康复,体力、精力不足而导致注意、记忆不良,随脑外伤的康复,记忆功能也将逐渐恢复,并非真正意义上的器质性遗忘,但根据精神医学现状诊断的原则、并考虑到伤者为弱势群体,这类诊断在精神损伤或伤残鉴定中较多见。有部分颅脑创伤因严重的记忆障碍而掩盖其他痴呆症状,应注意与智能损害的鉴别。

4. 脑外伤所致器质性精神病性症状(F06.0~F06.2)　指以幻觉、妄想、紧张症为主要临床表现的器质性综合征,不伴有意识障碍,常有认知功能损伤的基础。鉴定实践中表现为单纯的器质性幻觉症、妄想症或紧张症少见,这是由于颅脑创伤导致认知功能损害而难以形成固定、成形的幻觉、妄想的缘故,大多为片断零乱的幻觉、妄想,或在他们的行为中隐约可见有幻觉、妄想的可能,但并无意识障碍的背景。有的幻觉妄想的内容与脑外伤有一定关联,如:听到别人说他脑外伤是他自己弄伤的、花别人的钱治疗、故意装病没好而不去上班、认为周围人都嘲笑他受过伤、觉得他做了手术的头很难看等。有的表现为行为障碍,难与人格改变区别,但若伤者的行为障碍有幻觉、妄想的影响(如:攻击所怀疑的对象等),且缺乏自知力,应归在"器质性精神病性症状"类型中。伴有显著认知功能损害或人格改变的精神病症状的治疗效果往往较差,但有少数仅听到叫其名字的单调幻听,其社会功能受损程度并不重。器质性紧张综合征在脑外伤后的急性期有时可以见到,而在恢复期往往较少见。

5. 脑外伤所致器质性情感障碍（F06.3）　指以器质性情感高涨或低落为主要临床表现的器质性综合征。典型的器质性躁狂综合征不多见，通常表现为在欣快的背景上的话多、夸大和情绪高涨，症状不恒定，病程也不稳定，甚至在一日内都有波动，但又不具有快速循环性双相障碍的规律和特点。颅脑创伤后抑郁综合征比较多见，但这类病人的抑郁症状多为担忧自己的伤情和后遗症，与其受伤后的处境、心理压力等因素有关，但有器质性脑损伤的因素参与。

6. 脑外伤所致器质性人格改变（F07.0）　指颅脑创伤后的生活态度和行为模式发生显著而持久的改变，儿童的人格尚未形成，通常表现行为障碍，如：多动、注意缺陷、控制能力下降等。在精神伤残鉴定中，这类综合征的诊断比较多见，有的学者曾报道多达80%以上，可能是诊断标准较宽泛、缺乏客观评估方法及专家对人格改变的理解差异较大之故，国内外比较一致的研究结果提示有10%~20%的发生率，临床表现：固执、偏激、敏感、情绪不稳、欣快、肤浅、情感流露不协调、易激惹，或淡漠，行为冲动，不顾后果和社会规范等。有部分颅脑创伤后的人格改变（ost-traumatic personality change）受其伤后社会心理因素的影响，值得注意。此外，人格改变的程度有很大的差别，严重者比精神病性症状所带来的社会功能受损程度还有过之而无不及，但单纯的人格改变主要影响患者的控制能力，对辨认能力的影响较小。

7. 脑外伤所致器质性癔症样综合征（F06.5）　表现为分离或转换性障碍，多为癔症性痉挛发作，此类器质性综合征较少见，与功能性癔症的区别点：有器质性脑损伤的证据；常在颅脑创伤意识恢复后即发生；发病前没有明显心理社会因素影响，而疲劳等生物因素可诱发；发作频率随着颅脑创伤的恢复而减少，除非夹杂伤后的社会心理因素。

8. 脑外伤所致器质性神经症样综合征（F06.4，F06.6，F07.2）　表现为轻性精神障碍，包括脑挫伤后综合征、脑震荡后综合征、器质性焦虑、器质性情绪不稳（衰弱）等。这类综合征在赔偿纠纷案件中比较多见，器质性神经症样综合征与功能性神经症的区别是：有器质性脑损伤的证据或有昏迷史；临床症状常受自然环境的影响，如天气变化和劳累时症状出现或加重、对声光和噪音敏感、对酒精的耐受性降低。很多学者对这类综合征是否属于器质性持怀疑态度，的确有部分夹杂有个体心理素质、社会心理因素的影响，难以截然区分器质性和功能性神经症样综合征。器质性神经症样综合征有时易与器质性人格改变混淆，两者的区别点在于：人格改变以持续性态度和行为变化突出，情绪和行为反应的对象无选择性；而神经症样综合征的症状为间断性，以神经衰弱症状多见，情绪和行为反应的对象常有选择性。

9. 轻度认知障碍（F06.7）　该精神病理综合征仅在ICD-10中提及，指颅脑创伤所致记忆、学习能力等认知功能有所下降，但未达到轻度痴呆或轻度遗忘的程度，即属边缘智能或记忆缺损的范畴，对社会功能的影响程度较轻，精神伤残鉴定案件中此类情况较多见。

二、法医学问题

（一）刑事责任能力

颅脑损伤与犯罪关系的文献报告很少。黑龙江省曾报道在2627例司法精神鉴定中，脑损伤50例，占1.9%。急性颅脑损伤患者处于意识障碍时，实施犯罪者极为少见。脑损伤患者在意识恢复过程中，注意力不集中，可能发生过失性犯罪。颅脑创伤后人格改变者，常表现易激惹、兴奋或有激情发作，产生暴力犯罪的情况稍多。

在刑事案件中，颅脑创伤所致精神障碍可影响辨认和控制能力，并出现伤人、毁物等违法事件，此时需要对其刑事责任能力进行评定。

判定颅脑创伤所致精神障碍的责任能力时，不仅要证明脑损伤的存在，还须确定脑损伤与违法犯罪行为的关系。处于脑外伤所致严重意识障碍（如谵妄或朦胧状态）下，或在脑外伤所致器质性精神病性症状，或智能严重缺损或痴呆状态，或伴发病理性激情时，由于其精神病理因素导致不能辨认或不能控制自身行为，应评定为无责任能力。脑外伤所致器质性人格改变，由于情绪不稳定，易激惹，可导致控制能力削弱，一般评定为限制刑事责任能力。

有不少学者认为,评定颅脑创伤患者的责任能力时,不可对脑损伤因素的作用估计过高,不应过多地评定为无责任能力。如果脑外伤后遗的远期精神症状仅表现为情绪不稳及容易激惹,而在思维、意识活动等方面并无明显障碍时,患者对所造成的危害后果的辨认和控制能力并无明显削弱,应当评定为完全或部分责任能力。

案例 5-30 ▶

吴某,男,25岁,未婚,高中文化,工人。涉嫌虐待老人。

吴某自幼生长发育良好,高中毕业后进某工厂当工人。因工作期间被一重物砸伤头部,当即昏迷,在当地医院诊治,诊断为"重型颅脑损伤:左额颞顶挫裂伤并巨大硬膜下血肿;颅骨粉碎性凹陷性骨折"。行开颅清除血肿减压治疗,术后神志模糊一周,经治疗逐渐恢复。伤前个性无特殊,幼时父母管教较严。此次脑外伤后性格改变,容易伤感,烦躁,易激怒。对父母粗暴无礼,多次为小事打骂父母,邻居曾多次劝阻无效。伤后第三年有次因母亲说他不是而用棍棒毒打母亲,以致其母昏迷而被送医院急诊,吴某被告上法庭后,法院提出对吴某实施法医精神病鉴定。

鉴定检查:意识清楚,仪容尚整,定向良好,接触交谈基本合作,承认自己打父母的行为,并对事情的经过能清楚回忆,有自我保护意识,但称"控制不住自己的行为",强调自己头部受伤后容易激惹,经常头痛、头晕,烦躁,并称父母平时对自己管得太严,尤其是责怪母亲啰嗦,喜欢讲他不好,他已长大,还是不给他面子。对自己殴打父母的事表示后悔,无幻觉妄想等精神病性症状,记忆尚好,中国修订韦氏智力量表检测其智商98。躯体神经系统检查仅发现左额颞顶弧形手术瘢痕,余未见异常。

简要分析:被鉴定人在三年前有明确的颅脑损伤病史,伤前个性无特殊;伤后出现"情绪不稳,易烦躁,常为一些小事被激怒"等人格改变,并多次发生打骂父母的行为,反映其颅脑损伤对被鉴定人的个性变化有器质性因素的影响,对自身行为的控制能力削弱。被鉴定人对自己打骂父母的行为能清楚回忆,提示实施违法行为时无意识障碍,且检查未发现明显认知功能缺损,打父母的原因是母亲说他不好、啰嗦,且自幼父母管教太严,这些均系客观存在的现实情况,对自身违法行为的性质和后果(即辨认能力)并无精神病症状的影响。被鉴定人虽自幼父母管教较严,但伤前并无伤害父母的行为,而伤后却因父母管教太严而多次殴打父母,虽不能完全排除长期以来对父母管教方式反感而积怨太深的影响,但其冲动行为伴随情绪不稳、易烦躁和激惹等个性变化而出现,因而也不能排除脑器质性因素对其行为的影响。

鉴定意见:吴某患有脑外伤所致器质性人格改变;其打骂父母的行为与其情绪不稳、易激惹等个性改变有关,导致控制能力削弱,评定为限制(部分)责任能力。

(二)民事行为能力

颅脑创伤后精神障碍,常影响患者的独立生活能力和社会适应能力,有时不能妥善管理自己的财产或引起一些民事纠纷,需要对其民事行为能力实施司法鉴定。

颅脑创伤后出现的急性精神障碍患者,常常因存在显著的意识障碍而不能辨认自己的行为,也不能行使自己的民事权利和承担民事义务,更不能保护自己的合法权益,应评定为无民事行为能力;但随着伤情逐渐康复,精神状态恢复正常,其民事行为能力即可随之恢复。因此,此类民事行为能力的鉴定只能反映鉴定当时(现阶段)的状况,当意识或精神状况发生变化,需重新评定民事行为能力,此点应当在鉴定文书的附注中注明,以避免不必要的鉴定纠纷。

颅脑创伤后遗较重的器质性智能缺损者(中度以上)、或器质性精神病性症状,常常导致保护自身合法权益、行使自身民事权利及承担民事义务的能力显著受损或完全丧失,应评定为无民事行为能力。

颅脑创伤所致轻度智能缺损、或显著人格改变等情形,虽能理解他人的意思及表达自己意愿,但常不能合理保护自身合法权益和行使民事权利及承担民事义务的能力,可评定为限制民事行为能力。

　　颅脑损伤所致神经症样症状一般不影响保护自身合法权益和行使民事权利及承担民事义务的能力,应评定为完全民事行为能力。

案例5-31 ▶

　　陈某,男,40岁,已婚,大学文化,工程师。控告被人迫害,委托鉴定其陈述的可靠性(诉讼能力)。

　　被鉴定人因交通事故撞伤头部,当时神志清楚,诉头痛,住院后第三天头痛加重,伴有呕吐,头颅CT发现左额颞脑内血肿形成,开颅行左额颞脑内血肿清除术,清除血肿约20毫升。术后逐渐清醒,但遂出现精神症状,缄默,并有幻听及被害妄想,用纸写上"他们叫我不讲话,我怕电棒"、"妹妹骂我",不准别人碰他,不肯吃药打针,将针拔掉。给予抗精神病药奋乃静治疗,精神症状无明显缓解,出院诊断为:"闭合性颅脑创伤:①双额脑挫裂伤;②左额颞脑内血肿;③脑外伤性精神障碍"等。出院后,怀疑单位的人要害他,称是单位李某故意制造车祸来害他(李某曾与被鉴定人因工作事宜发生过矛盾),并认为自己的妹妹被李某买通了,打电话要朋友另找护理人员,以便将其妹妹替换掉等;多次到公安机关报案,要求惩处陷害他的人。据侦查机关调查,被鉴定人所反映的"被害"情况均无事实根据,故委托司法精神鉴定。

　　据被鉴定人单位反映,被鉴定人此次受伤前是电机工程师,比较聪明,能修理多种电器,无精神病病史,个性偏内向。自此次脑外伤后,精神不正常,总是觉得单位有人害他,认为单位的门卫、邻居都被买通,有时自言自语,发呆。行为举止不正常,常常颠三倒四,将别人晒的衣服收起来;在门卫的记录本上乱涂乱画;有时开水烧干了忘了关电源。生活懒散;经常需要他人督促,不能胜任原技术工作。

　　鉴定检查:于脑外伤一年后实施鉴定。被鉴定人神志清楚,定向准确,着装不整,个人卫生欠佳,接触交谈不合作,见到检查人员便说"我要上班",要检查人员证明其没有病,不愿回答其他问题,注意力不集中,说话吞吞吐吐,神情有些紧张,称"我不能说",有被害体验,智力测验在反复劝说下才实施完成,能认识数字和文字,但反应显迟钝,计算困难,无异常行为,自知力缺乏,说自己没病,可以工作。中国修订韦氏成人智力量表检测其智商89。鉴定期间头颅CT复查示:"左侧颞叶可见1cm×2cm低密度灶(脑软化灶),连续5个层面,左外侧裂增宽,左侧侧脑室轻度扩张。"

　　简要分析:被鉴定人有颅脑创伤病史,损伤部位和性质为"双额脑挫裂伤;左额颞脑内血肿";伤前系工程师,无精神异常表现,受伤后出现精神病症状,包括幻听、被害妄想等,同时伴有轻度的认知功能损伤,如反应迟钝、计算困难等;虽其智商测验值在正常范围,但被鉴定人伤前文化层次较高,且有工程师阅历多年,伤后不能胜任原技术工作,提示其伤后的智力较伤前要差,即有一定程度的智能损害。调查结果表明,被鉴定人所反映的"被害"情况均无事实根据,而系其感知觉、思维障碍的影响,说明其在诉讼"被害"的问题上不能辨认客观现实和自身行为,因而不具有保护自身合法权益、行使自身民事权利及承担民事义务的能力。

　　鉴定意见:被鉴定人的精神状态符合"脑外伤所致精神病性症状"的诊断;指控被他人陷害是其精神病症状的表现,不具有相应的民事行为能力。

(三)精神障碍与颅脑创伤的关联关系

　　在民事诉讼或刑事附带民事赔偿案件中,有时需要明确精神障碍与颅脑损伤的关联关系,有关内容在"精神损伤和精神伤残的评定"章节有详细介绍,此处仅简要阐述评定关联关系时需要注意的一些问题。

　　由于利益的驱动,颅脑创伤后的精神障碍常有心理因素的参合,导致此类案件既有器质性精神症状的表现,也有心因性的成分,加上目前缺乏对关联关系评定的统一标准,这类案例引起争议的情况时有发生。

评定精神障碍与颅脑损伤的关联关系时需要明确以下问题：

1. 澄清精神障碍的性质　即在排除伪装或夸大精神症状的基础上，明确是器质性精神障碍还是功能性障碍。因为精神障碍的性质决定肇事方的责任问题，只有器质性精神障碍肇事方才需要承担相应的法律责任，而功能性精神障碍主要与个体的心理素质有关，不构成精神损伤或精神伤残，因而肇事方也无需承担法律责任，但可能需要承担赔偿责任或道义上的补偿。

2. 分析精神障碍与颅脑损伤的关联关系与关联程度　有的器质性精神障碍不一定与此次纠纷或事故有关联关系，甚至有直接作用的器质性精神障碍，也不一定是肇事方的完全作用，如：被鉴定人在此次纠纷前已存在器质性病理基础的精神障碍，其自身的器质性因素也参与了精神障碍的结局，因此，在此类鉴定中有时需要明确此次颅脑创伤对精神障碍的参与度。功能性精神障碍虽然肇事方不承担法律责任，但此次肇事对精神障碍的发生发展具有一定的作用（心理因素的影响），因而，可以根据作用的大小，对精神障碍者予以道义上的补偿，以便法庭妥善处理这类纠纷事件（关联程度评定的详细内容请参见"精神损伤和精神伤残的评定"章节）。

案例 5-32 ▶

黄某，男，22岁，未婚，初中文化，无业。刑事附带民事赔偿案。

被鉴定人黄某为原告，被告系某物业管理公司保安员华某。平素，黄某经常在华某所在岗位闹事，因黄某系华某工作部门的业主，华某多次忍让。一天晚上，华某在岗亭值班时，与被鉴定人黄某再次发生争执，黄先动手打人，华某一气之下用水管打伤黄的头部，黄被送入当地医院诊治，入院时检查记载"头痛、狂躁、自控能力下降，运动性失语"等神经系统损害表现，颅脑CT检查提示"脑内小血肿"，经脱水、抗炎、止血、激素、神经营养剂、扩血管剂治疗后，头晕等症状逐渐好转，遗留部分运动性失语，颅脑CT复查显示"脑内血肿消失"，但"仍有精神症状"，表现为"自控能力下降，不遵守社会规范，行为自由散漫"等。

据鉴定调查，黄某于本次受伤前二年曾在当地精神病院住院治疗，住院病历记载黄某"自幼溺爱，12岁涉及黑社会人物，渐出现行为、个性改变，对人冷酷无情，仇视父母，脾气暴躁，易冲动，稍不如意就打人，在校闹事、打架、不守纪律、随心所欲、屡教不改，多次转学均被学校开除，初二时曾被送劳动教养学习四个月。"诊断为"人格障碍（暴发型）"。

鉴定检查：被鉴定人意识清楚，着装整洁，定向准确。接触交谈不合作，总是低着头，不与检查人员对视，有意回避检查人员的目光。理解、判断及表达良好，能根据问话内容对自身利益的影响作出相应反应，无智能、记忆损害表现。当谈及受伤情况时，能迅速叙述自己的症状，如"头晕，头痛，有时想呕，记忆很差"，其口齿清楚，言语流畅，无运动性失语表现。问及对被打事件有何要求时，称"看病已花很多钱，我妈一直到现在都没上班，她开始照顾我，后来又病了"，"那个保安员要负刑事责任"。但问及其他问题，如：读书时在学校表现如何、是否受过处分时，沉默不语，反复追问也不作答，有明显的自我保护意识，且避重就轻，有意回避一些关键性的问题；交谈对答切题，思维条理清楚，情感协调，无幻觉妄想等精神病性症状。智力测验中经常故意答错，测验结果不能反映其真实的智力水平。体格及神经系统检查未见异常。

简要分析：被鉴定人黄某自幼受家人宠爱，12岁时即涉及黑社会，有明显的品行障碍的表现，并延续至成年，形成反社会人格特征，如：对人冷酷无情，脾气暴躁，易冲动，稍不如意则打人，甚至打父母，与父母亲朋无亲密感；说谎，骗家人的钱；常打架斗殴、寻衅闹事；对他人的安全漠不关心等。其临床表现符合《中国精神疾病分类与诊断标准》（CCMD-3）中"反社会型人格障碍"之诊断，同时也表明，黄某在脑外伤前已存在反社会型人格障碍的表现。

　　黄某在此次脑外伤后的初期虽有运动性失语等神经系统损害表现,但经及时治疗后,症状逐渐缓解,头颅CT复查提示"脑内血肿消失",但其人格障碍的表现又日益突出,如:自控能力下降,不遵守社会规范,行为自由散漫等,这些表现与伤前的生活态度和行为方式并无两样,说明黄某伤后的精神问题是伤前人格的延续;且鉴定检查发现,黄某对答切题,言语流畅,思维条理清楚,情感协调,无幻觉妄想等精神病性症状,并有明显的自我保护,对所提的问题有选择性地回答,有意回避一些关键性的问题,说明被鉴定人有正常的思维、理解和判断能力,无认知功能损伤。

　　鉴定意见:被鉴定人黄某诊断为"反社会型人格障碍",该症是其伤前人格的延续,与此次颅脑损伤无关。

(高北陵)

第八节　癫痫性精神障碍

　　癫痫(epilepsy)是由多种原因引起的慢性脑功能障碍综合征,是大脑神经元反复高度异常同步放电所引起的发作性、突然性、短暂性脑功能紊乱。临床上主要表现为意识、感觉、运动、自主神经、精神、记忆、认知或行为异常。癫痫是一种常见病,我国终身患病率为7‰,5年内有癫痫发作的活动性癫痫的患病率为4.9‰。因此,我国约有700万~800万癫痫患者。癫痫发作的形式主要表现为大发作、小发作、精神运动性发作、局限性发作、自主神经性发作、癫痫持续状态,以及慢性癫痫性精神病、癫痫性人格改变和癫痫性痴呆等。癫痫患者可出现多种类型的精神问题、情感障碍、社会心理障碍和行为以及人格的改变等精神障碍,但发生率较低,接近1.16‰。其症状表现各异,可大致分为发作性和非发作性两种。发作性精神障碍表现为感觉、知觉、记忆、思维、精神运动性发作、情绪变化及短暂精神分裂症样发作。非发作性精神障碍则表现为慢性精神分裂症样精神病、情感障碍、人格改变及智力衰退等。

一、临床学

【病因和发病机制】

癫痫的病因及发病机制仍未完全阐明,可能与下列诸方面因素有关:

（一）遗传因素

　　流行病学调查显示癫痫有明显的遗传倾向,且原发性癫痫的遗传倾向比继发性癫痫更明显。癫痫病人的一级亲属患病率为1%~5%,为一般人群的2~5倍。其主要遗传方式有基因突变、染色体异常、线粒体突变;遗传机制尚未完全明了,可能是多种基因变异与环境因素相互作用的结果。

（二）病理生理方面

　　由于癫痫发作的病理生理学特点是大脑神经元一过性的过度同步放电,因而电生理技术在癫痫的诊断上具有重要意义,表现为脑电图上有诊断价值的爆发性的高幅电位的出现。发作间歇期既有阵发性去极化活动、爆发性,又有过度极化波;发作期神经元电活动,为同步化放电,阵发性刺激;终止机制尚未明确,但出现强烈的过度极化,能持续一段时间。

（三）生化方面

　　近年来,应用中枢神经递质理论研究癫痫的发病机制,发现兴奋性和抑制性神经递质的不平衡是导致后通路痫性发放的原因之一,神经递质水平的变化在癫痫发病中起了重要作用。研究证实,癫痫病人脑内乙酰胆碱和胆碱酯酶活性增加,γ-氨基丁酸的含量降低,维生素B_6缺乏。

（四）病因和促发因素

　　临床上从病因的角度,将癫痫分为特发性癫痫、症状性癫痫及隐源性癫痫三类。特发性或原发性癫痫是原因不明者;而症状性或继发性癫痫(secondary epilepsy)是指继发于各种脑疾病和脑损伤,或各种感染、中毒、代谢障碍引起的全身性疾病,如染色体异常、皮质发育不良、脑瘤、颅脑损伤、中枢神经系感染、脑血管疾病、寄生虫、遗传代谢性疾病、神经系统代谢性疾病、脑病等;隐源性癫痫是临床表现提示为症状性癫痫,但尚不能明确病因者。癫痫的促发因素有性别、年龄、觉醒与睡眠周期、月经周期、妊娠、遗传等。

(五)癫痫性精神障碍的发生机制

癫痫性精神障碍的发生主要包括以下几方面的因素;

1. 病理学因素　导致癫痫的器质性病变本身就能同时造成癫痫发作及精神障碍。精神障碍的临床严重程度类型和精神障碍的类型与病变部位、程度等有关,其中边缘系统结构对人的记忆、精神和情感功能等发挥关键作用,累及此部位的癫痫类型更容易出现精神行为异常。一般认为癫痫性精神障碍,如偏执状态、精神分裂症样状态及攻击性人格障碍与大脑优势半球的病变有关,而抑郁状态与非优势半球病变有关。

2. 发作的影响　癫痫发作时特别是强直阵挛发作能够造成大脑一定时间的缺血缺氧,大脑兴奋性神经递质、炎性介质的集聚,均会对大脑神经元造成损伤,影响精神行为。

3. 发作期及发作间期大脑异常放电的影响　无论是发作期还是发作间歇期,大脑都会有异常电活动的发放,也称为癫痫性放电(epileptic discharge),这些异常的放电对正常神经环路的功能造成干扰,进而造成精神行为障碍。

4. 社会心理因素　包括公众对癫痫患者的态度以及教育、工作、婚姻状态等方面。癫痫患者特别是癫痫发作长期得不到很好控制的难治性患者在社会生活中有不同程度的“羞耻感”,感觉孤立和无助,不可避免地会对癫痫患者造成精神和心理的不良影响。

5. 其他　另外,在进行抗癫痫药物治疗的同时,抗癫痫药物亦可导致精神行为障碍,其药理机制主要是通过作用于大脑神经元受体调节大脑的兴奋性和抑制性功能而发挥作用,也会对精神行为造成一定的影响。

【临床表现】

根据精神障碍与癫痫发作有无直接关系的分类方法,癫痫性精神障碍可以分为发作相关的精神障碍和与发作无关的发作间歇期(inter-ictal)精神障碍。前者包括发作期(ictal)的精神障碍和发作前后(peri-ictal)的精神障碍,为一定时间内的感觉、知觉、记忆、思维等障碍,心境恶劣,精神运动性发作,或短暂精神分裂样发作,发作具有突然性、短暂性及反复发作的特点。后者为分裂症样障碍、人格改变或智力损害等。

(一)发作期精神障碍

发作期精神障碍主要包括发作性精神运动性障碍、发作性情感障碍及短暂性精神分裂症样发作等。多由于皮质的局限性病灶引起,即多存在于部分性发作和部分性癫痫中,特别是复杂部分性发作和颞叶癫痫。发作时的各种不同症状是由病灶的部位决定的。发作时的精神障碍主要有下列几种:

1. 知觉障碍　多为原始性的幻觉为简单部分性发作或者先兆,即意识保存。

(1)视觉发作:主要是由枕叶视觉皮质的异常放电引起,但也可由其他皮质部位引起。这是一种常见的感觉症状,如看到闪光、冒金花、黑蒙;但亦可看到很复杂而完整的情景,或既往经历的重现,有时可出现错觉或感知综合障碍,后者常为视物显大症、视物显小症及视物变形症等。此外,患者还可有自身幻视或自窥症等。

(2)听觉发作:由颞叶听觉皮质或第一颞回附近的异常放电所致。出现的是内容单调的听幻觉,如耳鸣,有时可伴有眩晕。如病灶靠近后部,则幻听的内容也可为言语声、音乐或歌曲的片段。

(3)嗅觉发作:主要由于钩回和杏仁核周围部位异常放电所致。患者可嗅到难闻的气味,有时像烧焦了的胶皮味。单纯的嗅觉发作较少见,大多和颞叶发作合并出现。

(4)味觉发作:由皮质味觉区的异常放电所致。患者可尝到某些不愉快或特殊的味道。这种发作常和嗅觉发作及颞叶发作合并出现。

2. 记忆障碍　患者可体验到一种记忆障碍,例如对某些熟悉的名字,突然不能回忆;或在一个新的环境中有一种似乎过去早已体验过的感觉,称为熟悉感[又称似曾相识感(déjà vu)];或在一个熟悉的环境中好像有完全陌生的感觉,称为陌生感[又称旧事如新感(jamais vu)]。

3. 思维障碍　可有思维中断,患者感觉自己的思潮突然停止,或有强制性思维(forced thinking),患者的思维不受自己意愿的支配,强制性地大量涌现在脑内,并常互相缺乏联系,但意识保存。这种症状可能是由于额叶病灶所致。还有强迫性回忆,有人认为是和颞叶外上侧面的异常放电有关。

4. 情感障碍　可有发作性的恐怖、抑郁、喜悦及愤怒表现。发作性恐怖是情绪发作中最常见的一种,程度可轻可重,内容不一。发作性的情感障碍无明显精神因素,突然发病,时间短暂,反复出现同样内容的临床症状,有时发作常与错觉、幻觉同时存在。

5. 自主神经功能障碍　是指单独出现的自主神经系统功能发作,如头痛、头胀、流涎、恶心、呕吐、腹部不适、呼吸困难、心悸、出汗、竖毛、面色苍白或潮红等症状。这些以单独出现的自主神经发作较少,大多和其他发作合并出现,并常在复杂部分性发作之前出现。

6. 自动症(automatism)　最常见于复杂部分性发作。约75%的颞叶癫痫有自动症发作。核心症状为意识障碍,不过常常在意识模糊的情况下作出一些目的不明确的动作或行为,或无目的、无效率的反复无意义动作。主要动作有反复咀嚼、咂嘴、吞咽、舔舌,甚至咳嗽、吐痰、扮鬼脸、反复转头寻找或疑惑状,或无目标的走动、跑步、玩弄衣物、搔首弄姿、搬动东西等,此外也会重复语言或自言自语。在此期间问患者话,并无法获得迅速正确的答复,如果阻止患者时,甚至会出现反抗的动作,但罕有攻击性的行为。发作快结束时,患者的意识状态逐渐恢复,但常常不知道刚才发生了什么事,令人难以理解,且与当时的处境不相配合。整个发作过程一般长达半分钟到数分钟之久。

7. 非抽搐性癫痫持续状态(nonconvulsive status epilepticus)　是指特定的癫痫发作状态,非抽搐性发作类型,常见的包括简单部分性发作、复杂部分性发作以及失神发作等,如果发作持续时间超过30分钟,或者在短时间内频繁发作,则为持续状态。复杂部分性发作持续状态多伴有精神症状,临床表现为有较深的意识障碍、有明显的定向力丧失、注意力涣散以及对周围事物理解困难等。伴有生动、鲜明、恐怖的错觉及幻觉,如看到凶恶的"鬼怪"向自己冲来,或听到枪炮声,将周围人当作敌人与之搏斗或夺窗而逃。患者思维不连贯,并可有片段性妄想等。安静淡漠的患者也可能突然兴奋,甚至突然出现攻击和破坏行为。自动症发作持续状态时,脑电图显示一侧或两侧的颞部导联有持续存在的异常节律性活动。主要病变的脑区在海马、杏仁核、钩回、额叶眶面、扣带回。蝶骨电极导联往往能够显示前颞叶局灶性的棘波或尖波持续发放。

（二）发作前后（peri-ictal）精神障碍

1. 发作前精神障碍　在癫痫发作前数分钟、数小时或数天出现焦虑、紧张、易激惹、冲动、抑郁、淡漠等心境恶劣或一段时间的自主神经功能紊乱,如胃纳减退、面色苍白、潮红及消化不良等症状,使患者感到发作即将来临,称之为前驱症状(prodromal symptoms),目前对这一现象发生的机制尚未阐明。

2. 发作后精神障碍　癫痫发作后朦胧状态(twilight state)常发生于全身强直-阵挛性发作及部分性癫痫发作后,尤其是全身强直-阵挛持续状态后。在发作后可出现意识模糊、定向力障碍、幻觉、妄想及兴奋等症状,其中兴奋激动及意识模糊是常见的症状。有时幻视或幻听及妄想很明显,幻视常具有完整的结构及迫害性,以致患者企图逃避,偶然会出现意外。此后患者可入睡或意识模糊逐渐减轻,直至完全恢复正常。每次可持续5~10分钟到数小时或更长。再次出现全身性大发作亦可终止发作后精神障碍。

3. 替代性精神障碍　发作前后的精神障碍往往随着发作的增多而加重,但在很少的情况下,精神症状与发作的频率呈现相反的关系。这种现象也称之为"替代性精神障碍"(alternating psychosis),即当患者存有癫痫发作时,没有精神症状,但当发作消失后和脑电图正常时,却出现精神症状。

（三）发作间歇期（inter-ictal）精神障碍

这类精神障碍是指一组无意识障碍,发生于两次发作之间,并且与发作本身并不直接相关。但其精神症状的病期具有迁延性,可持续数月至数年之久。包括慢性精神病状态如精神分裂症样精神病、人格改变、癫痫性痴呆。发作间歇期精神病比发作时及发作后的精神障碍相对较少见,在非选择的病例中约占10%~30%。然而,就严重程度与持续时间而言,临床上要比发作时及发作后的精神障碍更明显,后者通常是短暂且往往是自限性的。

1. 精神分裂症样精神病(schizophreni-form psychosis)　指慢性癫痫患者尤其是颞叶癫痫(temporal lobe epilepsy)所出现慢性幻觉妄想性精神病,或称为"慢性癫痫性妄想性精神病"。可出现精神分裂症所特有的症状,如关系妄想、被害妄想、被控制感、思维被掠夺,但以慢性妄想幻觉状态多见。也可出现思维中断、语词新作、强制性思维等。约半数有幻听,内容为迫害或命令性,常具有宗教迷信色彩,也可出现幻视、幻嗅和幻味。情感异常多为易激惹、抑郁、恐惧、焦躁,偶见欣快,也可表现情感淡漠。其精神障碍具有某些癫痫特征,如思维缓慢,黏滞,可表现出病理性赘述。

2. (癫痫性)人格改变(personality change)　有关癫痫特别是颞叶癫痫患者出现人格障碍的研究已有不少文献报道。人格改变特征性的临床表现包括智力及情感两部分。一般认为,凡有癫痫性智力衰退者都有不同程度的人格改变;而人格改变以情感反应最明显,可带有"两极性"。如一方面易激惹、残暴、凶狠、固执、敌视、仇恨、冲动、敏感及多疑;另一方面又表现过分客气、温顺、亲切及赞美。患者可在不同的时间内具有某一特点的倾向,但也可同时具有两个极端的特点。患者常因琐事发生冲突及攻击性行为。此外,患者的思维迟缓、黏滞和内容贫乏。癫痫性人格改变的黏滞性或爆发性较一般脑器质性人格改变者更为明显。

3. 癫痫性痴呆(epileptic dementia)　常和癫痫性人格改变同时存在。长期反复的癫痫发作可逐渐加重智力减退。癫痫早期轻度智力减退是可逆的,如控制发作可以逐步恢复。严重的智力减退呈进行性,不可逆的,可发展为痴呆。这种痴呆发生的原因较多,除脑部器质性损害外,还有遗传、心理社会因素及长期服用抗癫痫药物等因素。临床表现主要是慢性脑病综合征(chronic brain syndrome)。首先是近事记忆力减退,再累及远事记忆、理解、计算、分析及判断等能力,同时在思维、情感及行为等方面都带有癫痫的共同特点——黏滞性和刻板性。晚期可呈现精神活动的全面衰退,情感呆板,思维贫乏,行动笨拙,生活不能自理。

预后:癫痫早期治疗对预后十分重要。一般而言,多种类型发作的预后不及单一类型,精神运动性发作不如单纯大发作。癫痫发作频繁而智力衰退明显者预后不良。成人癫痫较易控制。症状性癫痫的预后,主要取决于原发疾病的情况。新生儿癫痫预后甚差,死亡率高。

诊断:癫痫性精神障碍的诊断要符合脑器质性精神障碍的诊断标准,建立在已经明确癫痫诊断的基础上进行。精神障碍的发生与病程、癫痫相关。主要根据既往有癫痫发作史,临床精神症状呈发作性,每次发作的表现基本相同,发作时伴有不同程度的意识障碍。特别是脑电图检查对癫痫的诊断有重要价值,90%的癫痫患者有脑电图的异常。对病程长而症状不典型者则需要多次重复作脑电图检查,必要时还可给予抗癫痫药物作诊断性治疗,若精神症状及脑电图在用药后均有改善,则可作为诊断的重要依据。

癫痫患者在癫痫发作时出现精神症状,并且有突然性、短暂性和反复发作的特点,可以考虑"发作期精神障碍",应该了解精神异常时的意识状态,这是分辨是否精神运动性发作的关键。如果是在癫痫发作后7天内(一般是一天内),可考虑"发作后精神障碍"。如果是病程较长的癫痫患者,在抽搐得到控制后出现精神症状,则可考虑"替代性精神障碍"。如果是多年病程的患者,出现类精神分裂症的幻觉妄想等精神病症状,可诊断为"癫痫性分裂症样精神病。

二、法医学问题

癫痫性精神障碍与暴力行为的关系密切。据黑龙江省统计2627例精神鉴定案例,其中癫痫154例,占5.9%,仅次于精神分裂症和精神发育迟滞,居第三位。然而,癫痫性精神障碍的犯罪率是否比一般人群高,文献报告颇不一致。Alstrom(1950年)调查瑞典癫痫患者,发现有犯罪行为者所占比例与一般居民相仿。Gudmundsson(1966)对冰岛全国癫痫患者进行调查,发现患者的犯罪率比一般居民高三倍。Gunn（1969年）检查英国监狱内的犯人，发现每1000人中癫痫患者78人，显然高于一般居民。Ritzel等（1972年）调查546名癫痫患者的犯罪率，为一般居民的1.5倍。但进一步分析发现，犯罪率高的是具有癫痫性人格改变患者。癫痫患者的违法行为本身并无特征。作为犯罪原因，癫痫可能是一个间接因素。随着癫痫诊断和治疗技术的进步和普及，癫痫在犯罪学上的重要性可能会进一步下降。

癫痫性精神障碍可能出现杀人、伤害、强奸和纵火等暴力行为。Ritzel（1972年）报告，癫痫患者的暴力行为并无特殊方式，以交通肇事、盗窃、欺诈为主。过去文献中所强调的性犯罪和攻击性犯罪，并不比一般刑事犯罪时多。英国（1971年）调查158名癫痫患者的犯罪事实，66%为侵犯财产，暴力和性犯罪分别为15%和9%，与一般犯罪的组成近似。逸见（1960年）调查日本监狱内的癫痫罪犯，发现多数是偷窃和欺诈等侵犯财产犯罪。性格特点也和其他罪犯一样，具有意志薄弱等倾向。

Ritzel等（1972年）报告，癫痫发作类型与犯罪性质无关。颞叶癫痫也无特殊的犯罪形式。Gunn等（1971年）报告，各型癫痫患者，暴力犯与侵犯财产犯的比率并无明显差异，只是颞叶癫痫患者有前科的比较多。Peter等（1968年）调查56名颞叶癫痫患者发现其中7例有犯罪行为，多是由于人格改变和激情发作所致。精神运动性发作本身成为犯罪原因的很少见。Alstrom（1950年）调查897名癫痫患者，在精神发作中犯罪的1例也没有。

（一）刑事责任能力

癫痫性精神障碍患者表现复杂多样，在法医精神病学鉴定中，判定其责任能力有时非常困难。在审讯或鉴定检查时不易查明犯罪动机或经过，故判定责任能力要遵循案卷有关客观真实材料与鉴定检查所见能相互印证的原则。总之，对癫痫性精神障碍患者责任能力的判定，取决于作案行为当时的精神状态。

对癫痫发作时精神障碍，应根据患者的意识状态和控制自己行为的能力，按实际情况分别评定为无责任能力或限制责任能力。如果由于严重意识障碍，病理性幻觉、妄想或其他精神病性症状，使其丧失了实质性辨认或控制能力时，则应评定为无责任能力。精神运动性发作时出现的违法行为，应判定为无责任能力。

癫痫性痴呆时，依据智能障碍的程度和违法行为的性质，相应评定为无责任能力或限制责任能力。智能障碍在中度以上，对违法行为动机、目的、后果缺乏实质性理解，应评定为无责任能力；轻度智能障碍者，则可评定为限制责任能力。

癫痫性人格改变者，由于易激惹和有爆发性冲动等特点而出现伤害行为，一般评定为限制责任能力。

癫痫性情绪障碍时，如果是由于明显心理因素导致病理性激情发作，伴有意识障碍和遗忘症，应评定为无责任能力。当情绪障碍发生在意识清晰状态下，可评定为完全责任能力。

发作间歇期精神障碍，其辨认能力或控制能力无明显损害时，则应评定为完全责任能力。

1. 无责任能力判定实例与分析

案例 5-33 ▶

王某，男，30岁，未婚，小学文化，农民。

王某自4岁起无明显诱因常出现全身抽搐发作。发作时昏厥倒地，不省人事，牙关紧闭，面色发青，四肢抽动，多次咬破舌头，并有小便失禁。有时突然失神，呆立不语，片刻即恢复。近两年来频繁出现意识不清，颜面苍白，四处摸索，转圈子或徘徊，但无抽搐。未经系统治疗。

2002年11月某日，午饭时王某中途放下碗筷，目光呆滞，站立起来，向门外走去，家人阻拦时王某奋力反抗，夺门而出，在走廊上遇见一位邻居被其推倒，随后迎面碰上一10岁女孩，被王某抱住，顺手从四楼窗户扔下去，当即摔死。后王某跑到街上一路狂奔，被众人按倒后剧烈挣扎，大声喊叫有人要害死他。事后王某对这一段经历完全无记忆。

精神检查：神清，年貌相符，衣着欠整洁，接触被动，注意力欠集中，思维显黏滞，存病理性赘述，能简单讲述个人经历、家庭情况及既往抽搐发作的情况，称"听周围的人说，我以前经常发癫，突然倒地，手脚抽筋，口里吐白沫。""近两年来不怎么抽筋了，但头经常发昏，人不清醒，有时到处乱走自己都不知道。"不能回忆作案经过，称"别人都说看到我把那个小女孩扔下去的，我也没办法。"检查过程中未引出明显的精神病性症状；情感活动显平淡，面部表情呆板。脑电图检查提示广泛性额顶部显著的阵发性高波幅慢波活动伴尖波发放。韦氏智力测验：IQ为89。

鉴定意见：被鉴定人王某患有癫痫，作案时处于精神运动性发作，评定为无刑事责任能力。

鉴定分析：①鉴定调查证实王某有数年典型的癫痫大发作病史，未系统治疗，近两年表现为精神运动性发作，脑电图明显异常，诊断为癫痫可以成立；②精神检查时王某表情呆板、接触被动、注意力欠集中，思维黏滞，不能回忆作案经过，未引出明显的精神病性症状，情感平淡；③王某缺乏明确的作案动机，作案对象缺乏选择性，作案时有明显的精神异常及行为紊乱表现，作案后不能回忆，反映其作案时存在严重的意识障碍，丧失了对周围环境和自身行为的辨认和控制能力。

案例5-34 ▶

符某，男，19岁，小学文化，农民工。

2002年12月2日凌晨3时许，付某突然将同宿舍2名老乡砍伤。被害人反映他们是老乡、工友，同事2个多月，平时关系很好。被砍前一天晚上都是11点半左右睡的，凌晨大约3点多时，2名老乡在熟睡中，遭到符某用菜刀砍击，爬起身躲避时仍被追着砍。符某在审查中对作案经过不能回忆，否认是因为有矛盾才作案，并否认有精神病。不知道为什么用菜刀砍人，不知道自己衣服上的血迹和手上的伤是怎么来的，不知道是不是他砍伤老乡的。其父反映符某曾有夜游症，有时晚上会起床到处走。

精神检查：神清，衣着尚整，年貌相符，定向准确，接触合作，问答切题，言语流畅，无伪装表现。对案发经过无法回忆。谈到伤害了两个老乡时流泪，有悲观内疚的表情，称没脸去见他们，检查未发现幻觉、妄想等精神病症状及明显认知功能异常。情感反应适切，语言与内容、环境协调一致。对自身的处境认识清楚，表示愿意接受法律制裁。二项必选数字记忆测验结果显示其在检查中完全合作，无伪装。脑电图检查显示：可见5~7c/s、30~50mV慢活动，并间有3~4c/s、30~50mV复形慢波，意见为"界线性脑电图（即可疑脑电图）"。

鉴定意见：被鉴定人符某患有癫痫，作案时处于朦胧状态，评定为无刑事责任能力。

鉴定分析：被鉴定人与伤者平时关系较好，没有任何矛盾冲突，作案行为缺乏现实动机。作案时从睡眠中起床，手法残暴，与外界环境的联系较差，似意识模糊状态。作案后无逃跑、伪装等自我保护意识；审查及鉴定时不能回忆作案经过，反映其在作案时有明显意识障碍。家属反映曾有夜间起床活动病史，表现与案发经过较吻合。脑电图检查虽显示界线性脑电图，但部分癫痫患者的脑电图不能发现典型的痫性电活动。因此，符某的表现符合"癫痫所致精神障碍（朦胧状态）"的诊断，其伤害行为发生在病理状态下，丧失了对自身行为和现实环境的辨认能力，故对本次作案行为不具有刑事责任能力。

2. 限制责任能力判定实例与分析

案例 5-35 ▶

刘某,男,36岁,已婚,初中文化,工人。

刘某9岁入学,成绩较差,初中勉强毕业。自14岁起患有癫痫,二十多年来发作频繁,未经适当的抗癫痫药物治疗。近年来性格逐渐变得急躁,容易冲动,气量狭小,报复心强,常因小事与人发生争吵,甚至动手打人;有时暴怒之下对父母亦出言不逊,能从事简单工作。

2004年3月某日,刘某到集市上买菜,要求亲自挑选,被制止后与菜主发生争执,将菜主推倒在地。这时陈某上前劝解,与刘某发生口角。刘某大发雷霆,与陈某搏斗,声称要将陈某打死,并准备凶器,伺机报复。次日,刘某潜到陈某家中,乘陈某不备用铁棍打击其头枕部,造成脑震荡和头皮挫裂伤,并将陈某家中许多物品捣毁。案发后被刘某自行到派出所投案自首。

精神检查:意识清,年貌相符,接触可,智力稍差,未发现幻觉、妄想等精神病性症状。对作案过程能详细回忆,承认自己做得不对,自述当时"心里难受,火一上来就犯了法。"并强调陈某不应该偏袒不公,是陈某先打了他,当时只是想自己非报此仇不可;并表示愿意赔偿受害人的损失;情感略显肤浅,易激惹。脑电图提示广泛性双额部阵发性中高电位慢波活动。韦氏智力测验:IQ 78。

鉴定意见:被鉴定人刘某患有癫痫性人格改变伴边缘智力,表现为易激惹,好攻击和报复心强,作案与这种人格改变有关,评定为限制责任能力。

鉴定分析:①鉴定调查证实刘某有癫痫病史二十余年,未系统治疗,脑电图明显异常,并有明显的人格改变表现,诊断为癫痫性人格改变可以成立;②精神检查时刘某接触可,IQ在边缘智能范围、无精神病性症状,情感略显肤浅、易激惹,有一定的自我保护意识;③刘某因日常纠纷而发生报复行为,说明其作案有一定的现实动机;作案后能投案自首并清楚回忆作案经过,反映其作案时辨认能力存在;但由于其存在明显的人格改变,智能处于边缘状态,法律意识淡薄,致其控制能力削弱而发生本案。

3. 完全责任能力判定实例与分析

案例 5-36 ▶

许某,男,22岁,高中文化,未婚,无业。

许某14岁时曾患"病毒性脑炎"住院治疗,出院后月余出现发作性双侧不自主扭转及面部肌肉抽搐,每次持续数十秒钟,不能控制,起初每日数次,多次脑电图检查有痫性放电。服抗癫痫药物卡马西平后仍偶有发作,一年3~5次。间歇期日常生活、劳动及社会交往均正常。

2005年6月某日,许某因其侄子与邻居张某的小孩殴斗而发生纠纷,在争吵过程中被张某用木棍击伤头面部。当日晚上十一时左右,许某携带菜刀翻院墙进入张某院中并点燃屋旁柴垛,当张某开门查看时朝张某头面连砍四刀后逃跑,次日下午在其藏匿的某亲戚家中被抓获。因其曾患癫痫病而提请鉴定。

鉴定调查时家属反映许某平时性格较内向,在案发前半年内一直坚持服药,未出现癫痫发作表现。同监室人员反映"许某刚进来时精神压力大,心情不好,主动向管教干部反映自己有羊角风要吃药。""能服从管理,饮食、睡眠都正常。"

鉴定时精神检查:神清,接触可,对答切题,能讲述个人生活经历及家庭情况,对作案经过能清楚回忆,强调是对方先打伤自己,当时很气愤,并称"张某以前也多次欺负我和我的家人,平时我一直忍气吞声,那天他不讲道理动手就打。""当天晚上被打伤的部位一直疼,睡不着,头也疼。""当时头脑发热,一冲动就去了,只是想警告他们一家人不要太嚣张。"交谈中被鉴定人思维清晰,情感适切,无精神病性症状,有明显的自我保护意识,记忆智力正常,未发现与癫痫有关的人格改变表现。脑电图检查在正常范围。

鉴定意见：被鉴定人许某患有癫痫，但作案时无精神病，应具有完全刑事责任能力。

鉴定分析：①许某既往有发作性肢体扭转病史，脑电图检查显示有痫性放电，服用抗癫痫药物症状能较好控制，诊断为癫痫可以成立；②鉴定调查表明许某间歇期完全正常，案发前后均无癫痫发作及精神异常表现；③精神检查时其言谈切题，思维清晰，情感协调，智力记忆正常，并有良好的自我保护意识；④许某作案有现实动机，作案后能清楚回忆具体经过，作案后逃跑藏匿，其实施作案的一系列行为均符合正常人作案的特点，而无癫痫发作的迹象，反映其作案时具有良好的辨认和控制能力。

（二）民事行为能力

癫痫性精神病在发病期，应无民事行为能力。癫痫发作频繁，病程迁延或脑器质性损害严重，智能障碍明显或已发展到癫痫性痴呆状态，应评为无民事行为能力。癫痫性人格改变和癫痫性痴呆，对事物的辨认、审理能力和自我保护能力明显削弱，应评定为限制民事行为能力。一般癫痫患者在间歇期，无人格改变和智能缺损者，应具有完全民事行为能力。

案例 5-37 ▶

某男，76岁。自16岁起即有癫痫发作，拥有房产及动产，去世前8周立下遗嘱，将财产全部赠与儿童福利院，而两位照顾他50年的姐姐，现均已年逾八旬，无可靠的生活来源，患者却未作任何遗赠。患者并无痴呆，立遗嘱时神志清楚，但表现为自我中心，执迷于独善其身的慈善行为，正反映出癫痫患者易于走极端的人格特征，令人对其立遗嘱的能力产生怀疑，应认定为无民事行为能力。

（三）精神损伤评定

1. 损伤程度评定　依据2014年1月1日实施的《人体损伤程度鉴定标准》（5.1.2.l）条之规定，外伤性迟发性癫痫评为重伤二级；依据上述标准（5.1.1.e）条之规定，外伤所致癫痫性精神障碍，生活完全不能自理者，则属于重伤一级。

2. 伤残程度评定　评定伤残程度主要根据癫痫性精神障碍的临床表现类型和药物治疗的后果，依照相应的伤残标准来评定。一般癫痫发作性精神障碍（包括癫痫发作时精神障碍、发作前后精神障碍和发作间歇期精神障碍）的病程为发作性，持续时间较短，在发作后痊愈，不宜评定伤残；癫痫性持续性精神障碍如癫痫性人格改变、癫痫性痴呆、癫痫性类精神分裂样精神病则依据精神障碍的程度和日常生活受限的程度，确定伤残等级。

（赵小红）

第九节　其他脑器质性精神障碍

脑器质性精神障碍（cerebral organic psychosis）是指由脑部疾病如脑变性疾病、脑血管病、颅内感染、脑外伤、脑瘤等所致精神障碍。临床上通常将精神障碍分为器质性和功能性两类，但这种区分只是相对的和有条件的。随着科技水平的发展，各种检测手段的日益进步，过去认为的功能性精神障碍，已发现有脑实质及超微结构的改变，未能查明形态结构的改变，因此功能性精神障碍的范围必将日益缩小。颅脑创伤和癫痫所致的精神障碍前面已作系统介绍，这里将简略介绍虽较少见但也可引起危害行为或法律纠纷的其他脑器质性精神障碍，因为此类精神障碍在症状学表现方面有类似性，在法医精神病学处理原则上也基本相同，故合并在一起介绍。

一、临床学

（一）阿尔茨海默病（Alzheimer's disease，AD）

阿尔茨海默病（Alzheimer's disease, AD），又称为老年性痴呆（senile dementia），是一组病因未明的原发性退行性脑变性疾病，多表现为全面性痴呆和人格改变。起病多于60岁以后。欧美国家有关痴呆患病率的流行病学调查发现，65岁以上老年人群中患病率为5%~8%，中国及西太平洋区发展中国家60岁及以上人群中的患病率为4%。一般患病率随年龄而稳定上升，女性约为男性的2~3倍，农村低于城市。目前老年人群中AD的发病率仅次于心脑血管疾病和癌症，极大威胁老年人群的身体健康，是老年人死亡的第三大病因，目前已成为老年医学中的一个重要内容。

本病起病潜隐，进展缓慢，表现为全面性、进行性记忆智能减退，同时出现人格改变，无自知力或自知力不全。发病早期可伴有抑郁情绪，在病期不同阶段可伴发幻觉和（或）妄想，但并非核心症状。中晚期可出现失语、失用、失写等皮质综合征，可并发或其他因素促发的意识障碍如谵妄状态等。一般分为早期（轻度）、中期（中度）、晚期（重度）痴呆三个阶段。早期以记忆、情绪症状为主，中期为神经心理学症状、认知功能损害（痴呆）为主。晚期以神经系统症状和体征为主，甚至发展成慢性持续植物状态，皮质性功能完全性损害。

少数患者由于人格改变，道德伦理观念薄弱，可发生偷窃、诈骗、猥亵与奸淫幼女等违法乱纪行为；在谵妄、错乱状态或被害妄想支配下，可出现纵火、伤害等侵犯行为。

案例 5-38 ▶

袁某，男，74岁，小学文化，丧偶，退休工人。

袁某已退休多年，生活安闲自在，在家中尚可从事编织副业。3年前妻子病故。此后变得迟钝，常呆坐不语，精神萎靡不振，对儿女离家外出或归来表现无所谓。言语重复，啰嗦。将物品东藏西放，隔几天找不到，就认为被邻居偷去了。有时将庭院里别家晾晒的衣物捡回来，不肯交出，为此经常与邻居发生口角。有时夜间不眠，分不清时间早晚。生活不能自理，不知饥饱。外出时总拾取一些废物，加以珍藏。2002年4月某日到隔壁家索取"丢失的物品"，纠缠不休。将该家一老妇人掀倒在地，用木棍敲打其头部，致其头皮挫裂伤、颅骨线性骨折。

精神检查：被鉴定人神清，衰老貌，并有明显肺气肿体征，头部及肢体不自主震颤。接触被动，检查配合性差，言语表达简单，定向力不完整，以为自己仍在家中。记忆力明显减退，不能回忆昨日所进饮食。有时有虚构。诉说邻居偷他家东西，问及偷了些什么又答不上来，反复说家中被他人偷光了（被偷窃妄想），打死他们才解恨，对作案后果亦缺乏相应的认识。自知力缺乏，否认有病。韦氏智力测验不能配合完成。

头部MRI检查结果：脑室明显扩大，脑皮质萎缩。

鉴定分析及意见：被鉴定人患阿尔茨海默病，认知功能明显受损，并有明显的人格改变和精神病性症状（如被偷窃妄想），对现实环境和自身违法行为丧失辨认能力，评定为无刑事责任能力。

案例 5-39 ▶

杜某，男，62岁，大学文化，退休前长期从事政法工作。

杜某自2000年6月份从单位内退后渐出现记忆力差，注意力减退、不爱与人交流，行走欠稳。2003年病情加重，出现焦虑、多疑、情绪不稳定，有时突然大声喊叫，数次外出后走失。2005年起，语言表达能力基本丧失，生活不能自理，不能独自出门，身体平衡能力差。多家医院诊治效果差，均诊断为阿尔茨海默病。因家属欲转让其名下的一套房产而提请鉴定其有无民事行为能力。

　　精神检查：意识清醒，扶入检查室，精神欠佳，目光呆滞，接触困难，难以进行有效的言语沟通，仅有零乱的无意义字词发音。可被动完成部分检查动作，有时傻笑，表情不适切，定向力差，智能粗测难以进行，成人智残评定量表得分为20分(极重度智能障碍)，存违拗行为及重复性动作，自知力丧失。

　　体格检查：BP 130/85mmHg，步态不稳，肢体可见不自主活动，精细动作不协调，肌力可，肌张力增高，神经系统检查不配合。颅脑CT示：全脑脑萎缩，前后数次复查片对比有明显进展趋势。

　　家属否认既往有高血压病、颅脑外伤及其他严重躯体疾病史。

　　鉴定结论：被鉴定人患有阿尔茨海默病，无民事行为能力。

　　鉴定分析：①杜某发病早，病情进展迅速，表现为认知功能障碍及精神活动异常，CT检查提示脑萎缩呈进行性加重；精神检查时被鉴定人表现严重的智能障碍，言语功能丧失，接触困难，难以有效交流，并有阳性躯体体征，故诊断"阿尔茨海默病"可以成立；②被鉴定人智能严重受损使其对各种民事活动丧失了正常的认识能力和判断能力，其对自身行为的后果缺乏应有的预期能力及自我保护能力，亦缺乏主客观一致的(真实的)意思表达能力，因此，评定为无民事行为能力。

（二）脑血管病所致精神障碍（cerebrovascular disease psychosis）

　　脑血管病是由血管源性病因引起的脑血管疾病的总称。我国的患病率为1.08‰~1.89‰。临床上分为急性脑血管病和慢性脑血管病。前者的病理改变为脑梗死和(或)出血，表现为急性意识障碍和局部神经系统功能缺失；后者为慢性供血不足、代谢和功能障碍及后遗梗死软化灶，常见动脉硬化症和血管性痴呆。

　　脑血管病所致精神障碍是在脑血管壁病变基础上，加上血液成分或血流动力学改变，造成脑出血或缺血，导致精神障碍。一般进展较缓慢，病程波动，常因卒中引起病情急性加剧，代偿良好时症状可缓解，因此临床表现多种多样，但最终常发展为痴呆。常有以下几类症状：

　　1. 脑衰弱综合征　可以在尚未发生脑卒中之前(脑动脉硬化无症状期)或脑卒中发作后的康复期内出现，表现为头痛、眩晕、睡眠障碍、易疲乏、注意力不集中、记忆力下降等。

　　2. 情感活动脆弱　情感控制能力明显减弱，表现为易伤感、易激动、易哭泣，经受不住一点微小的刺激，有时易怒、易激惹，或常为一点小事发脾气。

　　3. 情绪焦虑抑郁　此类症状与疾病的严重程度和脑卒中发作次数有密切关系，病情严重、偏瘫明显、反复发作的病人对疾病顾虑多，焦虑抑郁的发生率高，表现为情绪低落，兴趣下降，自信心不足，焦虑不安。

　　4. 妄想或幻觉　部分病人在脑卒中恢复期可以产生妄想或幻觉等精神病性症状，一般幻觉(主要是幻听)较少见。

　　5. 认知功能下降或发生痴呆　可以发生在脑动脉硬化早期或脑卒中后恢复期。其中有些脑卒中后病人随着侧支循环的建立，此类症状会随之有好转。也有些病人，认知功能进一步受损，逐渐出现痴呆症状，谓之血管性痴呆，与老年性痴呆症状类似，临床中两者常不容易区分，有时候两者并存，称作混合性痴呆。

（三）颅内感染所致精神障碍（intracranial infection psychosis）

　　颅内感染系指由某种感染源(包括病毒、细菌、立克次体、螺旋体、寄生虫等)引起的颅内的炎症。颅内的实质、脑膜及血管等均可被感染。根据受侵犯的主要部位，可分为两大类：①主要侵犯脑实质者，称为脑炎；②主要侵犯软脑膜者，称为脑膜炎。如果脑实质和脑膜两者均明显受损称为脑膜脑炎。散发性脑炎以往报道较多，目前认为是一组具有急性脑症状的多种病因所致的脑部疾病的总称，其中大部分为病毒性脑炎和变态反应性急性脱髓鞘脑病。前一类经病毒及血清学证实的有单纯疱疹病毒性脑炎、巨细胞病毒性脑炎、柯萨奇病毒性脑炎及腺病毒性脑炎等，以单纯疱疹病毒性脑炎最为常见；后一类经病理证实的有急性播散性脑脊髓炎、急性出血性白质脑炎、急性多发性硬化及同心圆性硬化等,还有一些不明病因的脑部疾病。由上述感染源直接侵犯脑组织导致的精神障碍称为颅内感染所致精神障碍。

临床表现急性期以意识障碍为主,如嗜睡、朦胧或谵妄、错乱状态。症状波动性很大,一般昼轻夜重,并有间歇的意识清醒期。部分患者可出现幻视、幻听及片断的被害妄想等精神病性症状。部分患者早期和恢复期表现出神经衰弱症状,如头痛、失眠、乏力、注意力不集中、心情沮丧、情绪不稳等。慢性感染较少产生精神障碍。老年患者病后可产生记忆障碍。儿童感染后容易发生人格改变,表现为话多、好动、易兴奋、行为放任或残忍、说谎、偷窃。亦有发生精神发育迟滞者,表现中、重度精神发育迟滞。成年人可出现器质性人格改变,如幼稚、缺乏远见、易冲动;人格障碍和智能损害并不平行。后遗智能障碍和人格改变多见,从而产生诸多法律问题。

(四)中毒所致精神障碍(toxic psychosis)

中毒所致精神障碍是指由于外在有害物质进入体内,引起机体中毒导致脑功能或器质性障碍而产生的一种精神障碍。因为中毒性精神病也属于精神损伤研究范围,常涉及法律纠纷和赔偿,故有必要将主要中毒物质加以介绍。药物与酒精依赖则留在下一节论述。

1. 工业有毒物质　金属类中有铅(包括四乙基铅)、汞、锰、锡等;气体与液体有CO、CS_2、苯、汽油或石油精等;某些高分子化合物原料的苯酚、甲醛、氯丁二烯、乙丙酰胺等。

2. 有机磷农药　根据其毒性可分为:①剧毒类:对硫磷(1605)、内吸磷(1059)、甲拌磷(3911)、甲基对硫磷、八甲磷、特普等;②高毒类:久效磷、甲胺磷、敌敌畏等;③中毒类:乐果、敌百虫等;④低毒类:杀虫畏、马拉硫磷(4049)等。中毒原因多由于不遵守操作规程,防护不当,由呼吸道或皮肤吸收。有的则是源于自杀、投毒或误服。

3. 食物　有毒蕈(包括捕蝇蕈、斑毒蕈、牛肝蕈、栗茸蕈、瓢蕈、角磷灰伞蕈、臭黄菇等)、蓖麻子、莽草实、肉毒毒素(即腊肠杆菌毒素)、河豚(鱼)毒素等。

4. 医用药物　如激素(肾上腺皮质激素)、异烟肼、环丝氨酸(抗结核药)、米帕林、溴素、氯霉素与合霉素、阿托品、颠茄、洋金花、苯海索、利血平等降压药,以及氯丙嗪、氟哌啶醇、三氟拉嗪等抗精神病药。

以上有毒物质中毒有急性与慢性之分。急性中毒时,轻者出现脑衰弱综合征,严重者有意识障碍,如谵妄状态、昏睡或昏迷等;也可出现幻觉、妄想、思维障碍,情感与行为紊乱,类分裂样精神病或躁狂状态。常伴有特殊的躯体症状与实验室检查发现。

亚急性与慢性中毒时,早期可出现类神经衰弱症状,继后则出现幻觉、妄想、思维障碍、情感与行为紊乱,多表现类分裂样精神病或躁狂状态。利血平等降压药可引起严重抑郁,氯丙嗪、氟哌啶醇、三氟拉嗪、氟奋乃静等抗精神病药由于严重锥体外系副作用(如静坐不能)可出现严重焦虑,也可出现抑郁、或消极观念而自杀,即为"药源性抑郁症"。抗精神病药物如氯丙嗪、氟哌啶醇等,可引起致死性恶性症状群。此外,中毒性精神病还可遗留有智能缺陷或人格改变。

二、法医学问题

器质性精神障碍与犯罪学关系较密切的是阿尔茨海默病、脑动脉硬化症、脑炎后遗症、中毒性精神障碍等。马金芸等统计我国2006年度6492例刑事案件鉴定中,脑器质性精神障碍计289例,占4.45%,案由为杀人、伤害、强奸、抢劫、偷窃、纵火、吸毒等;1621例民事案件鉴定中,脑器质性精神障碍计307例,高达29.55%,案由为离婚、合同纠纷、遗产纠纷等。Schipkowensky(1965)统计保加利亚1200例鉴定案例,脑动脉硬化性精神病为10例,所占比例不到1%。国外有不少在低血糖引起的精神自动症状态下犯罪的报告。犯罪类型有偷窃、性犯罪、杀人、纵火。老年性痴呆患者则涉及有无订立遗嘱等民事行为能力问题。

脑器质性精神障碍,其脑损害的程度、部位,进行性还是可逆性的情况不同,临床表现各异;大部分属于严重的和持久性精神障碍,也有一部分属于轻性的、可逆的精神障碍。

1. 感染、中毒等原因导致的急性精神障碍　有意识障碍,完全丧失辨认能力或控制能力,应评定为无刑事责任能力和无民事行为能力。

2.严重的进行性脑器质性病变，严重的脑损害后遗症　有严重智能障碍，如老年性痴呆、脑炎后痴呆，均不具有刑事责任能力和民事行为能力。

3.急性脑器质性精神障碍过后，处于恢复期　或后遗人格障碍，或后遗智能障碍，其辨认能力、自控能力或自我保护能力受到削弱者，属限制刑事责任能力和限制民事行为能力。脑动脉硬化性精神障碍，与现实保持联系、能适应环境者，未完全丧失辨认能力，可评定为限制刑事责任能力和限制民事行为能力。

4.轻性的或可逆的脑损害　虽然在急性期出现谵妄状态，一旦病情缓解，可完全恢复正常，不遗留精神缺损者，则具有刑事责任能力，也具有民事行为能力。

案例5-40 ▶

沈某，男，20岁，小学文化，无业。

沈某于2000年9月某日在当地小学就餐时，因不慎误食含毒鼠强食物而中毒昏迷3月余，在某省级综合医院救治存活，入院头部MR检查示：颅脑实质可见缺血缺氧性脑病（HIE）改变，以双侧额、顶叶、基底节病变明显。诊断为毒鼠强中毒（恢复期），出院后表现视力减退，智力低下，思维能力差，平衡协调功能差，不能独立行走，性格异常，易怒，偶有狂躁毁物行为。经过近三年的康复治疗，智能有所改善，能从事简单家务劳动，但仍表现记忆力减退、失眠、易激动，坐不住、不停乱动，有时出现冲动行为。相关证明材料反映沈某足月顺产，生长发育正常，适龄入学，成绩优异。

精神检查：神清，年貌相符，衣着欠整洁，劝说后基本配合检查，注意力不集中，有时随意作答或显得不耐烦，反应显迟钝，对一般常识掌握不良，理解能力下降，对细节的观察能力差，未获幻觉、妄想等精神病性症状，远期记忆力及近记忆力下降，简单数字的加减法运算尚可，但乘除法计算能力差；定向能力完整，情感活动不稳定，言语显幼稚，易激惹，缺乏自知力。韦氏智力测验：IQ 64。

躯体检查及辅助检查：步态尚正常，躯体及神经系统检查未获阳性体征，四肢肌力、肌张力在正常范围。复查颅脑CT提示轻度脑萎缩。事件相关电位P300轻度异常。脑电图检查：脑电活动轻度异常。

鉴定意见：沈某诊断为"（毒鼠强）中毒性精神障碍（中度）、精神发育迟滞（轻度）"；评为六级残疾，其精神障碍和智能低下与2000年9月毒鼠强中毒有直接因果关系。

（赵小红）

第十节　物质依赖及酒中毒性精神障碍

一、临床学

（一）概述

成瘾物质（substances）又称精神活性物质（psychoactive substances）或物质、药物（drug），指能影响人类的情绪、行为，改变人的意识状态并导致依赖作用的一类化学物质，人类使用这些物质来取得或保持某种特殊的心理、生理状态。其主要包括：①中枢神经系统抑制剂（depressants）如巴比妥类、苯二氮䓬类、乙醇等；②中枢神经系统兴奋剂（stimulants）如咖啡因、苯丙胺、可卡因等；③大麻（cannabis, marijuana）主要成分为Δ⁹四氢大麻酚；④致幻剂（hallucinogen）如麦角酸二乙酰胺（LSD）、仙人掌毒素（mescaline）等；⑤阿片类（opioids）如海洛因、吗啡、鸦片、美沙酮等；⑥挥发性溶剂（solvents）如丙酮、苯环己哌啶（PCP）等；⑦烟草（tobacco）。

物质依赖(substance dependence)是指反复使用某种物质而导致躯体或心理上对该物质的强烈渴求或依赖。患者不是为了医疗上的需要,而是为了获得服药后精神上的特殊快感,或避免断药后戒断症状所带来的痛苦。常产生耐受性,而需要不断增加用量。为了获取该物质,患者常不择手段,甚至不惜使用非法手段攫取该物质或购买该物质所需的金钱,以致给患者本人、家庭乃至社会带来严重危害。

一般认为物质依赖是社会、心理和生物因素综合作用的结果。社会因素包括:①成瘾物质的可获得性;②不良家庭环境,如家庭矛盾、父母离异、单亲家庭、家庭成员犯罪、吸毒、不良的管教方式等;③同伴影响或压力等。心理学研究发现,吸毒者有明显的个性问题,如反社会性,情绪控制较差,易冲动或焦虑紧张,缺乏有效的防御机制,追求即刻满足等。近年来生物学方面的研究发现,阿片类、乙醇、烟草、苯丙胺和可卡因等成瘾物质均可增加小鼠脑边缘系统细胞外液中多巴胺的浓度。过多的多巴胺可连续刺激神经元受体,产生一连串强烈而短暂的刺激"高峰",使大脑犒赏中枢发出愉悦的信号,使吸食者主观上产生陶醉感或欣快感。另外遗传和代谢因素也可能与成瘾机制有关。

(二)常见精神活性物质所致精神障碍

1. 阿片类依赖 阿片类药物滥用是现代文明社会严重的公共卫生和社会问题之一。20世纪70年代以来,毒品活动相继在西方国家,进而在全世界开始蔓延。我国的吸毒问题也日趋严重。根据公安部门公布的数据,我国记录在案的吸毒者在1990年约为7万,至2014年底,全国累计登记吸毒人员为295.5万名。中南大学精神卫生研究所等6家单位对5个高发地区(安顺、文山、兰州、广州、西安)的流行病学调查表明,1993年吸毒的终生患病率为1.08%(男1.94%,女0.22%),到1996年吸毒的终生患病率增加到1.60%(男2.58%,女0.57%)。

本组药物包括天然、人工合成或半合成的阿片类物质,如吗啡、鸦片、海洛因、可待因、美沙酮、二氢埃托啡、哌替啶、丁丙诺啡等。其中以海洛因引起的依赖作用最强。

(1)临床表现:阿片类药物具有镇痛、镇静作用,能抑制呼吸、咳嗽中枢及胃肠蠕动,同时能兴奋呕吐中枢,有缩瞳作用。并作用于中脑边缘系统,产生强烈的快感。成瘾者用药后会感到全身酥软,难以形容的舒服,昏昏然,不想动,伴有生动丰富的幻想,烦恼也随之一扫而空。

一旦成瘾,每4~8小时必须用药,否则就会出现戒断症状。典型的戒断症状(withdrawal symptom)可分为两大类:客观体征,如血压升高、脉搏增加、体温升高、鸡皮疙瘩、瞳孔扩大、流涕、震颤、腹泻、呕吐、失眠等;主观症状,如恶心、肌肉骨骼疼痛、腹痛、不安、食欲缺乏、疲乏无力、喷嚏、发冷、发热、渴求药物等。戒断症状的出现及其强烈程度常因所使用阿片类物质的剂量、使用时间的长短、使用途径、停药的速度等不同而有所差异。短效药物,如吗啡、海洛因,戒断症状一般在停药后8~12小时出现,出现高峰期在48~72小时,持续7~10天。长效药物,如美沙酮,其戒断症状出现在停药后的1~3天,性质与短效药物相似,高峰期在3~8天,症状可持续数周。如无严重躯体疾病一般不会造成个体死亡。但失眠、渴求等心理依赖症状常持续数年,这也是导致成瘾者复吸的重要原因之一。

(2)治疗:包括急性期的脱毒治疗和脱毒后的社会心理康复治疗。急性期脱毒治疗目前以美沙酮替代治疗为首选;非替代治疗包括α_2-受体激动剂可乐定(clonidine)、阿片受体拮抗剂纳洛酮和纳屈酮及中医中药等治疗方法。社会心理康复能有效降低复吸率。目前常用的治疗方法有认知行为治疗、群体治疗、家庭治疗和社区治疗(therapeutic community, TC)等。

2. 镇静催眠剂、抗焦虑药依赖和中毒 目前临床上主要包括巴比妥类和苯二氮䓬类抗焦虑药,且以后者居多。

(1)临床表现:镇静催眠药中毒症状与醉酒状态类似,表现为冲动或攻击行为、情绪不稳、判断失误、说话含糊不清、共济失调、站立不稳、眼球震颤、记忆受损,甚至昏迷。巴比妥类的戒断症状较严重,甚至有生命危险。症状的严重程度取决于滥用的剂量和滥用时间的长短。在突然停药12~24小时内,戒断症状相继出现,如厌食、虚弱无力、焦虑不安、头痛、失眠,随之出现肢体的粗大震颤;停药2~3天,戒断症状可达高峰,出现呕吐、体重锐减、心动过速、血压下降、四肢震颤加重、全身肌肉抽搐或出现癫痫大发作,有的出现高热谵妄。苯二氮䓬类戒断症状虽不像巴比妥类那样严重,但易感素质者(如既往依赖者或有家族史者)在服用治疗剂量的药物3个月以后,如突然停药,可能出现严重的戒断反应,甚至癫痫发作。

(2)治疗:巴比妥类的脱瘾应在医生的密切监督下住院治疗。以替代治疗为主,即用长效的巴比妥类药物,来替代短效巴比妥类药物,然后每天再逐渐减少5%~10%苯巴比妥剂量。苯二氮䓬类的脱瘾治疗也是先用相当剂量不同种类的长效剂替换,继而换短效药替代长效药;缓慢减量,以每周减少总量的10%为宜直至停药。

3. 兴奋剂所致精神障碍　与国际毒品滥用趋势一样,近年来,我国新型毒品,尤其以苯丙胺类物质(amphetamine-type stimulants,ATSs)为代表的中枢神经兴奋剂滥用现象日趋严峻。据国家食品药品监督管理总局、国家禁毒委员会办公室联合发布《国家药物滥用监测年度报告(2013年)》显示,我国合成毒品滥用率为33.9%,其中兴奋剂甲基苯丙胺"冰毒"使用占77.9%。该类物质所致精神障碍案例在司法精神病鉴定工作中亦日趋常见,以中南大学精神卫生研究所司法鉴定中心的资料统计为例,2001年至2007年,共有1326名犯罪嫌疑人在该中心行精神疾病司法鉴定,其中诊断为精神活性物质(毒品)所致精神障碍的仅3人,而2008年至2014年间,在该中心行精神疾病司法鉴定的1890名犯罪嫌疑人中,经鉴定诊断为精神活性物质(毒品)所致精神障碍的共计108人,且其中69.4%的被鉴定人使用的是纯苯丙胺类物质,另有15.7%的被鉴定人混合使用阿片类物质和苯丙胺类物质。

(1)临床表现:一次性使用苯丙胺类物质不久后或长期反复使用苯丙胺类物质过程中均可使个体出现具有临床意义的问题行为或心理改变,包括丰富的错觉、幻觉、多疑等类精神分裂症样精神病性症状或极度兴奋的类躁狂表现。

1)戒断症状:长期使用兴奋剂者,突然停止或减少使用剂量后,数小时或数天内可出现不同程度的疲乏无力、失眠或嗜睡、情绪低落或激越、渴求用药等症状。

2)急性中毒:轻度者可出现血压升高、心动过速、出汗、口渴、瞳孔扩大等中枢神经系统和交感神经兴奋症状,个体觉得欣快自信、"飘飘欲仙"感、精力旺盛、警觉性增高,兴奋话多,活动增多,易激惹等,严重者可出现幻听、幻视、被害妄想等精神病性症状,甚至会出现心律失常、呼吸抑制、抽搐痉挛、循环衰竭、昏迷甚至死亡。

3)慢性中毒:长期反复使用苯丙胺类物质可出现刻板性行为,严重者可出现带有侮辱性的言语性幻听、带有偏执或迫害色彩的妄想体验等类偏执型精神分裂症表现、精神运动性障碍(兴奋或木僵)、情绪不稳及认知功能障碍等,甚至会出现敌对冲动、自伤伤人等攻击暴力倾向或行为。

(2)治疗:不同于阿片类物质及酒精,一般而言,中枢神经系统兴奋剂,如ATSs,较难产生躯体依赖,亦较少会出现严重的躯体戒断症状。故对其治疗的阐述多关注对中毒症状的处理,如中毒时出现高热惊厥、肌痉挛、电解质紊乱等躯体症状的专科对症支持治疗及对于精神病性症状的治疗。

4. 酒精中毒性精神障碍　酒精中毒(alcoholism)在世界上许多发达国家已成为严重的社会问题,美国酒精依赖的终生患病率为14%。我国过去酗酒者较少,但随着人民生活水平的提高,酒的消费量迅速增加。近年来,酒的消耗约以13%的速度递增,由饮酒造成的各种健康和社会问题也随之增加。国内中南大学精神卫生研究所对五座城市饮酒的流行病学调查结果(2001)表明,普通人群(15岁及以上)的男女及总饮酒率分别为:74.9%,38.8%和59.0%。

(1)病因及发病机制:酒精是亲神经物质,对中枢神经系统有重要影响。酒精对中枢神经系统起抑制作用,以皮层和网状结构对酒精最敏感,抑制由上而下,最后达到延髓中枢,一次大量饮酒出现急性醉酒,一般是可逆的,长期饮酒引起慢性中毒时,可导致中枢神经变性和出血,多发性神经炎,营养障碍及肝硬化等。遗传、代谢、人格不健全以及社会文化背景等因素,常与酒中毒性精神障碍密切相关。

(2)临床表现:

1）急性酒精中毒：临床上常把急性酒精中毒分为单纯醉酒、复杂性醉酒和病理性醉酒三类。

A. 单纯醉酒：又称普通醉酒或生理性醉酒，指一次过量饮酒后出现的急性中毒状态，绝大多数醉酒状态属此种情况，系酒精直接作用于中枢神经系统的结果。症状的轻重与血液中酒精的含量和代谢的速度密切相关。每100ml血液中含乙醇100mg时，可见欣快、话多，200mg时步行困难，言语含糊，300mg时进入昏睡，400mg时全身麻醉、昏迷，500mg以上可导致死亡。主要临床表现：意识清晰度下降或意识范围狭窄，或出现嗜睡、昏睡，甚至昏迷；情绪兴奋，言语动作增多，自制力减弱，易激惹，好发泄，或者行为轻佻，无事生非，不顾后果，类似轻躁狂状态；情绪抑郁，少语，或者悲泣有吐词不清，共济失调，步态不稳，眼球震颤或面部潮红等症状。

B. 复杂性醉酒（complex drunkenness）：通常是在脑器质性损害或严重脑功能障碍的基础上，由于对酒精的耐受性下降而出现的急性酒精中毒反应，其饮酒量一般不大，但意识障碍明显，病程短暂，对发病情况常遗忘。在意识障碍的基础上可同时伴有病理性错觉、幻觉或片断被害妄想；情绪兴奋，激动，或易激惹；无目的的刻板动作，攻击或破坏行为等。

C. 病理性醉酒（pathological drunkenness）：与单纯醉酒存在质的不同，发生与个体特殊素质有关。此时小量饮酒后突然出现较深的意识障碍，定向力丧失，可伴有错觉、幻觉和片断妄想，情绪抑郁焦虑，激越冲动，甚至出现无目的的攻击暴力行为。但没有普通醉酒时的步态不稳和口齿不清现象，事后遗忘。一般持续数分钟或数小时，多以酣睡告终。

2）慢性酒精中毒（chronic alcoholism）：慢性酒精中毒，临床上常见以下几种类型：

A. 震颤谵妄（delirium tremens）：是在慢性酒精中毒的基础上发生的急性精神障碍，多在突然断酒后或大量饮酒后起病，主要症状为震颤和谵妄。谵妄时常伴有幻视、幻触、幻嗅或幻味，其内容恐怖，如看见各种恐怖的形象和奇特的小动物等。患者的情绪和行为常受幻觉支配而表现兴奋不安，甚至冲动攻击。震颤常累及手、舌和全身，并有步态不稳或共济失调。病程持续数日至一周左右，症状消失后有部分遗忘。

B. 酒精中毒性幻觉症（alcoholic hallucinosis）：多发生于长期饮酒或突然停止饮酒后数日。以幻听为主，听到责骂声或威胁声，可继发被害妄想，也可出现幻视，一般无意识障碍。病程缓慢，持续数日或数月，甚至数年。

C. 酒精中毒性妄想症（alcoholic delusiveness）：以嫉妒妄想为突出表现，推理荒谬，情感相对保持良好。病情轻者，长期停饮后症状可消失，否则可发展成痴呆。

D. 柯萨可夫综合征（Korsakoff syndrome）：又称遗忘综合征，主要特征是近事遗忘（recent amnesia）、虚构错构和时间定向障碍。病程持续数月，多数迁延不愈。常伴有周围神经炎。

（3）治疗：包括戒酒、支持对症治疗和康复治疗。戒酒是酒中毒性精神障碍治疗的关键，如强化患者的戒酒动机、制定戒酒计划，然后住院戒酒，彻底切断酒的来源；程度轻者亦可在医生的指导下，由家庭成员严密监督在门诊戒酒。为巩固疗效必要时可采用戒酒硫厌恶治疗法。支持对症治疗主要有：①缓解戒断症状，常用苯二氮䓬类药物，如氯氮䓬和地西泮等，要注意首次足量。②消除精神症状，可用氟哌啶醇或奋乃静口服或注射。但要注意剂量不宜太大，在精神症状控制后可考虑逐渐减药，不需长期维持用药。③控制癫痫，可选用丙戊酸类或苯巴比妥类药物，原有癫痫史的病人，在戒断初期就应使用大剂量的苯二氮䓬类或预防性使用抗癫痫药物。④其他应注意预防各种感染、特别是肺部感染；加强营养，补充大剂量维生素；补充生理需要，纠正水、电解质和酸碱平衡紊乱等。康复治疗应注意改善患者的工作和生活环境，争取家庭社会支持鼓励，纠正其心理情绪问题。有条件的可介绍他们参加与戒酒有关的互助组织，通过有关的讲解、指导、讨论等加强患者对戒酒的决心。

二、法医学问题

（一）物质依赖与犯罪

物质依赖者对成瘾药物往往存在强烈的渴求，为了获得成瘾药物或购买成瘾药物所需的金钱，成瘾者会不惜一切手段从事各种违法犯罪活动。如诈骗、盗窃、抢劫、贩毒、赌博、嫖娼和卖淫,甚至伤害、凶杀或参与黑社会团伙犯罪等。最近国外有关精神障碍与暴力犯罪的相关研究表明,重型精神障碍暴力犯罪率是6.98%,但如果重型精神障碍合并有物质滥用或依赖,其暴力犯罪率可增加到19.72%。我国云南省某未成年人管教所954名服刑人员中有19.92%吸食毒品。同样药物依赖也可以增加非精神障碍者的攻击暴力倾向,其机理可能与成瘾药物提高自主神经的唤醒水平和损害颞叶认知功能有关。

（二）物质依赖者的刑事责任能力评定

1. 物质依赖者为获取成瘾药物(除外医用)或购买成瘾药物(除外医用)所需的金钱而从事的违法犯罪行为,如行为当时意识清楚,不伴精神病性症状,或其合并的精神症状与危害行为无直接关系,均应评定为完全责任能力。极少数物质依赖患者在明显的意识障碍或精神病性症状如幻觉妄想等的影响下出现的危害行为,依据当时情况可评定为无责任能力或限制责任能力,例如有机溶媒引起的麻醉犯罪,如当时有意识障碍,并受幻觉或妄想支配,依据实际情况可评定为无责任能力或限定责任能力。如物质依赖者的物质使用并非自愿,而是被外界强加使用(如被绑架陷害后强制性予以使用)或出于医疗目的等,此时物质依赖者如出现意识障碍或片段精神病性症状,并在这意识障碍状态下或精神病性症状支配下实施危害行为,可评定为无责任能力;如其实施违法犯罪行为的目的是为了获取成瘾物质所需的金钱,则根据具体情况可考虑评定为有或限定责任能力。

2. 由于我国刑法尚未对使用成瘾药物(毒品)者在意识障碍或精神病性症状影响或支配下实施的危害行为的刑事责任能力评定做出规定,司法精神病学界对此类案例责任能力的评定意见一直存在较大的分歧。为了规避这一紊乱现象,2011年3月17日,中华人民共和国司法部司法鉴定管理局发布的《精神障碍者刑事责任能力评定指南》(SF/Z JD0104002-2011)之4.2.5款规定"对毒品所致精神障碍者,如为非自愿摄入者按4.1条款评定其刑事责任能力;对自愿摄入者,暂不宜评定其刑事责任能力,可进行医学诊断并说明其案发时精神状态"。该指南没有法律约束力。在刑事诉讼活动中如果办案机关需要对吸毒人员的刑事责任能力进行评定,可参照我国刑法第18条第4款的精神进行评定。

（三）酒精中毒与犯罪

据报道,酒精中毒引起的主要社会问题是犯罪、交通事故和社会生产蒙受损失。除交通肇事外,酒精中毒涉及的犯罪以冲动性暴力犯罪为主,如伤害、抢劫、杀人、强奸等暴力犯罪。这与酒精对大脑的脱抑制作用有关。在欧美国家,13%~50%的强奸犯罪、45%~75%的家庭暴力、28%~86%的凶杀犯罪都与饮酒有关。在英格兰和威尔士的男性罪犯中,酒精滥用的患病率达63%。慢性酒中毒时,除暴力犯罪外,诈骗、偷窃、猥亵儿童等犯罪比例也明显增高。

知识拓展： ▶

醉酒肇事相关法律规定

为了减少并防止醉酒后交通肇事的发生,许多国家对驾驶人员血中最高酒精浓度都做了明确规定。例如,瑞典为0.02%,德国为0.03%,挪威、澳大利亚、日本为0.05%,英国、加拿大、奥地利为0.08%,美国高速公路安全管理局(NHTSA)也于1992年将标准下降到0.08%(车祸减少了12%),目前马里兰州等为0.05%,21岁以下者为0.02%。我国公安部《车辆驾驶人员血液、呼气酒精含量阈值与检验》(CB19522-2004)标准对酒后驾车和醉酒驾车交通违法行为规定的标准为:①饮酒驾车:车辆驾驶人血液中的酒精含量大于或者等于20mg/100ml,且小于80mg/100ml的驾驶行为。②醉酒驾车:车辆驾驶人员血液中的酒精含量大于或者等于80mg/100ml的驾驶行为。在该基础上,各省立法机关对酒后驾车的认定标准也有规定,为0.01%~0.03%。

四省（直辖市）认定酒后驾驶标准

地区	醉酒驾驶标准
上海	0.03%
浙江	0.02%
四川	0.03%
重庆	0.01%

根据《刑法》第一百一十五条第一款的规定，醉酒驾车，放任危害结果发生，造成重大伤亡事故，构成以危险方法危害公共安全罪的，应处以10年以上有期徒刑、无期徒刑或者死刑。具体决定对被告人的刑罚时，要综合考虑此类犯罪的性质、被告人的犯罪情节、危害后果及其主观恶性、人身危险性。

参考文献

纪术茂，高北陵，张小宁.中国精神障碍者刑事责任能力评定案例集（2011年版）.北京：法律出版社，2011.

（四）酒精中毒时的刑事责任能力评定

1. 普通醉酒　我国《刑法》第十八条明确规定，醉酒的人犯罪应当负刑事责任。按罪刑法定原则，不论何种醉酒犯罪，都应负刑事责任。在司法精神病鉴定实践中，该条款主要适用于普通醉酒，而把病理性醉酒和复杂性醉酒看作是短暂性精神障碍，而适用于有关精神障碍的条款。除此以外，一般认为醉酒者醉酒前属有责任能力主体，可自由选择是否饮酒、饮多少酒及是否醉酒，因此醉酒本身属于自陷行为，并非个体所无法选择、不能抗拒的生理或精神上的疾病，是一种社会恶习，酒后犯罪给予刑事处罚，不仅是对该罪行的惩罚，同时也是对醉酒恶习的谴责和控制。根据中华人民共和国司法部司法鉴定管理局发布的《精神障碍者刑事责任能力评定指南》（SF/Z JD0104002-2011）4.2款对特殊精神障碍者的刑事责任能力判定标准：普通（急性）醉酒者评定为完全刑事责任能力。

2. 复杂性醉酒　复杂性醉酒者一般既往能饮酒，但由于后天的脑器质性损害或严重脑功能障碍等因素，导致其对酒的耐受性下降而出现明显意识障碍的醉酒状态，醉酒者一般也是在意识障碍或幻觉妄想状态下出现一些危害行为，实施危害行为时也许不存在故意动机，此种情况下，醉酒者危害行为当时可能完全丧失了辨认力或控制力，也就是说，单纯考虑危害行为时的辨认力或控制力醉酒者应评定为无责任能力，但考虑醉酒者醉酒前是有责任能力主体，应当可以预见饮酒可能会出现的后果，即醉酒者实施危害行为时至少存在过失动机，所以尽管复杂性醉酒者实施危害行为时有明显的意识障碍或处于幻觉、妄想状态下，存在辨认力或控制力丧失或明显削弱的，根据《精神障碍者刑事责任能力评定指南》（SF/Z JD0104002-2011），仍需评定为限制刑事责任能力，但对再次发生复杂性醉酒者，则评定为完全刑事责任能力。

3. 病理性醉酒　是对少量酒精的过敏反应。患者由于明显的意识障碍可极度兴奋，出现盲目攻击行为，事后完全遗忘。由于意识障碍突出，在此状态下醉酒者完全丧失了对自己行为的辨认力和控制力，根据《精神障碍者刑事责任能力评定指南》（SF/Z JD0104002-2011），应评定为无刑事责任能力。另外由于病理性醉酒发生率极低，任何人在接触酒精前均无法预见自己是否病理性醉酒素质个体，也就是说病理性醉酒者，在饮酒前并不清楚其可能会出现醉酒，故不可能对自己病理性醉酒而实施的危害行为存在故意或过失动机，因此其危害行为也就不可能构成犯罪。但如果醉酒者明知其既往出现过病理性醉酒，再次饮酒出现危害行为的，应按故意醉酒处理，评定为完全刑事责任能力。

4. 慢性酒精中毒　慢性酒精中毒出现震颤谵妄、酒精中毒性幻觉症及妄想症（如嫉妒妄想与被害妄想)时,由于意识障碍或受幻觉妄想的支配所产生的危害行为应评定为无责任能力。慢性酒精中毒患者可出现人格改变,此时应根据人格改变程度并结合具体案情做出评定。对于无明显智能和人格改变而出现的偷窃、诈骗犯罪行为,一般仍评定为有责任能力。但对有明显人格改变和智能损害征象者的危害行为,如猥亵儿童、露阴症等,可评定为限制责任能力。行为能力评定参照有关章节中相应精神障碍的评定原则。

案例 5-41 ▶

　　被鉴定人邓某某,男,25岁,初学文化,酒吧员工。因嫌故意杀害被刑事拘留,因其家属反映其既往有精神异常,故而申请精神疾病司法鉴定。

　　基本案情:2013年7月某日凌晨,被鉴定人与朋友一起某地吸食"冰毒",后认为上司张某某很坏,要害自己,遂于次日中午携带一把尖刀及一把水果刀到张某某的办公室,将张某某刺死。

　　调查材料:据所提供的材料悉,被鉴定人自一年前开始间断吸食"冰毒",具体情况不详。事发当日,其吸食"冰毒"后出现精神异常,称朋友设局陷害他,整个酒吧的人都在害他,回家对父亲讲父亲的商店会化为灰烬,认为继母给自己的包里放毒品要害自己(经查证并无此事),后在去其爷爷奶奶家时称后面有人跟踪自己、后面有十几个人拿着刀在追自己。在羁押期间,其有答非所问、自言自语现象。事发当日被鉴定人尿检甲基安非他命类毒品筛选试验,结果呈阳性反应。

　　本次鉴定时精神状况检查所见:被鉴定人意识清楚,定向准确,交谈接触可,言语理解及表达能力可。承认吸毒史,称从2012年到事发前吸食"冰毒"及"麻古"超过15次,事发前一天与朋友玩时,再次吸食"冰毒",当日即出现言语性幻听、被害妄想及关系妄想,称可凭空听见受害人在耳边讥笑、羞辱自己,自己在哪里吸"冰毒"、有多少钱她都知道,认为她派了很多人跟踪监视自己、追杀自己,觉得周围所有的人都在针对自己,朋友及家人也设局要害自己,觉得有警察要来抓自己;承认因此气愤之下杀了受害人。否认不吸毒时有上述感觉。情感反应适切。

　　躯体与神经系统检查未见阳性发现。智力测验及脑电图检查结果正常。

　　简要分析:被鉴定人实施危害行为前一年间断使用"冰毒"及"麻古",并于事发前一天再次使用"冰毒"后出现疑人害、疑被跟踪、疑被追杀等异常,事发当日,行尿检示甲基苯丙胺阳性。羁押期间,其表现答非所问、自言自语。本次鉴定时查及吸毒史,事发前一天开始于吸毒后出现言语性幻听、被害妄想及关系妄想。被鉴定人的症状和表现符合ICD-10中精神活性物质所致精神障碍的诊断。

　　鉴定意见:诊断为精神活性物质所致精神障碍。

(王小平)

第十一节　精神发育迟滞

　　精神发育迟滞(mental retardation, MR)是一组由生物、心理和社会因素所致的广泛性发育障碍,起病于大脑发育成熟(18岁)以前,临床特征为智力发育低下和社会适应困难,可同时伴有其他精神障碍或躯体疾病。精神发育迟滞本身不是某种单一的疾病,而只是一种源于发育阶段的临床状态,因此,法医精神病学鉴定时,除了使用标准化的发育量表、智力测验工具等对患者的发育迟滞程度进行全面评估外,还需要对患者的起病形式、发病过程、临床表现、社会适应能力低下的程度等进行全面调查。精神发育迟滞强调起病于个体发育阶段,需与个体发育成熟后因各种原因导致的大脑损伤而造成的痴呆(dementia)状态区别。

一、临床学

根据世界卫生组织1985年的调查结果,轻度的精神发育迟滞的患病率为3%,中度及中度以上精神发育迟滞的患病率为3‰~4‰。据此估计,我国约有4千万患者。1988年的一项流行病学调查显示我国儿童精神发育迟滞的患病率为1.2%,其中城市为0.7%,农村为1.4%,边远山区和精神发育迟滞高发地区则更高。男性患病率略高于女性。2001年全国0~6岁儿童抽样调查结果显示儿童智力残疾的现患病率为0.931%,说明MR的患病率有下降趋势,主要与预防措施的加强和医疗水平的提高有关。

(一)病因

18岁以前(包括胎儿期)任何影响中枢神经系统发育的有害因素均可能导致精神发育迟滞的发生。主要包括生物学因素和心理社会因素。前者包括遗传因素、围产期及出生后的营养、外伤、大脑疾病及躯体疾病、婴幼儿期精神障碍、未成熟儿、不明有害因素等。社会隔离,不良的学校和家庭教育环境及方式等心理社会因素也可导致精神发育迟滞。美国精神发育迟滞协会(AAMR)提供的数字显示,至少有350多种原因可引起精神发育迟滞,一般而言,程度较重的MR发病以生物因素为著,而轻度MR患者的生物学因素所占比重较少,以心理社会因素为主。

(二)临床表现

精神发育迟滞最突出的特征是智力低下和社会适应困难,并且发病于18岁之前。患者整体心理发育都存在缺陷,如感知觉不如正常儿童灵敏,思维简单、理解力差、缺乏想象和推理,情感反应原始、容易冲动,行为固执刻板,依赖性强,易受支配和唆使等。患者可能伴随一些精神行为问题,如冲动、露阴、刻板和强迫行为等。社会适应能力差常导致对各种困难和挫折的处理能力不佳,面临应激时比常人更易出现精神障碍。

按照患者情绪和行为特征,从法医精神病学鉴定角度,可分为稳定型和非稳定型。稳定型患者相对多见,表现温顺听话,易于管理,依赖性强,安静胆小,因此容易受到不法侵害。非稳定型表现则相反,患者情绪易于激惹,经常焦躁不安,喜欢到处乱跑,胆大妄为惹是生非,易与他人发生冲突,常受不良分子利用,在他人教唆下易导致违法行为。

一般根据患者智力水平(智商, intelligence quotient, IQ)及社会适应能力、缺陷程度、训练后达到的水平等,将精神发育迟滞分为四级(表5-1):

1. **轻度**　又称愚鲁(moron), IQ 50~70,占全部患者的80%以上,学龄前期表现不明显,除走路和说话稍晚外,不易发现其他明显异常,上学后很快显露学习能力明显低下,尤其是算术差。一般无明显言语障碍,能够和他人进行较正常的交谈,记忆力尚好,并可背诵大段文章及诗词,但抽象概念词汇的掌握和运用很差,抽象思维及逻辑思维能力差,对事物的认识停留在表面,理解、分析和综合能力差。患者很少能顺利完成小学学业,最多达到小学毕业水平。生活基本自理,可胜任一般非技术性的简单工作,部分患者通过培训可以进行一些技术性工种的辅助工作,如简单木工等,但缺乏创造和想象力。

2. **中度**　又称痴愚(imbecility), IQ 35~49。约占全部患者的12%。患者婴幼期的心智发育即明显落后于同龄儿童,可掌握日常生活用语,但词汇贫乏,不能表达较复杂内容,无法和同龄人建立平等关系。完全不能适应普通学校的学习,很少能达到小学三年级水平。但可学会生活基本自理和简单劳动,一般不能独立生活。

3. **重度**　也称痴愚, IQ 20~34。约占7%。患者语言能力极差,仅能表达有限的意愿和要求,无法进行有效交流,无法理解他人语言,生活不能自理。经过训练,部分患者能学会自己吃饭和基本卫生习惯。只能在监护下生活,不能进行简单劳动。

4. **极重度**　又称白痴(idiocy), IQ低于20。所占比例不足1%,不会说话,也不能理解任何语言,只能用原始情绪呼叫表达要求,生活完全不能自理,多数存在严重的躯体畸形或神经系统疾病。很少能生存至少年期,常早年夭折。

此外,部分患者临床表现处于精神发育迟滞与正常智力的过渡状态,可伴有轻度的社会适应不良。称为边缘智力,其IQ在70~85之间。

表5-1 精神发育迟滞各级特点

分级	智商	心理年龄	言语能力	计算能力	社会适应能力
轻度	50~70	9~12岁	无明显障碍	简单计算能力,最多小学水平	不能顺利完成普通小学学业,可学会简单的谋生技能
中度	35~49	6~9岁	掌握日常用语,词汇贫乏	可计算个位数加减法	不能适应普通学校生活,可学会生活自理和简单劳动
重度	20~34	3~6岁	简单词句,难以有效语言交流	不会计数	生活不能自理,需人照顾
极重度	<20	3岁以下	言语功能缺失	完全没有数的概念	完全缺乏生活自理能力,终生需人照顾

（三）诊断

主要依据三个方面的表现:①精神发育受阻,智力水平比同龄人明显低下,智商低于70;②学习能力及社会适应能力较相同文化背景下的同龄人低下;③起病在18岁以前。

诊断标准有两个:知情人反映的证明患者自幼智力低下和学习生活能力低下的证据,适用于患者年龄的标准化发育量表或智力测验(如WISC、DDST等)显示智力低下的结果。

二、法医学问题

近年来涉及精神发育迟滞的鉴定案例较多,目前,精神发育迟滞在法医精神病学鉴定中所占比例,仅次于精神分裂症位列第二,其中多数鉴定案例是女性患者被强奸案,涉及女性性自我防卫能力的评定。国内学者统计20年间(1976—1995年)的9771例精神鉴定案例中,精神发育迟滞3473例,占35.54%,仅次于精神分裂症,3473例中有1505例涉及性自卫能力的评定。

（一）性自我防卫能力的评定

精神发育迟滞女性患者因为智力低下,对是非的判断和理解能力明显低下,经常成为不法行为尤其性侵害案件的受害者。女性受性侵犯案件的法医精神病学鉴定中,精神发育迟滞患者占到第一位。有关精神发育迟滞性防卫能力评定的理论和实践都是精神鉴定中重点问题。

精神发育迟滞患者性自我防卫能力(ability to defend oneself against sexual abuse)的评定和其他法定能力的评定一样,必须遵循医学要件和法学要件相结合的原则进行。医学要件是确定患者是否属精神发育迟滞和被奸污时的严重程度;法学要件则是其对自身所受的侵害或严重后果是否缺乏实质性理解能力以及控制能力进行评估。贾谊诚教授还提出,女性的性自我防卫能力评定不仅要把医学要件和法学要件结合起来评定,还应该从法理上的公正性及社会学角度综合案情考虑。

1989年,最高人民法院、最高人民检察院、公安部、司法部和原卫生部联合颁布的《精神疾病司法鉴定暂行规定》第二十二条第一款规定:"被鉴定人是女性,经鉴定患有精神疾病,在她的性不可侵犯权遭到侵害时,对自身所受的侵害或严重后果缺乏实质性理解能力的,为无性自我防卫能力。"该规定将性自我防卫能力分为有或无两级,但由于精神疾病的严重程度及对性行为的实质理解力客观上存在中间状态,因此在法医精神病学鉴定中将性自我防卫能力分为无、部分(或削弱)和有性自卫能力三个等级。

女性性自我防卫能力丧失的程度一般与其智力缺损程度相平行,但并非全部一致。一般而言,重度以上精神发育迟滞患者的性防卫能力是完全丧失的;中度患者的性防卫能力多数丧失,少数属于削弱;轻度精神发育迟滞患者的性防卫能力多数被削弱,少数有完全性防卫能力,甚至有的轻度精神发育迟滞患者出于谋财和满足性欲的目的,和多名异性发生关系,如事态败露,则百般推托,称己"智力差,脑子不够数",企图逃脱制裁。对此情况不应单纯因被鉴定人智力水平低于常人而做出无性防卫能力的判断。

患者对性行为的实质性辨认和控制能力仍然是确定性自我防卫能力的关键,精神发育迟滞者智能低下的程度并不一定与性知识、两性行为的辨认能力等水平相一致,评定时首先判明患者是否能够真正理解性行为以及非法性侵害的性质和后果,是否真正了解性行为给本人生理和声誉带来的危害,如对性知识的了解程度,对月经与受孕、性冲动与性高潮、爱情与婚姻、性行为的后果、如何避孕等的了解及程度,对什么是合法性行为、非婚性行为对自己在社会声誉上的影响、女性性不可侵犯性的法律规定等的了解及程度;其次应当考虑患者在性行为当时以及事后是否有自我保护的态度和行动,如有无呼救、逃跑和有效反抗、性被侵犯后的心理反应和要求等,有无利益驱动,如有无主动向对方索要钱物、还只是被小恩小惠所利诱,是否为自己谋求利益的性行为开脱和推诿等;事后是主动告知家人或直接去告发,还是被家人发现后被动告发,事后态度如何等。第三,应对性侵害嫌疑人的有关情况,如行为的动机和目的、采用的手段、对被鉴定人精神状态的了解情况等多方面进行综合评定。

实际鉴定中,可参考谢斌、郑瞻培等针对精神发育迟滞患者编制的性自卫能力评定量表。

知识拓展 ▶

性自卫能力评定量表
（Capacity of Sexual Self-Defense Scale，CSSDS）

姓名:　　　性别:　　　年龄:　　　　　编号:
鉴定号:　　评定日期:　　第　次评定　　评定员:

	完全不懂	似是而非	启发后才能正确回答	完全理解
第一部分性知识				
1 男女发生关系,是什么意思?	0	1	2	3
2 女性发生关系后,有何生理变化?	0	1	2	3
3 如何知道已经怀孕?	0	1	2	3
4 如何防止怀孕?	0	1	2	3
第二部分性行为的辨认能力				
5 男女发生两性关系,如何情况下是正当,合法	0	1	2	3
6 什么是强奸?	0	1	2	3
7 男女发生性关系,让别人知道会对自己造成什么影响?	0	1	2	3
8 你是否知道,我们对你进行调查的目的是什么	0	1	2	3
第三部分性自我保护				
9 此事件责任在谁	0	1	2	3
10 是否主动告发	0	1	2	3
11 有否向对方索取财物?	0	1	2	3
12 发生性行为时有无反抗表现?	0	1	2	3
13 对案件处理上有何要求?	0	1	2	3
第一部分得分:	第二部分得分:	第三部分得分:		加权总分:

评分细则

CSSDS用于评定女性被害人的性自卫能力时,须同智能测验、社会适应能力评定(一般用"成人智残量表")以及案情结合起来使用和评估。以全面获得有关的医学和法学条件。从目前使用情况来看,CSSDS最好是用于精神发育迟滞的被鉴定人,而用于其他精神障碍如精神分裂症或情感性障碍的效度和信度则尚待证实。

1. 一般项目　包括被鉴定人的姓名、性别、年龄、鉴定号、评定日期等。须注意的是,评定日期为鉴定当时的日期,而不是指性被害的日期。

2. 第一部分　为评定被鉴定人基本的性知识,包括4个条目,权重为1。用于评定被鉴定人对于性生理、怀孕、生殖等知识的了解及程度。最高分(包括加权分)为15,最低分(包括加权分)为0。在具体提问时可根据不同对象使用意思相近的问句。

(1)01项:男女发生关系是什么意思,也可问"男女在一起睡觉是什么意思?",可让其具体描述发生关系或"睡觉"的行为动作,如脱衣裤、对方趴在其身上,或提示"接吻算不算发生关系""两个女的可以发生关系吗?",等等。未经任何提示能够完全理解这句提问的内容,则评定为3分,提示后能够正确理解者评2分,反复提示后仍回答得似是而非者则评1分,完全不懂者则评0分。

(2)02项:女性发生关系后有何生理变化。也可问:"你怎么知道自己肚子里有小孩了?""你和他睡觉后身体上会有什么变化",或提示"会怀孕吗?""肚子会大吗?"等。未经任何提示能够完全理解这句提问的内容,则评定为3分,提示后能够正确理解者评2分,反复提示后仍回答得似是而非者则评1分,完全不懂者则评0分。

(3)03项:如何知道自己已经怀孕。也可问"你怎么知道肚子里有小孩了?",或提示"月经会停止吗?""会恶心呕吐吗?"等。未经任何提示能够完全理解这句提问的内容,则评定为3分,提示后能够正确理解者评2分,反复提示后仍回答得似是而非者则评1分,完全不懂者则评0分。

(4)04项:如何防止怀孕。也可问"有什么办法可以使自己不怀孕?"或提示"用避孕套可以吗?"或"流产可以吗?",等等。未经任何提示能够完全理解这句提问的内容,则评定为3分,提示后能够正确理解者评2分,反复提示后仍回答得似是而非者则评1分,完全答非所问者则评0分。

(5)05项:月经与生育之间有什么关系。也可问"发生关系后有月经来是否怀孕了?",或提示"月经未来之前是否会生育?""停经以后是否可以生育?",等等。能正确回答出者评定为3分,提示后能正确回答者评定为2分,反复提示后仍只能大致回答正确,则评定为1分,完全不懂者评定为0分。

3. 第二部分　为评定被鉴定人对性被害行为的自我保护能力。检查时各项目的顺序可以打乱,或先让被鉴定人叙述性被害的经过情形,然后根据其思路来提出相应问题。包括5个条目,权重为2。最高分为15分,加权后为30分;最低分(包括加权分)为0。

(1)06项:此事件责任在谁。也可问"你和他发生性关系是谁的过错?""你有没有过错(责任)?"等,或提示"你自己同意的,所以你也有过错",看被鉴定人的反应。未经任何提示能够完全理解这句提问的内容且情绪激动、强烈推卸责任,则评定为3分,提示后能够正确理解并为自己开脱者评2分,反复提示后仍回答得似是而非者则评1分,完全答非所问或言语刺激后仍无动于衷者则评0分。

(2)07项:是否主动告发。也可连续提问:"你告他没有?""告给谁听的?""怎么告诉别人听的?""有人叫你去告还是自己想到去告的?""事后隔多少时间去告的?""为什么当时不去告?",等等。同时观察被鉴定人的表情反应。未经任何提示能够完全理解这句提问的内容并强调自己主动告发,则评定为3分,提示后能够正确理解并强调当时是害怕而不敢告发等,评2分,反复提示后仍回答得似是而非,或其行为本身是当时随便乱讲或极被动的情况下才告诉家人的,则评1分,完全不懂者则评0分。

(3)08项:有否向对方索取钱物。也可问"发生关系前后你问对方讨(要)过东西没有?""他给过你什么东西?""给多少?",等等。未经任何提示能够完全理解这句提问的内容且曾索取过却抵赖或化多为少,则评定为3分,索取过但对数目或有时对方未给也无所谓者评2分,未索取或只是被动得到好处者则评1分,未索取也未曾得到过任何好处,其本人对此也无所谓者则评0分。

(4)09项:发生性行为时有无反抗表现。也可问"当时你反抗没有?""有没有叫喊?""衣服或裤子是谁脱的?""你为什么让他脱?",等等。未经任何提示能够完全理解这句提问的内容并强调自己强烈反抗,则评定为3分,提示后能够正确理解或在对方暴力威胁后就范者评2分,提示后能正确理解并且被害当时表现为半推半就者则评1分,完全不懂反抗或主动参与者则评0分。

(5)10项:对案件处理上有何要求。也可问"你看这件事如何处理?",或提示"要处理对方吗?""要将他抓起来吗?""要判刑吗?""判多少年?"等。未经任何提示能够完全理解这句提问的内容并恰当地提出处理意见,则评定为3分,提示后能够正确理解但在具体如何处理上提不出具体要求者评2分,反复提示后仍回答得似是而非、提出要求模棱两可者则评1分,完全答非所问或甚至为对方求情等,则评0分。

4.第三部分　为评定被鉴定人对两性性行为是非对错、违法性等的辨认能力。可以在检查过程中与第二部分内容一起评定,或单独检查。包括4个条目,权重为3。最高分12分,加权后为36分,最低分(包括加权分)为0分。

(1)11项:男女发生两性关系,什么情况下是正当、合法。也可提示"通过什么手续以后你们可以发生关系?""没结婚可以发生关系吗?"等。未经任何提示能够完全理解这句提问的内容,则评定为3分,提示后能够正确理解者评2分,反复提示后仍回答得似是而非者则评1分,完全答非所问者则评0分。

(2)12项:什么是强奸。也可提示"他这次和你发生关系是强奸你吗?""如果你同意和他发生关系算强奸吗?""领了结婚证以后算强奸吗?",等等。未经任何提示能够完全理解这句提问的内容,则评定为3分,提示后能够正确理解者评2分,反复提示后仍回答得似是而非者则评1分,完全答非所问者则评0分。

(3)13项:男女发生性关系让别人知道会对自己造成什么影响。也可问"让人知道了觉得难为情吗?""感到今后生活受影响吗?""心里觉得痛苦吗?",等等。未经任何提示能够完全理解这句提问的内容且情感反应适切,则评定为3分,提示后能够正确理解者评2分,反复提示后仍回答得似是而非或表达情感肤浅者则评1分,完全答非所问者则评0分。

(4)14项:对方是好意还是出于坏意,为什么?也可提示"是否喜欢对方?""为什么喜欢他?""他这样做是好事还是坏事""今后他再给你钱、给更多(可说一个具体数目)钱你会与他发生关系吗?",等等。未经任何提示能够完全理解这句提问的内容、表达情感强烈则评定为3分,提示后能够正确理解者评2分,反复提示后仍回答得似是而非者则评1分,完全答非所问或甚至称喜欢对方、多给钱可以与之发生关系等,则评0分。

5.分数计算　先计算各部分的实际量表得分,按第一部分乘以1、第二部分乘以2、第三部分乘以3分别计算加权分。最后将加权分相加得出该量表的总分。

案例5-42 ▶

张某,女,34岁,已婚。

某日在家中被男性邻居强奸,1周后主动告知丈夫,丈夫找到邻居要求私了,因"谈判"破裂而报案。邻居称张某当时没有反抗,平时和她就相好,而且她不傻。据查,张某5岁时患脑炎造成智力低下,上学后跟不上班,勉强小学毕业。成年后只能做简单家务,做饭经常糊,不照顾小孩。鉴定时言语表达尚清晰,称"他几次给我买吃的,摸我占我的便宜,我没理他,其实早就提防他了。那天我没提防他突然抱住我,我说不愿意,你媳妇知道了会和你闹离婚的。他说,你不同意就杀了你。我害怕,就不敢动了。"提出要政府重判该邻居,因为"他犯的是强奸呆傻人的罪"。知道"有结婚证才可以干那事"。智商:65。

鉴定意见:精神发育迟滞(轻度),评定为有性自我防卫能力。

分析:有性自我防卫能力的判定一定要慎重,尤其应当把握不适宜评定性防卫能力的情况。本案被告人称张某没有反抗而且也不傻,需要通过鉴定来澄清这些问题。被鉴定人虽然有智力缺陷,但对性侵害的性质和后果有足够的认识,并且有一定的预见能力,也能够明确表达自己的意愿。

案例5-43 ▶

赵某,女,22岁,未婚。

母孕期及出生时无异常,6岁左右因持续"发高烧"致发育迟缓,8岁开始在本村学前班上学,断断续续上了一学期,即因智力低下无法正常接受教育,并被周围比她小得多的学生嘲笑、谩骂或欺负而被迫辍学回家。由其父母照顾生活起居至今。仅在父母引领下,从事扫地、拔草等简单劳动,不能从事种地、嫁接果树等技术性农活,不会自己洗衣服、做饭,不能与他人进行正常语言交流。某日被邻居黄某某用摩托车带到黄某某家中并行性侵害,黄某某供述,赵某语无伦次,"一句话都没有,也没有说不愿意",是个呆傻女子。案发后,赵某未能告知家人,直至家人发现其怀孕。鉴定时赵某表情轻松,时有傻笑,无法叙述案件发生经过,不知道何为"怀孕、月经"等基本卫生常识,不知道自己目前"呕吐"和怀孕间关系,不知道遭受性侵害和其目前身体状况间关系,不知道将给自己声誉和躯体带来的危害,不知道案件性质,追问下称"把他打一顿",余无任何要求。智商:39。

鉴定意见:精神发育迟滞(中度-重度),评定为无性自我防卫能力。

案例5-44 ▶

李某某,女,21岁,未婚。

李某某5岁前后高烧并诊断为"病毒性脑炎",发育迟缓,小学毕业后未升入初中学习。作为成年女性,和不足十岁的小孩子在一起玩耍,不能和同龄人建立平等关系,多名村民及其家人反映李某某智力不如常人,"要是和生人在一起,1~2天之内生人都不会感觉到她脑子有问题,要是时间再长些生人就能感觉到"。李某某外出打工期间曾主动结交男友谭某,并曾去谭某家和其父母见面,还谎称自己父母对自己不好,希望早点和谭某结婚,当两家父母因所谓恋爱纠纷去派出所处理时,李某某多次提供前后不一致的口供,此次涉及和多名异性发生两性行为案件,起因为乘坐出租车后没钱支付车费,李某某有主动行为,但未获得钱物,仅给其买吃喝。法医检查时李某某明确表示"亲戚介绍男朋友和在这里发生的事情不一样,不叫强奸,结婚证一领,有法律保护",还称例假不来就是怀孕了;被鉴定人在此次案发前,曾在某足浴城打工,并主动自己找男友,并和所谓男友家人一起到当地派出所寻求保护,告发父亲殴打自己,并独自前往男友家中寻找男友,在以后的询问中又予以否认,又称男友强奸自己,多次笔录前后不一致。行智商测查显示:言语智商52,操作智商70,IQ 57。

鉴定意见:李某某为精神发育迟滞(轻度)患者。评定为性自我防卫能力削弱。

分析:李某某能够外出打工,主动结交男友,并根据利害关系给公安机关提供不同的口供,此次因没钱缴纳出租车费而与多名异性发生性行为,李某某始终缺乏明确反抗,尚具有主动行为,虽未获得实质性钱物,但李某某能够分清所谓男友和此次行为间的不同,知道怀孕与例假停止间的关系,知道法定与非法婚姻的区别,案发后,仍然根据利害关系不同多次给公安机关提供不同的口供,并谎称男友用"刀"逼迫自己发生性行为等,其表现与中度及重度精神发育迟滞患者完全缺乏基本性知识、对性行为缺乏基本辨别能力等有所不同,对自己的两性行为有一定程度认识。

案例5-45 ▶

王某某,女性,28岁,小学文化程度。

因3岁左右患"脑膜炎",后出现精神发育迟缓,智力低下。成年后在家人介绍下和前夫结婚,并生有一女儿,后因其夫经常殴打王某某及其他家庭矛盾,已离婚,案发前王某某和父母在某城中村租房同住,并可从事某广场保洁工作,工作卖力,不会偷奸耍滑,但周围同事等均认为其智力差,反应迟钝,和正常人不一样。某夜王某某熟睡时,被酒后闯入房间的犯罪嫌疑人采用强脱内裤,捂住王某某嘴巴,挥拳威胁王某某等手段,强行与王某某发生性关系,委托单位提供材料可证实王某某对此有明确反抗行为。法医精神病学检查时王某某对于此次被强奸的经过基本能够叙述,反复称自己不愿意,反抗了,人家打自己,还用被子蒙住自己的嘴,并称为此事件感觉十分丢人,已经不再回去作保洁了,并具有明显的生气、愤恨等表情,对于强奸行为表示出明显反抗意识。智商58。

鉴定意见:王某某为精神发育迟滞(轻度)患者。

分析:王某某具有明确反抗行为,且有充分证据证明这种性行为是违背王某某意志的,不论王某某精神状态是否正常,均可按照《刑法》第二百三十六条强奸罪论处,无需对被害人进行性自我防卫能力鉴定,否则可能导致案件审理复杂化,使犯罪分子有机可乘。可对被害人的精神状态进行鉴定,利于案件处理。

(二)精神发育迟滞患者违法犯罪的特点

患者因智力低下及文化水平低,对是非的判断能力和理解力明显低下,社会适应能力低下,道德和法律意识薄弱,情绪控制能力差,易于兴奋冲动,常因小事产生报复行为,也易于受人唆使,被人利用而实施违法行为。精神发育迟滞患者危害行为特点如下:

1.起因简单 如偶然遭亲友、同伴、老师的责备,单纯出于对某人的不满而采取报复行为,动机幼稚单纯,对后果缺乏预见,动机和后果显得不相称。如某患者仅因被邻居为琐事责备几句,即纵火烧毁邻居房屋,累及自己家及其多家邻居房屋。

2.方式笨拙 行为缺乏预谋,不选择现场,公开行动,经常被当场抓获。即使有一定预谋也不周密,行为过程疏漏百出,易被识破。其违法行为本身也反映其智力低下的特点。

3.对象弱小 作案对象多为老幼体弱者,尤其是性犯罪的作案多为老妇、幼女,原因是患者社会适应能力差,难以接近和侵害防卫能力正常的青年、中年妇女。

4.单独作案 患者由于社会适应能力低下,在日常生活中难于融入智力正常者的社交中,同样也不受正常智力犯罪团伙的欢迎,因此多数单独作案。即使卷入团伙犯罪,也多被其他团伙成员唆使和利用。

(三)精神发育迟滞患者危害行为的常见类型

据国外报道以偷窃、性犯罪及纵火居多,高智商的犯罪及诈骗,抢劫,恐吓等较少见。国内报道以偷窃,性犯罪,凶杀及伤害多见,其次为纵火案。

1. 偷窃　最常见。通常动机很单纯，或为食欲，或为满足虚荣心，或仅出于一时的报复心理。起初多为偷拿家里零钱，以后可偷窃同学文具、钱财及邻居的钱物。作案时常无周密计划，被当场抓获者多见。少数可抵赖，但易识破。

案例 5-46 ▶

寮某，男性，28岁，未婚，农民。

幼年因"从高处摔伤"致头部受伤，长时间无法行走，发育迟缓，小学三年级即因学习成绩差被迫辍学至今。成年后不能从事任何技术性劳动，从无外出打工经历，至今未婚。曾在医院行检查诊断为"脱髓鞘改变"。智商45。法医检查见其呈特殊剪刀步态，行走不稳定，双下肢肌张力明显增高，精细活动能力差。多次盗窃村民家中财物，行为公开，很少掩饰，不管周围有无他人，如某日潜入邻居家中偷得一部手机后，准备离开时，又发现另一个更新的手机，遂不顾主人已进入房间，再次出手时被现场抓获。鉴定时称其盗窃目的仅是"吃个肉夹馍，有个手机显摆下"。

---

2. 性犯罪　男性精神发育迟滞者的性犯罪所占比率比一般罪犯高6倍，常见强奸犯罪，但和正常智力强奸罪犯的团伙犯罪和轮奸犯罪不同，精神发育迟滞者性犯罪对象多为幼女或年老妇女，因其智力低下，缺乏有效手段，正常成年女性可较为容易的逃脱，故多为强奸未遂。另外，很多精神发育迟滞患者同时伴发性心理和行为障碍，如露阴癖、窥阴癖、鸡奸等。部分女性精神发育迟滞患者可为生活所迫沦为卖淫女，成为他人榨取钱财的对象。

案例 5-47 ▶

王某某，男，28岁，未婚。

自幼因疾病生长发育明显落后于同龄人，因智力差小学未毕业，成年后依靠父母生活。IQ 54。经常偷窥村里其他女性上厕所，并时有用树枝戳打厕所女性行为发生。某日在村中一废弃房内对村中两名幼女（一名6岁，一名8岁）实施猥亵行为时，幼女哭闹不止，被闻讯赶来的村民将王某某当场抓获。

---

3. 纵火　纵火行为是精神发育迟滞患者特征性的犯罪方式，国外报道尤其多见。患者常不能预料纵火所造成的严重后果，或出于单纯模仿，或出于简单报复，或出于对纵火后的场面好奇而为之。

案例 5-48 ▶

李某某，男性，26岁，IQ 45。

多次纵火，均发生在春冬季节，李某某因无法管理被家人多次殴打，遂时常外出流浪，白天吃柿子或者捡东西吃，晚上就找人家房内点火取暖，操作不当而多次导致失火并造成财产损失。能认真画出纵火及火灾情景，虽画法拙劣但表现出对失火的特殊兴趣。

---

4. 伤害及其他　精神发育迟滞患者可因一时冲动造成对他人的伤害，或者被人利用而成为别人犯罪的工具。由于判断能力低下，"下手不知轻重"，往往造成严重后果。个别患者由于本能原始情绪而产生暴怒激情，以极端残忍的手段杀人。

（四）责任能力的评定

精神发育迟滞患者违法行为的责任能力评定原则，照例是医学要件和法学要件相结合。在实际操作中应综合考虑智商、社会适应能力、人格特点、作案动机、对行为的法律性质和后果的实质性辨认能力等因素。

　　智力低下的程度无疑是责任能力评定的重要参考依据,但绝不应该单纯按智商高低来评定责任能力,仍应当按照医学标准和法学标准相结合的基本原则,尤其应当从被鉴定人对违法行为的实质性辨认和控制能力出发来评定。精神发育迟滞患者因智力低下,在日常就广泛影响其对事物的判断和认识能力,表现为社会功能低下,这对违法行为当时的辨认和控制能力的分析有较大参考价值。另外也应考虑案件性质和类型,如被他人利用、唆使的初次犯罪和屡教不改的多次犯罪比较而言,后者应从严评定。在鉴定实践中,重度以上的精神发育迟滞患者基本上都评定为无责任能力。中、轻度精神发育迟滞患者的情况较为复杂,一般情况下,中度精神发育迟滞者多数评定为限制责任能力,少数评定为无责任能力;轻度者部分评定为限制责任能力,部分评定为完全责任能力。

案例5-49 ▶

　　王某,男,17岁。

　　某日欲强奸照顾他的60多岁奶奶,遭到反抗时掐死奶奶,脱光尸体衣服奸尸,将尸体用草绳吊在家门口,随后找到在田地里劳动的父母说"结婚,去看,好玩"。王某2岁时患脑炎,高烧昏迷1周,此后发育明显滞后,生活不能自理,不识数,说话只会单词,平时不安静,经常大发脾气,像动物一样嚎叫,猛烈地咬人毁物,力气特别大。案发前几天曾尾随父母参加邻居婚礼,当众欲搂抱新娘。以后纠缠父母"找媳妇",多次强行搂抱母亲,并咬伤劝阻的父亲。精神检查时难以有效交谈,不停傻笑,反复说"结婚,好玩",有时突然喊叫,露出令人恐怖的极端愤怒表情。IQ 30。

　　鉴定意见:精神发育迟滞(重度),无刑事责任能力。

　　分析:重度精神发育迟滞患者被侵害的情况居多,而违法行为相对少见,多由于本能欲望支配,或与原始的暴怒情绪有关。本案例患者属于非稳定型,经常暴发原始情绪,可能有本能意向亢进,没有正常的言语交流,也完全不能辨认结婚和强奸行为的区别,违法行为本身也反映其原始情绪和本能的支配。

案例5-50 ▶

　　男,25岁。因诈骗罪被拘捕。

　　自幼智力低下,小学多次留级。后来在工厂干勤杂工。平时爱说大话、管闲事,乐于被人注意和表扬。1980年一年中,他自称能够低价购买彩电、录音机等紧俏商品,骗取周围不少人的钱款共8000余元。他预收钱款后也曾给部分人买到货,但多数情况下他收了钱却没有替人买回东西,最终被人告发。经查证,他自己花钱高价买来紧俏商品,然后低价卖给别人,结果求他买东西的人越来越多,他借新债还旧债,欠的债也越来越多。被捕后他否认自己犯了罪,说赚钱的人才叫犯法,他尽赔钱给大家办好事,还向自己家里人借了许多钱,不叫诈骗。检查IQ 66,诊断:精神发育迟滞(轻度),评定为限定责任能力。

　　分析:这是一起特殊的"诈骗案"。诈骗属于高智商的犯罪,目的多是为获得经济利益,行为肯定具有"损人以利己"性质。本案例的被鉴定人在"诈骗"过程中却直接损害自己和家人的经济利益而给别人谋取利益,与希望得到别人的赞许,行为动机与心理满足有关,而此种心理要求是精神发育迟滞的表现。轻度智力低下者具有一定的社会交往能力,但经常受到歧视、不被接纳,因此希望得到社会承认和接纳的心理需求特别突出,同时对自身智力的缺陷有自卑感,怕被人瞧不起,部分患者在生活中往往表现出过分的"显能"和"逞能",常因此出现不恰当的行为,或被人利用。本案中被鉴定人对自己行为的辩解反映了他对行为性质的部分辨认能力,智力检查结果也符合责任能力判定的一般参照规律。

案例5-51 ▶

男,27岁,离婚。因强奸未遂被拘留。

某日将邻居15岁少女骗至家中,将门插上企图强奸,遭到被害人反抗时,他殴打被害人并用皮带勒昏被害人。正当他准备强奸时,被害人醒来竭力反抗,他又拿刀威胁并砍伤她,被害人坚决不屈服,他又表示陪送她到医院看病,然后陪送被害人回家,被当场抓获。2岁时发高烧,此后智力低,小学成绩差,勉强毕业。参加工作后能做简单工作,案发前1年经人介绍结婚,妻子不满意其智力低下且不关心人,很快与他离婚。鉴定时他称:"离婚后不能再过性生活了,没事就想性生活的事,那天想爱人时想到隔壁女孩了,就把她骗过来想和她发生关系,她反抗,自己生气了才打她"。表示犯了法,希望按法律处理。IQ 68。诊断:轻度精神发育迟滞,判定:完全刑事责任能力。

分析:判定完全责任能力者基本属于轻度精神发育迟滞。理论上讲,只要是精神发育迟滞,其理解、判断能力都可能受到损害,与正常人犯罪是有区别的。在实际操作中,综合考虑患者的社会适应能力、判断理解能力以及犯罪的动机、犯罪性质和后果等因素后,是可以判定完全责任能力的。本案被鉴定人作案动机具有明显的现实性,对违法行为有辨认能力。

（韩　卫　谢　斌）

第十二节　人 格 障 碍

人格(personality)是指个体认识外在环境和内在自我、建立人际间相互关系和思考事物的方式等方面所表现出的持久的、有别于他人的独特性。它是在先天素质和后天环境的共同作用下逐渐发展形成的。通常认为人格在18岁以前具有一定的可塑性,而18岁以后则基本稳定成型。人格特征一旦形成,便对个体适应环境、处理具体事物的方式和趋向起一种恒定的主导作用。

人格障碍(personality disorder)是指人格特征显著偏离正常,使患者形成了一贯的反映个人生活风格和人际关系的异常行为模式。这种模式显著偏离特定的文化背景和一般认知方式(尤其在待人接物方面),明显影响其社会功能和职业功能,造成对社会环境的适应不良,或者患者为此感到痛苦,并已具有临床意义。人格障碍通常开始于童年或青少年期,并长期持续至成年或终身。

我国早期对人格障碍流行病学调查数据结果明显低于欧美国家,事实上,人格障碍并不少见。在使用多轴诊断系统的国家如美国,人格特征是临床医生必须评定的内容之一(轴Ⅱ诊断),因此人格障碍的诊断率较高,最近美国基于学生和社区人群的人格障碍流行病学研究显示,人格障碍的患病率在9%~15%。在服刑犯人中的调查发现各型人格障碍者竟可占到高达50%(女性)至64%(男性)。

一、病因与发病机制

人格障碍究竟是由生物学因素所致还是心理社会学因素所致,这是一个存在诸多争议的问题。现有的研究结果并不足以解释此类障碍确切的病因和发病机理,以下作一简要介绍。重点针对"社交紊乱型"和"冲动型"等与法医精神病学联系较为密切的人格障碍类型。

（一）生物学因素

目前用于探讨人格特质生物学基础的神经生物学研究主要有神经生物化学研究、脑血流研究、神经内分泌激发试验、遗传/系系研究、神经心理学检查、神经影像学检查等。

1. 遗传学研究　遗传因素是形成人格障碍的重要原因之一,多数人格障碍亚型具有家族遗传倾向。例如,冲动型人格障碍先证者的一级亲属中具冲动性人格或易"脾气爆发"者较多,比率比(OR)达3~4。分子遗传学研究显示,多巴胺(DA)D4受体基因多态性与寻求新奇行为(冲动特质的内在表现之一)关联,而5-羟色胺(5-HT)受体基因多态性则与焦虑(回避)型、依赖型人格障碍的焦虑特质(如逃避伤害、神经过敏等）相关。

2. 认知功能（包括电生理学）研究　分裂样人格障碍患者的执行功能（executive function）缺陷与精神分裂症患者的表现相似，研究显示其基本的认知功能缺损是在视觉和空间活动记忆方面。不过，这些缺损还是较精神分裂症患者要轻。平稳追踪眼动检查（smooth-pursuit eye tracking）显示分裂样、偏执型等人格障碍具有与精神分裂症类似的眼跟踪障碍。

社交紊乱型和冲动型人格障碍者的反复（或习惯性）暴力攻击行为与言语功能缺损（反映左半球功能缺陷）有关，表现为言语智商偏低，且影响到患者的问题解决技巧、对言语材料的记忆以及对听力材料的接受能力等。进一步的研究还显示，具冲动和攻击特质的人格障碍患者的左额-颞区功能有缺损，因而影响其操作功能，这在有多动性障碍史的患者中尤其明显。社交紊乱型人格障碍者在受刺激时的皮肤电导活动也较正常人低。

3. 神经生物化学研究　DA功能过高，如脑脊液和血浆高香草酸（HVA）水平升高，与分裂样人格障碍的分裂症样症状相关；而缺损样症状（类似于阴性症状）则与血浆HVA低水平有关。情感不稳定的特质与去甲肾上腺素（NE）系统反应性过高有关；易激惹症状也同可乐定激发的生长激素反应相关，此外，胆碱能系统高敏感性也对情感失控症状起着重要作用。多数研究都已证实5-HT功能减低与冲动性攻击行为有关，检查可发现患者脑脊液中5-HT的代谢产物5-羟吲哚乙酸（5-HIAA）浓度降低、d-芬氟拉明激发的催乳素反应钝化；研究还显示，5-HT水平升高与各类人格障碍的焦虑特质有关。NE功能则与人格障碍患者的激惹和攻击行为成正相关。冲动性人格特征也与血小板单胺氧化酶（MAO）水平降低、高密度脂肪酸（HDL）和胆固醇降低有关。社交紊乱型人格障碍者的血浆皮质激素水平在应激状态下低于正常成人，其暴力攻击行为也与血浆雄激素（睾酮）水平增高有关，这在青年男性人格障碍患者中尤为明显。

4. 神经影像学研究

（1）结构性神经影像学检查：计算机体层摄影（CT）可发现分裂样人格障碍患者存在侧脑室增大和左颞上回灰质体积减小，其丘脑和丘脑后部的体积也较正常对照要小，但这在精神分裂症患者中更明显。

磁共振成像（MRI）扫描发现，与正常对照相比，社交紊乱型人格障碍的男性患者的额叶前部灰质体积减少达11%。由于额叶前部皮质是个体对恐惧的条件反射和对刺激的自发性反应的神经回路中非常关键的组成部分，因此该部位的皮质缺损可能是导致社交紊乱型人格障碍患者缺少恐惧感、对疼痛等刺激缺乏敏感性等一系列特征的主要原因。但患者的暴力攻击行为特征则更可能与颞叶前部损害有关。MRI研究还表明，反复的暴力行为与背侧海马体积呈负相关。

（2）功能性神经影像学检查：在进行特定认知操作测验的同时使用单光子发射计算机体层成像（SPECT）和正电子发射体层成像（PET）可以发现分裂样人格障碍患者额叶区域的激活状态与正常对照不同。研究表明，患者在执行认知任务时，额叶区域皮质下DA活动较弱。

使用PET检查局部脑区糖代谢（rCMG）率的研究发现，冲动性攻击特质与额叶皮质功能降低显著相关，这种降低主要出现在腹侧正中区域且基本上是在稳定的背景下发生，提示通过PET观察到的缺损可能是遗传性的，而非环境所造成。应用功能性磁共振成像（fMRI）检查社交紊乱型人格障碍患者也得到了相似的结果。SPECT和fMRI检查还发现，社交紊乱型人格障碍患者处理情感性词汇表达的信息比较困难，具体表现为他们在执行词汇判别任务时，对情感性词汇的脑区激活度比对中性词汇的激活度要高，表明患者需要尽更大的努力来处理这类信息，且这种异常激活主要发生在额叶和边缘系统区域。

冲动型等人格障碍患者的情感不稳定特质可能与额-顶叶区域rCMG率降低有关；而逃避伤害等焦虑特质则与边缘系统周围的激活活动呈负相关。

（二）心理社会学因素

成年期之前各个发育阶段的不良家庭、学校和社会环境对人格障碍的形成具有十分重要的影响。一些学者认为，人格障碍患者的异常情绪反应与行为方式可在儿童成长过程中学得。儿童时期单纯通过观察、模仿，即可学得许多情绪反应与行为方式，包括一些社会适应不良的行为，并可通过条件反射机制而巩固下来。童年接受家庭中成员特别是父母的行为影响最大。父母离婚，一方或双方死亡，父母中有精神病患者、酗酒、吸毒或违法犯罪行为，父母对子女的遗弃、虐待、专横、忽视、溺爱、放纵，都可形成儿童的人格发展异常。

此外，学校教育中的对素质培养的忽视，坏同伴的引诱教唆，不良的大众传媒影响，不良的社会风气如酗酒、吸毒、卖淫、失业、殴斗、黑社会拉帮结派等，以及社区中犯罪率居高不下等，都可使身处其中者人格障碍的发生率增加。

人格障碍的形成也与心理应激有关。环境因素和创伤性生活事件往往是协同起作用的。Paris认为，社会因素的作用可能是降低了其他生活事件导致心理变态的域值。

总之，人格障碍的形成有多方面的原因，它们可能综合起作用，只是每个具体病例中所占地位的主次和比重有所不同而已。有些学者强调生物学因素的作用（素质性异常），另一些学者强调环境因素的作用（发展的异常），当前较为流行的观点是建立在生物-心理-社会医学模式基础之上的整合学说，认为人格障碍是多种因素共同作用下的结果。

二、临床类型

人格障碍虽然有多种亚型，但各型人格障碍有着相似的一些共同特征。首先，它们均以人际关系的问题最为突出，表现为长期、持久地给他人造成麻烦和困扰。其次，无论为何种特质形态，这些形态总会在每一新的情境中以相同的方式表现出来，即同样的适应不良行为会重复出现。第三，患者通常抗拒改变，既不主动需求帮助，也不采纳别人的建议或要求。第四，患者的人格问题常会影响到其周围的人，导致婚姻关系、家庭生活或职业功能受损。

不同的诊断系统对于人格障碍亚型有不同的分类（表5-2）。目前国际上较为常用的是DSM和ICD两大系统，既往我国曾采用CCMD-3系统。以下对临床常见的人格障碍亚型作一介绍。

表5-2　国内外现行的几个人格障碍分类系统

CCMD-3	ICD-10	DSM-IV	DSM-IV分组
偏执性	偏执型	偏执型	A（奇特/怪癖）
分裂样	分裂样	分裂样	A
		分裂型	A
反社会性	社交紊乱型	反社会型	B（戏剧/多变）
冲动性	冲动型		B
	边缘型	边缘型	B
	自恋型	自恋型	B
表演性	表演型	表演型	B
		被动-攻击型	B
强迫性	强迫型	强迫型	C（焦虑/抑制）
焦虑性	焦虑（回避）型	回避型	C
依赖性	依赖型	依赖型	C
其他或待分类	其他或未特定	未特定	

（一）偏执型人格障碍

偏执型人格障碍（paranoid personality disorder）常常表现为不信任其他人，而且这种不信任具有广泛、持续和不恰当的特点。一般男性多于女性。患者经常无中生有地怀疑别人要伤害、欺骗自己或有针对自己的阴谋等，不肯信任他人，而对别人的一言一行则都要琢磨出"隐含"的意义。这种人善于记仇，对自认为受到的侮辱、不公正待遇等耿耿于怀，微不足道的怠慢即可引起他们强烈的敌意，且长久记恨于心。这类人格障碍者也常常伴有病理性嫉妒，无故怀疑其配偶不忠。他们往往对自己的能力、等级和重要性等有不切实际的幻想，因而表现较为固执、情绪化、易推诿、善讥讽和批评他人。

（二）分裂样人格障碍

分裂样人格障碍（schizoid personality disorder）核心临床表现是缺乏与他人进行有效交往的能力。国外统计在普通人群中的患病率不到1%，男性多于女性。患者表现出孤独、退缩、被动、与家庭和社会相疏远；喜欢独来独往，少有面部表情，兴趣爱好贫乏；他们难以体验到欢乐或温情，缺乏亲密的知心朋友，通常无婚恋史。一些人可有牵连观念、超价观念、先占观念等，但与现实尚保持一定的联系，未形成妄想。他们的言语结构常显得松弛、离题或模棱两可，但尚未达到散漫或破裂的程度。这类人在处于应激反应状态时，可出现一过性的精神病性障碍或抑郁发作。

（三）社交紊乱型人格障碍

社交紊乱型人格障碍（dissocial personality disorder）又称为精神病态或社会病态、悖德性人格等。临床特征是一种长期的社会上不负责任，无视其他人的权利的行为模式。国外统计在普通人群中患病率为1.7%，男性明显多于女性，而在某些特殊人群如物质滥用者、司法精神病监护机构及违法人员中，该类人格障碍的患病率较高，有人统计可达60%以上。

社交紊乱型人格障碍患者在童年时期就有一些不良的特征，如偷窃、任性、逃学、离家出走、积习不改、流浪和对一切权威的反抗行为：少年时期过早出现性行为或者性犯罪；常有酗酒和破坏公物、不遵守规章制度等不良习惯。成年后工作表现差，对家庭不负责任，在外欠款不还，常犯规违法。除了行为特征外，这类患者往往无责任感和羞耻心，在情感上也无反应。他们做事缺乏周密的计划，也从不考虑后果，这常常导致其反复失业、待岗、转岗或者多次离异，因此，他们的工作、经济条件和个人生活均极不稳定。这类人不愿承担任何义务，与人交往中经常使用欺骗说谎的手段或甚至是暴力攻击手段；他们不肯对家庭尽最起码的责任，缺乏罪责感和悔恨感，屡教不改，不能吸取经验教训。由于社会适应能力差，这类障碍者易合并适应障碍、心境恶劣障碍、焦虑症或抑郁症；酒精或药物依赖的比例也甚高。

研究发现，社交紊乱型人格特征一般在青年早期就出现了，最晚不迟于25岁。30岁以后，有30%~40%的患者有缓解或明显的改善，且缓解率随着年龄增长而逐年增高。究其原因，一是随年龄增长心理日趋成熟；二是因为精力和体能随年龄增长而下降。但是，疑病、抑郁等问题则反而可能逐步增加，酒精或其他成瘾物滥用等问题也可能长期存在并且影响其总体预后。

（四）情绪不稳定型人格障碍

情绪不稳定型人格障碍有一个突出的倾向，即行为冲动，不计后果，伴有情绪不稳定。事先进行计划的能力很差，强烈的愤怒爆发常导致暴力或"行为爆炸"；当冲动行为被人批评或阻止时，极易会诱发上述表现。本类人格障碍有两个特定的亚型，两者都以冲动性及缺乏自我控制为突出表现。

1. 冲动型　又称为爆发型或攻击型人格障碍（explosive personality disorder），主要特征为情绪不稳定及缺乏冲动控制。暴力或威胁性行为的爆发很常见，在其他人加以批评时尤为如此。美国从DSM-Ⅲ开始已将其划入"冲动控制障碍"大类中。患者明显出现频繁冲动和攻击行为的平均起始年龄为15岁；男女性别比约为3∶1。有人认为"原发性"者极为少见，而药物、酒精和颅脑外伤等常可致"继发性人格改变"，这不应属于人格障碍范畴，加上该症呈重复和发作性的特征，因此导致了这一诊断逐步从人格障碍分类中抽离出去。

冲动型者典型的行为特点为：不可预测，不计后果，好争吵和攻击，易失控和爆发愤怒，做事缺乏连贯性，反复无常。这类患者对攻击冲动缺乏自控能力，微不足道的小事便可导致其严重的暴力攻击后果。冲动性攻击发作过后患者立即会感到某种紧张状态的缓和或释放,此后会对自己刚才的行为感到懊悔、烦恼甚至是迷惑不解。间歇期患者的各种心理社会活动基本保持正常,人际关系也较社交紊乱型人格障碍者为好。不过经常和反复的冲动行为也可导致大多数这类患者社会功能的下降,其职业表现和人际关系通常较差,还经常会有财务或法律上的问题(如赔偿别人损失等)。这类人自幼可有发育延迟如言语发育迟缓等的历史;神经系统检查也可发现一些"软体征"如双侧反射不对称等;实验室检查可发现EEG慢活动增加;此外尚可有心理测验异常、脑脊液5-HT代谢异常等证据。

2. 边缘型　存在一些情感不稳的特征,除此以外,病人自己的自我形象,目的及内心的偏好(包括性偏好)常常是模糊不清的或扭曲的。国外统计其在普通人群中的患病率为1%~1.5%,占精神科门诊患者的8%~10%。约75%的患者为女性。患者的一级亲属中边缘型人格障碍患病率较一般人群高5倍,物质依赖、反社会性人格以及心境障碍的患病率也较高。

边缘型患者在临床上最突出的特点是:稳定的不稳定表现。其不稳定可以概括为4个方面,即"不稳定的人际关系,不稳定的情绪,不稳定的自我意向和明显的冲动性",同时可以出现持续的空虚感、孤独感及一些短暂的精神性症状为表现。当边缘型患者感到被照顾、保护和支持时,反而会出现明显的抑郁、孤独与空虚。当这种支持关系出现破裂的威胁时,善意的支持者的理想化印象会被贬低为一个残酷的施虐者的印象。边缘型患者会对预期的分离感产生强烈的被抛弃的恐惧,为了最大限度地去减轻恐惧和避免被抛弃,可能会出现疯狂地责难他人对其造成的伤害,并有残忍和愤怒地伤害自己的行为。

边缘型患者的心境是不稳定的、快速变化的,特别在遭遇到应激性事件的时候或在较强的情感压力下,患者极易出现情绪不稳,易激惹、紧张、焦虑、惊恐、绝望和愤怒。情绪的不稳定表现在一方面体验到一种持久空虚和不安全感,缺乏自信,另一方面又体验到一种与上述情况相对立的兴奋感和全能感,这种极端的情绪不稳定常常导致冲动和自伤的行为,但这些情况通常是短暂和反应性的,往往伴有两种极端情况的转换,可有分离的体验、牵连观念或不顾一切的冲动行为,例如:物质滥用和性方面的放荡不羁。

(五)表演型(性)人格障碍

表演型(性)人格障碍(histrionic personality disorder)又称癔症型人格障碍。从临床表现上分析,表演型人格障碍的主要特征是对注意和外表的过分关注。国外统计其在普通人群中的患病率约为2%,以女性更为常见。患者家族成员中有此人格者也较一般人群为多。导致形成表演型人格障碍的原因主要为心理因素。

人格不成熟和情绪不稳定是表演型人格障碍的主要临床表现,他们喜欢引人注目,情感变化多端,使人无所适从,因而难以保持长久的社会联系和人际关系;这类人高度以自我为中心,其言语和观点富夸张性和表演性;另一方面,他们也易受暗示、易过分轻信、依赖性强;他们对人显得过分亲热,但持续时间不长。此外,他们追求新奇,时常变换环境、职业和朋友;这类人注重外表,不能耐受寂寞,常以卖弄甚至调情来诱惑异性,但情感肤浅,常不能持久。有些患者的表演性特征表现为通过种种方式试图操纵别人,或者竭力试图得到别人的保证和赞同,为取悦别人,他们总是力图避免人际冲突。有人可表现为各种躯体不适或病症,但又与解剖和生理规律不符,其目的是引起别人注意或关心、同情。

(六)强迫型(性)人格障碍

强迫型(性)人格障碍(obsessive personality disorder)最主要的特征可以形容为"活着的机器"。就是要求严格和完美,平时有不安全感,对自我过分克制,过分注意自己的行为是否正确,举止是否得当,因此表现得特别死板、缺乏灵活性;过于谨小慎微,常常由于过分认真而重视细节、忽视全局,怕犯错误。其患病率约为2%,一般男性比女性更常见;强迫症患者与强迫型人格障碍的共病率为16%~44%。强迫型人格障碍患者追求完美,以高标准严格要求自己,对别人也同样苛求,以致沉浸于琐碎事务中无法脱身;他们经常处于紧张、焦虑之中,神经得不到松弛。在道德、伦理和价值观上,这类人同样表现谨慎而固执,强迫自己或他人遵循某种僵化的道德原则和严格的完美主义标准,不肯接受别人的批评和帮助。

（七）焦虑（回避）型人格障碍

临床特征往往在社交环境和人际关系中表现得比较突出，其最大特点是行为退缩、自卑心理，面对挑战多采取回避态度。患者在幼年或童年时期就开始表现出害羞、孤独、害怕陌生人、害怕陌生环境等。成年以后这些问题便会对患者的社交和职业功能产生不利影响。

这类患者总感到自己缺乏社交能力、缺乏吸引力、在各方面都比别人处于劣势，因而显得过分敏感和自卑。自尊心过低加上过分敏感自己会被他人拒绝，使得患者很难与他人建立亲密关系。但如果对方能保证不加批评地完全接纳患者，则患者还是能够与他人建立起亲密关系。

（八）依赖型（性）人格障碍

临床特点往往表现为服从、无助、寻求支持和指导。诊断依赖型（性）人格障碍（dependent personality disorder）的重要条件应该是极端到引起明显的苦恼或功能的损害。临床资料显示女性多于男性，其起因可能也与心理因素有关。

依赖型人格障碍者由于缺乏自信和独立性，其生活的大多数方面均需要他人为其承担责任。他们将自身的需要服从于其所依赖的人，为的是避免自己做主。这类患者常伴有焦虑和抑郁，且独处时间稍长这种情绪便会越来越强烈。他们经常会先占性地认为自己会被抛弃，为避免出现被人抛弃的后果，他们会表现得对其所依赖的人百依百顺。

以上分别介绍了各类人格障碍常见的临床特征。需要指出的是，人格障碍患者常常并非只有单一某种类型的表现，而是同时具有多种人格障碍的特征。同一行为表现也可以见于不同的人格障碍，例如，冲动行为既是冲动型人格障碍的特征，也见于社交紊乱型和表演型人格障碍；分裂样和焦虑（回避）型人格障碍患者都可能缺乏亲密或知心朋友。这类情况常导致医生难以区分患者究竟属于哪种人格障碍。"共病"现象反映了人格障碍诊断的复杂性，但近20年来的研究也提示，可能确有特定的人格障碍"组合"（grouping）存在。如DSM-Ⅳ就划分了三组人格障碍（表5-2），A组的特征为奇特或怪异，包括偏执型、分裂样和分裂型人格障碍；B组的特征为戏剧性或夸张性，包括反社会型、边缘型、表演型和自恋型人格障碍；C组的特征为焦虑或恐惧，包括回避型、依赖型和强迫型人格障碍。这些组合的分组依据是：具有相似的症状群或心理/行为维度。巧合的是，目前大多数实验研究和临床药理学研究也都支持心理/行为"维度"（dimension）或"谱系"（spectrum）与生物学缺陷之间的相互联系，而非指向某一特定诊断类别。有的学者据此提出了对现行人格障碍分类体系的怀疑，认为从人格由正常向异常"移行"的角度看，人格心理学中常用的"维度"或"特质"理论也许能更好地解释异常人格特征是如何有别于正常人格的。例如人格障碍的四维结构理论认为，临床上可以将人格问题按照四个维度进行评估：认知/知觉建构、冲动/攻击、情感不稳定、焦虑/抑制，它们分别对应多巴胺、5-羟色胺、去甲肾上腺素和肾上腺素神经递质，药物治疗上也可根据这样的机制划分来选择针对性方案。

三、人格障碍的法医学问题

人格障碍所涉及的法医精神病学问题主要有两类，一是住院与治疗的法律程序或法律纠纷，一是法律能力（主要为刑事责任能力）的评定。

（一）非自愿住院

非自愿住院（involuntary admission）的必要性通常建立在以下几个标准的基础上：①具有"危险性"行为或倾向；②自主决定能力（或者"知情同意能力"）削弱；③医院内综合性干预措施对患者有效；④有益于个人、家庭和社会。

在精神卫生法制健全的国家，对患者实施非自愿入院和治疗通常取决于患者的病情（或具体到有各种危险行为倾向等）和决定（接受或拒绝治疗的）能力（详见第八章）。我国2013年5月1日起施行的《中华人民共和国精神卫生法》第三十条也对非自愿住院做了明确规定："诊断结论、病情评估表明，就诊者为严重精神障碍患者并有下列情形之一的，应当对其实施住院治疗：（一）已经发生伤害自身的行为，或者有伤害自身的危险的；（二）已经发生危害他人安全的行为，或者有危害他人安全的危险的。"

但在传统上,无论是医学的观点还是法学的观点都不太认可人格障碍为一类"可以救药的"严重精神疾病,加之精神科医疗资源有限,因此绝大多数国家对于人格障碍的住院治疗采取了比较严格的临床标准,尽管已有大量资料表明,从社会、心理和生物学角度开展综合性干预的住院治疗——甚至是较其他精神疾病更长时期的住院治疗,对许多人格障碍患者具有很好的疗效。对于患者自主决定能力的评定也同样存在严重分歧,许多人认为人格障碍者具有自知力,因此理所当然具备决定住院与否的能力。但在临床实践中,却很少有患者是自愿入院治疗的,由此经常产生各种医患纠纷和法律诉讼。实际上,许多"非精神病性精神障碍"患者的自主决定能力甚至于自知力都远较严重精神病患者差,比如患者明明每天大量饮酒,却坚称自己已经戒酒。

现在人们正探索从认知、治疗依从性、判断、行为、合理表示等诸多临床和法律维度来综合评价患者的决定能力,这样的评估可能有助于在各方之间达成一致的认识,从而减少不必要的法律纠纷。

(二)责任能力评定

人格障碍在法医精神病学中具有特殊重要的地位,是因为各种精神障碍中出现违法犯罪行为者,以人格障碍最多,尤其是社交紊乱型人格障碍,与违法犯罪关系最为密切。国外一项大规模调查的结果(表5-3)显示人格障碍因各种违法行为被定罪的比率远高于其他精神障碍诊断。据多项调查统计,罪犯中有20%~70%的人属于人格障碍,社交紊乱型人格障碍者的终生犯罪概率可达50.1%。

表5-3　各类精神障碍的定罪风险(OR)

	定罪总数 n=3838	暴力罪n=1998	凶杀罪 n=152	财产罪 n=1137	性罪错 n=876
精神分裂症	3.2	4.4	10.1	2.8	2.7
心境障碍	3.4	4.1	5.4	2.9	4.0
人格障碍	12.7	18.7	28.7	10.2	14.7
物质滥用	7.1	9.5	5.7	9.4	3.5
其他(包括器质性精神障碍)	3.1	2.8	4.3	2.6	6.8

至于犯罪与人格障碍类型之间的关系,根据Schneider对社交紊乱型人格障碍的分类,以意志薄弱型(偷窃、诈骗为主)、情感高扬型、性情冷酷(无情)型、情感暴发型为多。在我国的鉴定实践中发现,一般来说,强迫性和分裂样人格障碍者很少有违法行为;偏执性者可有盗窃、凶杀、伤害(主要针对亲朋好友)等作案类型;表演性者多发生伤害、妨碍治安、诈骗等作案;冲动性者多有凶杀、伤害、妨碍治安等行为;而反社会性者则可见于各种刑事案例。

在精神鉴定时确定人格障碍的责任能力,关键还在于明确诊断,同时要能够与正常人、其他精神疾病进行鉴别。

在评估某人的人格类型时,首先要明确这种行为是否是固定、持久和普遍的。人格障碍者的人格偏离现象是从童年、青少年或成年早期开始,一旦形成,就长期、持续存在,也就是说,其行为表现并非对某特定处境或感受的反应。

其次,要明确偏离正常的人格特征是否是其他精神障碍所导致。例如,有的抑郁症或恐惧症患者可能被认为具有依赖型人格特质,然而,当抑郁或恐惧得到有效治疗以后,这些"特质"就随之消失了。但需要注意的是,许多人格障碍者通常合并有其他的诊断,也就是说,一种或多种人格问题可能与某种精神障碍合并出现(如某人可能同时具有边缘型人格、精神分裂症和成瘾物质滥用问题)。这些人可能在诊疗方面更加困难。

涉及责任能力评定时,有两点需要考虑:一方面,法律必须保障社会安全和公民的正常权利不受侵犯,人格障碍者作案时意识清晰、没有思维及智能等障碍,因此大多能辨认和控制自己的行为,仅少数可能在冲动情绪下导致控制能力的削弱。但无论如何,以人格障碍者的行为失去自控能力为理由免除责任能力,无异纵容他们违法,可能导致犯罪率的上升。某些国家曾在一段时期内放松过对人格障碍者的处罚,便出现了这类的经验教训,终于被迫修改法律条文,使人格障碍者违法和正常人违法一样,追究全部法律责任。目前绝大多数国家对于社交紊乱型人格障碍的违法行为,认定有完全责任能力。

但另一方面,人格障碍者的某些作案行为,尤其是某些单一性质的违法行为,确与其人格问题有密切的联系,也许有着生物学的原因。他们这类行为与正常人相比具有如下特点:①通常无预谋过程;②多受偶然动机、情感冲动或本能愿望的驱使,作案动机较模糊不清;③常缺乏明确的自我保护意识。因此对这样的人,如果以正常人犯罪论处,而且屡犯加刑,最后将因微小罪行而终身监禁。因此有学者提出与人格障碍特征有固定联系的单一性质的违法行为(不包括其他性质的违法行为),应该减轻处罚,至少累犯仍按初犯同样量刑,不予加刑。

案例 5-52 ▶

吴某,男,40岁,未婚,大学文化程度,某公司副总经理。

其父母中年得子,故吴某自幼深得家庭宠爱,只要吴某一发脾气,家人便会满足他的所有要求,从不对其训斥或劝阻。吴某小学期间脾气暴躁,好与同学争斗。进中学以后,吴更是以自我为中心,随心所欲,动辄发脾气。一次进餐时,吴遭父母训斥了几句,顿即暴跳如雷,蹬桌将餐桌掀翻,回家抱头痛哭2小时。平时,吴某显得温文尔雅,对父母也很关心,并为自己对父母耍脾气深感愧疚,也为自己遇事不冷静、暴怒而烦恼。20岁后在部队服役期间,其暴戾性格一度有所收敛,曾受到部队表彰,但与战友争吵时有发生。某次,在列队出操时,因吴稍有误差,被训斥后不服,即当众大声嚷嚷,竟不计后果地拔枪对准教练员,险出人命案,过后,吴向对方赔礼道歉。吴服役3年退役后进某大学就读,26岁大学肄业与人合伙经商。由于经商时被他人骗取数万元,精神受到极大打击,曾出现言行反常,经一段时间治疗后,病情得到控制。吴某父母多方集资,让与其好友李某重新开办公司,以使其忘却过去,避免旧病复发。2年来公司业务并不景气,几乎面临倒闭。吴某年届40,恋爱、事业屡遭挫折。

1993年2月22日晚,吴某与被害人张某等人在KTV包房喝酒,因张某酒醉,吴某将张某送回住处并留宿。23日上午,吴某趁张某熟睡之机,将张某的护照、身份证及1000元港币盗走。后将张某的钱包及相片等物扔出窗外,伪造被盗现场。当天中午,吴某假冒他人打电话给张某,要他准备7000美元作为换取其所有证件的条件,并约定在某地交接。24日晚6时许,张某携带钱款前往交接地点。吴某接钱后,即去某地附近一幢房子墙边,取出事先藏匿盗窃张某的所有证件时,被当场抓获。

同年2月26日,吴某在取保候审的当晚,去某桑拿中心做桑拿按摩时,见被害人方某酒醉,即将方某送回其住处,趁方某熟睡之机,将他袋中的2400元人民币和20余美元等物盗走。次日中午,吴某打电话给方某,告知对方被盗的钱款系他所为。次日下午,吴某再次去方某的房间时,被酒店保安人员抓获归案。

鉴定检查时,吴某仪态端正,彬彬有礼,但面容憔悴,表情沮丧。对作案事实供认不讳,但对一些明显不符合常理的作案方式如明知对方已经报案,还继续行骗作案,以及第二次作案居然在被保释的当天,而且事后又把赃物送还给对方等,吴某或称"我(当时)没有考虑过",或称"我就是这点讲不清楚……我不是缺钱到这种地步"。情感反应适切,智能在正常范围。能意识到两次作案行为的性质和后果,且有后悔表示,要求从宽处理。

鉴定诊断:冲动型人格障碍。

(谢　斌　周　敏)

第十三节　性功能和性心理障碍

人类社会赖以两性活动得以发展,种族得以延续。不同的社会和民族在不同的历史时期,对于性行为正常与否的判断标准不同,可以受到风俗,宗教信仰,道德伦理等的影响而异。一般认为凡是符合某一社会所公认的社会目的、社会道德准则或法律规定,以及生物学需要的,就视为正常的性行为,否则就被视为异常的或偏离正常的性行为。

性心理障碍(psychosexual disorder)既往称性变态(sexual deviation),指有异常性行为的性心理障碍。共同特征是对常人不易引起性兴奋的某些物体或情景会产生有强烈的性兴奋反应,或者采用和常人不同的异常性行为方法满足性欲或有变换自身性别的强烈欲望,以及其他和性有关的常人不能理解的性行为和性欲、性心理异常。

性心理障碍可分为三种类型: 性身份障碍(gender identity disorder),如易性症;性偏好障碍,可包括恋物症、异装症、露阴症、窥阴症、摩擦症、性施虐和性受虐症;性指向障碍。

性功能障碍(sexual dysfunction)是指不能有效地参与他(她)所期望的性活动,不能产生满意的性交所需的生理反应和(或)体会不到相应的快感。此处性欲偏离正常仅表现为量的方面的变化,通常为性欲减退。

一、性心理障碍

性心理障碍(psychosexual disorder)的病因至今尚不明确。社会心理因素被认为是主要的危险因素。弗洛伊德强调早期经验的影响,认为在性心理发育过程中遭遇挫折而走向歧途; 行为医学则强调是后天环境的影响,如父母出于自身喜好,将男孩打扮成女孩或女孩自幼被打扮成男孩,有意无意中引导孩子向异性发展; 不同的社会风尚则可能为某些性心理障碍的形成提供土壤,如我国明清晚期,富豪阶层曾一度出现同性恋流行。此外,还有人提出某些生物学原因,如同性恋的遗传学研究显示同性恋由母系遗传所决定,同性恋的发生70%与遗传因素有关。

(一)易性症

易性症(transsexualism)的主要特点是心理上对自身性别认定与解剖、生理上的性别特征恰好相反。持续存在改变本人性别解剖特征以达到性别转换的强烈愿望。绝大多数是男性患者,男女发病率比例约为3∶1。

男性患者通常起病于青少年,儿童期多与女性为伍,穿着女性衣着,具有女性化的言语腔调,体态和举止表现。患者极度厌恶自己的性器官,坚信自己应属异性,要求手术改变性别。此要求强烈,患者经常使用脱毛剂,或用物垫胸,企图以假乱真。女性患者则同样认为自己身心俱为男性,要求切除乳房等女性特征,有的甚至要求手术行阴茎成形术。一些患者因手术无门而自行阉割,造成严重后果。1945年以后,性别转换手术在美国等国较广泛应用。但据相关材料总结(Junge A,1986),约10%~15%的患者术后不满意,伴发自杀的约占2%。

案例 5-53 ▶

吴某,男,已婚,41岁,干部。

自幼就想变为女性。小学阶段由姑母抚养,姑母偏爱女性,患者多接近女同学,能歌善舞,演戏时常饰女角。13岁进初中,爱慕一男性音乐教师,一见倾心,且朝思暮想。初中阶段愿与男同学接近,并有性欲冲动。16岁考入中专,与另一男同学同床共枕,结业分别时痛哭流涕,饮食俱废。毕业后任小学教员,和同校一男老师曾某相好,形影不离,有人传说他是阴阳人,恐被他人议论,行为有所收敛,转和女性接近。为避免阴阳人舆论25岁时与同校一位女教师结婚。次年生一男孩,夫妻感情不好，经常口角，仍眷恋曾某。此时其妹与妹夫感情不好，患者即从中挑拨离间，希望妹妹离婚，改嫁曾某，为自己接近曾某提供方便，学校领导给予严厉斥责，一度企图自杀。27岁和妻离婚。33岁作睾丸摘除，38岁作人造女阴手术，曾二次和男性结婚。41岁住入精神病院，换了女性名字。住院症状为抑郁焦虑，疑丈夫外遇。体格检查外生殖器成女性形，无小阴唇，阴道存在，系一盲管。自称因生殖器畸形做过手术。在住室外经常晾晒月经带，自购雌性激素注射；并自称曾小产一6个月婴儿，企图以假乱真。

（二）恋物癖

恋物癖（fetishism）是指患者以异性所使用的物品或以异性躯体某部分作为性兴奋、性满足的刺激物，抚摸、闻嗅这类物件伴以手淫或在性交时自己或性对象持此物件才能取得性满足，所恋之物成为性刺激的重要来源或达到满意的性反应的必备条件。

该类患者几乎仅见于男性，所喜之物多为和女性身体直接接触，而且具有特殊气味的物品，如内衣，内裤，丝袜，胸罩等，一般情况下，患者对未曾使用过的新物不感兴趣，相反，其所钟情的物品越旧越好，甚至某些被污染过的更能引起他们的性兴趣。通过接触这些物品患者可获得极大的性满足，所以许多患者千方百计获得，不惜铤而走险行窃。此类偷窃的特点是并不用于挥霍及馈赠，对物品主人本身并无特殊的兴趣，并不试图接近。

案例 5-54 ▶

杨某，男，50岁，已婚，某大学教师。

被鉴定人从年轻时起，便有收集女性用品的癖好，如女式内裤、胸罩、月经带等，且越污浊，其越珍爱。被鉴定人常独自一人把玩所得之物，并抚摸、亲吻，以达到性满足。对正常性生活无兴趣，其妻甚为不满。为了获得更多女性用品，被鉴定人不惜在垃圾堆中寻找被弃之内衣等，视若珍宝。为此，被鉴定人虽工作成绩卓著，但至今仍为一名讲师，且多次被校方批评。但其仍克制不住强烈的欲望。一日，被鉴定人再次偷拿女生晾晒之内裤时被当场抓获。

（三）露阴症

露阴症（exhibitionism）的特点是患者在陌生异性面前暴露外生殖器，作为屡用或唯一的获得性满足的方式，但并无进一步的性侵扰行为发生。一般仅见于男性。发病年龄常在25~35岁间。精神发育迟滞，老年性痴呆和脑器质性精神障碍患者也可出现露阴行为，但常为其疾病表现的一部分。强奸犯在实施犯罪前也可有露阴行为来唤起性欲，但有进一步的施行暴力行为。

露阴症患者常个性内向，在异性面前羞怯。该类患者常在黄昏时分，选择小巷街头，公园，公交车等人群拥挤或利于逃脱的场所，待陌生女性走近时，突然暴露外生殖器，看到对方惊慌失措或大呼小叫时，患者得到极大性满足，或当场伴有手淫和射精。相反，如果对方对此表现冷淡或无动于衷，患者反而不能获得性满足。有些患者在拥挤的公共场所，用藏在裤子内勃起的阴茎故意摩擦女性臀部和腿部，以获得性满足，称为摩擦癖。

露阴症通常因女性报案而发现，女性恐露阴行为后遭其强奸，事实上，大多数患者性功能低下，或缺乏正常的性功能，有的明确表示对性交不感兴趣，故强奸行为很少发生。因露阴行为有伤风化，违背道德原则，扰乱社会秩序，在各国法律规定均应追究其责任。

案例 5-55 ▶

刘某,男,36岁,已婚,小学文化,工人。

从小体弱多病,4岁曾患脑膜炎,智力发育略低于同龄儿童。小学毕业后成绩差,无法升学。17岁打工,能基本完成工作任务,自幼沉默少语,不善交际,性格暴躁。26岁结婚,每周有2~3次正常性交,除此之外,每晚至少两次喊"哎哟!不好过!"要爱人握住他的生殖器,但不要求性交。

29岁时某晚在街上行走时,看见有女青年迎面而来,即露出其生殖器,让别人看后,心里觉得舒服,可获性的满足,几年来共作案9次。在适当场合看到青年女性,就控制不住,要露出生殖器,否认企图强奸,虽多次惩罚,但屡教不改。最后一次又在大庭广众之下露阴,当场抓获,请求鉴定。鉴定中未发现明显精神异常和智力缺陷,承认是一种错误行为,但又称当时难以自控,并且不敢保证以后不再重犯。

鉴定意见:露阴症;有完全刑事责任能力。

(四)窥阴症

一种反复多次地窥视他人性活动或亲昵行为或异性裸体作为自己性兴奋的偏爱方式,有的在窥视当时手淫,或在事后通过回忆和手淫来达到性满足。很多成年男性在看到他人性交场面时自然会引起性冲动,还有人通过观看黄色录像达到提高性兴奋的目的,这些都不应诊断为窥阴症(voyeurism),因上述仅以此增强正常的性活动,而窥阴症患者则以此作为满足性活动的主要方式,无法满足则焦虑不安,屡遭打击仍不知悔改。部分少年儿童会出于好奇而窥视异性,但随年龄增长自然消退。

窥阴症者几乎均为男性,患者的异性恋并不充分,很多患者在异性面前显得羞涩,甚至害怕女人,害怕性交,缺乏和女性交往的方式方法。窥阴时患者非常谨慎,不易被对方发现,经常被过路人告发。患者经常选择女厕所,女浴室等地,不顾天寒地冻或蚊虫叮咬,臭气熏天想方设法窥视女性洗澡,如厕及性交,有的还辅以反光镜或放大镜。患者一般无进一步的性侵犯行为,没有和被窥视者性交的企图。

窥阴症者可引起社会舆论并遭到谴责,但情节较露阴症者轻微,一般给予较轻的处分或短期拘留。

案例 5-56 ▶

胡某,男,23岁,高中文化。

幼年发育良好。青春期后沉默少语,少交际,见女性尤为害羞,喜看书学习,为人老实。12岁开始手淫,15岁起用各种手段偷看和触摸几岁女孩的阴部,因此遭父母毒打,但屡教不改。后经常爬窗或钻入水沟去偷看女性洗澡,曾于半夜越窗进入女宿舍去触摸入睡妇女的乳房和生殖器,周围群众均感愤慨。18岁后仍继续作案而被捕,服刑3年,出狱后家人为其介绍对象,胡对此不感兴趣,仍作案不止。一次在电影院场外人群之中触摸女性阴部,又一次半夜潜入女宿舍,用小剪刀轻轻将熟睡女青年的内裤剪开,窥视和触摸阴部。8年中作案数十次,却从未发生过两性关系。检察机关疑其精神异常申请医学鉴定。精神状况检查未发现任何精神症状。智能良好,自称对于找配偶无所要求,窥视和触摸女性阴部,能获得醉酒一样的痛快,看妇女照片,触摸妇女裤子都能获得性的快感。明知此种行为为社会所不容许,但难于自禁。

鉴定意见:窥阴症,有完全刑事责任能力。

（五）性施虐症和性受虐症

在性生活中,向性对象同时施加肉体上或精神上的痛苦,作为达到性满足的惯用和偏爱方式称为性施虐症(sexual sadism);相反,在性生活的同时,要求对方施加肉体上或精神上的痛苦,作为达到性满足的惯用与偏爱方式称为性受虐症(sexual masochism)。

正常人的性生活中,男女间经常用挤压,撕咬等作为调情的方式,并不带有攻击色彩,不为施虐症。

施虐症者一般为男性,患者用切割和针刺乳房,绳勒,鞭打,切割血管和皮肤等给对方造成躯体上的伤害和精神上的痛苦,从而达到性满足,甚至于成为患者满足性欲的必需条件。施虐症的妻子可能不堪忍受而提出离婚,或因妻子不配合,施虐症者可能在妓女中寻求施虐对象。

施虐症发病原因不明,Trick and Tennent(1983)认为施虐症患者多是不能与女子建立恋爱关系的人,有的可能是对母亲的性行为或对乱伦存在某种偏见的人(Rivitch,1985)。Revitch(1965)在复习了大量文献后认为,该类患者具有性卑劣感,对妇女怀有仇恨心。Quinsey V.(1990)提出典型的性施虐症患者通常是害羞的,被动的,对妇女存在有极端偏见和痛恨的人。

个别极端的性施虐症者被称为色情杀人狂(lust murder)。据德国报道,一名色情杀人狂者对女性采取突然攻击的方法,将对方强奸,在性高潮下,切下受害人的阴部,然后套在其阴茎上,或者放在自己口中咀嚼。此类行为能使他的性兴奋达到极点。

性受虐症患者可见于阳痿患者和女性,有的是以受虐行为作为加强兴奋性的刺激物,女性患者则常是癔症性人格障碍者,通过这种"象征"的行为方式,以克服或抵消本人性方面的罪恶感。

案例5-57 ▶

龙某,男,44岁,高中二年级文化程度,农民。

龙某自12岁即经常以下流话辱骂,凌辱亲妹,后又百般阻挠其妹出嫁,1977年,龙某不但不给病重的父亲医治,还趁机强奸了前来护理父亲的妹妹。后龙某和阎某(阎某为下肢畸形)结婚,初尚体贴妻子,不久即对妻子百般虐待,据阎氏多次反映,龙某性交时显得十分粗暴,无缘无故的欺凌、辱骂、毒打她。1983年,龙某还唆使50多名男子奸污她,别人奸污她时,龙某在暗处窥视,她极力反抗,龙某就出来替这些人"说服"她或强力压服她。为此,龙妻几次离家出走,并提出离婚。1979年,龙妻生一女孩,龙某不管孩子,孩子1岁多时龙某多次窥视其阴部,显示极大兴趣,夜间,故意用赤脚蹬孩子阴部。1977年,龙某曾将一精神发育迟滞女病人骗至家中,脱光衣服后禁锢楼上3天,任其凌辱。1983年以来,龙某经常以多种卑劣手段欺骗一些外出寻活的人,将这些人骗至家中,强令为其干活,并肆意欺辱并毒打。夜晚则唆使这些男工和其妻奸宿,然后趁别人熟睡时予以杀害,将尸体埋在地里或放在楼上。龙某多次将女性骗至家中,与其同宿,或趁她们熟睡时进行强奸,然后加以杀害。据龙妻供述,龙某在家杀死这些人后,还陪着尸体直到天亮,然后在白天呼呼大睡。杀人多在被害者熟睡之际,用镢头猛击头部或以利刀刺颈部。所有受害人的尸体均受到不同程度损坏。对女性受害人,则在致死后将其发辫剪下收藏。2年之内,龙某杀害陌生人共达48人,终被侦破逮捕归案。精神检查时,龙某对致人死命之事百般抵赖,狡辩。说受害人不听他的话,不好好干活还骂他,毁坏过他家的用物,是在不得已的情况下他才杀人的。询问人格发展特点及犯罪原因时,发现龙某自幼年即对他人有施虐行为,少年期即有相关的性体验,对人一贯冷酷无情,并承认平日为性方面问题所困扰,喜欢以残忍方式折磨其性对象。

鉴定意见:性施虐症;完全责任能力。

（六）恋兽癖

指和动物（主要是家畜）反复的发生性活动，借此获得性满足，主要发生于少年，精神发育迟滞患者常见。恋兽癖（zoophilia bestiality）极其罕见。只有恋兽症状达半年以上病程，而且以此作为唯一性满足的方式方可确诊，偶尔行为不能诊断。

（七）恋尸癖

指以异性尸体（都是女性）作为性对象，从而产生性兴奋，达到性满足的异常性行为方式。恋尸癖（necrophilia）罕见，一般仅见于年龄20~50岁的男性。患者通常选择年轻漂亮的女尸，进行猥亵、奸尸、毁损尸体等。殡仪馆工作人员，掘墓者及精神发育迟滞患者较常见。大多数患者有家庭精神病理问题（Smith，1983；Ehrhardt，1980），可同时伴发施虐癖、性窒息、恋童癖、露阴癖等性行为障碍。

二、性功能障碍

性功能障碍的主要表现形式有性欲减退、阳痿、冷阴、性乐高潮障碍、早泄、阴道痉挛、性交疼痛等。和法医精神病学鉴定较为密切的还有所谓性欲亢进，俗称色情狂。

许多躯体疾病可引起性功能障碍，如糖尿病、盆腔感染、心绞痛、慢性阻塞性肺气肿等。另外，某些药物也可引起性功能障碍，如酒精、成瘾物质、抗高血压药、利尿药、抗焦虑药、抗抑郁药和抗精神病药物等。抑郁症、精神分裂症等相当一部分患者有性功能减退。

性功能障碍大多数系心理因素所致，如焦虑情绪，夫妻感情不融洽，对性交过于程序化，缺少全身心投入，理智冷静过度。各种负性生活事件会使性生活不能达到满意效果。

性功能障碍和法医学问题：单纯性功能障碍引起的刑事案件较少，在法医精神病学鉴定中，大多涉及民事纠纷，如因一方性功能障碍而致另一方提出离婚，或因性功能障碍者家庭不稳定而引起另一方寻求婚外情，导致相关法律问题。性染色体异常如XYY核型患者出现的性欲亢进和性犯罪行为，责任能力评定时的关键在于被鉴定人智力是否明显落后，及是否伴有严重精神疾病，以及因此对患者实质性辨认能力和控制能力的影响。部分因脑部或躯体疾病所致的女性性欲亢进者，可因疾病而沦为妓女进行淫乱，情节严重且难于矫正，其责任能力应减免，并行适当专科治疗。

（韩 卫 谢 斌）

第十四节 冲动控制障碍

冲动控制障碍（impulse-control disorders）是一组以没有明确合理动机，反复发生难以抗拒要实施某种有害于自己或他人的行为的内心冲动、意向或诱惑，常多次实施这类行为，以致伤害自己或他人为特征的精神障碍。ICD-10把这组障碍分为病理性赌博（pathological gambling）、病理性纵火（纵火狂，pyromania）、病理性偷窃（偷窃狂，kleptomania）、拔毛症（trichotillomania）、其他习惯与冲动障碍及未特定的习惯与冲动障碍。其基本特征是：①不能抗拒某一冲动、本能欲望或诱惑，去执行一些有害他人和自己的行为，对冲动的抵抗以及行为的预谋性均可有可无；②执行此类行为之前有一种不断增加的紧张感或警觉状态；③执行行为的当时有一种愉快、满足或轻松的感觉，行为过后可有或无悔恨、自责或内疚感。DSM-5将其归类在破坏性、冲动控制及品行障碍（disruptive, impulse control, and conduct disorders）中，包含有对立违抗障碍（oppositional defiant disorder）、间歇性暴怒障碍（intermittent explosive disorder）、品行障碍（conduct disorder）、反社会型人格障碍（antisocial personality disorder）、纵火狂、偷窃狂、其他特定的破坏性、冲动控制及品行障碍和非特定的破坏性、冲动控制及品行障碍。

一、临床学

（一）病理性赌博

病理性赌博（pathological gambling）的主要特征是不能抗拒赌博的冲动，尽管明知赌博给其个人、家庭和职业造成严重损害，仍频繁参与赌博。普通人群中病理性赌博的发生率约为3%，男性明显多于女性，女性约占1/3，多起病青少年期或成年早期，常合并有酒精及物质滥用。病理性赌博呈进行性病程，病因不明，行为理论认为病理性赌博是一种后天习得的适应不良行为。

像物质依赖一样，病理性赌博者对赌博存在强烈的渴求，并有耐受和戒断的特点。因此赌博者为了获得足够的快感，需不断增加赌注和赌博频率。一旦中止赌博也会出现戒断症状，如易激惹、不安、抑郁和注意涣散等。以致赌博成了生活中的主要内容，遇赌便积极参与，常置家庭、工作于不顾。为获得赌资，不惜变卖家产，或采取诈骗、偷窃等违法犯罪行为。

病理性赌博与精神障碍有较高的共患率，包括心境障碍，焦虑症和物质滥用。病理性赌博需与一般社会性赌博鉴别。主要区别是后者严重程度轻，对赌博没有强烈的渴求，不具有耐受和戒断特点，且对社会、家庭和职业功能无明显损害。

（二）病理性纵火

1883年Marc首先提出病理性纵火（pyromania）这一般概念。在所有纵火的成人中病理性纵火所占比例很少，Lewis等（1951）在资料齐备的1584例非牟利性纵火者中，仅发现50例可诊断为病理性纵火。男性远多于女性。病理性纵火常始于儿童，儿童时治疗预后良好，可完全缓解。成年人由于其常否认纵火，拒绝负责任，伴有酒依赖和缺乏自知力，其治疗预后不如儿童。

病理性纵火的病因尚无一致看法。早期的观点强调纵火与性欲冲动的关系。Freud曾提到纵火是一种无意识的性行为的象征。火焰的外形和运动、火的温度均可唤起病理性纵火者类似于性兴奋的感觉。病理性纵火患者有一种强烈的施虐淫欲望，火的破坏力量可视为强烈性欲的象征。Schmid（1914）首次报道了一例27岁男性精神发育迟滞纵火者在观看火焰燃烧时有手淫现象，且在法庭供述纵火事实时再度出现手淫。Yarnell（1940）的研究表明纵火儿童中许多人有过频繁的手淫、鸡奸、口淫等现象。Tennent等人（1971）发现女性纵火者中有严重痛经、卖淫、乱交史者的人数明显多于对照组，她们初次性交的平均年龄较对照组小5岁。Freud还注意到纵火与遗尿症的关系，他认为纵火与尿道性欲有关。Michales Steinberg（1952）报道了具有长期遗尿的违法少年中纵火者较多。Porter（1966）则发现两名病理性纵火水手有后尿道狭窄和膀胱疾患。

另有人认为纵火冲动源于攻击本能。如Yarnell（1940）认为儿童纵火是对排斥过他们的家庭成员的一种攻击形式。这些人常伴有逃学、偷窃、离家出走等现象。Hellman和Blackman（1966）发现攻击性成人罪犯中有四分之三的人在童年时期有过遗尿、纵火和残害动物的行为，而这三种行为均与早期遭受父母排斥和与父母的严重隔离有关。一些病理性纵火其纵火并非出于对火焰燃烧场面或其破坏性后果的兴趣，而是表现为对灭火能力的向往。如一些病理性纵火者在纵火之后又成了志愿的消防员，以显示自己的勇敢。或是谎报火警，促使消防队员行动，从中得到乐趣。他们还希望被消防队队员认同以满足对权力和社会地位的欲望。Lewis和Yarnell（1951）认为纵火常作为一种手段用以减轻由社会、身体和性卑劣感方面的挫折所致的愤怒。在病理性纵火中常可见到一些长期的个人挫折以及对权威人物的怨恨。

病理性纵火可伴有一些其他的精神障碍，如酒精中毒、心因性阳痿、精神发育迟滞、儿童孤独症等。另有研究发现一群男性纵火者脑脊液中5-羟吲哚醋酸（5-HIAA）和3-甲氧-4-羟苯乙二醇（MHPG）水平较低。

病理性纵火的基本特征为反复出现不可克制的纵火冲动，对纵火和火焰燃烧的场面有强烈的迷恋、兴趣或好奇心。纵火前有强烈的紧张感，纵火或目击火焰时有强烈的愉快，满足或轻松的体验。纵火者缺乏动机，不是为了得到钱财，也不是为了掩盖罪行或表达某种社会政治观点，不是出乎愤怒或报复。不是由于幻觉、妄想或躁狂发作所产生。尽管纵火是由于不可克制的冲动,但事先可有计划和准备。

(三) 病理性偷窃

1838年Esquirol首次采用偷窃症来描述这种不可克制的偷窃冲动和行为。在所有偷窃者中病理性偷窃(kleptomania)为数极少。据估计在商店盗窃犯中3.8%~24%是病理性偷窃,DSM-IV报道在商店盗窃犯中病理性偷窃不到5%,女性是男性的2倍。病理性偷窃常始于青少年晚期或成年早期,在病程上具有慢性倾向,自发缓解率不详,但较少持续至中年。多数个体难以自行中止偷窃行为,由于疾病对个人的社交与工作能力损害不明显,很少有人主动求治。

病因、发病机制尚无定论。对偷窃冲动来源的解释主要见于精神分析学派,弗洛伊德认为冲动控制障碍的产生是源于一种无意识的本能冲动。冲动行为使紧张得以释放,从而产生快感。但由于这类行为往往不能被社会所接受,只有当自我控制机能暂时性失效时才会产生。生物学方面,有研究发现大脑疾病和精神发育迟滞与病理性偷窃有关,部分病例可见局灶性神经系统体征、皮质萎缩、侧脑室扩大,以及单胺代谢障碍尤其是5-HT代谢障碍。另外,病理性偷窃常与其他精神障碍共病,如抑郁症、双相障碍、焦虑症、物质滥用和进食障碍。有报道差不多1/4的神经性贪食患者同时符合病理性偷窃的诊断标准。

病理性偷窃的主要特征是反复出现不可克制的偷窃冲动,去偷窃物品。但其偷窃不是因为个人生活需要,也不是考虑偷窃物的经济价值。他们常将所偷窃的物品丢弃,或偷偷归还,或收藏起来。偷窃不是为了泄怒或报复。行窃之前或紧接行窃之后有逐渐加重的紧张感,行窃前常无预谋,也不与他人合伙进行。他们常因想象中的或已经发生的被捕以及社会地位的丧失而感到抑郁、焦虑和内疚。

诊断时应与一般偷窃行为相鉴别,病理性偷窃的偷窃必须是继发于无法克制的冲动,必须是单独进行,偷窃物必须是对本人无直接用途或经济利益的,他偷窃的目的是偷窃行动本身,而不是物品。其他一些精神障碍也可有偷窃的表现,如反社会人格障碍和品行障碍常有偷窃行为。心境障碍患者偷窃可作为躁狂发作或抑郁发作的某种表现。器质性痴呆患者不少也有偷窃行为,常是因为记忆或智能障碍的结果。精神分裂症患者也可在异常人格改变的情况下发生偷窃行为。

(四) 拔毛症 (拔毛狂)

拔毛症(拔毛狂)(trichotillomania)的诊断最先见于DSM-Ⅲ-R。ICD-10提出拔毛狂的主要特征是由于反复的无法克制的拔掉毛发的冲动,导致引人注目的头发缺失。同时伴有行动前不断增加的紧张感和行动后的轻松、满足、愉快感。本症相对常见,患病率估计是1%~3%。女性患者明显多于男性。其常起始于儿童青少年,也有的患者起病较晚。拔毛症常有慢性化倾向,1/3的患者症状持续一年左右,部分病例则可长达20余年。

目前的研究表明,虽然拔毛症的病因由多因素决定,但是1/4以上的患者起病与心理应激因素有关,如母子关系恶化、害怕独处等。有些人认为拔毛的主要目的是寻求自我刺激。同时,学者也发现,伴有物质滥用会增加本症发病的可能性;抑郁素质常被认为是拔毛症的易患因素,不过此类患者并无特殊的人格特点或障碍。目前有证据支持拔毛症存在生物学基础,如大量研究提示该症具有家族遗传倾向,神经递质的失衡与该症也有密切关系。

拔毛涉及身体的各个部位,包括头发、睫毛、眉毛、阴毛、胡须及其他体毛,最常见的为头发,而皮肤和头皮并无异常。虽毛发缺失部位可有瘙痒和刺痛感,但拔毛时并无疼痛感。临床上要注意与强迫症鉴别,一般而言,拔毛症没有强迫性思维,强迫动作只限于拔毛;另外,诊断本症时还需排除皮肤病所致(如斑秃)或由幻觉、妄想等其他精神障碍所致。

(五) 间发 (歇) 性暴怒障碍

DSM-Ⅲ(1980)首先提出了间发(歇)性暴怒障碍(intermittent explosive disorder)这一诊断类别,此前,曾有学者将其归于癫痫型人格障碍。本症多见于20~30岁的男性,女性群体则较少见。有研究表明,其终生患病率为6.3%。

迄今为止,间发性暴怒障碍的病因与发病机制尚不明确。多数意见认为这一障碍与脑器质性损害有关。有研究提示本障碍具有大脑特别是边缘系统的生理缺陷。出生前损伤、婴儿抽搐症、脑外伤、脑炎和儿童多动症被认为是间发性暴怒障碍的易感因素。Frosch和Wortis(1954)推测脑炎后及皮层下器质性受损,皮层抑制相对不足,可使冲动性增强。其他一些特征也提出脑器质性障碍,如非特异性的脑电图异常、神经系统软体征以及一些皮层下或边缘系统功能障碍的症状。Monroc认为本病可由两种原因所致,即神经细胞群电活动过度释放和单纯的心理因素,脑电图可帮助权衡两者的比重。另外大量证据表明脑脊液中5-羟吲哚乙酸水平下降与冲动性攻击性行为有关。

社会心理因素也为一些学者所重视。如Valenstein(1976)认为儿童时期的不良环境是主要致病因素,该障碍患者的环境中往往可见到酗酒和乱交的家庭成员,从小常常遭受体罚。Chowski(1967)认为早期的挫折带来这些人内心的压抑和敌意,攻击冲动常由直接的情景因素与早期社会隔离的象征性暗示所触发。本障碍可始于任何年龄,但以20~30岁多见,大多数病例中年后有所缓解,不过器质性损害也可增加发作次数和严重程度。

间发性暴怒障碍的主要特点是反复发作、失去控制的攻击性冲动,造成人身攻击和财产破坏。往往可因微不足道的社会心理紧张刺激而导致强烈的暴力行为。失控发作不是发生在重性精神病、躁狂发作、器质性人格综合征、癫痫、反社会或边缘型人格障碍、品行障碍、注意缺陷障碍(残留型)以及精神活性物质中毒等病的病程中。发作一般持续数分钟或数小时然后迅速缓解。每次发作或对不能控制的攻击行为及其造成的后果感到内疚或自责。这种人多为男性,可见于10~30岁之间。他们的狂暴行为突然发生,不可预测,有时甚至使自己感到吃惊,事过之后感到悔恨。不逃避责任,常为再次发作感到担忧和抑郁,甚至导致自杀。根据上述特点临床上即可作出诊断。

治疗:冲动控制障碍的治疗目前尚十分困难。国外报道某些心理治疗如内省性心理治疗、精神分析疗法、认知行为疗法等对部分患者有效。药物治疗方面,鸦片受体阻断剂如纳屈酮可以作为病理性赌博的一线治疗药物,尤其是对有酒中毒家族史的个体;心境稳定剂如锂盐、选择性5-HT回收抑制剂(SSRI)如氟西汀等对病理性赌博亦有一定疗效。氯丙咪嗪和奥氮平对拔毛症有一定疗效。其他冲动控制障碍的药物治疗目前尚缺乏循证研究支持。而病理性纵火,监禁被认为是防止其复发的唯一方法。

二、法医学问题

一般认为此类精神障碍均存在一定程度的控制能力减弱,而无辨认能力受损。拔毛症较少涉及违法犯罪,其责任能力评定与神经症相同。病理性赌博患者如为筹集赌资而发生抢劫、偷盗、诈骗等犯罪活动时,应评定为完全责任能力。病理性纵火、病理性偷窃和间发性暴怒障碍,在实施危害行为时,如确实存在控制能力明显减弱,可考虑评定为限制责任能力,并可建议在监禁条件下进行医学干预。

案例 5-58 ▶

被鉴定人张某,男,25岁,已婚,职员。

因涉嫌盗窃被公安机关抓获,现因怀疑其存在精神异常,故而申请精神疾病司法鉴定。

基本案情:被鉴定人自2010年搬至现居住的小区后,先后在该小区盗窃30余次,并将所盗赃物(价值约6万元)都堆放在地下车库中。

调查材料:被鉴定人性格内向,家庭殷实,工作认真负责,表现好。其自13岁左右,读初中期间,即有控制不住偷拿他人钢笔、书本、文具等学习物品,这些东西自己并不缺,偷拿之前觉得紧张、激动、害怕、坐立不安,拿到东西后则觉得轻松、愉快。偷来的物品从不使用,一般都随手放在书包,有时怕被别人看到,则偷偷扔掉,为此,觉得苦恼。工作后,仍控制不住,每隔一段时间就偷拿同事的放在桌面、抽屉里的签字笔等小物品。2010年某日,其在回家路上发现小偷行窃,当晚兴奋得无法入睡,按捺不住开始在小区盗窃。

本次鉴定时精神状况检查：意识清晰，定向力完整。交谈接触可，对答切题中肯。承认反复多次盗窃的事实，能叙述事发经过，谈及偷窃行为时显得很兴奋，称其之所以多次盗窃因为偷东西前感到一种抑制不了的冲动，不偷东西心里烦，睡不着觉；偷东西前觉得紧张、害怕；偷后感到十分愉快，有几次只是进去把房间里的东西换了换位置，都觉得很满足；有时担心被人发现，过几天又会把偷到的东西再送回去；自己偷来的东西就像纪念品一样被放在车库里，从未使用或变卖。称自己也清楚偷拿他人物品是不道德的，能认识到偷窃是违法犯罪，但自己控制不住。检查过程中未查及幻觉、妄想等精神病性症状，情感反应适切，自知力存在。

躯体与神经系统检查未见阳性发现。智力测验及脑电图检查结果均正常。

简要分析：据提供的材料及本次鉴定时检查，被鉴定人长期反复偷窃，其偷窃物品不是自用，亦从未变卖，而是为了追求偷窃行为过程中的紧张、兴奋、满足感。无躯体疾病、脑器质性疾病、智力异常、精神活性物质使用史，符合ICD-10中病理性偷窃的诊断。在鉴定时，被鉴定人承认其反复多次盗窃的事实，能叙述事发经过，清楚偷拿他人物品是不道德的，能认识到偷窃是违法犯罪，但自己控制不住。说明被鉴定人实施偷窃行为时对此行为的性质、后果有认识，但受异常心理的影响，实施偷窃行为时存在控制力减弱。

鉴定意见：诊断为病理性偷窃；实施危害行为时评定为限定刑事责任能力。

（王小平）

第十五节　特殊精神病理状态

特殊的精神病理状态是指一些短暂的、一过性的，以意识障碍为主的伴精神运动性兴奋，且迅速终止的精神障碍。在精神疾病司法鉴定实践中偶尔可见。主要是包括病理性激情和病理性半醒状态。

一、病理性激情

病理性激情是一种短暂的严重意识障碍的激情发作。正常人在强烈的精神刺激下，也可出现暴怒、恐惧、冲动等生理性激情。病理性激情与生理性激情的主要区别是具有意识障碍。

（一）临床学

1.病因和发病机制　由于病理性激情临床较为少见，对于病因和发病机制研究较少，一般认为下列因素可能与疾病的发生有关。

（1）脑器质性因素，如围产期脑轻微创伤（缺氧、窒息等），既往脑部外伤。中枢神经系统感染、中毒后等都可能对脑部造成某些潜在的损害，有些可见脑电图的轻微改变。

（2）不良的躯体状况，如过度疲劳、衰弱或衰竭、重大躯体疾病后、营养不良或严重的饥饿状态、月经期。

（3）不良的心理状态，如处于紧张、恐惧、悲伤等不良心理状态。这些因素都可以使大脑处于一种暂时的刺激状态，此时遇到某些强烈的刺激后较易出现病理性激情状态。

2.临床表现

（1）起病急剧：在精神因素作用下突然起病。

（2）意识障碍：表现不同程度的意识障碍，可以是意识范围狭窄或意识模糊状态，发作后对发作过程部分或全部遗忘。

（3）情绪障碍：情绪十分激动常呈恐惧、愤怒、暴怒状态，与所受刺激很不相称。

（4）行为冲动：行为不受理性控制，强烈的冲动行为，攻击伤害他人或造成自身伤害。

（5）自主神经系统变化：患者常伴面色苍白或潮红，大汗淋漓，双眼凝视，肌肉震颤等。另可伴有幻觉、妄想体验，发作后出现体力和精神衰竭表现，多陷于睡眠。

3.诊断　诊断标准：

（1）以极难自控的激动或暴怒、情绪发作，伴有明显意识障碍与冲动行为；

（2）有削弱大脑代偿动能与自控能力的脑病史（如脑缺血、缺氧、炎症、外伤、癫痫史），以及实验室检查证明有脑部形态或功能异常；

（3）起病突然，病程短暂，数分钟至数小时后自行恢复，发作后病中经历部分或完全遗忘；

（4）应排除器质性精神障碍、躯体疾病或精神活性物质和成瘾物质所致精神障碍的人格改变或精神病性症状。

（二）法医学问题

病理性激情导致的法医学问题主要是发作时对其周围环境中的人或物造成伤害和损害等。患者在精神因素刺激下突然出现情绪暴怒，意识障碍，甚至伴有幻觉或妄想性体验，故常易产生暴力攻击行为。有学者认为，因是在一定因素下引发，所以其攻击行为常是有明确的指向性，这种指向性是病理性激情的行为反应的一种特征，与癫痫性的意识模糊状态和病理性醉酒时那种毫无原因或精神刺激下出现的无指向性的暴力行为有显著不同。

在精神疾病司法鉴定中病理性激情是十分少见的。同时因本病患者骤起突止、十分短暂的特点，而且正常人在一定的精神因素刺激下也可以出现强烈的情绪冲动，甚至出现与刺激因素不太相称的反应，即生理性激情。因此，在鉴定实践中要尽可能详细收集有关病史，了解和掌握既往有无脑器质性损伤史，近期的躯体健康情况，发作前的心理状态，以及仔细的躯体和神经系统的检查及实验室和脑电图、脑地形图、CT等。还要注意：①了解危害行为的全过程，以帮助判断其实施危害行为当时是否存在意识障碍以及意识障碍的程度，不能仅以被鉴定人自诉为依据；②危害行为的特点：其危害行为是否具有冲动性，有无预谋、动机；③平时品行特点：患者危害行为是否与其一贯行为特点相一致；④危害行为当时是否有其自主神经系统变化；⑤实施危害行为后是否是处于无力衰弱状态，因为在意识障碍、强烈的情绪冲动和激烈的精神运动兴奋后的衰弱状态对诊断有重要意义。

病理性激情发作时，因存在严重的意识障碍，其辨认能力和控制能力均明显受损，一般认为评定为无责任能力。

案例5-59 ▶

刘某，男，24岁，初中，个体，被控故意伤害。

刘某自幼发育正常，适龄入学，平素个性内向少语，待人温和，胆小怕事。9年前不慎从高处落下致脑挫裂伤及硬膜外血肿。以后家人及邻居感到刘某有时情绪不稳，易激动，在平时从事个体卖菜时，易与人争吵。某日，刘某在自家院落里与王某下棋，当时李某等在旁观棋，李某不时指出或论说，刘某数次指出李某不要在旁乱指点，后李某仍不停止。刘某突然大怒猛地站起，大声喊叫，随手拿起院内一棒猛击李某的头部数下致李某重伤。旁边人见刘某双眼突瞪，面色潮红，双手震颤，并不停地砸棋盘及用木棒击墙。后突然自行倒地，呼之不应。

审讯中，刘某意识清醒，称当时在下棋，李某在旁插嘴，心中很气愤，使他无法思考，感全身血向头上涌，后来就不知道自己做了什么事，待清醒后见其已被关在派出所。鉴定时，意识清楚，接触好，情感反应适切，未发现精神病性症状，对作案过程回忆基本同审讯时一致，并称现知道将别人打成重伤，愿赔偿伤者损失。脑电图及CT未见明显异常。

鉴定意见：病理性激情发作，无责任能力。

分析：①刘某有脑外伤史，伤后出现轻微个性改变，表现易激动；②发作前有明显的心理刺激因素；③有明显的意识障碍，事后片段回忆；④脑外伤后数年也无癫痫发作史。

二、病理性半醒状态

病理性半醒状态(pathological semi-awakening state)是一种睡眠和觉醒之间的移行状态。从深睡到不完全觉醒的不同阶段,出现意识模糊、知觉障碍、恐惧情绪、运动性兴奋等暴力行为。

(一)临床学

1.病因和发病机制 病理性半醒状态是一种特殊的短暂的意识障碍类型其病因未明了,但多见于:①不良躯体状态,如过度疲劳、睡眠不足、过度饮酒、长期睡眠不足;②不良的心理状态:如处于不愉快体验或有较大的心理负担状态。德国学者H Gudden于1905年最早提出,描述为是一种由睡眠向觉醒过度时,产生的意识恢复和行为活动能力的不同步现象。A HByheeb(1951)则认为这是在深度睡眠以后产生的极端困难的缓慢觉醒形式,这时整个意识觉醒不同步。如低级运动功能恢复,而高级精神功能尚未完全觉醒。在这种情形下出现对周围事物歪曲感知,并可伴有错觉、幻觉、妄想性体验,以及强烈的恐惧而发生冲动伤害行为。

2.临床表现 病理性半醒状态常在发生前存在一些不良的躯体和心理因素。如过度疲劳、睡眠不足、过度饮酒、不愉快心理体验、心理负担较重等,在深度的睡眠中出现突然的不完全觉醒。具体表现为:①意识障碍:可是意识范围狭窄、朦胧状态,清醒后大部分遗忘;②知觉障碍:包括错觉、幻觉、妄想体验;③情绪障碍:常呈紧张、恐惧、愤怒;④冲动行为:出现强烈的冲动行为,攻击伤害周围的人和物。冲动行为常具盲目性、紊乱性。

3.诊断标准

(1)发生于睡眠进程中,多数在凌晨1~4时发生。

(2)入睡前带有过度疲劳或精神应激因素,深睡眠后受到干扰而觉醒不完全。

(3)以意识不清、片断错觉、幻觉、惊恐与愤怒情绪、非协调性精神运动兴奋、攻击行为为特征。

(二)法医学问题

病理性半醒状态的法医学问题主要是发作时间对其周围环境中的人和物造成伤害和损毁。患者在意识障碍状态下伴随着感知觉障碍,特别是幻觉和妄想性体验而出现惊恐、愤怒,导致冲动伤人行为。

病理性半醒状态发作时,因存在严重的意识障碍,特别是伴有感知觉障碍而出现强烈的恐惧冲动行为,其辨认能力和控制能力均明显受损,所以对其实施的危害行为时应评定为无责任能力。

案例 5-60 ▶

张某,男,19岁,某部队战士。

某日凌晨张某把同室战友孟某杀死。

张某高中毕业后两年前入伍,在某部队医院挂号室工作,工作训练表现尚好,人际关系一般,两年来未发现精神异常表现。案发前数日接上级通知,近日上级机关要来检查会计账户,要求他将挂号室收入先自行检查,故前两天常工作到深夜。案发当晚张某整理发票到深夜感到十分困倦曾用冷水冲头后继续整理发票,后伏案而睡。不知何时,突然听到孟某咳嗽,他就拿起刀切西瓜,并见孟某坐在床上看书(孟某平时按时睡觉,而此时已是凌晨,可能性较小,且作案现场未发现书和西瓜),张某觉气氛不对头,感到孟某欲夺刀向他砍来,后两人扭在一起,张某用刀对孟某头部乱砍致孟某死亡。审讯过程中对用刀砍孟某供认不讳,但对具体作案经过叙述不清,片段回忆。进一步调查,张某与孟某平时关系一般从未发生矛盾或冲突。案发后周围人都感到吃惊和不解。后发现张某在挂号收费工作中有挪用挂号费情况,担心来人核查心理负担较重。

　　鉴定检查中,意识清晰,对答切题,未发现精神病性症状。对作案动机过程仍叙述不清,情感反应适切,情绪偏低,表示认罪伏法。

　　鉴定意见:病理性半醒状态,作案时无刑事责任能力。

　　分析:①作案前后张某有睡眠不足的疲劳状态,且因有挪用资金担心被核查的心理负担;②由极度疲劳入睡后突然醒来意识不清伴幻听、幻视及被害恐惧体验;③既往张孟两人无明显矛盾,缺乏正常作案动机。

(韩臣柏)

本章小结

　　本章描述了常见精神障碍的概念、临床表现、诊断标准和涉及的法律能力评定原则。精神分裂症是一组病因未明的精神病,具有思维、情感、行为等多方面障碍及精神活动不协调。多起病于青壮年,常缓慢起病,通常意识清晰、智能尚好,自然病程多迁延,呈反复加重恶化,但部分病人可保持痊愈或基本痊愈状态。心境障碍是以显著而持久的情感和心境改变为主要特征的一组症病。以情感高涨或低落,伴有相应的认知和行为改变为主要临床特征。间歇期精神状态基本正常,常有反复发作的倾向,预后较好。偏执性精神障碍是一组以系统妄想为主要症状,而病因未明的精神障碍,若有幻觉则历时短暂且不突出。在不涉妄想的情况下,无明显的其他心理方面异常。应激相关障碍是一组主要由严重的应激性生活事件或持续不愉快生活处境改变所致的精神障碍。神经症是一组主要表现为焦虑、抑郁、恐惧、强迫、疑病症状的精神障碍。有一定的人格基础,起病常受心理社会因素影响,症状缺乏可证实的器质性病变基础,与其现实环境不相称,患者自知力完整或基本完整,病程多迁延。颅脑创伤后精神障碍主要指颅脑创伤导致的各种器质性精神病理综合征,也有少数表现为功能性障碍。癫痫所致精神障碍是一组反复发作的脑异常放电导致的精神障碍,可分为发作性和持续性精神障碍两类。精神活性物质所致精神障碍是一组使用精神活性物质期间或随后发生的精神障碍。精神活性物质是指来自体外,可影响精神活动,并可导致成瘾的物质。常见有酒类、阿片类、兴奋剂、大麻等,个人擅自反复使用可导致依赖综合征和其他精神障碍。精神发育迟滞是一组精神发育不全或受阻的综合征,特征为智力低下和社会适应困难,起病于发育成熟以前(18岁以前),其智力水平低于正常。在评估各种精神障碍的法律能力时,原则上要按照医学要件和法律要件进行评定。由于各种疾病的表现不一,轻重各异,切忌千篇一律进行评定。

关键术语

　　精神分裂症(schizophrenia)

　　心境障碍(mood disorders)

　　偏执性精神障碍(paranoid disorder)

　　应激相关障碍(stress-related disorders)

　　急性应激障碍(acute stress disorder)

　　朦胧状态(twilight state)

　　旅途性精神病(traveling psychosis)

　　创伤后应激障碍(post traumatic stress disorder, PTSD)

　　适应障碍(adjustment disorder)

　　缩阳症(koro)

　　巫术所致精神障碍(mental disorders due to witchcraft)

　　附体状态(possession state)

　　癔症(hysteria)

分离障碍（dissociative disorder）

刚塞尔综合征（Ganser's syndrome）

转换障碍（conversion disorder）

赔偿性神经症（compensative neurosis）

造作性障碍（factitious disorder）

神经症（neurosis）

焦虑症（anxiety disorder；anxiety neurosis）

惊恐发作（panic attack）

广泛性焦虑（generalized anxiety disorder，GAD）

强迫症（obsession-compulsive disorder）

恐惧症（phobia disorder）

躯体形式障碍（somatoform disorder）

躯体化障碍（somatization disorder）

疑病症（hypochondriasis）

脑外伤所致精神障碍（metal disorder due to brain damage）

癫痫性精神障碍（epileptic mental disorder）

精神分裂症样精神病（schizophreni-form psychosis）

癫痫性人格改变（epileptic personality change）

癫痫性痴呆（epileptic dementia）

老年性痴呆（senile dementia，AD）Alzheimer's Disease

脑血管病所致精神障碍（cerebrovascular disease psychosis）

颅内感染所致精神障碍（intracranial infection psychosis）

中毒所致精神障碍（toxic psychosis）

物质依赖（substance dependence）

酒中毒性幻觉症（alcoholic hallucinosis）

酒中毒性妄想症（alcoholic delusiveness）

柯萨可夫综合征（Korsakoff syndrome）

精神发育迟滞（mental retardation，MR）

痴呆（dementia）

人格障碍（personality disorder）

性功能障碍（sexual dysfunction）

性心理障碍（psychosexual disorder）

性身份障碍（gender identity disorder）

冲动控制障碍（impulse-control disorders）

病理性激情（pathological emotional outbursts）

病理性半醒状态（pathological semi-awakening state）

思考题

1. 严重的应激性生活事件必然引起精神障碍吗？

2. 为什么脑损伤会产生精神障碍？

3. 如何理解女性精神发育迟滞患者的性自我防卫能力？

4. 人格障碍有哪些表现？

5. 冲动控制障碍的主要特征有哪些？

第六章 与法律相关的行为问题

案例 6-1 ▶

被鉴定人柳某某,男,42岁,已婚,农民。

因涉嫌犯故意杀人罪,既往有精神异常史,故而申请精神疾病司法鉴定。

基本案情: 2013年7月某日凌晨,被鉴定人在家中将哥哥杀死。次日中午,其再次持水果刀将路过的刘某某砍成重伤。

调查材料: 被鉴定人于2000年左右开始出现怀疑有人害他、冲动、伤人毁物等异常,曾先后三次入住当地精神病院治疗,诊断为"精神分裂症",服用过氯丙嗪、氟哌啶醇等药物治疗,因其服药不规律,病情时有波动。2010年,其因冲动伤人,被当地派出所强制送入当地精神病院治疗1年余,诊断同前,因考虑其在住院期间无明显冲动过激言行,且被害妄想、关系妄想等阳性精神病性症状消失而出院。出院后不久被鉴定人因停药病情加重。2012年1月某日中午,其在做饭时突然拿起"管杀"拦住驾车路过其屋后的岳某某,用"管杀"刺中岳某某的脖子,致使岳某某死亡。一周后,经精神疾病司法鉴定,发现被鉴定人实施危害行为时存在指向岳某某的被窃妄想及被害妄想,鉴定诊断为精神分裂症,评定被鉴定人实施危害行为时无刑事责任能力。建议监护治疗。鉴定后,被鉴定人被第五次送至当地精神病院治疗,3月余后再次出院。出院后不久,被鉴定人又开始出现骂人、自语、冲动伤人等行为,于2013年3月至同年6月第六次住院治疗。此次被鉴定人被刑事拘留后,于羁押期间表现孤僻不语、发呆、自笑,行为乱,喝冲厕所的水。

本次鉴定时精神状况检查: 意识清晰,定向力完整。接触交谈被动合作,思维贫乏,查及被害妄想、被监视感及被窃妄想,称哥哥总是监控他,要害他,弄得他很害怕,家里总是少米、少油、少卫生纸等,认为是哥哥偷了,所以发火将他杀了;解释称其砍伤刘某某是因为她路过自家门口时,自己晒在家门口的衣服不见了,怀疑是那个刘某某偷的,所以就用水果刀将她砍伤。情感反应不协调,时有自笑。意志活动减退,自知力缺乏。

躯体与神经系统检查未见阳性发现。智力测验及脑电图检查结果均正常。

简要分析：据提供的材料及本次鉴定时检查，被鉴定人为中年男性，既往有精神分裂症病史十余年，对治疗依从性差，病情时有反复，曾在被害妄想、被窃妄想影响下多次出现攻击暴力行为，并曾多次住院，且曾因杀人致死行司法鉴定，诊断为精神分裂症。此次鉴定时检查查获被害妄想、关系妄想及被窃妄想，情感反应不协调，意志活动减退，自知力缺乏。无躯体疾病、脑器质性疾病、智力异常、精神活性物质使用史，其症状和表现符合ICD-10中精神分裂症的诊断。被鉴定人目前患有重性精神障碍，且处于疾病发作期，在精神病性症状的影响下多次出现伤人毁物行为，并致人死亡，故考虑其目前有高度暴力风险，建议强制医疗。

鉴定意见：诊断为精神分裂症，实施危害行为时无刑事责任能力。建议强制治疗。

第一节　攻击暴力行为

一、攻击暴力行为的定义

攻击行为（aggression）和暴力行为（violence）普遍见于低等动物到人类的整个动物界。有研究者将攻击暴力行为划分为两类：一类是对种族保存、人类的生存和繁衍、维持良好社会秩序有积极意义，常称之为防御性或惩戒性攻击暴力行为；另一类是为社会道德和法律所禁止的侵犯性攻击暴力行为。但冲动性和预谋性攻击暴力行为是目前研究最多的攻击暴力行为分型。尽管研究者认为，完全属于某一攻击类型的暴力犯罪者是罕见的，多数暴力犯罪都是两类攻击混合存在，但是一般而言，暴力犯的攻击行为一般都是由某一类型的攻击行为主导的。

攻击暴力行为是人类一种复杂的社会行为，其定义繁多。目前为多数研究者接受的是Baron（1977）提出的定义：攻击行为是指任何形式的有目的地伤害另一生物体，而为该生物体所不愿接受的行为，其极端形式称为暴力行为，可造成严重伤害乃至危及生命。

> **知识拓展** ▶
>
> 冲动性攻击暴力行为/预谋性攻击暴力行为与淡漠特质
>
> 1991年，Baratt提出了冲动性攻击暴力行为和预谋性攻击暴力行为的概念，他认为冲动性攻击暴力行为是指个体被挑衅或被激怒时，由于愤怒使个体处于一种非理性的激动状态，而不加考虑地发起攻击行为，常认为这类个体平素脾气大、易激惹；而预谋性攻击暴力行为是个体有计划或有意识的对其他个体进行攻击的行为。
>
> 关于青少年群体的相关研究发现，冲动性攻击暴力行为与愤怒、沮丧等负性情绪有关；而预谋性攻击暴力与情感缺乏有关；预谋型罪犯再次犯罪的风险最大，这一发现在对司法精神病人的研究中亦得到证实。
>
> 研究发现，相对于人际关系因子而言，关于精神病态在暴力危险性评估方面的作用的meta分析发现，大多数研究的结果都支持情感冷漠与预谋性攻击暴力关系更密切的结论；合并精神病态个体较常人有更严重的暴力行为可能源于冷漠特质、并由预谋性目的所驱动。
>
> 亦有研究发现，低共情水平与暴力犯罪联系紧密。Jolliffe和Farrington（2004）运用元分析的方法综述了35篇共情和攻击的相关研究发现，与非罪犯群体相比，罪犯的共情水平更低，且暴力犯较非暴力犯的共情水平低。

二、流行病学资料

据报道，1933年美国的凶杀率是9.7/10万，50年代有所下降，1980年达到高峰为10.7/10万。随后从1985年的低谷7.9/10万，上升到1993年的9.5/10万，期间非致命性攻击性犯罪并无明显波动。也就是说从80年代到90年代暴力行为发生率本身没有增加,只是致命性暴力犯罪有所增加。其原因可能与美国武器泛滥,管理不严有关。据美国联邦调查局数据显示,在2007年,全美共报告暴力犯罪事件140万起,比2006年减少约1万起,即下降0.7%。2012年美国暴力犯罪率最高的底特律市达到了2122.9/10万,其中谋杀和非过失杀人为54.6/10万,估计与其经济动荡有一定关系。

近年来家庭暴力和校园暴力日益受到社会关注。有资料表明,美国家庭暴力受害妇女超过了强奸、抢劫及车祸受害妇女的总和。1/4的家庭存在家庭暴力,平均每7.4秒就有一妇女遭丈夫殴打。家庭暴力是妇女遭受严重损伤的最常见的原因,约占妇女他杀死因的40%以上。校园暴力在西方社会也极为普遍,法国巴黎45.4%的高中生遭遇过校园暴力;1999年4月发生美国哥伦拜中学(Columbine High School)的枪击事件更是触目惊心;在我国10.5%的中学学生承认曾经历过校园暴力的威胁。

除强奸和性攻击外,男性更易成为暴力犯罪的受害人。据1994年美国的调查资料,非致命性攻击犯罪中,12岁以上男女成为受害人的比率分别是5100/10万和3500/10万;凶杀犯罪分别是18/10万和4/10万;而强奸和性攻击分别是20/10万和400/10万。女性更易成为亲戚朋友和熟人的攻击对象。

国内,据最近法院刑事案件审理资料统计结果显示,2004年、2005年和2006年我国刑事案件发生率分别是58.93/10万、65.72/10万和67.61/10万,其中这3年抢劫、强奸、伤害和杀人等暴力犯罪总和占总犯罪的比例分别是11.69%、11.67%和11.21%。有关司法精神病鉴定中精神障碍患者攻击暴力行为的发生情况,如北京安定医院1984年到1996年间,1515例刑事鉴定案例中,凶杀案268例(17.69%),伤害案347例(22.90%),攻击暴力性案例居首位。

三、攻击暴力行为个体的一般特点

了解攻击暴力行为个体的一些客观外在的特征,有助于判断和评估个体未来潜在的攻击暴力行为。

1. 既往攻击暴力行为史 既往攻击暴力行为史是将来攻击暴力行为最有效的预测因子。每次攻击暴力行为的发生都可以预示个体未来攻击暴力行为发生的可能性增加。既往攻击暴力行为史一方面可反映个体既往的行为模式,另一方面也提示个体冲动控制能力下降。

2. 年龄 攻击暴力行为的高发年龄是十几岁到二十岁前,其发生率几乎是成人的两倍,且年龄越小,持续发生攻击暴力行为的可能性越大。一般认为与体力和情绪不稳定有关。三十岁以后攻击行为发生率下降,四十岁以后明显下降。

3. 性别 攻击暴力行为发生的男女性别比是9:1,推测与男性的雄性激素水平高有关。

4. 种族 在美国,黑种人和西班牙裔人攻击暴力行为的发生率高于普通人群。其原因可能与社会不公和经济歧视有关。

5. 药物和酒精滥用 药物和酒精滥用主要通过脱抑制增加冲动性而促发攻击暴力行为,因此与攻击暴力行为关系极为密切。

6. 社会经济状况 低收入、社会底层和失业或职业不稳定的群体攻击暴力行为发生率明显增加。

7. 早年不良家庭环境 如15岁以前父母离异、分居或单身家庭,父母犯罪或遭受父母虐待等可能因影响个体的正常社会化过程而增加攻击暴力行为发生的可能性。

8. 其他 其他与攻击暴力行为有关的因素还有自残行为,低智商,单身或离婚,文化程度低等。

四、攻击暴力行为的相关因素

攻击暴力行为的确切病因机制仍不清楚。有关攻击暴力行为发生的假说和研究甚多。一般认为攻击暴力行为的发生与社会心理、生物等诸多因素均有一定关系。

(一)社会学因素

离婚丧偶、失业、社会变迁、经济危机、地震政治迫害等社会心理应激因素均可成为攻击行为的促发因素。Dollard(1939)曾提出挫折-攻击假说,即认为攻击行为是个体需要受到挫折的直接结果。其特点是:①攻击行为的强度与挫折程度成正比,当挫折程度超过个体的控制水平时即发生攻击行为;

②攻击行为与个体对挫折的主观体验有关。意料之外的、与个体需求密切相关的挫折易引起攻击行为；③攻击行为可因预感失败和遭受惩罚而受到抑制；④攻击行为常指向挫折的直接动因；⑤实施攻击行为后伴有心理宣泄感。

面对挫折，并非人人以攻击行为作为应付方式，有的表现为退缩、妥协或不置可否。为此，Bandura等提出攻击行为是后天通过学习模仿而获得，通过各种形式的强化，尤其是社会强化而巩固。这一学习过程始于童年早期，主要模仿和学习对象有：①家庭成员：特别是父母是子女儿童时期的主要模仿对象，因此父母暴力式教育方式如体罚是子女攻击行为的重要原因之一；②同伴：如日益增加的青少年团伙犯罪就是最好的例证；③宣传品：电视电影，互联网游戏，报纸小说等大众媒体充斥大量暴力打斗情节，常成为青少年喜爱的模仿对象。

（二）心理学因素

1. 攻击暴力行为与个性特征　Shoham等（1989）的研究发现暴力罪犯具有：多疑，固执，缺乏同情心与社会责任感，情绪不稳定，喜欢寻求刺激，缺乏自信与自尊，应付现实能力与人际交往能力差等性格特征。但一般认为控制力减弱和过度控制才是攻击暴力行为个体的主要人格特征。总之，攻击行为个体确有某些人格特征，但人格倾向不足以预测个体是否会实施攻击行为。尚需考虑人格因子与情境因素的相互影响。

2. 攻击暴力行为与精神病性症状　精神障碍患者攻击行为的性质和发生率是否与正常人一样尚无定论。一般认为，精神障碍患者的攻击行为与精神病性症状密切相关，尤其是幻觉与妄想。如精神分裂症患者的命令性幻听、被害妄想常激发患者实施攻击行为。简明精神症状评定量表（BPRS）中的敌对猜疑、思维障碍、激活性、焦虑、抑郁与住院精神病人的攻击行为关系密切。尤其是敌对、猜疑对住院精神病人的攻击行为有较好的预测价值。

3. 攻击暴力行为与精神障碍诊断　攻击行为的发生率、严重性、针对性和发生年龄在不同的精神障碍诊断中均有不同。在住院的精神障碍患者中，精神分裂症患者攻击行为发生率最高。精神分裂症患者中，非偏执型精神分裂症患者攻击发生率较偏执型高，但没有明显针对性，严重程度也偏轻。在非住院精神障碍患者中，人格障碍患者，尤其是反社会人格障碍患者攻击暴力行为发生率最高，且年龄偏小。酒精和药物滥用与攻击暴力行为关系密切，但常在社区发生攻击暴力行为。至于脑器质性综合征，攻击暴力行为是疾病进一步发展的表现之一。其攻击行为发生不集中，危险性较小，极端的暴力不常见。心境障碍躁狂发作时虽有易激惹、愤怒等情绪问题，但由于有较好的辨认能力而抑制了攻击冲动，因此严重的攻击暴力行为并不多见。抑郁发作时，攻击暴力行为发生率较低，一旦发生即为严重的暴力行为，攻击对象多为家庭成员，如所谓的慈悲杀人或扩大自杀。

（三）生物学因素

1. 遗传学因素　1966年动物行为学家Lorenz曾提出，攻击行为是人类和动物与生俱来的本能，对自己生存和种族保存有积极意义。20世纪60年代末期，通过XYY即超雄综合征的发现，有些研究者以为找到了攻击行为的遗传学基础。然而进一步研究发现XYY染色体异常的个体极为罕见，即使XYY个体也没有特定的暴力倾向。最近二十年，遗传学研究显示攻击暴力等反社会行为存在家族聚集现象，而且符合多基因遗传方式。Meta分析显示，反社会和攻击行为的遗传度为40%~60%，各项调查中结果的差异可能源于种族和性别的差异，单卵双生子中可达0.85。并发现单胺氧化酶A基因（MAOA）、5-HT转运（5-HTT）基因、5-HT1B受体基因、色氨酸羟化酶基因（TpH）的多态性与攻击或冲动行为相关。如Brunner HG等（1993）对一个荷兰大家系的研究发现攻击行为与X染色体的p11-p21遗传缺陷有关，进一步分析发现攻击行为与MAOA基因第八外显子某位点突变有关。Holmes A等（2002）的研究也发现5-HTT基因剔除鼠由于5-HT1A/1B功能丧失而攻击性明显降低。近期对43 243名寄养子和1 258 826名非寄养子的研究也进一步证实了生物学父母具有暴力犯罪史会显著增加个体在寄养期间出现违法犯罪行为的可能性。但Meta分析显示没有任何一个基因变异可以达到解释攻击行为5%的水平。

2. 神经生化因素　动物研究表明，乙酰胆碱（ACh）、γ-氨基丁酸（GABA）、多巴胺（DA）、去甲肾上腺素（NE）、5-羟色胺（5-HT）等物质与攻击行为的产生与抑制有关。近二十年，动物和人体研究均证实攻击暴力行为与中枢5-HT系统功能低下有关。依据是攻击暴力行为个体脑脊液中5-HT的代谢产物5-羟吲哚乙酸（5-HIAA）水平下降。并认为这是导致个体自我控制能力减弱的根本原因。

3. 神经内分泌因素　目前认为雄性激素尤其是睾酮与攻击行为的形成与表达有关。主要证据有：男性攻击行为多于女性；阉割性犯罪男性或给予雌激素可减少重新犯罪；攻击暴力个体中脑脊液中睾酮水平高于正常。有研究也显示：10~12岁期间高睾酮含量是12~14岁时攻击行为、16岁时违纪行为及19岁时使用大麻的预测因子，而16岁时高睾酮水平则与成年期的违法犯罪相关。但该结果在青春期前的个体中证据不足，Meta分析显示两者的关联性效应值R仅为0.08。另外反应性低血糖倾向，促肾上腺皮质激素分泌减少也可能与攻击行为有关。但一般认为内分泌系统对攻击行为的影响，主要是对于低等哺乳动物作用较强，对灵长类尤其是人类，其作用变得越来越弱，有时难以区分内分泌改变是攻击的原因还是结果。

4. 脑损害与影像学研究　大脑杏仁核被破坏或部分破坏或被肿瘤，其他疾病、损伤侵害可导致攻击和暴力行为。因此杏仁核常被称为攻击中枢。另外有多动症病史的个体易发生攻击行为；攻击个体存在以慢波改变为主的脑电图异常；攻击个体存在神经心理功能障碍，主要是额叶和颞叶功能异常。这些均提示脑损害是攻击行为的原因之一。

PET、MRI和SPECT等影像学研究结果提示调控攻击暴力行为的神经通路及其功能异常复杂。额叶功能受损是迄今为止重复性最好的与暴力行为相关的脑影像学结果。部分研究提示前额叶的功能低下、颞叶功能异常，特别是左侧中颞叶（皮层下结构）的功能异常与攻击暴力行为有关；另外前额叶皮层与皮层下结构功能上的平衡关系与冲动性攻击行为和暴力行为有关。杏仁核是另一个一直以来被认为与反社会行为有关的脑区。研究发现，伴有精神病态样特征（情感肤浅，冷酷，更多预谋性攻击行为）的成人和青少年，其杏仁核体积和功能均降低，体积降低的杏仁核主要位于基底外侧、外侧皮质和中央核区域，这些区域主要负责调控情感加工、恐惧条件反射和对情感刺激的自主反应性，因此，杏仁核的损害会导致个体危险意识降低，恐惧感减少，对恐惧表情存在识别缺陷。相反，冲动性攻击个体的杏仁核活动则过度活跃。另外，精神病态样个体儿童期经典条件反射受损与成年期犯罪的关系研究亦提示杏仁核功能和反社会行为之间存在着因果关系。

五、攻击暴力行为的评估和预测

（一）攻击暴力行为的线索

个体在实施攻击暴力行为前往往会在语言或行为方面表现出一些苗头或迹象。这些常被临床工作者所忽视。如能及时发现这些线索，将有助于预防攻击暴力行为的发生。

1. 威胁　在谋杀案中差不多5%的案例在案发前采取过不同形式的威胁。因此临床工作中，必须特别警惕那些针对他人的伤害或攻击性威胁，并积极采取应对措施，防患于未然。

2. 身体姿势语言　身体蜷缩，害怕拥挤，有人接近时退缩，时刻警惕背后等身体姿势语言常表示个体处于警惕状态，提示潜在的攻击倾向。

3. 身体的物理痕迹　大量不同寻常的瘢痕，伤口，淤血擦伤，陈旧性骨折，脑外伤，牙齿缺损等常提示个体既往存在习惯性暴力行为史。

（二）攻击暴力行为的心理学评估

利用标准化的心理学量表对攻击暴力行为进行测定或评估。常用的量表有：明尼苏达多相人格调查表（Minnesota multiphasic personality inventory，MMPI）、外显攻击行为量表（modified overt aggression scale，MOAS）、暴力危险性评估指南（violence risk、appraisal guide，VRAG）、暴力危险性分类（classification of violence risk，COVR）、暴力危险性评估20条（historical，clinical and risk management factor-20，HCR-20）和精神病态检查修订版（psychopathic checklist-revised，PCL-R）等。尤其是HCR-20在美国、加拿大广泛用于司法精神病人的危险性评估，评估结果常作为患者分级处置或转入社区治疗的理由之一。

（三）减点-攻击反应测定（point-subtraction aggression paradigm，PSAP）

1992年由美国得克萨斯州立大学Cherek DR医生设计，常用来测定攻击反应。这被认为是一种直接的攻击行为实验室测定方法。多用于精神药物的生物行为学研究，如酒精对攻击行为的影响等。Coccaro等（1996）在人类攻击行为的研究中发现PSAP和心理量表一起可增加攻击行为评估的准确性，且PSAP的纵向评定稳定性好，对于潜在的攻击倾向测定明显优于心理量表。国内最近（2002）有研究提示PSAP对测定人格障碍患者和精神分裂症患者的攻击行为有较好的信度和效度。

（四）攻击暴力行为的预测与评估

攻击暴力行为的预测多是针对精神障碍患者。从70年代初到80年代中，攻击行为的预测研究经历了非定式临床预测到定式的统计学精算预测，再到试图以结构式的决策模式或者结构式临床判断来填补风险评估中精算式方式与临床经验观察之间的鸿沟，即所谓的"第三代"评估。非定式临床预测就是基于现象观察对攻击行为发生的可能性进行的经验性判断。但预测的准确性差，有较高的假阳性。随后的定式统计学预测就是在临床预测的基础上采用包括心理、社会、生物等多因子和精心设计的测试手段，借助电脑，引入多因素统计学方法，制定有信效度的预测量表对攻击行为进行预测。由于统计学预测能同时对大量预测因子进行筛选和计算，预测的准确性有明显提高。但仍存在过低或过高估计的情况，而无法使预测达到临床应用的要求。这与攻击行为的发生率低，生物学病因不明，预测因子多为主观性较强的心理社会因子有关。

"第三代"评估方法要求参考一系列涉及过去史的因子，并要客观评估当前表现、保护性因素和环境背景因素。这样一来，既能保证系统性和一致性，又具有灵活性以适应每个案例的具体特点。由此开发的工具既能保证透明度和可说明性，又鼓励使用专业经验判断，强调将预测风险转移到风险控制上来，关注预防和干预管理问题，并说明在何种情况下暴力危险性会增加或减少。该方法开始逐步强调临床风险评估是动态和连续的过程，随着条件的变化而改变。研究显示，该方法能够显著提高危险性评估的准确性。其代表是美国McArthur研究所开发的《多重迭次分类树（Multiple Iterative Classification Tree）》，它是一种成套的评估工具，通过决策树技术对个体未来的暴力危险性进行预测，研究发现其能有效的区分出暴力危险高、中、低的个体。

目前我国，尚缺乏具有较好信效度研究的暴力危险性评估工具，各地在对重性精神障碍患者进行肇事肇祸管理或部分安康医院在决定司法精神病人是否继续强制医疗时多按照原卫生部2009年印发的《重性精神疾病管理治疗工作规范》将危险性评估较粗略地分为0~5级，并据此对该类患者进行分类干预管理。

知识拓展 ▶

原卫生部2009年印发的《重性精神疾病管理治疗工作规范》中规定的精神病危险性评估分级：

0级：无符合以下1~5级中的任何行为。

1级：口头威胁，喊叫，但没有打砸行为。

2级：打砸行为，局限在家里，针对财物。能被劝说制止。

3级：明显打砸行为，不分场合，针对财物。不能接受劝说而停止。

4级：持续的打砸行为，不分场合，针对财物或人，不能接受劝说而停止。

5级：无论在家里还是公共场合，持管制性危险武器的针对人的任何暴力行为，或者纵火，爆炸等行为。

六、攻击暴力行为的处理

对于普通人群的攻击暴力行为，社会控制，尤其是刑事惩罚仍然是最有效的控制手段。教育、疏导、感化等方法也有积极效果。这里主要介绍针对精神障碍患者攻击暴力行为的处理。

（一）攻击暴力患者的急诊处理

在精神科门诊或急诊室接诊有暴力或潜在暴力行为的患者时，首要任务是保证病人、工作人员和自己的安全，直到患者的紧急情况得以解除。其次是尽快把病人安定下来并建立良好的医患关系。

1. 有潜在攻击暴力行为患者的处理原则　在接诊过程中，如患者既往有攻击暴力行为史，或当时表现为激惹、失控状态。首要问题是预防攻击暴力行为的发生，保证安全，并切记以下原则：

（1）在患者面前显示能控制局面的实力：如访谈时安排保安或其他工作人员在诊室或诊室外患者能看到的位置。

（2）访谈时建立宽松自由的环境：如与患者保持一定距离，不要从后面接近患者，把诊室的门打开等。

（3）访谈时建立合作气氛：尊重患者，满足患者的合理要求；给患者以同情和关心，同时要避免过分热情和友好，以免有偏执妄想的患者产生恐惧。

（4）对患者的威胁行为给予语言限制或警示：在处理明显激惹的患者时，首先应给以语言警示，要向患者保证访谈过程中不允许任何人包括患者受到伤害。

（5）留意自己的直觉：医生在处理和治疗患者过程中，要时刻留意自己的直觉，有时直觉可能是预防被攻击的唯一线索。当直觉让你感到不安全时，要及时采取预防措施。

（6）当上述措施无效时，要及时中止访谈。

2. 攻击暴力行为患者的处理原则

（1）求助：当攻击暴力行为发生时，立即要求安全保卫人员到场，必要时可寻求警察或其他能制服攻击暴力患者的人员的帮助。

（2）显示控制能力：要让工作人员和患者相信你有能力处理和控制局面；要清楚的告知患者每一步应该怎样和不应该怎样做。

（3）避免惊慌失措：与患者保持恰当的距离，不要堵塞门道、通路。

（4）解除凶器：处理或治疗前，一定要解除患者身上所有凶器，包括小刀、酒或饮料瓶、枪等。要求患者把凶器放下，然后由工作人员拿走。如患者不合作，可要求保安或警察到场，必要时要对患者进行搜身检查。

（5）隔离：把患者带离公共场所，转入到隔离室。目的是减少攻击目标，避免一些外界刺激，让患者尽快安静下来。

（6）约束：当语言不能制止患者的攻击冲动时，必须对患者采取机械约束，如约束带或约束衣。经管医生最好不要参与约束，因为会妨碍医患关系，不利于其后的治疗，其次医生对约束程序也不一定很熟练。

（7）药物干预：当患者明显兴奋激越，或情绪焦虑时，可给予抗精神病药或苯二氮䓬类药物肌注或口服。

（二）攻击暴力行为患者的治疗

1. 住院治疗　精神分裂症、心境障碍、各种脑器质性精神障碍等所谓重性精神病，当存在明显的攻击暴力倾向或行为，有可能危及他人或自身时，应及时给予短期封闭式住院治疗。住院治疗过程中，除遵循上述原则外，应以治疗原发疾病为主。在原发疾病的药物治疗过程中，尽可能选择镇静作用强，抗攻击作用好的药物，如抗精神病药物中的奥氮平、利培酮、喹硫平等，以及锂盐等情感稳定剂。

2. 门诊治疗　品行障碍、人格障碍、器质性人格改变、精神发育迟滞等精神障碍往往伴有明显的攻击倾向。对于这类患者由于原发病治疗效果不肯定，可考虑门诊治疗。包括心理治疗和药物治疗。当这类患者涉案犯罪时，刑事惩罚等社会控制手段会有一定效果。

（1）心理治疗：包括认知治疗、行为治疗和生活技能训练等有一定疗效。

（2）药物治疗：苯二氮䓬类如地西泮等；心境稳定剂如锂盐、丙戊酸钠等；β-受体阻滞剂如普萘洛尔;选择性五羟色胺再摄取抑制剂(SSRI)如盐酸氟西汀;小剂量非典型性抗精神病药如奥氮平、利培酮等。上述药物均有一定抗攻击疗效,但目前尚缺少足够的循证依据支持。

(王小平)

第二节　自　杀

自杀是一个严重的全球性问题。每年全世界死于自杀的人数有100万左右,超过了凶杀和战争导致死亡的总和,占疾病死亡总数的1.8%。根据世界卫生组织的资料,自杀是所有年龄组前10位死因之一,是15~34岁人群的三大死因之一。导致自杀的因素很多而且复杂,既包括社会因素,心理因素,也包括生物学因素和精神病学因素。

本节中重点讨论自杀的相关因素,可疑自杀的精神病学和心理学分析,杀人后自杀者的法医精神病学鉴定等问题。

一、自杀概述

(一)自杀的分类

在自杀研究领域中,自杀的概念包括了有致死性结局和没有致死性结局的所有自杀行为和意念。自杀可分为自杀死亡、自杀未遂、自杀观念。

1. 自杀死亡　又称为自杀已遂(completed suicide),是指故意采取自我致死性行为并且造成了死亡的结局。自杀死亡者的自杀动机强烈、持久或反复出现,有比较周密的自杀计划。所选择的自杀手段通常是暴力性、致命性的,常见有服毒、高坠,自缢、自溺、放煤气中毒、制造交通事故(撞车或卧轨)、刎颈、自焚、枪击等多种方式。

2. 自杀未遂　故意采取了可能导致自己死亡的行为,但没有造成死亡的结局称为自杀未遂(attempted suicide)。自杀未遂者一般缺乏强烈或坚定的自杀动机,在实施自杀行为时对生命还有所眷念,没有自杀计划或者计划不充分,自杀手段一般是非暴力性和非致命性的,通常选择易于被发现、能获救的自杀场所。有研究表明,自杀未遂与自杀已遂的比例为20∶1。只有很少部分的自杀未遂最终发展为自杀死亡。

3. 自杀观念　仅有自杀动机或想死的念头,没有采取可导致自己死亡的行为,称为自杀观念(suicide idea)。不少人在遇到重大的精神压力时都会出现短暂的自杀观念,绝大多数自杀观念在获得社会支持、危机化解后会很快消失。

此外,还有一种行为被称为类自杀(parasuicide)或蓄意自伤(deliberate self-harm)。这类行为的实施者有自我伤害的意愿,但并不真正想死,采取了自我伤害的行为,通常不会造成死亡。类自杀者的动机是复杂的,自我伤害行为是类自杀者欲达到某种目的一种手段,比如是一种呼救信号,或者将"自杀"作为一种要挟或抗议的手段,一旦达到自己的愿望自伤行为就停止。

(二)自杀的相关因素

自杀是一种复杂的人类行为。自杀原因的研究对于自杀行为的预防和干预有着重要意义。与自杀行为有关的因素相当多,包括文化、生活环境、精神应激、心理特质、生物学因素等各个方面。每例自杀的发生常常是多个因素的交互作用,并非是单一因素作用所致。

1. 社会因素

(1)负性生活事件:急性强烈、或缓慢持续的负性生活事件可成为导致自杀行为的直接原因。这些生活事件通常具有"丧失"(loss)的性质,可发生在人际关系、婚姻恋爱、家庭子女、职业等各个方面,如婚姻破裂、失恋、亲人去世、财产损失、失业、受处分、犯罪或作为犯罪被害人等。患有严重的躯体疾病也是自杀的高危因素之一。

(2)社会隔离:离婚、丧偶、独居、监禁等社会隔离状态下,个体出现自杀行为的风险增高。

（3）职业、社会阶层：一些职业如药剂师、医生在传统上被认为是自杀危险性较高的群体。

（4）宗教和文化：某些宗教对自杀行为有保护作用，如在伊斯兰教中自杀是被列入"禁忌"，信奉天主教的人群中的自杀率低于新教。社会文化传统中对自杀的态度、观点、接受态度等，对自杀发生率也有影响。

（5）新闻效应：新闻媒体对自杀事件的渲染性报道，刊登生动的自杀现场照片、对自杀细节的描述，都可诱发一些个体采取盲目模仿的自杀行为。

2. 心理因素

（1）个性心理特征：自杀者通常存在一些共同的心理特征：①认知功能不健全，戴着有色眼镜看问题，倾向于事情的阴暗面，或容易走极端、以偏概全；或挫折应对机制不健全，遇到问题缺乏分析和解决问题的能力和技巧；②负性情感，表现抑郁、焦虑、情绪不稳定；③人格不健全，具有敌意、依赖、冲动、适应差、神经质等人格特质。

（2）精神障碍：精神障碍是自杀最重要的危险因素之一。一般研究认为，大部分自杀死亡者患有精神障碍。与自杀行为有关的精神障碍包括抑郁障碍、酒依赖、药物滥用、人格障碍、精神分裂症、神经症等。

1）抑郁障碍：与自杀关系最为密切，自杀观念或自杀行为本身就是抑郁症的症状之一。据统计，有6%~15%的抑郁症患者自杀死亡。即使达不到抑郁障碍的诊断标准，自杀死亡者大多存在一些有抑郁症状。自杀未遂史，单身、分居或寡居，年龄较大，无望感，男性，均是抑郁障碍患者发生自杀死亡的高危因素。

2）酒依赖和药物滥用：也是常见的与自杀密切相关的精神障碍。对酒精依赖者的随访研究显示，此类人群自杀死亡的终身风险率为7%。在酒精依赖者中，男性、年龄较大、长期饮酒史、抑郁症史和既往自杀未遂史是自杀死亡的高危因素。药物滥用者的自杀率也明显增高，这类人常伴有抑郁症状、人格障碍或人格改变，增加了发生自杀行为的风险。

3）精神分裂症：在自杀人群中精神分裂症患者的比例并不很高，但是精神分裂症患者的自杀风险是增高的。由于幻觉、妄想症状，病态冲动、攻击行为、疾病缓解期的抑郁症状、药物不良反应导致的抑郁、焦虑等情形，可导致患者出现自杀行为。疾病多次复发、存在抑郁症状、社会功能减退、自杀未遂史、合并存在躯体疾病是精神分裂症患者发生自杀的高危因素。精神分类症者自杀的终身风险率为7%左右。

4）人格障碍：自杀人群中1/3~1/2合并有人格障碍，人格障碍与其他因素结合在一起，增加了个体的自杀危险。

3. 生物学因素

（1）遗传因素：通过对自杀者的家系、双生子、寄养子的遗传学调查发现，自杀行为有遗传倾向。对自杀行为遗传易感性基因进行的初步研究，认为与5-羟色胺（5-HT）系统的功能基因可能有关。

（2）神经生物学因素：自杀者尤其是暴力性自杀者，其脑脊液中5-羟吲哚乙酸（5-HIAA）水平低下。而且，无论自杀者罹患何种精神疾患，其5-HIAA或5-HT的降低程度相仿。有研究认为，脑脊液中5-HIAA的低下程度还与自杀发生的风险有关，可以作为自杀的预测指标之一。

（三）自杀未遂的处理和自杀预防

自杀未遂的处理属于急诊医学的内容。处理的原则是及时抢救生命、自杀风险评估、防止再次发生自杀、心理危机干预。

当自杀者的生命被挽救以后，需要立即对自杀未遂者的自杀风险进行评估，以便采取相应的治疗和处理措施。对再次发生自杀行为的风险评估可分为近期预测和远期预测。近期预测一般是自杀后数月内再次自杀的可能性，预测因素有：采用暴力性和致死性强的自杀手段、对抢救措施不配合、反复多次自杀未遂史、精神刺激因素持续存在、抑郁症状突出、严重失眠、目前患有其他精神障碍、远离他人独处等。远期预测是指自杀后数月至一年再次自杀的可能性，预测因素有：自杀家族史、抑郁症状、患有精神障碍、酒和物质滥用、躯体慢性严重疾病、负性生活事件、自杀工具的易获得性、就业状况、生活质量等。

对于高度自杀风险者,需要紧急住院治疗,并采取严密的监护和安全防备措施。针对自杀未遂和有严重自杀企图者应实施危机干预(crisis intervention)。在国外,危机干预一般由临床心理医生和社会工作者完成,其过程是改变个体对应对危机的认知、帮助个体学习新的解决问题和应付技能、寻找和建立更多的社会支持、使个体最终达到一个新的更强健的心理稳态,增强将来应对应激事件的信心和能力。在我国的一些大中型城市,也在逐步建立和完善自杀的危机干预机制。

自杀的预防是一项重大而复杂的任务,涉及的部门和学科领域众多,包括精神医学、心理学、卫生、社会支持和服务机构等。自杀预防的一些主要策略有:建立自杀防治网络,限制自杀手段,对高危人群进行重点防治,培训基层的医务人员和相关人员。

二、自杀的法医精神病学问题

(一)心理验尸

在英美法系国家中,法律精神病学家根据验尸官的要求,帮助确定死亡方式,这种评估活动称之为心理验尸(psychological autopsy)。它主要涉及在死因不清的案件中,死者是否是自杀? 如果是自杀,是何种心理障碍或原因引起的自杀。

在所有意外死亡中,约有5%~20%的死亡方式不清楚。其中有些确实是自杀死亡,而有些情况从行为和结局上看很像自杀,但是没有自杀动机,被称之为"伪自杀"(pseudo suicide)。如小孩模仿电视中的自缢情节而窒息死亡;精神病患者在幻觉、妄想支配下欲从窗户飞出而坠亡;性心理障碍者在追求性兴奋时窒息死亡等。这些情况下,通过心理验尸可以找到心理资料来帮助确定死亡方式。

心理验尸是一种评估活动,集中调查与死者有关的心理活动方面。它通过回顾性分析死者在死亡时的行为意图来推断死者的可能死亡方式。死者的意图在自杀和意外死亡者中是不同的。确定自杀要求死者具有自我毁灭行为和实施该行为的故意。对大多数验尸官来说,故意的确定是建立死亡方式最困难的标准。"故意"要求死者知道某个特殊行为可能导致死亡。

心理验尸的概念是在美国洛杉矶自杀预防中心进行的死亡调查过程中形成的。首次记载心理验尸是1958年,洛杉矶县的验尸官Theodore Curphey博士请求Litman医生进行的。案子涉及一名淹死的46岁的男性。心理验尸结论是,他的死亡不是自杀。

1989年美国加州精神病学、法学和行为科学研究所开始为洛杉矶县的验尸官办事处提供心理验尸的咨询。评估的案件要么是死因模糊(如验尸官办事处不能确定死者是自杀还是意外死亡),要么有争议(如家庭成员或重要人物反对验尸官做出死者是自杀的决定)。心理验尸采用小组的方式进行,包括法律精神病学家、法律心理学家以及精神病学博士后、心理学博士后。通常由一名成员作为主要评估和调查者,回顾分析死者故意杀害自己的心理能力。心理检查者需要复习许多信息,包括验尸报告,调查报告,警察的报告,中毒结果的实验室资料。接下来需要接触死者的家庭成员、配偶、朋友、雇主、同事、邻居、家庭医生和治疗师以及其他相关人员。这些资料可以提供死者的生活方式和行为,以及临死前的精神状态。可通过电话或面对面或信函与知情人交谈。了解既往医疗记录和精神病记录是很重要的。心理验尸评估完成之后,要写报告,并送交验尸官办事处。报告包括复习的资料,有关死者死亡方式的意见以及依据。心理报告送给验尸官后,要举行一个帮助确定死亡方式的法庭科学家出席的会议,包括病理学家、毒理学家、验尸调查者和法律精神病学家/心理学家,达成一致意见: 自杀或意外死亡或不能确定。然后把这个意见送给验尸官,请他最后确定死亡方式。

心理验尸是一种重建死亡方式、研究自杀死亡的科学方法。有研究表明,在自杀死亡者中,来自医疗机构病历记载的生前精神障碍诊断,与通过心理验尸方法确定的死后诊断,两者的一致性很高。

(二)杀人后自杀

研究资料显示,杀人者经常伴随着自杀,其发生率在5%~10%。在英国,West(1965)研究了发生在伦敦地区的78个案例,结果表明:作案者多为女性,出自较高社会阶层,与其他杀人犯相比较少有犯罪前科,受害者通常为儿童,多数作案者作案时处于严重抑郁状态,作案者患有严重的躯体疾病或者面临痛苦境地。美国Marzuk等人的研究中发现,杀人后自杀有四种最常见的类型:由于嫉妒而杀害配偶(50%~75%),杀害病弱的老年配偶,父母由于严重抑郁而杀害子女,抑郁、偏执或酒药滥用者的多发性杀人。该研究还发现,在所有因嫉妒而杀害配偶的男性中,大约20%~25%的人会自杀。

精神障碍者杀人后自杀是自杀的一种特殊情况。精神障碍者受到幻觉、妄想、情感障碍等精神病理症状影响,杀人后出现自杀未遂行为时,需要对其实施杀人行为时的责任能力进行鉴定。其中抑郁症患者的"间接自杀"和"扩大性自杀"是比较典型的例子。抑郁症患者有着强烈的自杀动机,自杀行为一般是直接针对自己;在少数情况下采取异乎寻常的自杀方法,通过杀害素不相识的陌生人达到用法律处罚使自己死亡的目的,或者将自杀对象扩大化,患者身边的亲人成为被害人,如抑郁症母亲的产后杀婴。对于上述情况,法医精神病学界的观点虽不尽一致,但近年来越来越多的鉴定专家认为应持严格的标准,即评定限制或无责任能力时要谨慎。

在中国,对杀人后自杀死亡者的缺席鉴定与英美国家的心理验尸有一些类似之处。此类鉴定很少见诸公开报道,在司法精神病学书籍中也鲜有涉及。在一般杀人后自杀死亡的案件中,公安机关通过验尸、现场勘察和死因调查后,建立了自杀的死亡原因即可结案。但在少数比较特殊的杀人后自杀死亡案件中,需要确定自杀死亡者是否患有精神障碍以及其杀人行为是否受到精神疾病的影响。这类案件一般案情比较重大,自杀者实施杀人行为时是否受到精神疾病的影响,对案件的处理影响大。在这类案件中,鉴定机构接受司法机关的鉴定委托后,鉴定人员在复习卷宗材料后,需要经过调查获取翔实的第一手资料,并通过对材料的综合分析,得出自杀死亡者是否患有精神疾病和杀人行为是否受到精神疾病影响的鉴定意见,出具鉴定报告。缺席鉴定同英美国家的心理验尸相同之处在于,两者都要对自杀死亡者作出精神病学诊断。不同之处在于,心理验尸的目的在于明确死亡方式,而缺席鉴定需要判断其杀人行为是否受到精神疾病的影响。缺席鉴定的难度很大,除非鉴定人掌握了足够可靠的鉴定材料,否则无法得出明确的鉴定意见。

(马长锁)

第三节 被害人的精神卫生问题

一、被害人与被害人学

被害人(victim)是指受到各种违法行为侵害的人,广义的被害人还包括各种自然灾害(地震、洪水、火山等)的被害人。联合国在《为犯罪和滥用权力行为被害人取得公理的基本原则宣言》中"犯罪被害人"(criminal victim)是指"个人或整体受到伤害包括身心损伤、感情痛苦、经济损失或基本权利的重大损害的人,这种伤害是由于触犯会员国现行刑事法律(包括那些禁止非法滥用权力的法律)的作为或不作为所造成。"这一词"视情况也包括直接被害人的直系亲属或其抚养人及出面干预以援助遭难的被害人或防止受害而蒙受损害的人"。本节所探讨的被害人一般指的是犯罪被害人。

在现代刑事司法制度中,对保障被告人的合法程序给予了相当程度的关注,允许其通过各种可能来确立自己无罪。但是,长期以来对被害人的权利和利益保护却并未得到应有的重视,他们成为"被遗忘的人"。

在犯罪学领域,有关对被害人的人口学特点、性格特征、被害心理、被害人与犯罪之间的关系,以及防止被害和预防犯罪等方面的研究,形成了一个称为"被害人学"(victimology)的分支学科。"被害人学"这一新兴学科的出现只有短短半个世纪。1947年以色列法学家、律师本杰明·门德尔松最早明确提出了"被害人学"一词,并对犯罪被害人进行了研究,被称为被害人学之父。1973年,第一届被害人学国际研讨会在以色列召开,1979年,在第三届被害人国际研讨会上成立了世界被害人学会,对被害人的权利和利益的保护逐渐得到重视。1981年,美国总统罗纳德·里根宣布4月8日至14日为被害人权利日。1984年,美国国会通过了《犯罪被害人法》。1985年联合国通过了《为犯罪和滥用权力行为被害人取得公理的基本原则宣言》。我国是该宣言的签字国。为了更好实现被害人的人权宣言,1998年联合国又制订了关于执行该宣言的决策者指南,以促进对被害人权利和利益的保护在各个国家的实施。

二、被害人的精神伤害

构成被害人的一个前提条件就是他的合法利益受到了违法事件的侵犯,而且,通常这一损失都是非常巨大的,往往会给被害人恢复正常的生活造成极大的困难。被害人所受到的侵害主要表现为三种形式:躯体伤害、财产损失和精神伤害。严重的违法侵害行为通常使被害人在躯体和精神上都同时受到伤害;也有的情况是躯体伤害轻微或者没有,但是被害人的精神伤害很严重,以至于表现出精神障碍。

1995年美国俄克拉荷马城联邦大楼发生了大爆炸事件,造成了168人死亡。1999年对182名俄克拉荷马大爆炸的幸存者进行研究,发现45%的人在这次灾难后患上了创伤后应激障碍。虽然大部分患者病症并不严重,但问题在于许多幸存者并没有意识到自己已经患病,从而导致病症的加重。重视被害人所受到的精神伤害,并发展相应的干预手段和治疗方法,不仅对于被害人,而且对整个社会来说都是迫切而必要的。

(一)被害人的精神伤害的相关因素

1. 被害事件　一般而言被害事件的严重程度与精神伤害的严重程度呈正比。暴力性违法事件可同时对被害人的躯体和精神健康造成严重伤害。如:凶杀和伤害、强奸、虐待等案件中的受害人精神方面遭受的创伤也常是比较严重的。

2. 被害人自身因素　被害人自身的生物-心理社会各方面的状况对精神伤害的产生及严重程度也有影响,某些情况下可以成为致病的主要因素。年龄、性别、心理素质因素、社会环境因素均可对被害人精神伤害出现的表现形式、程度和持续时间产生影响。

(二)被害人精神伤害的表现形式

在被害人学中,精神伤害是指被害人的心理受到强烈刺激而产生的强烈痛苦经验,以及由此产生的精神障碍。其范围包括:①疼痛与折磨,即由人身伤亡造成的被害人肉体上的不适、痛苦和情绪上的创伤,或者因被害人死亡而致使其亲人失去原有的情爱、照顾、陪伴、安慰和保护等所产生的精神痛苦;②丧失对生活的享受,即被害人因遭受侵害而不能充分享受现实生活或未来生活的乐趣而引起的损失;③精神障碍,即部分被害人受到的精神刺激和心理创伤后,出现精神障碍。

按精神伤害出现的时间可以将被害人的精神伤害划分为两类,即:近期心理损害和远期心理损害。这种划分以心理损害在不同时间段内的特别症状为标准,有助于根据不同的症状采取相应的抚慰和治疗措施。

近期心理损害发生在犯罪以后的一瞬间、几小时或几天内,由于距离犯罪的发生时间近,被害人感受的痛苦比较强烈,表现的症状也比较明显。它通常反映了被害人的内心在毫无防备的情况下受到重创后的严重损失。近期精神伤害的症状主要表现为:①恐惧:被害人恐惧感的存在源于人类时刻关注自身安全的特性,它主要表现为对自身人身及财产安全的担忧,害怕会重新遭到他人伤害。被害人会因此背负沉重的心理压力,时时处于高度紧张的心理状态。②愤怒、委屈:大多数被害人对犯罪行为的发生并不负有责任,是完全无辜的,他们在感情上无法接受被犯罪侵害的事实,抱怨为何这种事情偏偏要发生在自己身上。③沮丧、绝望:严重的犯罪行为通常会使被害人感到个人力量和自我控制能力的丧失,并因此陷入一种极端绝望和无力自卫的境地。他们怀疑自己的能力,不知如何面对今后的生活,他们往往没有信心去重新赢得主宰生活的能力。④掩饰:社会上存在的对被害人的歧视和偏见常常会使被害人害怕暴露自己的被害身份,尤其是不愿公开提及犯罪行为给他们带来的损失。

对于心理上的伤害，由于害怕被他人认为患有精神疾病，而不愿及时咨询和治疗。

远期心理损害是指受害以后的几个月甚至几年内仍然持续存在的心理损害，可以概括为两种形式：①被害烙印：这是指遭受犯罪侵害的被害人，将被害经历积淀内化，从而在心理和生理上显现出短期不易消除的某些症状、标志或特点。如强奸犯罪的被害人受害以后经常表现出恐惧、与异性交往困难、性冷淡、抑郁或非病理性的性欲亢进等心理生理反应，恐怖活动的被害人受害后通常会产生孤僻、恐惧、健忘、失眠、强迫症状等。②心理和精神障碍：主要指被害人在被害以后产生的生理、心理和社会交往方面的不良状况和精神症状。如噩梦、盗汗、惊恐反应、注意力不能集中、失眠、体重减轻、情绪障碍等。这些症状有的持续长达几年以上，甚至终生。

（三）被害人的精神障碍

被害人的精神障碍是其所受精神伤害中最严重的一种，可以有以下这些表现形式：

1. 脑器质性精神障碍　各种物理、化学等致伤因素直接作用于大脑，使大脑受到器质性损伤而出现精神障碍。早期表现为不同程度的意识障碍，恢复期表现为智能障碍、记忆障碍、精神病性障碍、脑震荡后综合征、人格改变等多种形式。

2. 急性应激障碍　遭遇被害事件后最初表现茫然，轻度意识障碍，激越冲动，精神运动性兴奋；也有的情感迟钝，出现退缩、木僵、精神运动性抑制，常伴有焦虑症状。症状呈一过性，持续数天或至1周，缓解较快。急性应激障碍的发生率不高，大多数被害人在遭遇同样的违法事件后并不出现这一障碍。

3. 创伤后应激障碍　创伤后应激障碍（post-traumatic stress disorder，PTSD）是被害人群中发生率较高的一类精神障碍。创伤后应激障碍这一疾病类别就是源于对战争、集中营或大屠杀被害人幸存者所出现的精神障碍。被害人的创伤后应激障碍是指在严重违法事件后延迟出现、持续时间长的一组症状，主要临床表现包括：①反复发生的创伤性体验重现；②持续性回避，整体情感反应淡漠、麻木；③持续性警觉性增高。症状通常在遭遇伤害事件后数日、甚至数月出现，可持续数年。

本病的发生与所受到的创伤性事件的严重程度密切相关，在严重暴力违法事件后创伤后应激障碍的发生率是相当高的，如被绑架做人质、目睹亲人被残忍杀害，本病的发生率在95%~100%之间。创伤性被害事件是本病发生的主要因素，其他一些个体因素与本病的发生也有关：如儿童时期的心理创伤（被虐待、被遗弃）、近期经历其他负性生活事件、能否获得家庭和社会的支持、个体的性格等。

发生在儿童少年时期的严重违法事件，创伤后应激障碍发生率高而且影响更持久。对美国50个儿童寄养中心的调查发现本病的发生率很高。这些孩子通常是在3岁前就因为受到躯体虐待、性虐待、忽视和遗弃被送来寄养；其中受到躯体虐待和性虐待的本病发生率分别为42%和64%。部分儿童时期的性虐待被害人在成年时期才出现创伤后应激障碍。原因有两个方面：一是随着年龄的增加，对儿童时期受到的性侵害"创伤"程度的认识逐渐全面，个体感受到的伤害也逐渐加重；另一方面这类被害人往往在其家庭和社会环境中得到的支持少，而更多的是加重了被害人的"耻辱"感，在精神上反复再遭受伤害。

精神障碍人群中，遭遇违法伤害事件后，创伤后应激障碍的发生率比一般人群高出数倍，是因为精神障碍患者所患的疾病本身就是创伤后应激障碍的危险因素；同时患者比一般人更容易遭遇创伤性事件，如精神发育迟滞者常被虐待或遗弃。

4. 抑郁障碍　常见抑郁症状有情绪低落；自卑、心境恶劣，睡眠障碍如入睡困难、易醒，多种躯体不适症状是幼年有躯体虐待或性虐待史的被害人常见主诉。自杀观念或自杀未遂的发生风险增高，尤其在女性的性伤害受害者中多见。抑郁障碍在伤害事件后出现，可持续多年。

5. 焦虑障碍　被害人遭受恐惧、暴力等伤害事件后焦虑症状最常见，表现为紧张、不安、惧怕、惊跳、梦魇等焦虑症状，可出现较长时间。对患惊恐障碍成年女性的回顾性调查发现，幼年时期有性虐待史的比例显著高于对照组。

6. 解离症状　表现出以身份识别障碍或记忆障碍为主的解离症状，如对创伤经历的遗忘、幻想、白日梦、梦游症和短暂的意识障碍等，严重者出现多重人格。

7. 物质滥用　在遭受被害事件后,被害人群中烟酒、药物等物质依赖或滥用的发生率显著增高,原有物质滥用情况的加重或创伤后才出现物质滥用。

8. 人格障碍　部分幼年被害人,受害事件对其人格形成产生了影响,成年后出现边缘型人格障碍,表现情绪不稳、愤怒、攻击或出现自伤行为,社会适应不良。

9. 其他　有性虐待或强奸史的女性,部分发生与心理因素有关的性功能障碍如性欲减退、性回避或不能进行性活动。对违法行为被害人的长期观察发现,犯罪行为对部分被害人的人格和行为影响存在长期影响,可表现出两种极端行为模式:一种是被害人向犯罪人角色的异变,如幼年时期受到虐待的被害人成年后出现频繁的冲动、伤人行为,或成为另一个施虐者或暴力违法行为的实施者。其原因是被害人在遭受精神伤害后表现对社会的适应困难、对犯罪行为的学习模仿、对犯罪的心理认同等。另一种则是"受害标签"的形成,即被害人对受害角色的心理认同、对被害事件的容忍性增高而被害敏感性减低,容易又成为另一违法事件的被害人,如儿童时遭受性虐待的女性受害者,成年后比其他人群更容易遭到其丈夫或其他人的虐待,或者成为另一次强奸行为的受害者。

三、被害人的精神损害赔偿和精神损伤赔偿

被害人赔偿一般包括人身损害赔偿、财产损失赔偿以及精神损害赔偿。

精神损害赔偿和精神损伤赔偿是两种不同概念、不同类别的赔偿。精神损害赔偿是指被害人及其近亲属因为犯罪行为遭受的精神痛苦或者名誉损害而给予的赔偿。目前我国的司法实践中,刑事案件中的精神损害赔偿主要是对造成直接被害人死亡,被害人的遗属(间接被害人)可得到死亡抚慰金。在国外,除给予死亡被害人的家属精神损害赔偿外,如果造成被害人严重伤残的,因为身体的伤残使被害人的生命质量和价值下降,原来的寿命期也相对缩短,对这些间接损失也给予精神损害赔偿。在强奸犯罪案件中,妇女的性不可侵犯权受到了侵害,被害人的精神受到强烈打击,社会综合评价指数下降,被害事件对以后的婚姻、家庭以及社会活动都将产生负面影响,因此一些国家规定对强奸犯罪被害人也要给予精神损害赔偿。精神损害的赔偿原则是,只要损害事实存在,即视为精神损害的后果已发生,应按照相关规定给予赔偿。

精神伤害赔偿是损害事件导致被害人出现精神障碍时给予的赔偿,应属于人身损害赔偿的范围。精神损伤赔偿的赔偿原则是,不仅要求损害事件的存在和精神损伤的后果,还要求损害事件和精神损伤之间具有相关性。赔偿数额的确定主要根据精神损伤的严重程度以及精神损伤与损害事件之间的相关程度。如严重颅脑外伤后出现脑器质性精神障碍的被害人,因外伤与精神障碍之间构成直接因果关系,除应赔偿被害人医疗费、护理费和误工损失费,如构成伤残的,还应赔偿伤残赔偿金、被抚养人生活费。而对于损害事件后因精神受刺激而造成的精神障碍,则需要按不同情况分别给予赔偿,如对于损害事件后发生精神分裂症和情感性精神障碍的被害人,一般考虑赔偿相应时间段的医疗费、护理费和误工损失费即可。

关于赔偿的实际支付,常常不能从罪犯那里获得实际赔偿。国际上通常采用的其他途径有,国家补偿、犯罪保险赔偿、社会救助、社会团体或慈善组织的捐助。通过这些补偿措施,可达到更好维护被害人的利益和减轻被害人精神痛苦和经济压力的目的。

四、被害人援助

被害人援助(victim assistance)是指所有旨在减轻被害人痛苦和增强被害人康复能力的活动,包括: 被害人赔偿、被害人权利的维护、支持团体、服务热线、危机干预、被害人咨询和治疗、急诊医学服务、社会服务等。

被害人援助是随着对被害人的权利和利益的关注而发展起来的。1979年全美被害人援助机构成立(national organization for victim assistance, NOVA),1984年美国制订了《犯罪被害人法》,该法规定联邦政府拨款用以支持被害人援助项目,1979年英国成立了全英被害人支持计划协会(national association of victim support schemes，NAVSS），由英国内政部给予资金。该组织管理资金在全国范围内进行分配，以及批准监督和协调全国的被害人服务项目。荷兰也同时开始了被害人援助。司法部资助了3项被害人援助项目，在这之后组建立了全国被害人援助办公室。1980年日本制定《犯罪被害者等给付金支给法》。1983年日本东京设立强奸救援中心。我国近年来也有一些政府机构参与和从事被害人援助工作，如未成年人保护委员会、各级妇联组织、法律援助中心以及在一些医院中设立的医疗援助等。除这些由政府资助的被害人援助机构外，世界各国逐渐出现了许多民间非营利性的志愿者服务机构，从不同的途径、在不同的方面给被害人提供援助工作。

被害人援助的内容非常广，归纳起来有如下几个方面：①司法援助；②被害人赔偿；③医疗和心理援助；④社会服务性援助。医疗和心理援助是比较常见的援助形式，因为大部分被害人如暴力被害人、强奸被害人、虐待被害人等需要医疗干预。这种医疗干预措施有危机干预、医学治疗、心理治疗等。对于处于危机状态的被害人，紧急干预是非常重要的。包括：①稳定被害人情绪，使其确信感到安全；②帮助被害人列出可获得的服务和资源，包括经济赔偿、社会支持资源，并协助其获得；③帮助被害人制订未来计划，提供心理咨询和随访服务。在医疗干预措施中，对有精神伤害者还需要精神科专科治疗。

（马长锁）

本章小结

攻击暴力行为是指任何形式的有目的地伤害另一生物体，而为该生物体所不愿接受的行为，其极端形式称为暴力行为，可造成严重伤害乃至危及生命。自杀的概念包括了有致死性结局和没有致死性结局的所有自杀行为和意念。被害人是指受到各种违法行为侵害的人，对被害人的心理特点等研究，即被害人学。

关键术语：

攻击行为（aggression）

暴力行为（violence）

外显攻击行为量表（modified overt aggression scale，MOAS）

暴力危险性评估指南（violence risk appraisal guide，VRAG）

暴力危险性分类（classification of violence risk，COVR）

暴力危险性评估20条（historical，clinical and risk management factor-20，HCR-20）

减点-攻击反应测定（point-subtraction aggression paradigm，PSAP）

自杀死亡（completed suicide）

自杀未遂（attempted suicide）

自杀观念（suicide idea）

类自杀（parasuicide）

蓄意自伤（deliberate self-harm）

危机干预（crisis intervention）

心理验尸（psychological autopsy）

犯罪被害人（criminal victim）

被害人学（victimology）

被害人援助（victim assistance）

全美被害人援助机构（national organization for victim assistance，NOVA）

全美被害人支持计划协会（national association of victim support schemes，NAVSS）

思考题

1. 如何提高评估、预测重性精神障碍患者攻击暴力行为的准确性?
2. 怎样预防和减少自杀死亡的发生?
3. 中国社会应从哪些方面帮助被害人?

第七章 精神障碍的伪装、造作性障碍、瞒病、诬攀和假坦白

学习目标

通过本章的学习,你应该能够:

掌握 伪装精神障碍的基本概念;

熟悉 伪装精神障碍的诊断标准;

了解 伪装精神障碍的评估方法。

案例7-1 ▶

潘某,男,33岁,已婚,初中,无业。

因涉嫌抢劫被捕后表现精神异常而实施司法精神鉴定。

被鉴定人伙同另外两人,以对方司机开车撞到其大腿为由,抢走小车司机的手机。逃跑时被保安员抓获扭送到公安机关。第一次讯问时,潘某能正常交谈,但隐瞒自己的真实姓名,交代问题避重就轻,将责任推给别人,为自己的行为作"合理化"的辩解,说话前后不一致,不能自圆其说。在第二次问话过程中潘某突然喊叫"我好害怕,我好害怕",并全身发抖。之后一直不开口说话,无法审讯,因而提请司法精神鉴定,以确定其是否有精神病。

鉴定检查发现,潘某弓着腰走路,行为做作;百问不答,双眼向四周围无目的地巡视,眼珠不停地转动,回避检查人员及干警的目光。同时,右手无目的地在自己胸前作摸索动作,行为怪异。经行为诊断仪探测,并告知(暗示)其"该仪器能使不说话的人开口说话,若经治疗仍不说话者,说明其故意所为"后,其异常表现即刻消失,表现神志清楚,定向准确,注意集中,交谈合作,对答切题,反应迅速,如实交代了犯罪事实,陈述内容清楚、有条理,并承认自己用假名、先前表现不正常是"因为害怕坐牢";未发现感知觉、思维、情感、意志行为等任何精神异常的症状,躯体及神经系统也无异常。

简要分析:①被鉴定人在第一次审讯时交谈自如,但有明显自我保护意识;次日再审时因知道其案件的性质后,突然表现不正常,提示有伪装动机和目的;②其症状出现突然,没有前兆症状;表现夸大、做作,主动展示症状;症状表现不符合任何一种精神疾病的临床相;③回避检查人员及干警的目光对视;④经行为诊断仪探测后,精神症状立即全部消失;⑤最终承认了伪装。这些特点均符合诈病的临床特点和诊断标准。

第一节　伪装精神障碍的概念与表现形式

一、伪装及伪装精神障碍的概念

广义地说，伪装是一种有目的的、以某种手段或方式来掩盖真相的行为，它不单单指伪装疾病，还包括伪装身份、伪装事物，如：故意改变事情发生的真实面貌或掩盖真相等，本章所涉及的伪装主要指前者。

伪装与说谎既有相同之处，也有所区别，两者都具有故意作假的性质，其目的有可能是为了推卸责任或摆脱困境，也有可能是为了获得某种利益，但伪装与说谎的表现方式有所不同。说谎即伪言，是用言语来编造事实或者否认事实的行为，刑事案件中多见；伪装即装扮、扮演，是用动作和行为来模拟或夸大某种情境或病症的行为，在各种案例中均可发生，以精神损伤或伤残鉴定中最多见，刑事案件、劳动仲裁或劳动能力鉴定的案件也不少见。

伪装疾病又称诈病（malingering），是指为了逃避外界不利于个人的处境，摆脱某种责任或获得某种个人利益，故意模拟或夸大疾病或损伤程度的行为。从这个定义可以看出，无论是模拟疾病，还是夸大疾病或损伤程度，只要个体的行为具有主观故意的性质，即故意模拟或故意夸大都属于伪装，但不包括潜意识的行为。伪装疾病可以表现为伪装躯体疾病，也可以是伪装精神疾病[通常称为"伪装精神障碍"（psychotic malingering）]。

过去由于医学技术水平不够发达，加上人们对医学知识缺乏认识，伪装躯体疾病的情况比较多见，如伪装发热、便血、瘫痪等。近些年来，由于医学技术日新月异，对躯体疾病的诊断技术方法和准确率不断提高，因而，伪装躯体疾病的情况越来越少。然而，目前的医学水平对精神疾病的诊断仍相对落后，一般建立在经验性评估的基础上，受评定者的主观因素影响较大，加上人们对精神疾病有不少误解，因此，伪装精神疾病的情况越来越多。尤其是近些年来，随着民事赔偿案件和工伤、职业病、交通事故伤残鉴定案例的增多，由于鉴定结论直接涉及当事人的切身利益，伪装精神障碍的情况已是屡见不鲜。伪装精神障碍的发生率在不同的省市和地区可能存在一定的差异，其影响的因素主要包括：①赔偿意识：被鉴定人的赔偿或获益意识越浓，伪装发生率越高。②损伤程度：无论是智力损伤还是精神症状，损伤程度越轻，对问题的理解越好，自我保护意识越浓，伪装的情况也越多。鉴定实践发现，智力损伤在轻度以上者，对问题的理解、判断能力较差，伪装的能力也较差。即使受他人教唆，由于其应付检查人员的能力较低，容易被识破和被瓦解，因此，轻度以上智力缺损者伪装的情况较少。已有研究报道，在赔偿性脑损伤鉴定案例中，伪装精神伤残的以轻型颅脑创伤者最多见。③对法律的了解程度和对鉴定意义的认知程度：被鉴定人越了解与赔偿有关的法律，就越明确鉴定的意义，伪装的可能性也就越大。④鉴定人员的技术水平：鉴定人员识别伪装的技术水平越低，对伪装的诊断越少。有的伪装者，其伪装的方式非常巧妙，一般人难以识破，尤其是对伪装识别技术掌握不佳、接触观察时间短时更难发现。此外，被鉴定人对鉴定机构及其鉴定人识别伪装的能力的了解程度对伪装的发生也有一定影响。

二、伪装精神障碍的类型

根据伪装与案件性质的关系、伪装出现的不同时间段以及伪装的表现形式，可以将伪装精神障碍分为不同的临床类型。

（一）按照案件的性质

1. 刑事案件中的伪装　以伪装重性精神病为多见，因为有一般常识的人都知道，一个人在没有大脑受伤的情况下，不大可能突然变傻，但有可能突然出现精神问题，因此，犯罪嫌疑人为了逃避罪责，大多伪装严重的精神紊乱。

2.民事案件中的伪装　包括交通事故、工伤、保险理赔评残中的伪装。由于民事案件涉及赔偿问题,鉴定目的是确定受害人的损伤残疾程度,损伤残疾程度越重,赔偿数额越高,因此,此类案件中的伪装情况较多见。在这类案件中,伪装认知功能损伤或伪装精神症状都很多见,伪装认知功能损伤者常伴有颅脑创伤史,因为民众的直观理解是:颅脑创伤的后果就是使人变傻,因而这类被鉴定人往往表现为认知功能(主要是智力和记忆)低下;也有少数伪装精神障碍,包括轻性和重性精神症状。

(二)按照伪装的时间段

1.事前伪装(pre-simulation)　又叫防备性伪装或预防性伪装。一般多见于刑事案件,是在犯罪前预先造成精神疾病假象,或获得精神疾病的诊断证明,为犯罪后免责做准备,即犯罪前诈病;近些年来随着国家的经济水平飞速发展、社会福利不断提高,也有少数人事先伪装精神疾病,取得医疗机构的诊疗病历及疾病证明,以便日后骗保或获得国家的某种福利待遇。这种类型的伪装较少见,但值得警惕,因为在司法鉴定领域中曾发生过此类情况。

2.事中伪装(intra-simulation)　是指在案件发生过程中伪装精神障碍,如:犯罪过程中伪造成精神病人所为的作案现场,以转移办案人员破案线索和思路,造成疾病情境的假象,以掩盖犯罪动机,即犯罪时诈病;这种伪装较少见,因为大多数人都不具有精神医学知识,而且作案时通常是紧急状态下慌忙逃离,很少考虑到这方面的问题。另外,大多数人的自我保护意识是考虑到如何销毁证据方面的问题。事中伪装在民事领域中有时也能见到,如遭受工伤或交通事故过程中即表现出与伤情不符的呆傻或精神异常,这类人的损伤程度通常轻微(重伤者通常在第一时间不具有伪装的意识和能力),但需要与应激性精神障碍相鉴别。

3.事后伪装(post-simulation)　是指在事件发生之后或作案后伪装成精神疾病,其目的是为了逃避罪责或责任(又叫犯罪后诈病),或获取某种利益。此类伪装较常见,尤其是交通事故、工伤与职业病、劳动争议等赔偿案件中更多见。

(三)按照伪装的程度

1.纯粹诈病　又称完全诈病,是指事实上根本不存在任何症状或疾病,所有的临床症状表现纯属模拟、编造,没有任何疾病的基础。

2.部分诈病　是指在一定的疾病或症状基础上夸大或模拟精神症状或认知功能低下。包括以下几种情况:

(1)有意识地夸大已有的症状:如脑外伤后的确存在一些轻微的精神损伤症状,但在鉴定时表现出比原有症状严重得多的症状。

(2)损伤后的原有症状基本消失,但仍谎称症状仍然存在:如脑外伤后曾出现一过性精神病症状,经过治疗后症状已基本消失,但在鉴定时又表现出来。

(3)归因转嫁:这是一种特殊情况,是无端地将本已存在的疾病症状归因于其实与症状并无关系的原因。如:为了得到补偿,将由于婚姻、家庭关系紧张导致的精神症状归咎于工作中的外伤事件所致,或把本身存在精神发育迟滞或精神疾病归咎于可以获得赔偿的外伤事件。

(四)按照精神障碍的表现形式

根据精神障碍的表现形式可将伪装精神障碍大体归纳成两大类:

1.伪装认知功能低下　伪装记忆减退或缺失、智能损害、失语、失认、失写、失读等。这类伪装的核心表现就是"装傻"。

2.伪装精神症状　又可分为:

(1)伪装精神病性症状:如:伪装幻觉、妄想、语词杂乱、木僵、缄默等;

(2)伪装情感障碍症状:包括伪装兴奋、言语动作增多;或悲观失望、振作不能等;

(3)伪装神经症样症状:可表现为肢体麻木或感觉丧失、肢体乏力或瘫痪、头痛头晕、恶心、注意力不集中、健忘、周身不适、焦虑等;

（4）伪装意志行为障碍：表现为各种行为障碍，如：冷淡、不关心（对外界发生的事情漠不关心，不闻不问）、不讲卫生（浑身污垢，拣地上的东西吃、吃屎、吃尿）、拒食、行为紊乱、冲动等，表现出这些症状者一般都是为了造成精神病的假象。

三、伪装精神障碍的常见表现形式

伪装精神障碍的临床表现是多种多样的，而且随着文化的变迁、人们对精神疾病的认识和了解，伪装精神障碍的临床表现也将不断变化。伪装精神障碍虽有多种表现形式，但常见的表现形式可以大体归纳为伪装精神症状和伪装认知功能低下两种，即通常所说的"装疯""卖傻"。这两种表现可以独立存在，也可能同时混合表现出来，有时以伪装认知功能低下为突出，有时则以伪装精神症状或精神病为突出。

（一）伪装精神症状

1. 临床表现　以伪装重性精神病症状为多见，如：伪装幻觉（幻视、幻听多见）、妄想（通常表现为被害妄想）、兴奋（言语动作增多）、自言自语、行为紊乱（捡地上的东西吃、易激怒、冲动等）、缄默（长期不说话）、木僵（不语、不动、淡漠、对外界发生的事情漠不关心、拒食等）。一般人通常认为，只有精神错乱才能被人发觉其精神上有问题，只有表现出严重的精神病症状，才能真正达到逃避罪责或获取利益的目的，这是伪装精神病症状的情况多见的原因之一。但少数情况下也有伪装轻性精神症状的，如多种躯体不适症状：肢体麻木或感觉丧失、肢体乏力或瘫痪、头痛、头晕、恶心、呃逆、周身疼痛、焦虑、抑郁、烦躁、易发脾气等。

2. 特点　伪装精神症状的表现形式虽多种多样，但一般都有以下特点：

（1）症状出现突然，没有前兆症状：如：出现精神病症状的前一天还能与家人或同事正常交谈，也能正常处理人际关系和应对环境，饮食睡眠也都正常。在没有任何原因诱发的情况下突然表现为明显不正常，且症状十分丰富，这种发病形式是真性精神病极少见的。

（2）表现夸大、做作，主动暴露症状：伪装自言自语者，言语内容可能像叙述一些事情一样，大声地说话，也可能内容零乱，甚至只有一些词的堆积，缺乏完整的句子，似思维不连贯，但不伴有意识障碍及明显行为紊乱；这种大声说话的自言自语往往难以持续，因而表现为阵发性的短暂行为。自言自语的声音往往较大，唯恐别人听不到，因为，伪装就是要做给别人看的，如果让别人听不到其自言自语，也就没有伪装的必要了。也有少数有精神病学知识的伪装者小声或无声"自言自语"，但从其神态、口形等表现形式可以判断出主观做作的特点。

伪装幻觉、妄想者，常常主动告诉医生他听到声音，有人陷害他等，内容常常具有随口编造的特点，也不伴有相应的情绪和行为反应，对"声音"和"陷害"既不害怕，也无外在"对抗"行为。

伪装行为紊乱者，往往表现极端，如不停地做怪动作，双眼无目的地看，眼珠不停地转动；不停地点头或摇头；不伴有紧张或寒冷的全身发抖或四肢抖动；不伴有紧张性木僵、紧张性兴奋、也不用书写方式交流的缄默；有的在无明显行为紊乱的背景下吃大小便，吃鼻涕，或拣地上树叶、香蕉皮吃；在无木僵的情况下拒食。行为虽然十分紊乱，却不伴有睡眠障碍。冲动行为常有选择性，显示出其正常的行为控制能力和主观意识性。

伪装神经症样症状者，常在检查人员面前过分夸大其躯体不适症状，如：自行走来医院者，见到鉴定检查人员时突然表现出不能独立行走，让家属背着或搀扶进检查室；迅速从自然表情转为痛苦表情；或一反常态地表现为气喘吁吁，不时呃逆；能自行端碗筷吃饭者，检查时却不能抓拳；主诉大量的躯体不适而没有相应的阳性体征或实验室检查的支持证据。

（3）回避目光对视：在检查交谈时，伪装者大多低着头说话，或将脸朝向没有目光巡视的地方；若与检查人员正对着坐，伪装者则将头扭向一侧说话，不敢与交谈的对方有目光接触。如果在有监视器的地方，伪装者则总是背对着监视设备坐。回避目光是伪装者的共性，伪装智力低下者也不例外。少数伪装者虽有目光接触，但接触的时间较短，常迅速移开视线，或不敢完全正视鉴定人员。

（4）症状因所处环境和对象不同而改变：当检查人员在场时不吃不喝，不语不动，表情呆板，但检查人员离开后却偷着吃喝，眼神灵活，能与家人私下交流，自行上厕所，对周围事物有相应的表情反应，精神活动完全正常。

伪装精神症状可以是单一的症状表现，也可以是多种复杂的症状同时出现，如轻性症状和重性症状合并存在。不同的伪装者所表现的伪装症状差异与伪装者对精神疾病的认识程度不同有关。少数伪装者为了达到自己的目的，在家人面前也可能表现出一些不正常，以致家人也误以为其真的有精神问题。还有的伪装者，宁可在精神病院忍受抗精神病药物副作用的痛苦，甚至在医务人员的督促下不得不将抗精神病药服下去，但其临床症状却越治越重，随着住院时间的延长，不断模仿出精神病人的各种症状。

（二）伪装认知功能低下

1. 临床表现　伪装认知功能低下或智力、记忆损害有各种不同程度的临床表现：

轻者，有的表现为不尽自己的努力去实施心理测验，不假思索地回答问题，随意作答；有的表现为有意放慢回答问题的速度，有意显示自己记忆差或反应迟钝的症状表现；有时也可能因考虑"如何回答才能让检查人员看到自己损伤重"这样的问题而延迟作出反应；有的兜圈子、不直接回答；如问其年龄，回答"妈妈说我30岁"，或"他们告诉我是30岁"等，有意显示不是自己记得，而是别人告诉的；有的用"头晕、眼花、想问题就头痛""我记不得了""我看不清这些图片"（实无视力障碍）、"我不知道"或"我想不起来了"敷衍或借口回避或不回答测验中的问题；有的因害怕暴露自己的真实能力而畏惧测验，甚至拒绝测验；有的虽不完全拒绝测验，但在测验中消极怠工、不用心，需测验技术员或鉴定人反复解释和督促，才勉强完成测验内容。

重者，表现为故意答错，如回答"一只手有4个手指"，但并不存在假性痴呆的其他临床特征；有的受试者几乎对测验中所有问题均回答"不知道"或"不记得了"。更严重者，在临床检查或智力测验时完全胡说八道，如："1+1=11，2+2=22"，说"今天是星期八"等等。

2. 特点　伪装认知功能低下或智力、记忆损害除了具有伪装精神障碍的一般特征外，还具有如下特点：

（1）伪装认知功能低下者，多见于有脑外伤史者，因为一般人都懂得，大脑好使的人聪明，如果大脑损伤，人就会变傻。

（2）主要表现伪装或夸大记忆障碍，包括远近记忆，甚至瞬时记忆障碍，缺乏真性记忆障碍的发展规律，如：近记忆尚好，远记忆差；容易的忘记，困难的却记得。忘记过去所学到的简单知识，不记得家人的名字，甚至连自己的名字也回答不上。常伴有主观故意的"联想困难""反应迟钝""理解判断能力差"等表现。

（3）症状表现不一致：被鉴定人的外在行为虽然表现'呆滞'，与检查人员无眼神交流，或表情显得很茫然，但却对检查人员的记录十分警觉，留心观察，对检查人员的言语和态度十分敏感；虽然什么都回答"不知道"或"忘记了"，但主诉自己的不适症状时却内容详尽、条理清楚、层次井然，记忆犹新。因此，在这类案例的鉴定检查时，若让被鉴定人先叙述自己的不适症状感受，可以发现其记忆障碍和反应迟钝的矛盾之处，有时还可防止故意表现呆滞、缄默等情况的发生。

（4）临床表现与实际损伤程度不相符：无相应的器质性异常体征和实验室检查的证据，或曾有脑损伤，经治疗后脑组织仅留有轻微创伤后改变，临床表现却显得普遍糊涂，似病情很重，如"忘记"自己的姓名、年龄、婚姻状况等。

（高北陵）

第二节　伪装精神障碍的诊断与评估

一、伪装疾病的诊断标准

《中国精神障碍分类与诊断标准第三版(CCMD-3)》关于"诈病"的诊断标准指出,诈病具有以下特点:

1. 明显的伪装动机和目的。

2. 症状表现不符合任何一种疾病的临床相,躯体症状或精神症状中的幻觉、妄想及思维障碍等均不符合疾病的症状表现规律。

3. 躯体或精神状况检查通常回避、不合作、造假行为或敌视态度,回答问题时,反应时间延长,对治疗不合作,暗示治疗无效。

4. 病程(变化)不定。

5. 社会功能与躯体功能的严重程度比真实疾病重,主诉比实际检查所见重。

6. 有伪造病史或疾病证明,或明显夸大自身症状的证据。

7. 病人一旦承认伪装,随即伪装症状的消失,是建立可靠诊断的必要条件。

上述标准虽然主要针对伪装精神障碍,但对伪装认知功能低下也有适用性。这些诊断条目为诈病的诊断提供了基本思路,但在实际鉴定工作中,对伪装精神障碍和伪装认知功能低下的判定尚有一定难度,且虽有这些标准,不一定适合每一个案例的具体情况,不宜生搬硬套。例如:有些伪装精神障碍者对自己的伪装心中无数,在他们的伪装过程中也在不断地试探鉴定人员,他们一般不懂得精神医学知识,此时,利用他们的无知,给予一些"暗示"仍可能会使他们的精神症状改变或消失。因此,并非"暗示治疗"绝对"无效"。

标准中"承认伪装是建立诈病诊断的必要条件",需要根据具体情况来具体分析,有些人即使是伪装被完全识破了,也很少承认自己是伪装,但当指出其有故意行为时,沉默不语,说明其心里是认同"故意"的,不一定要口头承认才算是"承认伪装";有的人即使默认是伪装,精神症状也可能不会"随即消失",因为从原来的"精神病状态"突然变成正常人,会觉得"面子上"有些过不去,因而为了让自己"下台阶",其精神病态的表现会逐渐消失,但至少与之前有较大的不同;有些人在伪装前因存在某些人格特质,在长期表现出"傻"或"精神异常"之后,即使被识破,也难以在短时间内从一种角色转换成另一种角色,因此,其精神症状也难以立即消失得干干净净。这些情况在鉴定实践中并非罕见,值得注意。

此外,颅脑创伤后伪装认知功能低下或精神症状的诊断不同于普通精神科临床对真性痴呆与假性痴呆以及重性精神病与轻性精神障碍的鉴别,因为,精神科临床所表现的假性痴呆或精神障碍一般没有脑器质性损伤的背景和基础,因而易于识别。而颅脑创伤患者常常有明确的、甚至是较为严重的脑损伤(如重型颅脑损伤)的情况,颅脑损伤本身可以导致多种临床少见的精神症状,因此,当他们表现出类似假性痴呆或其他精神症状时,常常涉及到很多复杂的问题,如:不同程度脑损伤对精神活动影响的差异,不同损伤部位对精神活动影响的形式等等,增加了对伪装精神障碍的诊断与评估难度。

二、伪装精神障碍的评估

目前我国对伪装精神障碍的评估方法可大致分为以下几类:

(一)经验性评估

这是司法精神医学鉴定实践中常用的方法,即凭借专业人员的实践经验做出评估,而这种经验是基于对各种精神障碍的理论与实践认识。真性痴呆和精神病有着其固有的发生发展规律和临床特征,伪装痴呆或伪装精神病也有一定的规律性和表现特征,因而,可以凭借这些规律和特征作出大体估计和判断。

经验性评估是对伪装精神障碍评估的必要基础,由于医学临床是面对精神活动复杂的人类,一种病因可导致多种临床表现,而一种临床表现又可以由多种病因引起,即使有先进的评估方法,仍需要经验性评估来鉴别一些临床特殊情况,并对测验评估的结果进行补充、核实和确认。

经验性评估受实践经验的影响是显而易见的,经验越少,对伪装的识别率越低;况且,精神障碍的表现形式千变万化,病因、病理机制尚不清楚,因此,凭借经验做出的判断常带有一定的主观性,不同评估者判断的一致率较低,而且大多只能发现特别典型、明显的伪装,对巧妙伪装判定的把握性不大。

(二)定性评估

通常是根据伪装障碍的规律和特征,总结归纳成若干个评定条目,根据这些条目对伪装精神障碍进行识别和判定。

国外有学者发现说谎话的人在言语和非言语的行为表现上具有一些特征,并归纳总结如下,符合这些特征者,谎言的可能性较大,这些特征表现对伪装疾病的判断也有一定帮助。

1. 言语特征主要包括以下表现

(1)修饰语:常用一些含糊词来回答问题,如"不一定""可能是这样""通常是这样""基本上是这样"等。

(2)过分省略:用一些强调词来回答问题,如"不""没有"等。

(3)强调真实性:强调自己所说的是完全真实的,如:"百分之百是真话""绝对没有说谎"等。

(4)用词错误:在审讯过程中,思路中途改变,如所用的时态、人称、代词中的语法等出现错误。

(5)停顿现象:无词的声音,如,在犹豫时用"嗯"来拖延时间。

(6)断断续续:说话吞吞吐吐,结舌、口吃,或含含糊糊。

(7)清嗓门:发出一些声音,如:呻吟、叹气、咕噜声等。

2. 非言语特征主要包括以下表现

(1)斜身:在说谎的同时,表现出身子向前倾斜、双肘搁在膝盖上或放在桌子上;或在椅子上不断改变姿势;

(2)舔唇:不停地用舌头接触口唇;

(3)收紧嘴:紧闭嘴唇,好像不让任何真情透露出来;

(4)饮水、吞咽:不时喝水,或吞咽动作增多;

(5)手、面动作:触摸脸面、鼻子(抓鼻、揉鼻)、耳朵、头发的动作增多;

(6)叹气、深呼吸:能听到或看到说谎者的叹息声或深呼吸;

(7)动手、耸肩:向外弹指、耸肩、心神不定的样子;

(8)抓物体:手抓东西的动作增多,如:抓眼镜、笔、纸等;

(9)转移视线:在与问话人对视后迅速移开视线,看其他地方,或看下方,回避问话的视线;

(10)很少眨眼:在说谎时,主动眨眼的动作减少;

(11)握拳、叩指:手抓成拳头、看不见手指,或双手合拢、手指交叉;

(12)双臂交叉,就像是做成一个屏障来对抗审讯者对其说谎的否定。

国外也有学者曾对伪装精神障碍进行过定性评估的研究,他们从联邦监狱的囚犯和自愿参加模拟伪装精神障碍,主要是模拟伪装智力低下的一些大学生的会谈中发现,伪装者在心理测验过程中常常表现出以下几种情况,根据这些定性指标来发现受试者有无伪装的可能性。定性指标包括①合作不良;②对测验有心理负担和抵触情绪;③反应速度慢;④在测验中踌躇不安或犹豫不决;⑤普遍糊涂(什么都不知道)。

然而,这种定性评估也比较粗糙,条目的界限不清,如什么情况才被认为是"合作不良";什么样的速度才算是"反应慢"等,都没有具体的指标认定;"抵触情绪"和"踌躇不安"的评估则更困难,影响因素更多,某些情绪障碍(抑郁、焦虑)及假性痴呆(癔症)等都可以有类似表现。因此,定性评估与经验性评估一样,仍具有一定的主观性,临床评估的一致性和准确率较低,说服力不强。

我国精神疾病诊断标准与分类中"诈病"的诊断标准也属于一种定性评估。目前,我国司法精神鉴定中大多是通过这种定性评估的方法来进行判断,由于伪装的表现形式五花八门,有时难以与真、假痴呆以及精神障碍相区别,即使是很有经验的专业人员,有时也会对自己所作出的"伪装"判断缺乏自信心。在难以定论的情况下,有时鉴定人员也不得不以智力测验所报告的成绩作为智力损伤评定的依据,或"降级"评定,如:当智力测验成绩为中度智力缺损,临床发现有伪装的可能时,将被鉴定人的智力损伤评定为"轻度智力损伤",其结果造成鉴定结论与真实情况不符,甚至引发鉴定纠纷。因此,对伪装的判定需要更客观的评定方法。

(三)定量评估

对伪装精神障碍的定量评估是指在标准情境下,用标准化的工具及检测仪对伪装行为存在与否进行量化分析。一位著名心理测量学家Lord Kelvin曾在强调"量化"的重要性时指出:"当你能够测量你所说的,或者当你能够用数字来表达你所说的时候,你就真正懂得你所说内容的实质。但是,当你不能够测量你所说的,或者不能够用数字表达你所说的时候,你的学识仍然是浅薄的,也不会是令人满意的,那只是学识的开端,绝对没有把你的思想提高到一个科学的阶段。"长期以来,法医精神病的鉴定结论之所以一致性较差,且被法庭质疑的情况时有发生,其原因之一就是因为仅凭借鉴定人的经验作出的鉴定结论,缺少量化的客观证据。当今社会,科学日益发达,对司法鉴定也提出了更高的要求,单纯经验性的鉴定结论会越来越缺乏说服力。因此,应当看到法医精神病鉴定的不足,尽可能使用一些量化的评估结果以支持鉴定人的经验性意见,提高鉴定结论的科学性、客观性和一致性。

1. 伪装精神症状评定量表　主要用于评定以伪装精神症状为主要临床表现,目前国内已经使用的评定方法有:

(1)明尼苏达多项人格测验(MMPI):MMPI是目前世界上所有心理量表中含效度量表最多的心理测验工具,其中MMPI-Ⅱ有很多反映伪装或夸大精神症状的效度分量表,但由于目前各鉴定机构使用的大多是旧版MMPI,因此,这里仅介绍几种反映伪装或无效测试结果的检测指标。

1)Fake量表(fake-scale):谈到伪装的定量评估,鉴定人和心理测量工作者自然会想到MMPI中"Fake分测验"(fake-scale)这一效度量表,又称为"稀有回答"或"稀有认同"量表,系由64个条目组成,主要包括奇异感知觉、古怪思维、特殊体验、迫害观念、情绪隔离及异己体验等一些不寻常的体验或信念,这些条目在大多数(90%以上)的正常人群是很少被认同的,故名为"稀有认同"量表;同时发现该量表具有测查被试是否有伪装坏,即伪装或夸大精神症状,故也被视为"诈病"量表。编制该量表的Hathaway和Mckinley(1951)最早认为,若F量表的T分大于70,则可判断MMPI剖图无效,表明被测者故意夸大精神症状。但是,后来的研究和临床应用表明,F分量表分数高,并不一定表示伪装所致。因为,F分量表的部分条目与第六分量表(偏执)和第八分量表(分裂)的条目有重叠,因此,当"偏执"和"分裂"分量表分增高时,F分也可能是增高的,此时,并不表明受试者伪装或夸大自己的精神症状。另外,测验有抵抗情绪的被试,F分量表也较高。因此,MMPI的F分增高,除了反映有夸大症状以外,还可能表明被试有精神病症的可能性,或对测验有抵抗情绪,或有严重的理解问题。由此可见,MMPI中的Fake量表所反映的伪装尚有一定的假阳性,值得注意。而且,Fake量表只适用于被测者夸大或伪装精神症状的测查,一般不能用于伪装认知功能低下的评估,因为当个体有精神症状时,往往影响对其智力、记忆损伤评定的准确性。在鉴定实践中,对有明显精神症状的被鉴定人,常常不能对其智力或记忆损伤予以定论。另外,要完成MMPI,需花费很长的时间,对于有躯体损伤的被试往往难以实施完成,因此,限制了它在司法精神医学鉴定实践中的广泛应用。

2)K-F指数:是MMPI另一个效度指数,又称伪装指数,是将F效度量表与K效度量表结合使用所形成的一个新的效度指标，即将两个量表的原始分相减即得。当K-F指数大于10，则认为剖图提示夸大精神病理症状的倾向（即受试者企图伪装精神症状）；当K-F指数小于0，则认为剖图提示掩饰精神病理症状（即受试者企图否认任何精神症状的存在）；当K-F指数处于中间状态（0~9）时，则认为受试者精确认同了条目（提示剖图有效）。但应当注意K-F指数有16%~25%的假阳性（即将精神病人错判为伪装）。

3）重测指数TR：又称矛盾回答指数，由16对重复条目组成，是用以考察受试者对条目认同一致性的一种测量学指标。该指数的条目分布于量表Pa、Pt、Sc和Si中，集中于8~366个条目中间，而成对的条目在问卷中的分布都比较远，尽可能消除受试者对前一个条目的记忆。这些重复条目有的完全相同，有的稍有不同，回答相反时计分。我国纪术茂等研究发现，当TR指数为4分时，有52%的测试结果可归于无效；当TR指数为5分时，有68%的测试结果可归于无效，不能按照剖图进行解释。一般认为，F量表T分小于70的标准判断为有效剖图，但根据TR指数判断时，发现8%~16%的剖图是无效的。因此，对单独采用F量表不能检出的无效剖图，用TR指数却能很快检出。

（2）简易精神症状自陈量表（malingering test）：由于实施MMPI所需时间较长，降低了该测验的可行性，有的被鉴定人在做MMPI后期测试时常胡乱作答，结果往往无效，因此，为了简捷明了的反映被试是否伪装精神症状，提高测验的可行性，国内外均有学者编制了简易的评定量表，使被测者在实施测验时既能真正感觉到是在测查其有无精神病，又能保证短时间内的认真作答，因而提高了被试的主动参与意识，保证了测验的实施和完成。简易精神症状自陈量表系由高北陵等编制，仅25个条目，这些条目都是由临床精神病患者少见或罕见的精神症状或表现所组成。量表的内容主要包括以下四个方面：①幻觉症状：包括幻听、幻视、幻嗅等；②妄想症状：包括关系妄想、被害妄想、被洞悉感、被动体验等；③夸大症状：包括对自身能力、权利、地位等夸大；④神经症症状：包括恐惧、焦虑、强迫、疑病、人格解体、附体观念、躯体不适等。

所有条目均以"是"或"否"选择回答，选择"是"则记1分，选择"否"记0分；总分25分。

该量表在52名正常人群、268例精神科门诊及住院精神病人（精神分裂症、心境障碍、偏执性精神障碍、神经症）及171例法医精神病鉴定对象中进行测试，结果显示量表的分半信度在0.83~0.84之间，重测信度在0.88以上，各因子均与全量表总分呈高度相关（r=0.79~0.85），各因子之间为中度相关（r=0.50~0.65）。量表总分及各因子分与MMPI"诈病"量表分均呈显著正相关（$P<0.01$），尤其是总分和被害因子，相关达0.7以上。反映该量表具有较好的信度和效度。

该量表对伪装精神症状的划界分为≥13分，也就是说，当测验总分大于或等于13分，应考虑有伪装或夸大精神症状的可能性。判定分析结果显示：正常对照组判定的正确率100%；伪装组判断的正确率79.2%，假阴性率19.5%；精神障碍组总体判定正确率90.3%，假阳性率9.7%，其中重性精神障碍和轻型精神障碍的判定正确率分别为86.7%和95.4%，假阳性率分别为13.3%和4.6%。

2. 伪装智力、记忆低下评估 前述MMPI的多种效度量表和伪装精神症状评定量表都是适用于临床表现以精神症状为主的伪装或夸大，这些量表对伪装智力、记忆低下的可行性较差，评估的准确性降低。因此，国内外司法心理学家编制了反映某种能力的测量工具来测查伪装能力低下，如伪装智力、记忆低下或认知功能障碍的测验工具。这样，便于与智力测验同步进行，使被测者在测验中感觉到所实施的测验是检测其能力水平的，从而愿意完成测验的内容。

目前，国外研究的伪装智力低下的工具，在测验的方法上，有必选测验和非必选测验；在测验的形式上，有言语与非言语测验；在测验的材料和内容方面，种类更多。本节仅对国内现有的测量工具予以简介。

（1）非必选测验：主要借助于言语表达功能来实施的测验，测验试题没有备选答案，而是由被试用语言表达和描述问题的答案，因而从其测验形式上属于言语测验。这类测验主要包括：

1）韦氏记忆量表修订版（WMS-R）的"伪装指数"（malingering index）：Mittenberg根据韦氏记忆量表修订版（WMS-R）发展了"伪装指数"，发现在实验研究中的"伪装"与颅脑创伤患者的"注意/专心指数"（attention/concentration index）和"一般记忆指数"（general memory index）有明显不同，据此可以计算出伪装指数，但也有研究发现其假阴性率较高（23%），敏感性较低。此外，被测者必须完成韦氏记忆测验11个分量表的全部内容，才能计算出伪装指数。因此，对于那些颅脑创伤后有明显躯体功能障碍和虚弱的被测者来说，可行性较差。

2）韦氏智力和记忆量表中的数字广度分测验：该测验是由测试者复述出一些随机排列组合的数字（如58，294，3527等），一般从二位数开始，逐渐增加，让被测者顺背或倒背出来。数字广度测验主要反映被试的瞬时记忆，与个体的注意力有关。心理学家发现，韦氏智力量表和韦氏记忆量表中的数字广度分测验能够把实验指导下的模拟"伪装"与获得性脑损伤和有明显记忆损伤的患者区分开来。因此，他们用数字广度测验来作为探查伪装记忆和智力障碍或损害的工具，并有研究表明，许多严重记忆损伤的病人，包括柯萨可夫（Korsakoff）综合征、脑炎及经历过神经外科手术的患者，其数字广度的技能（瞬时记忆）常常相对保持良好，因此，推测若数字广度测验分数太低（年龄相关记分小于4分），表明有伪装坏的可能，特别是当这种低劣的成绩是发生在轻微颅脑创伤（如脑震荡）的个体时，伪装智力、记忆低下的诊断更为可能。但该测验敏感性也较低，只能对明显伪装有辅助诊断价值。

（2）必选测验（forced-choice test, FCT）：这类测验的每一个测试题都备好了几个选择答案，可以是两个答案（二项选择），也可以是多个答案（多项选择），但其中都只有一个答案是正确的。测验时，让被测者指出那个正确的答案。由于这类测验指定被测者必须选择其中一个作为自己的回答，不允许不做选择的情况，故称作"必选测验"。这类测验不必用言语表达，只要用手指出或点头示意即可。目前国外临床心理测量学家均认为，必选测验是探查掩饰、夸大或伪装认知功能损害最好的测验方法。

这些伪装认知功能损害的评定方法都是对伪装行为的量化，即当受试者在这些测验的分数达到了显著性水准值时，便认为受试者有伪装的可能性。在使用这些测验工具时，通常与智力或记忆测验同步实施，是用来对智力或记忆测验结果的有效性或可靠性的再评估，因而，当这类测验提示受试者有伪装时，表明被试智力测验的结果是无效的。这类测验的原理基本相同，目前国内主要有：

1）二项必选数字记忆测验：我国法医精神病学工作者（高北陵等，2000年）研制了一套伪装智力、记忆低下的定量评估工具——二项必选数字记忆测验（简称为"二项测验"），其基本原理是统计学中的二项式定理，即在一个二项必选测验中，正确数的随机水平是已知的（即50%），也就是说，二项必选测验的所有条目都有50%的正确选项概率，受试者在没有记忆的帮助下随机做出反应，都能有50%的正确率。因此，如果一个人的分数落在50%之外，那就不可能是概率得分的结果，而是有目的地选对或选错。有目的选对时，得分会显著高于50%；而有目的选错时，得分会显著低于50%。必选测验之所以能反映伪装，其基本前提是：如果一个人能使测验得分显著低于概率得分的话，那他（或她）也就具有获得高于概率得分的能力。

为了提高测验对伪装识别的敏感性，这个测验包括困难条目和容易条目各12个，共24个条目，其中每个条目由2张卡片组成：1张刺激卡，1张反应卡（图7-1、图7-2）。按照随机的原则，将容易条目和困难条目排列，其中正确选项在左侧的有11条，右侧为13条。被试答对一项得1分，总分24分。

38624	38624　85139	58249	58429　58249
（刺激卡）	（反应卡）	（刺激卡）	（反应卡）

图7-1　二项必选数字记忆测验容易条目示意图卡　　**图7-2　二项必选数字记忆测验困难条目示意图卡**

这个测验在40多例正常人群中进行了模拟伪装等实验研究，还在211例有实际病损的颅脑创伤伴有或不伴有损伤赔偿者中进行了临床研究，显示有良好的信度和效度。容易条目的累积概率划界分为11分，困难条目的划界分为7分，总分划界分为9分，即当被试总得分小于9分时，考虑有伪装或夸大智力或记忆低下的可能性。假阳性率和假阴性率分别为8%和15%,判定的总正确率为90%。

　　这套测验工具具有简便、易于操作、耗费时间短等优点,凡能够认识0~9的数字的个体,即使被试没有上过学也可实施该测验,几乎不受文化程度的影响。然而,任何测验都会受一些因素的影响,该测验也不例外,当客观原因影响被试的注意力时,都有可能影响到该测验的得分,包括被试的躯体状况不佳、精力不足;或有精神病性症状等。某些器质性人格改变者,可能表现出不负责任地胡乱作答而影响正确得分数。假性痴呆:Gancer综合征,或童样痴呆,为一种潜意识的动机所为,并非故意所为,但仍可导致正确得分较低。

　　近年来,还有学者根据二项测验的原理,编制了二项必选图片记忆测验,不仅扩充了测查伪装认知功能损伤的评估工具,也增加了对完全不识字的被试进行相关检测的可行性。

　　2)认知伪装甄别测验:该测验由程灶火等编制,由两个迫选式再认分测验(数字迫选和图符迫选测验)组成,每个分测验含30个条目。该测验在264名正常人、33名脑损害病人和125名可疑伪装的鉴定者中进行测试,结果显示两个分量表的重测相关系数分别为0.603和0.571;全量表的信度系数为0.843~0.936。与各认知能力分测验有中等程度的相关(0.308~0.608),反映该测验有较好的信度和效度。该测验有四种评判法,其中一种为划界分评判,即两个分测验的划界分约等于16分(最低分评判为19分),高于划界分为"真实",低于划界分为"伪装",一个分测验得分高于划界分,另一个分测验低于划界分判为"可疑"。在模拟伪装认知功能损害的研究结果显示:四种评判法的特异性为100%;加权敏感性在50%~90%之间;模拟伪装组与对照组的归类正确率为90.6%,模拟组有18.3%误判为真诚,对照组有5%误判为伪装。

　　我国虽已有多种测查伪装精神障碍的评估工具,但不是所有的伪装精神障碍者都能实施量化评估(完全不予配合时无法实施),也不是所有的伪装精神障碍都能够通过量化评估检测出来,而且量化评估的准确性也需要结合临床情况具体分析,因而在实施量化测验前后应当进行认真的精神状况检查。在测验前实施精神检查的目的是了解被试的精神状况,有哪些精神活动领域出现了异常,具体的症状表现是什么,以便对被试的精神状况有大体了解,并明确对被鉴定人选用哪种测查工具。在实施完成测验后再次进行精神检查,其目的:一是核实被试是否真正理解测查中的问题;二是检查被试所选择的症状条目与先前精神检查所见的一致性,若被试在先前完全不可能有的症状,而在测验时都选择了"是"的回答,反映被试有主观夸大或伪装精神症状的情况;三是发现被试确有先前精神检查时尚未发现的症状,经核实后明确症状。一般真实存在某些症状的被试往往选择的条目不多,此时需要逐条核实,排除影响测验结果的各种可能因素。因此,不能简单地、不加思考和分析地使用这些量化评估的测查工具,或仅以量化评估结果定论的,都属于滥用的范畴,也难以达到客观、准确评估的目的。

知识拓展 ▶

　　伪装精神障碍的生理检测方法通常被认为是检测伪装最客观、最具有科学性的方法,目前国际国内主要有多导生理记录仪及事件相关电位测谎仪。这两种生理检测仪都是属于测谎设备,主要用于公安刑侦,以了解犯罪嫌疑人否认参与作案是否在撒谎,帮助确定其参与作案的可能性。我国用这些生理检测工具对伪装精神障碍的检测虽做过一些研究,但还有相当距离。这里主要对这类检测工具的原理和最新研究进展做简要介绍。

　　(1)多导生理记录仪(polygraph):是利用人体的一些生物学指标,包括心电、肌电、皮温等,来观察被测者对案情有关"问题"的反应。其原理是:被测者对同一问题作诚实或撒谎的回答时,所伴随的心理生理反应是不同的,这些心理生理反应表现出不同的自主神经活动强度。测验前,需要根据具体案情设计出几组问题,每组问题一般包含几个问题(4~6个条目),但其中只有一个问题是与案情有关的"相关问题",其他几个问题是用来作"陪衬问题"。通过提问的方式(听觉刺激),检测被测者对所提问题的各项生理反应。

　　例如：一桩杀人案件，罪犯用菜刀砍死了被害人。设计的其中一组问题可包括这样一些内容：①被害人是被木棍打死的？②被害人是被铁锤打死的？③被害人是被锄头打死的？④被害人是被菜刀砍死的？⑤被害人是被铁管打死的？这五个问题中只有一个（第4小题）是关键问题，是罪犯所实施过的作案方式，其他问题只是陪衬问题。在询问这些问题时同步记录生理学指标。如果被测者曾实施过作案行为，在这个关键问题上的生理反应会有所不同。每组问题中都有一个与案情有关的关键问题，如果被测者实施过作案行为，即使否认作案，但由于其对作案情形有清楚的知晓，因而这些在关键问题上可能会有类似的生理学指标的变化，如果被试在大多数关键问题上都有类似的生理学指标变化，以此推测被测者是罪犯，而其否认作案是在撒谎。

　　由于上述生理学指标的影响因素很多，如紧张、出汗、气温变化、心理素质等，也容易受心理准备的影响。因此，多导生理记录仪的准确率不高，尤其是其假阳性率将有可能使法庭误判而给当事人和社会带来较大的损失。

　　（2）事件相关电位仪（event-related potential，ERP）：由于多导生理记录仪容易出现假阳性，国内外学者们便着手大脑高级电生理学的测谎研究，即事件相关电位，其原理是：被测者对不同内容刺激的认知加工过程不同，表现在脑电位变化不同，同步记录ERP，比较不同内容的刺激引出P3波幅的高低，可判定是否撒谎。

　　脑电P3是出现在刺激后300~800毫秒范围内的正向波，它反映了大脑对刺激信息的认知加工过程。P3波幅与接受的刺激信息量呈正相关，它反映了刺激的信息量与大脑耗费能量的多少。对被测者来说，熟悉人面孔比陌生人面孔负载更多的信息，伴随更高能量耗费的控制加工过程，包括面孔识别中结构码、身份语义码和姓名码等编码过程，而陌生人面孔识别则以图形码和视觉语义码两种编码过程为主，因此熟悉人面孔引出较高幅值的P3波。以与案情有关的事件或事物为靶刺激，对于罪犯来说它含有更丰富的信息，靶刺激P3波幅高于无关刺激P3的波幅，而对无辜者来说靶刺激与无关刺激有关的信息量是一样的，两者的P3波幅应无大的差别。

　　关于P3的产生机制Donchin提出"情境修正模式"（context updating model），利用这一模式可以初步解释ERP测谎的原理。与案情有关的刺激在罪犯的脑海中留下了记忆，它们以表征的形式存储于信息库中，各信息的总和便构成一种情境，测谎时该刺激再次出现，大脑对其进行识别、编码，更新原有的表征，形成新的情境，对于罪犯来说情景更新的程度比无辜者大，因此，P3波幅高。

　　用ERP测谎时，一般将与案件现场有关的情况（作案现场、犯罪工具、受害者的图像等）拍成照片，作为"靶刺激"，再选择一些与案情无关的照片作为"陪衬刺激"，一般靶刺激与陪衬刺激的比例为2∶8。通过视觉刺激展示给被测者，同步记录其事件相关电位。如果被测者参与作案，不管其是否承认曾经历和体验过该事件，即不管是选择"是"或"不是"回答，脑内仍进行着对该刺激的编码、识别等加工过程，在反应选择和执行之前，大脑已完成对刺激的编码和识别过程，此时P3波已形成。而且有研究（Waid WM，1980）发现，被测者撒谎欲望越强，靶刺激引出的P3波幅越大；反之，P3波幅下降。因此，P3测谎的假阳性率很低。但P3测谎的准确率也会受一些因素的影响，如：被测者对刺激漠不关心，或主动分散注意力，将会使测试失败；被测者不配合，颈部肌肉紧张或频繁眨眼，身体乱动等，也将产生电生理的干扰。另外，所选择的陪衬刺激如果是被测者所熟悉的内容，可能会引出较高幅值的P3波，降低了分辨率；相反，相关刺激是无辜者所熟悉的内容，则会导致假阳性。由于P3反映了大脑的认知过程，因此可用于真性痴呆与假性痴呆的鉴别，但目前还在探索之中。

　　说谎和伪装虽有联系,但有区别,当运用测谎设备来检测伪装时,需要对实验范式加以改编。国内已有学者(李学武等,2010年)利用事件相关电位仪对记忆测验中故意答错行为的事件相关脑电位变化进行初步研究,编制二项必选数字记忆测验的ERPs范式,在校大学生以主动答对、故意答错和被动答错三种情况下完成实验任务。结果发现,三种实验条件下的反应时[主动答对(681±21)ms、故意答错(741±25)ms和被动答错(946±31)ms],各组间差异具有非常显著性($P<0.01$);所采集的ERPs波形中,N2(160~200ms)和P2(200~300ms)成分在故意答错及被动答错条件下的波幅高于合作情况,其中N2成分的波幅有统计学显著差异($P<0.01$)。表明事件相关电位的某些指标对识别记忆测验中的故意答错行为有参考价值。

　　本章中还需要提及的是20世纪80~90年代曾经使用过的"麻醉分析",它既不是一种测谎仪器,也不具有定量评估的特征,但属于测谎的方法之一。该方法是用麻醉药品(如硫喷妥钠)加入10%的葡萄糖盐水中,缓慢静脉注射,以降低被试大脑皮层的意识控制程度,从而引导出被试对事件的真实反应。

　　在过去的司法精神病鉴定中,有时应用麻醉分析的方法对被鉴定人言辞的可靠性进行探究,虽有时能提供一些线索,或能够为进一步精神检查提供一些信息,但是,WHO联合国人权委员会已明确规定,在刑侦工作与司法鉴定中禁止使用麻醉分析或催眠术,所以在司法精神鉴定中采用这类方法有其不合法性;且因麻醉分析是属于药物性催眠分析,它具有较强的暗示性,在暗示作用下,所获得的资料虽有部分是真实的,但也有不少实例经事实证明,被施术者所暴露的资料是由于受到施术者的强烈暗示而虚构的,故麻醉分析的结果不能认为是"有效的证据"。历史上曾经因应用麻醉分析而引发过一些冤假错案。因此,目前一些法医精神病学工作者对此方法持否定态度。

(高北陵)

第三节　造作性障碍、瞒病、诬攀与假坦白

一、造作性障碍

　　造作性(做作性)障碍,又称"医院流浪汉"(hospital hobos),或"住院成瘾者"(hospital addicts),指不是为了获得赔偿、照顾或摆脱困境,持久而反复地故意制作成假装躯体和(或)精神症状,甚至不惜自残自伤以求产生精神症状,谋求"病人身份"的一种精神状态,是一种毫无社会目的性地使自己成为病人身份的精神障碍。此处的"社会目的性",是指从他人和社会中获取利益,不包含获取自身满足感的个人目的性。有学者认为造作性障碍不属于精神障碍,其理由是它具有诈病的性质。然而,造作性障碍与诈病虽然都具有"无中生有"和"编造"的性质,但他们之间有着本质的区别,不应混为一谈。

　　1.造作性障碍保持疾病身份可能有满足本人欲望的目的,但其根本目的不是为了逃避责任、获得赔偿、获取成瘾药物或某种利益(从他人和社会得到好处)等社会性目的,它不具有社会危害性;诈病则具有鲜明的社会目的和社会危害性。

　　2.造作性障碍的患者常常有病理性谎言(pseudologia fantastica)和成瘾的特点和人格特征,其行为具有重复性;诈病一般不具有这些临床特点和前述的人格特征,只发生在个人利益与他人或社会利益严重冲突时,因而很少重复出现。

　　3.造作性障碍在一次发作病程中一般不会因环境或对象而改变其症状表现;诈病的症状表现经常变换,可因环境或对象的不同而异。

　　4.造作性障碍通常因保持疾病角色而感到满足和快乐,因而不会因为医疗所造成的痛苦而终止其行为;诈病则是一种痛苦的行为,但为了达到其目的而不得不忍受痛苦,因而,有不少诈病者因无法

忍受痛苦(伪装时来自各方面的痛苦,包括医疗痛苦)而放弃其伪装行为。

5. 造作性障碍多表现为躯体症状,如:反复腹痛住院多次实施剖腹探查手术等,因而,多发生在综合医院。造作性障碍虽然也可能表现为精神障碍,但一般见于普通精神科。近年来的诈病大多是伪装精神疾病,因为躯体疾病容易被先进的检测仪器所识破,诈病一般只见于司法医学领域。

二、瞒病

瞒病(mental illness concealment)是一种与诈病相反的现象,是指患者实际存在精神疾病,而本人或家属有意识地加以隐瞒,或缩小病情。在刑事案件中,瞒病一般见于需要以明确被鉴定人(往往是犯罪嫌疑人)的供词是否有效,是否被采纳,以决定其是否被释放等情况时。瞒病也可以见于涉及婚姻法、精神疾病鉴定、民事行为能力鉴定等案例。如:婚姻一方隐瞒精神病病史,另一方在婚后知晓而要求离婚,此时,法院委托精神医学鉴定。又如:某些患者和家属因为对精神疾病和智力低下有偏见,认为家丑不可外扬而隐瞒患者的精神疾病情况;也有一些患者在招聘或任职前隐瞒自己有精神病病史,但事后因为某种原因而委托实施精神医学鉴定。

三、诬攀

诬攀(false accusation)是指精神病患者在幻觉、妄想等精神病理情况下,将其幻觉、妄想的内容当成是事实而报告组织或提起诉讼;有时患者还胁迫其亲属这样做。在法制越来越健全的社会里,这类情况在法庭诉讼案件中时有发生,尤其是诬攀者提起诉讼的内容接近现实或难以与现实情况区分时,法庭往往会受理这类案件,若法庭相关人员对这类人诉讼内容和诉讼行为能力提出质疑时,通常要求当事人提交有无诉讼能力的司法鉴定意见书,或委托法医精神病鉴定机构对其诉讼能力进行司法精神鉴定。

四、假坦白

假坦白(pseudo-confession)是指精神病患者在病理思维的影响下,自称其精神病是伪装的;或自称有罪而到公安部门自首,要求处罚。随着社会的发展和进步,这类情况有越来越少见的趋势。

以上四种情况在精神科临床都是较少见的,须做细致的调查研究,搜集当事人的既往史和个人史,调查周围知情人,并进行详细的精神检查,认真分析,去伪存真,才能做出准确的鉴定结论。

本章小结

本章重点阐述了伪装精神障碍的基本概念、临床类型和表现形式。伪装与撒谎既有共性,又有区别,前者常有新生事物的产生,后者大多为单纯的否定。伪装是为了达到某种社会性目的的主观故意行为,包括故意模拟和故意夸大病症或损伤程度。虽有事前、事时伪装的情况,但绝大多数为事后伪装,并以民事赔偿案件多见。伪装精神障碍可以表现为伪装各种精神症状,也可能表现伪装智力或记忆等认知功能损害。

本章还介绍了伪装精神障碍的诊断标准和评估方法。诊断伪装精神障碍时应当严扣标准,这不仅是学科建设规范化的要求,也是鉴定意见作为法庭证据的必要条件,但也不宜生搬硬套,应灵活掌握运用。伪装精神障碍的评估方法目前主要有经验性、定性、定量评估,这些都属于临床心理评估的范畴,而非生理性评估,神经电生理评估方法目前仍在探索阶段。经验性评估是其他评估方法的根本;定量评估结果可以更客观、更有效地佐证鉴定人经验性评估的意见。根据伪装精神障碍的不同临床表现可以选择不同的评估工具,若被鉴定人"装傻",应选用能反映记忆、智力等认知功能的测验工具,而对"装疯"应选用能反映精神症状的测验工具,以减少测验工具本身对被鉴定人的不良暗示。颅脑损伤案件中的伪装精神障碍通常与真性精神障碍合并存在,鉴定的难度较大,不仅需要多个学科的专业知识,还需要扎实的实践经验,并结合客观评估方法,才能去伪存真、做出正确的鉴定结论。

（高北陵）

关键术语

伪装（fake）

说谎（lie）

诈病（malingering）

造作性（做作性）障碍（factitious disorder）

病理性谎言（pseudologia fantastica）

思考题

伪装精神障碍定量评估的准确性会受哪些因素的影响？

第八章 精神障碍者鉴定后的处理

学习目标

通过本章的学习,你应该能够:

掌握 精神障碍患者自愿住院和强制住院的概念;

熟悉 强制医疗的适用对象;

了解 危险精神病人的监管体系。

案例8-1 ▶

　　1992年,某地有一位家长与其儿子有较严重的矛盾冲突,其父伪造病史,并将其子用药麻醉后送往某地精神病防治院,蒙骗医生收住医院。其子清醒后,向医生说明其中具体情况,精神检查并无确实充分的精神病性症状,亦具有行为能力,遂让他出院。出院后其子向法院控告了他的父亲"非法拘禁"。其父后来因此也受到了法律处罚。

　　精神障碍者实施违法行为后,如果被评定为限制刑事责任能力或无刑事责任能力,经司法机关对鉴定结论依法进行确认后,就涉及到对精神障碍者的处理问题。无论是出于人道主义的考虑,还是从消除违法行为的根本原因的角度出发,都应该给予这类精神障碍者医疗方面的措施。精神障碍者司法鉴定后的处理措施是由司法机关进行的,有一类性质较为特殊的措施是强制医疗。对于可能会对社会产生危害行为的精神障碍者,经鉴定确认的,应实施强制医疗措施。民事行为能力鉴定后,如果精神障碍者无民事行为能力或民事行为受限,则应由其监护人代理相应的民事活动或在监护人的监护下从事与其能力相适应的民事活动。为保护社会安全和保障精神病人的权益,应建立危险精神病人监管体系。

第一节　不同鉴定结论的精神障碍者处理

一、无责任能力精神障碍者的处理

　　对于无刑事责任能力精神障碍者的处理是司法精神病学所研究的重要课题之一。如果从维持社会治安的角度来讲,把精神病违法者关得越久越好,但这不免涉及到侵犯其人权。如果从保护精神病人的人权来看,越早回归社会越好,但又难保人民群众的生命财产不受威胁。在这两者之间找到一个平衡点是法律工作者和精神病学工作者努力的方向。许多国家都在刑法中直接规定了对无刑事责任能力的精神障碍者适用强制医疗或者强制治疗的保安处分。这也体现了现代社会对肇事肇祸精神障碍者处理的基本思路,既要保障社会安全,又要对其所患精神障碍进行医学治疗。发达国家为此而花费不少的人力、物力、财力建成司法精神病学服务系统,为精神病违法者提供治疗、监护、就业培训等全方位的服务。总的说来,对精神病违法者的处置是个复杂而重要的问题。

我国1979年颁布《刑法》规定,对于不负刑事责任的精神病人,"应当责令他的家属或者监护人严加看管和医疗"。这一规定,虽然也规定了对相应精神病人的处理措施,但将监管、治疗无责任能力精神病人的责任置于其家属或监护人,也造成了对一些危险精神病人的监管、治疗不利,精神病人继续危害社会公众安全的情况。随着这一缺陷的暴露,我国于1987年在部分省、自治区和直辖市设立了安康医院,其目的就是为了专门收治无刑事责任能力的精神障碍者,并部分地解决了这类精神病人监护治疗场所的问题,为社会的安全、稳定发挥了积极的作用。1997年颁布的《刑法》在对无刑事责任能力的精神障碍者的处理方面有了本质上的突破,虽然仍把家属或监护人的看管和医疗作为主要措施,但增加了"在必要的时候,由政府强制医疗"的规定,标志着我国对此类精神障碍者强制医疗制度的建立。2013年1月1日,修改后的《刑事诉讼法》正式实施,它第一次以国家立法的形式将"依法不负刑事责任的精神病人的强制医疗程序"作为四种特别程序之一进行了规定,对强制医疗的申请程序、审理程序、法律援助、救济程序和法律监督等几个方面均作出了详细的规定,使强制医疗措施开始纳入了法治轨道。对于强制医疗的对象更进一步的明确规定为:经法定程序鉴定后实施了暴力行为,危害到公共安全或者严重危害到公民人身安全,依法不负刑事责任,又有继续危害社会可能的精神病人,可以予以强制医疗。

二、部分责任能力和完全责任能力的精神障碍者处理

在处理部分责任能力的精神病人时应注意,根据刑法规定,这类人首先是应当负刑事责任的犯罪人,其次才是可以从轻或者减轻处罚的精神障碍者。由于这类人具有犯罪人和精神病人双重身份,处理起来难度相当大,法律没有具体规定该如何处置。从其精神障碍患者和罪犯的双重身份来讲,保外就医、监护治疗抵算刑期及正规服刑的办法都可以考虑,但不能无罪释放。据调查,我国大约有1/3的部分责任能力精神障碍者被无罪释放或未受处理。

对被判处徒刑的精神障碍者,理应送监狱执行刑罚。但是,精神障碍者如果无服刑能力,便不能如此处置。将无服刑能力的精神障碍者送入监狱服刑,既不符合人道主义精神,也不能使刑罚产生应有的作用,而且还会给监狱的管理带来很大的困难。因此,多数国家的法律都规定对无服刑能力的精神障碍者不予收监,而是先进行强制医疗,待恢复服刑能力后再送监执行刑罚,强制医疗的时间可以计入刑期。对无服刑能力又无社会危险性的精神障碍者则可以采取暂予监外执行,是使他们被判处的刑罚得到执行的一种变通措施。

部分责任能力或完全责任能力的精神障碍者,若具有服刑能力,国际上通行的主要处理方式有两种。一种方式,是在监狱内,在执行刑罚的同时,对他们施以必要的矫正和医疗。另一种方式是将人格障碍犯罪人和性变态犯罪人送入专门的机构进行矫正。我国对这些精神障碍者,采取的是收监执行刑罚,同时对他们的精神障碍给予矫正和医疗。

三、无民事行为能力或限制民事行为能力者的监护

经鉴定为无民事行为能力或限制民事行为能力的精神障碍者,为保护其合法权益,维护社会秩序,我国民法中关于监护设立、变更、撤销以及监护职责等问题做出了一系列法律规定,形成了监护制度。监护是指对无民事行为能力人和限制民事行为能力人的人身、财产及其他合法权益进行监督和保护的一种民事法律制度。我国《民法通则》第十七条对何人才能承担精神病人的监护人作出了规定:"配偶、父母、成年子女、其他近亲属,关系密切的其他亲属、朋友愿意承担监护责任,经精神病人的所在单位或住所地的居民委员会、村民委员会同意的"。监护人对被监护人应承担相应的责任,包括料理其生活、督促精神疾病的医治、代理其参与民事活动、协助管理其财产等。监护人的产生在我国

存在法定监护和指定监护两种方式。法定监护是指法律直接规定的负有监护责任的人所进行的监护。指定监护是由人民法院或其他有权指定监护人的单位、组织指定的监护人进行的监护。《民法通则》第十七条第二款规定:"对担任监护人有争议的,由精神病人的所在单位或住所地的居民委员会、村民委员会在近亲属中指定。对指定不服提起诉讼的,由人民法院裁决。"

我国的监护制度始于1987年施行的《民法则》,至今已有二十多年,没有太多变化。世界主要发达国家监护制度的特点是:法律更全面地介入监护关系,更多的尊重被监护人的意志,更细致的区分被监护人的要求,为生活中的弱者提供更人性化的保护和支持,确保他们与其他人平等的实现法律赋予的权利。随着我国《精神卫生法》的实施,精神病人的权益保护越来越受到重视,如何借鉴国外监护制度的优点,并与我国的司法实践相结合,建立更加完善的监护制度是今后我国学者和立法者的目标。

四、现存问题

1. 政府应承担强制医疗的主要职责 在我国大部分地区,精神病人在强制医疗期间的医疗费用由病人的家属、监护人承担。有工作单位的按劳保、公费医疗相关规定办理,无家属又无生活来源的病人在安康医院的有关医疗费用由公安部门承担。但是实际情况是,一些病人的家庭生活困难、无法承担医疗费用;一些有承担能力的病人家属相互推诿、不愿承担或者故意逃避支付医疗费用;致使安康医院面临经济压力。因此,造成部分应接受强制医疗的精神病人流入社会,造成安全隐患。重性精神病患者免费收治是国际上较为成功的经验,我国应该借鉴这种做法,通过完善精神病人的救助机制、康复机制等一系列配套措施,为精神病患者提供医疗康复乃至生活照料服务。强制医疗作为一类特殊的精神病人治疗措施,是国家防卫社会的一种手段,是刑法特殊预防功能的体现,费用更是应由其受益者国家或者社会来承担。政府应加大投入,一方面强制医疗的费用要由政府财政负担,另一方面还要对安康医院的正常运行做出合理预算,使其人员素质、基础设施建设等条件逐步提高。

2. 我国现行监护制度存在以下问题:①只有法定监护,而很少考虑到被监护人的意志。②《民法通则》第十八条第二款作出了如下规定:"监护人不履行监护职责或者侵害被监护人的合法权益的,应当承担责任;给被监护人造成财产损失的,应当赔偿损失。人民法院可以根据有关人员或者有关单位的申请,撤销监护人的资格"。但是,在实践中,仍有很多监护人未履行监护责任,造成被监护人的权益得不到保护,或放任被监护人危害社会,对此尚缺乏更为有效的措施。

(马长锁)

第二节 强制医疗

对有违法行为的精神障碍者,我国法律规定可由政府进行强制医疗。强制医疗(compulsory treatment),是防止精神病人危害行为的最根本措施。

一、强制医疗的性质和裁决机关

无刑事责任能力精神障碍者的危害行为,虽然在刑法上不是犯罪,不能处以刑罚制裁,但其认定、防治毕竟是刑法、刑事诉讼法和其他刑事法律以及刑事司法需要处理的问题。强制医疗是在刑法中明确规定的,因此强制医疗应该是一种特殊的刑事措施。

强制医疗虽然不具有惩罚性,但它是对精神障碍者人权的限制,这种限制是很严格的,有时甚至是无期限的,所以许多国家都规定强制治疗由法院裁决,而政府并不能决定对无刑事责任能力的精神障碍者实施强制治疗。在2013年新《刑事诉讼法》实施之前,无刑事责任能力的精神障碍犯罪人经法院判决不负刑事责任的,由法院在宣告无罪判决时责令其家属或者监护人严格看管或者强制医疗。公安机关、检察院认定犯罪嫌疑人无刑事责任能力而作出撤销案件或者不起诉决定的,由公安机关、检察院在宣布撤销案件或者不起诉决定时责令其家属或者监护人严加看管和医疗,或做出强制医疗的决定。2013年新《刑事诉讼法》第二百八十五条规定："对精神病人强制医疗的,由人民法院决定。公安机关发现精神病人符合强制医疗条件的,应当写出强制医疗意见书,移送人民检察院。对于公安机关移送的或者在审查起诉过程中发现的精神病人符合强制医疗条件的,人民检察院应当向人民法院提出强制医疗的申请。人民法院在审理案件过程中发现被告人符合强制医疗条件的,可以作出强制医疗的决定。"

二、强制医疗的适用对象

2013年1月1日,修改后的《刑事诉讼法》对于强制医疗的对象明确规定为:经法定程序鉴定后实施了暴力行为,危害到公共安全或者严重危害到公民人身安全,依法不负刑事责任,又有继续危害社会可能的精神病人,可以予以强制医疗。实际上,除没有刑事责任的精神病人外,评定为部分刑事责任的部分精神病人、没有受审能力的精神病犯罪嫌疑人、在服刑期间出现精神疾病或者精神疾病复发的精神病人也是强制医疗的对象。

并不是对所有的无刑事责任能力的精神障碍犯罪人都需要实施强制医疗。对无刑事责任能力的精神障碍者实施强制医疗,是为了防止他们再度在精神障碍的支配下犯罪。因而,只应对有可能再度在精神障碍支配下实施危害行为的无刑事责任能力的精神障碍者而不是所有的无刑事责任能力的精神障碍犯罪人实施强制医疗。对没有可能再度犯罪的无刑事责任能力的精神障碍者则不必实施强制医疗。例如,有些人犯罪是因"一过性"精神障碍,事后精神状态就恢复正常,而且复发的可能性不大。对这些人实施强制医疗,一是侵害了他们的合法权益,二是会增加政府的负担。如何判定无刑事责任能力的精神障碍者有无再度实施危害行为的可能性?一般是司法精神病学鉴定人员提出对精神病人是否需要进行医疗干预的建议,然后由公安机关、检察机关和审判机关对是否需要强制医疗作出判定。判定的依据主要是精神病人精神疾病的严重程度、危害行为后果的严重性。少数情况下,一些既无家属监护又无生活来源且有危害行为的精神病人也应实施强制医疗。对于危害结果比较轻微、影响不大的无刑事责任的精神病人,则交由家属或者监护人看管和进行医疗。

三、强制医疗的实施

我国强制医疗的实施部门是公安机关,由公安系统管辖的接收有危害行为精神病人的专门医院称为安康医院。到2011年全国共有安康医院24所,病床7500多张。在设置了安康医院的地区,对精神障碍者实施强制医疗,应当在安康医院进行。安康医院的职责是医疗和监管。由于其性质是医院,所以治疗精神疾病、促进患者精神康复是医院的首要任务。在临床医疗中除一般的医疗措施外,控制和消除病人的暴力倾向是治疗的重点。医院同时又具有监管的性质,具有严格的安全防护措施。工作人员包括医护人员和公安人员。在安康医院容纳不下或者在还没有设置安康医院的地区,一般将精神障碍者送司法机关指定的普通精神病院。普通精神病院应设置专门的病房,将这类患者与一般的精神障碍者隔开。

强制治疗的医学方法包括药物治疗、电抽搐治疗、心理治疗等。其中争议较大的问题是,强制治疗是否意味着可以用任何的医学方法对被执行人进行治疗?如果认为有必要对其采取某种医学方法,被执行人或者其家属有无知情同意权。目前对此问题尚缺乏明确的法律规定。

四、强制医疗的期限

强制医疗既是一项医学措施,又是一项强制措施。强制医疗不等于无限期的终身监禁。不管是从法律的角度还是从医学的角度,对接受强制医疗的精神病人的治疗期限进行合理的限制都是非常必要的,它既是保护精神疾病患者人权的需要,也是维护法律尊严、社会正义的需要。

关于强制治疗的执行期限,外国法律的规定各种各样,大致有定期、不定期和弹性期限三种模式。一般来说,强制治疗是以社会危险性的存在为条件的,因而强制医疗何时结束,并非只取决于精神障碍的彻底治愈,而更重要的是取决于社会危险性的消除。法律可以不规定强制医疗的期限,但是应当建立定期对被执行人的社会危险性进行复查的制度。复查由司法机关指定的专家承担,司法机关根据复查结论,判定被执行人的社会危险性是否已经消除,之后决定是否解除强制医疗。在大多数发达国家,都会聘请专业人员对违法精神病人将来的危险性做出评估,包括对患者治疗情况、精神康复情况、再发生社会危害行为的危险性的评定和预测。经评定为病情缓解、稳定或痊愈,发生危害行为的危险性消失的,允许其家属或监护人领回。

在我国,《刑事诉讼法》第二百八十八条规定:强制医疗机构应当定期对被强制医疗的人进行诊断评估。对于已不具有人身危险性,不需要继续强制医疗的,应当及时提出解除意见,报决定强制医疗的人民法院批准。被强制医疗的人及其近亲属有权申请解除强制医疗。

但是,实践中对精神障碍者再发危害行为的倾向性作出准确评估是相当困难的。对患者危害行为的倾向性不能正确评估导致两种极端情况:一种是对危险倾向性估计过低,过早解除医疗和监管,再次发生危害行为;另一种是对危险倾向性估计过高,患者长期被强制住院,失去自由,不利于患者康复,也造成社会和医疗资源浪费。在评估的具体实行中,可考虑以病情痊愈情况和社会危险性两者相结合的评估方式,判断是否可以解除强制医疗。

(马长锁)

第三节 建立危险精神病人监管体系

为了保障社会的稳定和安全,各个国家和政府都采取了一些措施,对有危害行为和危险倾向的精神障碍者进行监管。其主要措施包括监护人看管、政府监管和社区精神卫生服务。三者结合起来对精神障碍患者实施监管和治疗是一种有效的对策。

一、监护人看管

对造成危害结果但无刑事责任能力的精神障碍者,我国《刑法》第十八条规定"应当责令他的家属或者监护人严加看管和医疗"。监护人若发现患者有危险倾向时要及时采取防止措施,如果放任不管造成危害结果的,法律应追究其监护人相应的责任。监护人在对精神障碍者危害行为的预防中起着重要作用,但是,在另一方面他们也是最常见的精神障碍者危害行为的受害者。通常是由于监护人缺乏精神卫生知识,对患者的医治监督不力,对患者危险性的估计不足,或缺乏防范措施。在某些情况下,如监护人年老体弱、经济困难难以实施监护,患者精神障碍严重未能进行药物有效控制时,应及时送入精神病医院或政府特定机构。

二、政府监管

在我国,目前对社会中危险精神病人的政府监管工作主要由街道办事处、居委会和公安派出所承担。街道办事处和居委会是我国社区工作的一大特色,如果组织得当,它们将在监管危险精神病人方面发挥重要作用,形成危险精神病人的社会防护网。但目前存在的问题是,这些机构缺乏统一的协调管理,如居委会了解到危险精神病人的相关情况后,不知该上报哪个机关进行评估和处理。鉴于此,政府应成立专门的协调机构对危险精神病人进行管理。

此外,对精神病人施行救助也十分迫切。精神病治疗周期长,复发率高,病人往往需要反复治疗、常年服药,加之很多病人社会适应能力差,失去了生活来源,导致有些病人不得不中止治疗。因此,政府也要投入一部分资金,让更多的精神病人得到继续治疗,以降低他们的人身危害性。

三、社区精神卫生服务

社区精神卫生服务在精神障碍的防治和减少其社会危害性方面的重要性已经逐渐受到重视。由政府机构的管理人员、精神卫生人员以及群众共同组成覆盖全社会的防护网,其作用是普及精神卫生知识、预防精神疾病的发生、对疾病早发现早治疗、促进患者全面的精神康复。精神卫生专业人员在社区环境中指导对患者的治疗或定期访问,既有利于患者的精神康复,同时又能在社区环境中对患者的危险性随时进行评估,进而采取有效的预防措施,在我国一些地区试行的结果显示:这种方式显著减少了精神障碍者危害行为的发生。社区精神卫生服务网对减少精神病人的社会危害性是一个既经济又有效的方法,也是今后精神病人危害行为社会预防的主要措施之一。

(马长锁)

本章小结

精神障碍者实施违法行为后,如果依法被评定为部分或无刑事责任能力,经司法机关审理确认后,应该给予这类精神障碍者监护治疗。强制医疗的适用对象是:依法不负刑事责任的精神病人,部分刑事责任的部分精神病人,没有受审能力的精神病犯罪嫌疑人。

关键术语

无刑事责任能力(no criminal responsibility)
部分刑事责任能力(partial criminal responsibility)
监护(guardianship)
监护人(guardian)
强制医疗(compulsory treatment)

思考题

怎样才能完善对有违法行为精神障碍者的监护治疗体系?

第九章 精神卫生立法和法医学咨询

学习目标

通过本章学习,你应该能够:

掌握 精神卫生立法的目的意义;

熟悉 依法保护精神障碍患者的主要权益;

了解 精神卫生立法的历史演变和精神卫生问题法医学咨询的主要内容。

案例 9-1 ▶

精神病人车祸案:原告为受害人哈舍利,他在驾车时被病人驾驶的一辆车碰撞而伤。当时病人的车开错路线,前灯也没有开亮。病人患有酒精中毒和精神分裂症,发生车祸时酒精测验达到法定中毒状态。病人在12天前曾到医院看过一次门诊。医师认为他不需要住院,并将他所服用的氯丙嗪改为甲硫哒嗪,安排在一月后进行随访。原告控诉该医师为医陪失责,根据的理由是:①不将病人收治入院;②将所服的重病药改为轻病药;③不立即安排随访;④未将病人不能安全开车的情况通知交通部门。马里兰联邦地区法院在判决中考虑到使精神科医师负责拘禁这种有潜在的暴行可能性病人有实际上的困难,就引用精神科医师预测危险的不可靠和病人具有对其他驾车人的危险性不能引起精神科医师的注意的材料,宣称:根据本案情况,精神科医师没有法定权利,更无义务将病人送往入院或通知交通部门,而且关于服药和随访的安排也不属于过失。法院并解释:对第三者保护的责任不能使无权控制的精神科医师承担,特别对自愿求治的门诊病人。法院并认为病人决定要驾车的话,医师也不可能阻挠他。

第一节 精神卫生立法概述

精神医学曾经在漫长的历史阶段中以对精神障碍患者的大规模禁闭、迫害为主要特征。18世纪末,法国医生Phlipe Pinel(1745—1826年)在巴黎的Bicetre医院倡导对精神障碍患者实行人道主义对待,其主张相继得到了欧美各国精神病学界广泛的响应,许多患者身上的铁链和枷锁除掉了,住进了收容所或疯人院。Pinel的改革在一定程度改善了患者的待遇,但没有改变对他们的封闭管理模式。精神卫生服务管理模式的现代化改革始于20世纪初,当时美国的著名心理学家和精神医学家Willian James(1842—1910年)和Adolf Meyer(1866—1959年)等发起了争取精神障碍患者合法权利、改善精神卫生机构条件的运动。从那时起,现代精神卫生的思想逐步深入人心,精神障碍患者的治疗与管理开始发生实质性的变化。进入1960年代后,变化的速度和广度、深度达到很高的水平,新型的治疗和管理模式逐步建立。正是基于历史的教训,新的治疗与管理模式的建立,是以精神障碍患者的人权保护为基础的。其基本理念是：精神障碍患者应当最大范围地享有与其他人一样的权益，对患者权利的任何限制必须依法进行，并应当减少到最少限度。欧美各国普遍通过精神卫生立法（mental health legislation）对精神障碍患者的基本权利加以保护。

一、精神卫生立法的目的和意义

精神卫生领域比其他的卫生领域更迫切需要立法，因为精神障碍患者属于社会的弱势群体，在生活、工作、学习、人际交往甚至医疗等方面，均面临着比其他内外科疾病患者更多的困难。

首先，大多数精神障碍至今病因和发病机理不明，缺乏有针对性的防治措施和手段，一旦患病，治愈率低、病残率高，不仅导致自身痛苦，而且容易造成社会和家庭的沉重负担。

其次，精神障碍可使一部分患者具有难以预料的自伤自杀或伤人毁物的危险倾向，因而对社会治安和社会稳定具有潜在的危害性，加之疾病症状有时会影响患者作出客观决策的能力，以致妨碍其主动求治，甚至往往拒绝接受精神卫生服务。

第三，精神障碍患者在世界各国均承受着偏见和歧视，基本公民权利得不到保障，社会提供给他们的精神卫生服务质量也普遍较差，加之大多数患者对其应得的尊重与应享的权益不甚了解，由此也增加了提供精神卫生服务的人员（如医护人员）侵害患者基本公民权和人身权益的危险。

因此，精神障碍患者几乎在任何国家都处于社会的边缘状态。为改变这种状态，国际社会、各国政府和广大精神卫生工作者进行了长期不懈的努力。其中一个最重要而有效的措施，便是开展精神卫生立法。立法既能保护患者本人的合法权益、防范对患者的歧视和侵害，同时也可更有效地保护其家庭成员以及社会大众。当今全球精神卫生立法还逐渐呈现这样一个趋势，即努力在患者个人自由和保护其他人不受患者病态行为影响之间取得适当的平衡、在患者的自尊与大众保持对精神健康的关注之间取得适当的平衡。具体来说，近年来世界各国普遍希望通过立法能够解决的问题主要包括：①缺乏精神卫生服务或者服务的区域不平衡问题；②精神疾病的医疗保障问题；③精神卫生医疗机构服务质量低、硬件条件差导致侵害患者权益如滥用限制人身自由和强制措施的问题；④社会对患者的偏见和歧视问题；⑤患者基本公民权益如参与社会生活、就业、受教育等被忽视甚至剥夺的问题；⑥因精神障碍影响而导致患者维护自身权益和需要的能力受损时，如何协助其维权的问题；⑦在学校和工作单位等场所缺乏精神卫生服务资源的问题。

二、精神卫生立法发展史

据《周礼·秋官》记载，我国周朝（公元前1100年）的法律规定，对"遗忘"者犯罪应减轻罪责，对"幼弱""老旄"和"蠢愚"这类精神发育不完善或精神不健全的人犯罪应减轻罪责。这是我国历史上最早的有关精神卫生的立法。600年后（公元前449年）古罗马共和国的《十二铜表法》也有了关于精神病患者或痴呆者丧失某些行为能力和应进行监护的规定。

其后相当长的历史时期，各国法律法规涉及的精神卫生问题主要是违法的精神障碍患者的刑事责任的判定，如我国《唐律》《宋律》中的个别条款，俄国的《新法令条款》（1669），英国的《麦克劳顿条例》（1843），美国的《汉姆斯菲条例》（1870）等。

1890年英国公布的《精神病人法》强调要保护精神病人的权利和财产，不得非法拘禁精神病人。20世纪初英国司法精神病学先驱Henry Maudsley在伦敦修建了一所新型精神病院Maudsley医院，要求每一个住院病人都像住在普通医院一样是自愿的。1915年英国议会通过一项法令同意让精神病人自愿住入该院。1930年英国颁布了《精神病治疗法》，以Maudsley医院为榜样，规定凡能够而且自愿签名住院者，可自愿住入精神病院，为期一年。这是一项革命性法令。

精神卫生立法看似某一狭窄专业的行业立法，实则体现着国家政治、经济、文化、医疗卫生和人权保障等诸多方面的现状。因此国际社会和各国政府近二十几年来相当重视这一问题。1930年代以后，欧美大多数国家都相继制订了各自的精神卫生法律法规以保护精神障碍患者的权益。尤其自1990年以来,精神卫生立法在全球形成了高潮。世界卫生组织在1950年代中期和1970年代中期,分别对各国精神卫生立法进行了专门调查。1976—1977年的调查问卷送给了33个WHO成员国。其中18个国家的精神卫生法是1955年即第一次调查以前颁布的,另外15个国家的精神卫生法是在1955年以后,到1976年间颁布或修订的;其内容与1955年以前的精神卫生法已有显著不同。至2001年,接受WHO调查的160个成员国中,已有3/4的国家和地区有了精神卫生法,其中近一半是在过去10年里制定和颁布的。已经立法的国家和地区在WHO全球各大区所有成员国中所占的比例是:在非洲占59%、美洲占73%、中东占59%、欧洲占96%、东南亚占67%、西太平洋地区占72%(我国即属于该区)。在亚洲,日本早在1950年代就有了《精神卫生法》,1992年在WHO指导下修订成了《精神保健法》,1995年7月修订实施《精神保健与福利法》,以后又进行过修订;我国香港地区也于20世纪50年代制定了精神卫生法规,现行的《精神健康条例》也已经过了多次修订;我国台湾地区于1990年颁布《精神卫生法》,2007年进行了修订;韩国也在WHO指导下于1992年颁布了《精神卫生法》。

与世界上其他地区一样,长期以来,我国广大精神障碍患者饱受疾病痛苦和偏见歧视的双重折磨,合法权益和人格尊严得不到充分保障。整个精神卫生事业也因缺乏完善的政策和法律支持而处于较为落后的状态。随着经济与社会的持续发展、各项政策(尤其是保护弱势群体的政策)的不断完善、大众法律意识的不断增强、医学科学的不断进步,以法律手段保障精神障碍患者权益和促进精神卫生工作发展已经变得日趋迫切,此外,随着广大人民群众健康需求的不断提高,通过立法促进国民精神健康水平的提高也已经受到越来越多的关注。

1980年我国《刑法》开始施行。其中第十五条对精神病人危害行为的法律责任作出规定,使精神疾病司法鉴定有法可依,促进了我国司法精神医学鉴定工作的迅速发展。从1980年代至今,我国已经出台了大量的法律法规,其中也有一些涉及精神障碍患者的相关条文,如在《中华人民共和国刑事诉讼法》《中华人民共和国民法通则》《中华人民共和国民事诉讼法》《中华人民共和国残疾人保障法》《中华人民共和国母婴保健法》《中华人民共和国婚姻法》,以及最高人民法院、最高人民检察院、原卫生部、公安部、司法部联合颁发的《精神疾病司法鉴定暂行规定》等法律法规中,都有保护患者权益的某些规定,而且它们确实对改善我国精神障碍患者的处境起到了积极作用。不过,这些条文大多仅涉及一部分特殊患者(精神残疾者或民事刑事案件中患精神疾病的当事人等)、或者对患者某些权益的保护。已经不太适应我国经济社会发展和人民群众对精神健康的要求。世界各国的经验表明,对于精神卫生这一既具有高度专业性又具有广泛社会性的领域,专门立法不仅比分散立法(将精神卫生相关问题分散到各个不同的法律中)操作性更强、效率更高,而且社会影响力更大。

我国于1985年由原卫生部组织起草《中华人民共和国精神卫生法》第1稿,1990年完成第10稿。此后很长时期基本处于停滞状态。1999年以后,精神卫生立法工作受到政府和大众普遍重视,立法工作再次得以实质性开展。经过各方努力,该法于2012年10月26日由第十一届全国人大常委会第二十九次会议通过,自2013年5月1日起正式施行。

我国精神卫生领域的地方立法工作也开展得卓有成效。早在1986年全国第二次精神卫生工作会议上,我国政府就提出要"鼓励有条件的地区开展精神卫生地方立法工作"。在这方面,上海市走在了全国的前列。2001年12月28日通过并颁布了我国第一部精神卫生地方性法规《上海市精神卫生条例》。从而结束了我国大陆缺乏精神卫生专门性法律法规的历史。截至2010年底,已有宁波、北京、杭州、无锡、武汉、深圳等地颁布了地方精神卫生条例。上海市还于2015年3月正式实施了新修订的精神卫生条例。

三、精神卫生法具体内容的发展演变

在传统意义上,精神卫生立法的概念很容易令人联想起精神障碍患者违法行为的责任能力评定和违法后的处置。而这些课题也的确就是早期精神卫生立法的主要内容。但随着科学和社会的进步,精神卫生立法无论在形式上还是内容上都已经发生了深刻的变化,尤其自1960年代以来,这种变化的速度更是明显加快。

（一）体现对人的尊重

1955年以前世界各国的精神卫生法内容陈旧，而且存在对患者的不尊重，如英国及其殖民地国家一直沿用的1890年《精神病人法》等，不乏"精神错乱者""疯人""白痴"等词句。随着精神医学的发展以及人权运动的兴起，新的或修订的法律中基本不再使用以上词句，而代之以"精神病人""精神疾病患者"等名词，到20世纪90年代以来，又更多使用"精神障碍"或"精神障害"等名词，不仅在具体定义上有明确规定，也充分体现了对人的基本尊重。

（二）重视患者基本权利的保护

1. 自愿入院（voluntary admission）原则被普遍采用　老的法律具体内容中基本上都是针对精神病人的关押、限制自由的规定。20世纪70年代末以来，患者基本权利的保护在精神卫生法中得到体现。如各种有区别的住院形式日益得到高度重视。目前绝大多数法律均规定以自愿入院为主要入院形式。

2. 对严重精神障碍患者的保护性医疗是最重要内容之一　在非自愿入院中，各国法律有观察入院、紧急入院、医疗保护入院、强制入院（compulsory admission）等多种内容的条款，且在办理程序、时间限制等方面多有具体规定，相应的出院和住院期间通报制度等也有较多规定。

对严重精神障碍患者实施有效的保护性医疗和强制性医疗，是保护患者本人和其他人的安全以及维护社会秩序所必需的。国外的精神卫生法中，有关的条款十分详尽，占很大篇幅。有些国家的法律中相应的条款，在我们看来甚至是过分繁琐，如英美等国的法律。在如何平衡患者权益保护和公众的权益保护这一问题上，一方面从普遍意义上强调患者权益保护，给患者最大限度的最少限制待遇；另一方面在对有危险性的严重精神疾病的管理和约束上，采取十分严格的、操作性很强的具体措施和手段，相关内容占法案相当大的比例。

3. 隐私与保密权、知情同意权等是患者权益的基本内容　许多国家和地区的精神卫生法规定，患者及监护人、家属等对精神科诊断和治疗享有知情同意权；对患者的通信、会面访问、肖像、个人隐私、入学、就业、婚姻等等均有充分尊重和予以保障的规定；以英、美为代表的欧美国家对于精神科试验性用药、特殊治疗如电休克（ECT）、精神外科手术等，还给予患者拒绝治疗的权利。对使用约束隔离措施等提出了更为严格的限制。

知情同意对于保护病人和工作人员的合法权益具有同等重要的意义，国外现行的精神卫生法对此均高度重视。知情同意的基本元素包括：具有决策能力、告知和自愿，当病人属无决策能力者时，通常要求由代理人代替病人行使该权利，但在代理人身份认定方面目前还存在一定的概念模糊，规定中包括监护人、保护人、代理人等。虽然具体职责相似，但在法律意义上还是有着一些差别。

4. 重视复查和申述　在20世纪70年代末，对精神卫生工作的领导、监督等方面的呼声日益强烈。目前国际上的精神卫生法律大多已经有了相应条款规定，强化了法律救济途径，对于精神科医疗过失（malpractice）的认定和相关规定也日益具体并具可操作性。

（三）法律适用范围的扩展

1. 立法调整范围扩大　旧的法律适用范围基本限于对精神病人的管理和限制上，如限于具有肇事肇祸行为或具有危险性的精神病人。具体内容基本上都是针对精神病人的关押、限制自由的规定。20世纪70年代末以来，精神卫生法的适用范围和具体内容发生很大变化，不仅体现在精神障碍患者的基本权益保护得到高度重视，更重要的变化是精神卫生法的适用范围扩大到广大人群。具体内容上大幅度增加有关患者福利、医疗费用、社区精神卫生的条款。如日本1995年颁布的《精神保健福利法》，从名称到内容都体现了这些变化。中国台湾地区的《精神卫生法》颁布于1990年底，在内容上已经基本接近WHO的结构框架，如有了较完整的有关精神卫生行政机构、监督机构的条款，以及精神卫生经费来源、机构的设立、病人入院形式、拒绝入院和治疗时的相应措施、精神卫生专业人员的教育和培训、对治疗药物和其他治疗方法等条款。在加强和完善精神病人的治疗与管理的有关条款的同时，维护精神障碍患者权益、发展精神卫生事业、促进国民精神健康逐渐成为精神卫生立法的主旨。

2. 精神卫生审议仲裁机构的设立　作为患者非自愿医疗的救济措施，许多精神卫生法中都有设立诸如"精神病防治审议委员会"（中国台湾地区）、精神保健审议委员会（日本）、精神医疗审查委员会（日本）、精神卫生署和精神卫生代表委员会（美国）、精神卫生法庭（英国、美国）等机构或组织的条款。这些机构或组织的人员组成通常除了精神科专业人员外，还包括政府官员、律师、公众代表等非专业人士，目的是在行政、执法监督和仲裁等方面更好地保证精神卫生事业依法健康发展。

3. 社区精神卫生　有关社区精神卫生的立法主要源自于20世纪60年代美国的社区精神卫生运动。目前各地新的法律均日益重视了社区精神卫生机构和设施的设置和财政支持，诸如社区康复中心、日间医院、中转站、职业治疗和福利工场等的规定已经非常普及。如前述日本《精神保健福利法》就特别强调了精神卫生服务的福利性质。

4. 增加费用负担条款　旧的法律多强调监护人或保护人的治疗费用负担义务。由于疾病的特殊性，为了减轻病人和家属的负担，现多数精神卫生法均规定了国家或地方政府的财政支持，以及各类保险的支付等。如日本的法律规定，自愿入院和其他治疗形式由政府保险和个人按一定比例负担，经济上确有较大困难者则可提出申请，经一定程序审理后，由政府支付住院费用。这些规定实际上使精神疾病的治疗和康复基本纳入了社会福利事业的范畴。

（四）法律的修订与补充密切适应社会发展

精神卫生问题日益突出，其发展趋势迅速影响到社会政治、经济文化的各个方面，精神卫生立法进程必然要适应社会的发展，在某些方面需要前瞻性。1978年以后，随着精神医学和精神卫生事业日新月异的发展，世界各国、地区对原有法律的修改补充也越来越频繁。如英国的精神卫生相关法律在50年代以前使用了100多年，1959~1982年间只使用了23年，1983年修订的法律在2007年又已经作过修订；美国密歇根州1986年的精神卫生法也是在1975年法律的基础上修改完成的，之间仅间隔9年。我国香港地区的《精神健康条例》是在1962年参照英国的《精神卫生条例》制定的，1988年在原来的基础上作了一些修订，主要是对收容、羁留和处置精神疾病患者的事宜作出一些规定。由于多年来当地各界人士提出了较多意见，故于1990年又重新修订颁布了新的精神健康条例。1996年该条例又在某些条款上做了修订。日本的精神卫生法在1988年以后，基本上每3年左右就要重新补充或修订一次。

（谢　斌）

第二节　精神卫生立法的基本要求

精神卫生立法无论在形式上还是具体内容上，在不同国家和地区之间都有着巨大的差异。即便在同一国家或地区，不同历史时期的精神卫生法律法规也可有很大差别。1955年世界卫生组织专家委员会的报告，对精神卫生立法提出了四点基本要求：①有培养和培训精神卫生专业人员的条款；②有适当的精神卫生机构，包括一系列预防服务、社区服务、精神病院、特殊病院、出院后的家庭护理组织，以及社会和职业康复中心等的条款；③有对不愿意住院和治疗的患者、具危险性的患者采取非自愿入院和监护的条款；④有建立社区精神卫生服务的条款。1978年WHO的专家调查，则着重了解各国精神障碍患者住院程序的法律规定、自愿接受治疗的规定、患者权益的保障、社区精神卫生保健的规定，以及公众和精神卫生专业人员对精神卫生法的了解程度、他们接受精神卫生法的教育等情况。

1971年联合国大会通过的《精神发育迟滞者权利宣言》指出，精神发育迟滞者所享有的权利，在最大可能范围内，与其他人相同。他们有权在必要时获得合格的监护人监护。如因犯罪被起诉时，应充分考虑其在智力上所能负责的程度，按照适当法律程序处理。如果他们不能明确行使各项权利或必须将其一部分或全部权利加以限制或剥夺时，用以限制或剥夺权利的程序必须具备适当的法律保障，以免被滥用。这种程序必须以合格的专家对精神发育迟滞者社会能力的评价为根据，并定期加以检查。

世界精神卫生联盟（the world federation for mental health）1989年在埃及发表了《卢克索尔人权宣

言》。指出精神障碍患者享有与其他公民同等的基本权利,包括受到尊重和人道的、良好的待遇,享受各种医疗技术手段且免受不正当的强制,免受歧视和虐待,获得自己医疗有关的适当信息,维护自己的隐私和名誉,保护个人财产等。被强制入院的患者也应有权得到公正的代理,有权复查和申诉。该宣言还指出,所有精神障碍患者有权得到与其他患者相同的、符合专业标准和伦理标准的治疗,包括最大限度地实现自主决定和自我负责。治疗应尽可能在最低限度的伤害和在尽可能少的约束下进行。治疗的实施应该是给患者而不是给家庭、社区、医务人员或国家带来最大利益。

1991年12月联合国大会通过了119号决议,以附件形式提出了《保护精神疾病患者和改善精神卫生保健的原则》。这25项原则在世界精神卫生史上具有里程碑意义。它全面规定了精神障碍患者的权利,尤其强调了患者在诊断、治疗和住院等方面应有的权利,以及保障这些权益的监督和复核机制等。世界卫生组织据此于1996年归纳为10项基本原则,主要包括如下内容:应保证精神障碍患者能享受到精神卫生服务;应使用与国际通行的原则相一致的精神卫生服务;应保证所提供的精神卫生服务具有恰当的质量;应在最少限制的环境中为患者提供精神卫生服务;对患者采取的任何干预措施必须征得其本人或代理人同意;在患者自行决策时有权得到他人帮助;对采取的任何措施应有复查或复核的程序;代替患者作出决策的法官或法定代理人应该是合格的、能真正维护患者权益的;对作出的决策应有自动的定期审查程序;法律条文不应与各国现行的法律法规发生冲突。

此外,联合国的《公民与政治权利国际公约》《经济、社会与文化权利国际公约》《残疾人权利宣言》;世界卫生组织的《精神卫生立法:十项基本原则》;世界精神病学协会的《马德里宣言》《夏威夷宣言》等,也都对各国精神卫生立法产生了重要的影响。

前已述及,较新的一些精神卫生法律法规基本上都遵循着一系列国际通行的准则,或多或少包含着一些主要的成分。如在保护患者权益方面,就有保证获得基本的精神卫生服务、最少限制的医疗服务、对治疗的知情同意、自愿与非自愿入院和治疗的规定、自主决定权问题、定期审核的机制、隐私保护、患者的居住、患者的教育和就业、社会保障、在司法体系中的权益问题、普通人权问题等。在精神健康促进与预防精神障碍方面的内容有:父母与子女的亲子关系促进、基层保健体系中的精神卫生服务、防范儿童虐待、限制酒精和药物滥用、保护妇女、儿童和老人、保护其他重点人群(如农民和少数民族)等。以下对精神卫生服务中患者权益保护的一些关键内容作一简要介绍。

(一)最少限制的选择

最少限制的选择(least restriction alternative)这一立法原则要求给予患者在疾病治疗中的自主权。有条件的地方应尽量把对精神障碍的治疗放在社区中开展,只有那些非由专科医院提供不可的治疗才能放在医院中开展。即便对于后者,法律还应当鼓励患者自愿入院和接受治疗,而对非自愿入院必须规定前提条件(比如患者有伤害自身或他人的危险、强制治疗措施有利于患者病情的好转等),以及特定期限(非自愿治疗只能是在尽量短的时限内)。而社区服务资源有限的地方则应在立法中鼓励建立和强化社区服务。

(二)隐私保护

隐私保护(confidentiality)即通过立法来保护患者有关精神障碍的信息和记录等私密资料,防止在未经患者本人或者(当患者缺乏相应的精神能力时)其法定代理人同意的情况下公开患者的精神障碍隐私。法律应强制性要求专业人员在公开患者的隐私之前取得患者的知情同意,但许多国家也规定,当患者有伤害自身或他人的危险时,或者法院在审理刑事案件中提出要求时,专业人员不应再受隐私保密的约束。

(三)知情同意

知情同意(informed consent)的基础是患者应具有自主决定权。立法应保证每位患者对其接受的评估和治疗给出有效的知情同意,除非患者丧失了知情同意能力(决策能力)。即便是非自愿住院的患者,也不能想当然地认为其没有知情同意能力。对于患者丧失知情同意能力并且不加以强制治疗可能会令病情恶化的情况,法律也应对强制治疗给予明确的规定,同时要作出相应的安全保证以保护患者权益、防止滥用强制措施。

（四）知情同意能力

要表示同意，必须具有给出有效同意的能力。知情同意能力（competency to consent）或拒绝治疗能力就是指对某特定的治疗具有理解其目的、性质、可能的作用及风险的能力，也包括在实施治疗过程中配合精神卫生专业人员的能力。精神障碍常会影响到这种能力，因此立法需要对患者加以保护。患有精神障碍并不意味着患者自动地就丧失了作出决定的能力。法律必须明确规定评估这种能力的程序、对有资质判定能力的机构或人员进行授权、并规定对丧失能力的患者所采取的措施。

（五）自愿和非自愿入院（voluntary and involuntary admission）

由于精神障碍，尤其是严重精神障碍常导致患者的决策能力受损，而这类患者中一些人又有伤害自身或他人的潜在危险，因此精神医学拥有违背患者意愿将其投入医院住院治疗的合法权利。这在医学领域中可能是独一无二的。但当前的立法潮流倾向于鼓励患者自愿入院和治疗，而非自愿入院的形式只能是在法律规定的非常特殊的情况下才能采取。对于已经犯罪的精神障碍患者，如果需要强制住院治疗，在一些立法中还要求通过法院判决等司法程序。其目的就是要在保护患者自主权益、获得治疗的权益以及保护公众安全这几个方面取得适当的平衡。对于急性发病且病情危重的患者，法律也应规定一些紧急程序，如48~72小时的强制住院观察，以便专业人员能进行细致的检查评估。对于非自愿住院的患者，法律也应保证其在投诉、要求复核等方面的权益。

（六）定期复核机制

法律必须规定对人身自由受到限制的患者采取自动的定期复核机制（periodic review mechanism），以保证这类限制没有受到滥用或误用。因此对于非自愿入院或非自愿治疗的患者，通常都规定由独立的机构组织，比如复议委员会等，或者通过法庭进行定期的复核。

（谢　斌）

第三节　中国精神卫生立法的主要内容

2013年5月1日正式实施的《中华人民共和国精神卫生法》（以下简称《精神卫生法》）共有七章八十五条。内容基本涵盖了我国精神卫生工作的各个方面，包括体系建设与各方职责、疾病预防、诊断治疗、康复、保障、法律责任等。

一、主要特色

中国的《精神卫生法》（mental health law）虽然实质性的规定是在第三章"精神障碍的诊断和治疗"，但法律中也用一定篇幅对预防、健康促进、保障以及政府社会职责等作了规定；更重要的是，横向比较世界各国的相关法律就可以发现，在一部整合的法律中（有些国家是将精神卫生法律条文分散于各种立法文件中）如此全面体现对精神卫生工作的倡导与规范的，尚属首例。概括起来，《精神卫生法》的特色突出体现在以下方面：

（一）立法宗旨

在法律起草和征求意见阶段，曾出现过各种观点的交锋。其中最突出的问题，就是将精神卫生服务提供者、患者、患者家属、普通大众等没有根本利益冲突甚至在战胜精神疾病方面具有一致利益的群体人为对立起来。试图将精神障碍的诊断、住院治疗等程序"司法化"。从世界各国的历史看，否认精神医学科学属性的"反精神病学"（antipsychiatry）观念虽在某种程度上推动了对患者的人权保障，但也往往因走向极端的立法误区而给广大患者造成损害。突出的表现就是"旋转门"、患者无家可归、机构服务的"监狱化"以及大众对精神病人偏见歧视的加深等。因此，最终出台的《精神卫生法》通过完整的立法宗旨表述，即"发展精神卫生事业，规范精神卫生服务，保护精神障碍患者权益"，为平衡各种利益和潜在利益冲突，推动相关政策措施的落实提供了法律基础。

（二）法律调整范围较广

我国有1600万重性精神疾病患者,各地的流行病学调查数据显示,任一种类的精神障碍患病率平均在17.5%左右。随着经济发展和社会变化,人群各种心理健康需求也在不断增高。同时,我国精神障碍的疾病负担沉重、精神卫生服务资源短缺且配置不均等问题也十分突出。立法虽然不可能短期内解决所有这些问题,但在法律框架下通过各方不懈努力,势必遏制问题的恶化甚至带来转机。因此这部法律从内容看基本涵盖了精神卫生工作的各个环节,而调整对象则涉及了全体公民。相关条款对各级政府以及政府部门的各项职责也进行了全方位的规定,尤其在预防、康复和保障领域强调了政府责任,主要包括:规划和建设服务体系;建立健全协调机制并进行监督考核;组织开展预防、康复工作;组织开展心理援助工作;开展社会动员和宣传教育;建立健全疾病监测网络;监督考核诊疗行为;规划人力资源并组织开展教育培训;提供医疗保障和救助扶持。

（三）重点是对精神卫生服务对象合法权益的保护

精神障碍的特殊性导致患者传统上极易成为权益剥夺或侵害的受害者;而服务形式和内容的特殊性以及我国医疗环境的现实,又带来了诸多伦理和法律困境。《精神卫生法》从保障人权和维护健康权出发,对各类从业人员、服务机构的执业条件与执业行为进行了规范,尤其关注了医疗行为中患方的人身自由、自主决定权、知情权、隐私权等,对诊断、出入院(尤其是非自愿住院治疗)等环节作了严格的程序规定。

二、重点内容

（一）精神障碍的诊断

按照法律规定,患者送诊的主体包括:疑似患者由近亲属送诊,流浪乞讨人员中的疑似患者由当地民政等有关部门送诊,疑似患者发生伤害行为或有相关危险的,由近亲属、所在单位、当地公安机关送诊。患者的监护人不仅有送诊义务,还要为需要非自愿住院的严重精神障碍患者办理住院等手续。

医疗机构及其医务人员接到送诊的疑似精神障碍患者,不得拒绝为其作出诊断。对于发生伤害行为或有危险的疑似患者,医疗机构要将其留院,并立即指派精神科医师进行诊断,并及时出具诊断结论。法律还要求,精神障碍的诊断应当以精神健康状况为依据。

（二）患者的监护

按照我国民法的监护人制度,成年人中,只有无民事行为能力/限制民事行为能力的精神病人才有监护人。但民事行为的确定需要通过司法鉴定评定。监护人产生无论以协商、基层政府指定还是法院判决方式,都应按照法定顺序。而监护人一旦产生,除了看护患者的义务外,还拥有代理患者的其他民事行为(包括处分财产)的权利。

《精神卫生法》的"监护人"(guardian),是指"依照民法通则的有关规定可以担任监护人的人"。其并非依照民法通则所确定的监护人,而是具有可担任监护人资格的人。实际上具有类似日本、台湾地区的"保护人"的色彩,其职责是协助严重患者就医和治疗,即只能代理医疗、康复等相关的事项,不具备监护人的全部权利,比如不能随意处分患者的财产。该"监护人"产生的前提,一是患者为严重精神障碍患者,二是缺乏做出相关决定的"能力"。这种能力即决策(或者知情同意)能力。国内外临床工作中通常根据患者能否理解自身的病情及医生所建议的治疗、能否根据自身的情况及治疗的利弊进行权衡和选择、能否对自身的病情及决定做出正确的评价、能否合理表达自己的选择和意愿等维度来评估。

（三）精神障碍的住院治疗

基本原则是自主决定、自愿住院治疗。作为例外的情形,非自愿住院治疗需要满足两个条件,一是患者为严重精神障碍患者,二是有危害行为或者相应危险性,包括伤害自身行为或者危害他人安全的行为。有伤害自身行为或危险的患者,住院决定权在其监护人,监护人如果不同意住院,则自行承担相应后果;而对于有危害他人安全行为或者危险的患者,住院决定人是医疗机构的执业医师,如果医生评估后认为需要住院治疗,则即便监护人不肯办理住院手续,也要由患者所在单位、村(居)委会代为办理,如果患者或监护人阻挠,还可以由公安机关协助办理。

在上述后一种情形下,法律也安排了救济措施,当患者或者监护人对诊断和非自愿住院决定有异议时,可以申请再次诊断、医学鉴定,直至法律诉讼。

(四)医学鉴定

医学鉴定是精神卫生法设定的针对非自愿住院的救济程序。其属性是医学判断问题,在鉴定实践中应当是一项独立的鉴定类别。按照法律规定,鉴定人应当到收治精神障碍患者的医疗机构面见、询问患者,该医疗机构应当予以配合。鉴定机构、鉴定人应当按照精神障碍鉴定的实施程序、技术方法和操作规范,依法独立进行鉴定,出具客观、公正的鉴定报告。鉴定人还应当对鉴定过程进行实时记录并签名。记录的内容应当真实、客观、准确、完整,记录的文本或者声像载体应当妥善保存。

(五)知情同意和隐私保护

包括患者的姓名、肖像、住址、工作单位、病历资料以及其他可能推断出其身份的信息均属于法律保护的患者隐私,但依法履行职责需要公开的除外。作为精神卫生服务提供者,不得限制患者的通讯和会见探访者等权利,但急性发病期或者为了避免妨碍治疗可以暂时性限制者除外。

服务提供者应当告知患者在诊断、治疗过程中享有的权利。医疗过程中要告知治疗方案和治疗方法、目的以及可能产生的后果。在实施导致人体器官丧失功能的外科手术、与精神障碍治疗有关的实验性临床医疗前,要告知可能的风险、替代医疗方案等,并且要取得患者或者监护人的书面同意,以及医疗机构伦理委员会的批准。特殊情况需机构负责人和伦理委员会批准。

法律还规定,患者或者监护人有权要求医疗机构提供病历资料中记录的患者病情、治疗措施、用药情况、实施约束、隔离措施等内容。但是患者查阅、复制病历资料可能对其治疗产生不利影响的除外。

(六)精神卫生问题的法医学咨询

随着法制建设的不断深入、法律体系的不断完善、公民法律意识的不断增强,有关各方就精神卫生相关的专业性问题咨询法医学工作者必将成为非常普遍的现象。为了正确贯彻执行国家的各项法律法规,保证执法的公正性,保障精神障碍患者的合法权益和人民的民主权利,法医精神病学工作者为司法部门、精神障碍患者及其家属、律师以及其他精神卫生专业人员等提供法医学咨询服务将是一项十分重要的任务。

三、对司法、行政等部门提供法医学咨询服务

当公安、检察、法院等部门遇到涉及精神卫生问题或精神障碍患者的法律案件,需要了解精神障碍患者的精神状态与法律案件的关系时,法医学工作者可在以下几个方面提供咨询意见:

1. 对公安部门提供如何收集精神疾病病史资料的意见。

2. 当公安、检察部门对嫌疑人或诉讼当事人的精神状态有所怀疑时,提供是否有必要进行司法鉴定的意见。

3. 当公安、检察部门对嫌疑人或诉讼当事人精神状态或暴力行为处理有困难时,提供处理的建议。

4. 当检察机关或法院对诉讼过程中提出的精神病学资料、证据或鉴定意见有疑问时,提供咨询意见。

5. 在法院审理精神障碍患者案件的过程中为法院提供对患者疾病处理的咨询意见。

6. 为服刑期间出现精神障碍患者提供处理的咨询意见。

四、对精神障碍患者或其家属提供法医学咨询服务

精神障碍患者及其家属遇到法律纠纷,除了请律师作为诉讼代理人之外,还可向法医精神病学工作者提出咨询,法医精神病学工作者应根据法律和精神病学理论,给予适当的解释或说明,并可提供以下咨询意见:

1. 在刑事案件中患者的责任能力问题。

2. 在民事案件中患者的行为能力问题。

3. 患者在精神方面的劳动能力和伤害程度的问题。

4. 患者在选举、就业、就学、婚姻、生育等方面的合法权益问题。

5. 患者在精神科医疗纠纷中如何维护合法权益的问题。

6. 在法律事件中，患者的处理问题。

五、对律师、诉讼代理人和辩护人提供法医学咨询服务

作为诉讼代理人或辩护人，律师往往不熟悉精神症状和精神障碍的诊断方法和处理步骤，需要咨询。法医精神病学工作者应实事求是的给咨询者提供帮助。

六、对其他精神卫生专业人员提供法医学咨询服务

精神卫生相关专业协会、学会及其分支组织等，也可就精神科医疗纠纷、医疗事故处理及相关的法律问题咨询法医精神病学工作者。而法医精神病学工作者在日常对医院管理和临床工作所提出的具体建议，往往也既能很好地保护患者权益、又能很好地防范精神科医患纠纷。

上述咨询服务工作的开展，将有利于我国法制的健全和广大人民群众民主权利的维护。

（谢　斌）

本章小结

精神障碍的特点以及精神卫生服务的特殊性，使精神卫生专门立法成为必要。各国精神卫生立法目的和内容各异，但有一些公认核心的成分。我国精神卫生立法的宗旨是发展精神卫生事业、规范精神卫生服务、保障精神障碍患者权益。

法医精神病学工作者提供的精神卫生问题法医学咨询主要包括对司法、行政等部门、对精神障碍患者或其家属、对律师、诉讼代理人和辩护人以及对其他精神卫生专业人员提供的咨询服务。

关键术语

精神卫生立法（mental health legislation）

隐私（confidentiality）

知情同意（informed consent）

自愿和非自愿入院（voluntary and involuntary admission）

思考题

杨某，女，42岁，已婚，司机。

因时有哭闹、行为幼稚混乱、动作矫饰做作1月余，加重2周被其朋友送住院治疗。

患者于1月前听到保姆说自己丈夫坏话，开始怀疑丈夫有外遇，与其他女人有不正当关系。自此不让丈夫与其他女人说话，称丈夫要卖掉房子，还要害自己的孩子，诉丈夫把别人的血注射在她身上，还在屋里放监视器监视她。后保姆向其道歉、为其丈夫恢复清白，仍不能纠正其病态想法。患者彻夜不眠，模仿童声讲话，见到女性就喊"阿姨"，见到男性就喊"爷爷"。说到伤心处涕泪交加，一会儿骂丈夫，一会儿像小孩一般搂着丈夫说"老公好"。在门诊治疗效果欠佳，近2周病情加重，整夜不眠，烦躁不安，哭闹打骂丈夫，不料理个人生活。遂被朋友张某送住院。住院治疗3天后在家人要求下办理出院手续。

出院后患者以自己无病却被医院强行收住院，办理住院手续及签字全部是与其无任何亲属关系的朋友张某代签，而且住院期间被注射精神类药物，对其身体造成伤害，同时影响其正常生活为由向医院索赔，将医院告上法庭。

本案例中医院的行为是否合法？为什么？

附录　法医精神病学鉴定意见书举例

××××× 法医学技术鉴定中心

法医精神病学鉴定意见书

××法技精（2007）字第233号

被鉴定人姓名：×××　　性别：男　　年龄：37岁　　籍贯：××省××县

民族：汉族　　　　文化：初中　　婚姻：已婚　　职业：农民

身份证号：512924197510……

住址：××县××乡××村×组

委托鉴定单位：××县公安局

鉴定时间：2007年6月15日

案情简介：　2007年4月30日×××涉嫌故意杀人。

鉴定要求：被鉴定人×××是否患有精神障碍，以及有无刑事责任能力。

既往精神状态：据××县公安局提供的材料，被鉴定人居住地邻居证实"×××平时不太爱讲话，说话也与一般人不同，他去年生了病的，我们七队的人都知道他头脑有些问题"。"他平时常说他要上天去当神仙，死了后当皇帝"。"他平时说话与常人不一样，他平时说他要上天，天上有人找他"。

据××县公安局提供的材料，被鉴定人家属反映"他有神经病，平时在家经常说有人要整他"，"他平时就是乱说，反正想死，还说死了要当皇帝等等。他还多次在家里寻死，昨年冬天还吃耗子药到人民医院抢救了的，还用一段红绸子在屋里上吊，也没死。反正与正常人不一样"。

据××县看守所证实，"该员入所以来，性格孤僻不与其他在押人员交谈，有时说话胡言乱语，言语不合逻辑。"

据××县公安局讯问笔录记载，×××在讯问中称自己杀人是因为"我不想活了，我想杀人抵命算了，因为我以前自杀过多次都没成功""我从1999年就有自杀的想法，自杀没成功，人活起比较烦躁"，述"我以前自杀也没成功，我就想杀人，然后被枪毙算了"，称"只是邻居、外人说我爱研究鬼神，打工时别人也说我爱研究鬼神"。

据×××医院住院病历记载，被鉴定人×××因"凭空闻声，坚信被害8年，加重半年，伤人致死1次"于2007年5月17日入院。"入院前8年，患者开始出现精神异常，表现眠差，做噩梦，心情烦躁。孤僻少语，很少与周围的人接触交往，对自己的母亲也视若路人。阵阵乱语，称'经常听见阎王老爷在我耳边说话，喊我到阴间去当皇帝，去过幸福生活。看见阴间人来人往，熙熙攘攘，非常热闹。'坚信有人故意设下圈套整他害他，周围的人都看不起他，通过那些人的眼神就可以直接看出来，连别人摆龙门阵也认为是在议论他。""入院前半年患者曾因服鼠药中毒而在××县人民医院抢救治疗，家人考虑患者有精神病而在我院精神科门诊治疗，诊断为'精神分裂症'，口服舒必利、利培酮等药物治疗。患者服药一月后就未再坚持，上述症状持续存在。"诊断为"精神分裂症（偏执型）。"

实验室及其他辅助检查：脑电地形图检查：轻一中度异常；智商（IQ）：90。

精神检查: 步行入室,意识清楚。问其为什么杀人,称"我自杀过好几次,自己没有勇气,杀人能枪毙。""活得苦,能死了就好了,以前还割腕、上吊、吃药过。我一个人自杀好多次了,把他搞死了,枪毙就完了"。问其为什么自杀,称"我是阎王爷,现在还不成功。从1999年就晓得了,我名气大,都认识我。""有时听到阴人在说话,我自己也在研究,是几个人的声音,同时在说,是在批评我。"称"平时做梦看得到阴人,白天也看得到,他们在整我,阴人是人死了的那些。现在在这儿还有,有人在后面跟到我。""我骂人还没骂,对方就晓得,眼睛、表情都不一样。"精神检查时主要查见幻听、幻视、被害妄想、关系妄想、思维被洞悉感等精神病性症状。

分析说明: 根据××县公安局提供的材料和鉴定检查,认为被鉴定人作案前7、8年就有言语行为异常。精神检查时主要查见幻听、幻视、被害妄想、关系妄想、思维被洞悉感等精神病性症状。按照《中国精神障碍分类与诊断标准第三版》(CCMD-3),被鉴定人×××的表现符合精神分裂症的诊断,作案时处于发病期,其违法行为受精神病性症状的直接影响,对其2007年4月30日的违法行为评定为无刑事责任能力。建议监护治疗。

鉴定意见: 被鉴定人×××患有精神分裂症,对其2007年4月30日的违法行为评定为无刑事责任能力。

鉴定人:×××　　　　[执业证号×××××]

　　　　×××　　　　[执业证号×××××]

2007年　月　日签发

主要参考文献

1. 中华医学会精神科学会. 中国精神障碍分类与诊断标准. 第3版. 济南: 山东科学技术出版社,2001.

2. 世界卫生组织. CD-10精神与行为障碍分类—临床描述与诊断要点. 范肖东,等译. 北京: 人民卫生出版社,1993.

3. 沈渔邨. 精神病学. 第4版. 北京: 人民卫生出版社,2001.

4. 林准. 精神疾病患者刑事责任能力和医疗监护措施. 北京: 人民法院出版社,1996.

5. 何家弘. 司法鉴定导论. 北京: 法律出版社,2000.

6. 刘协和. 法医精神病学. 第2版. 北京: 人民卫生出版社,2004.

7. 米歇尔·福柯. 疯癫与文明. 刘北成,等译. 北京: 生活·读书·新知三联书店,1999.

8. 世界卫生组织. 精神卫生,人权与立法资源手册. 谢斌,等译. 日内瓦: 世界卫生组织,2005.

9. 江开达. 精神病学. 北京: 人民卫生出版社,2005.

10. 胡泽卿. 法医精神病学. 第3版. 北京: 人民卫生出版社,2009.

11. 李从培. 司法精神病学鉴定的实践与理论——附各类鉴定安全97例分析讨论. 北京: 北京医科大学出版社,2000.

12. 庄洪胜,孙春霞,张琳. 精神病的医学与司法鉴定. 第2版. 北京: 人民法院出版社,2006.

13. 林勇,胡泽卿. 司法精神病学鉴定中癫痫所致精神障碍的研究现状. 法律与医学杂志,2006,13(1): 69-74.

14. 马金芸,郑瞻培. 2006年度我国司法精神病鉴定状况调查. 上海精神医学,2008,20(2): 75-78.

15. 杨德森. 行为医学. 长沙: 湖南师范大学出版社,1990.

16. 徐韬园. 现代精神医学. 上海: 上海医科大学出版社,2000.

17. 刘昀,司法精神病鉴定制度的初探. 法制与社会,2008,(1): 164-165.

18. 曹艳林,刘久畅,段行如. 国(境)外医纠纷处理相关法律制度比较研究. 中国卫生事业管理,2011,(1): 50-52.

19. 纪术茂. 中国精神障碍者刑事责任能力评定案例集. 北京: 法律出版社,2011.

20. 原洁. 我国司法精神鉴定主体制度的法律思考. 中国司法鉴定,2003,4: 46-48.

21. 贾谊诚. 实用司法精神病学. 合肥: 安徽人民出版社,1988.

22. 蒋铁初. 中国古代精神病人犯罪法探析. 北方论丛,2005; 190(2): 152-156.

23. American Psychiatric Association. Diagnostic and Statistical Manual of Mental Disorders. 5th ed. Washington DC: American Psychiatric Association,2013.

24. Gelder M, Mayou R, Cowen P. Shorter Oxford Textbook of Psychiatry. 4th ed. Oxford: Oxford University Press,2001.

25. Gutheil TG, Appelbaum PS. Clinical Handbook of Psychiatry Law. 3rd ed. Philadelphia: Lippincott Williams&Wilkins,2000.

26. Chiswick D, Cope R. Seminars in Practical Forensic Psychiatry. London: Gaskell,1995.

27. Bluglass R, Bowden P, Walker N. Principles and Practice of Forensic Psychiatry. Edinburgh: Churchill Livingstone,1990.

28. John G, Pamela JT. Forensic Psychiatry, clinical, Legal&Ethical Issues. Oxford: Butterworth-Heinemann Ltd.,1993.

29. Gunn J, Taylor PJ. Forensic psychiatry: clinical, legal and ethical issues. Oxford: Butterworth-Heinemann Ltd.,1993.

30. Goldman HH (eds.). Review of general psychiatry. Los Altos: LANGE Medical Publications,1984.

31. Slovenko R. Psychiatry and criminal culpability. New York: Wiley, 1995.

32. Hamilton JR. Forensic psychiatry symposium Insanity legislation. Journal of medical ethics, 1986, 12: 13-17.

33. Skalevag SA. The Matter of Forensic Psychiatry: A Historical Enquiry. Med Hist, 2006, 50(1): 49-68.

34. Haack K, Herpertz SC, Kumbier E. The case of Sefeloge: a contribution to the history of forensic psychiatry. Nervenarzt, 2007, 78(5): 586-593.

中英文名词对照索引

M

N

P

Q

Z